10년 후 세상을 읽는 기술

미래가
보이는
25가지
트렌드

미래가 보이는 25가지 트렌드

10년 후 세상을 읽는 기술

크리스토퍼 바넷 지음
손진형 옮김

더난출판

미래가 보이는 25가지 트렌드

초판 1쇄 인쇄 2012년 11월 14일
초판 1쇄 발행 2012년 11월 21일

지은이 크리스토퍼 바넷 | **옮긴이** 손진형 | **펴낸이** 신경렬 | **펴낸곳** (주)더난콘텐츠그룹

상무 강용구 | **기획편집부** 차재호 · 민기범 · 임영묵 · 성효영 · 윤현주 · 서유미 | **디자인** 서은영
마케팅 김대두 · 견진수 · 홍영기 · 서영호 | **교육기획** 함승현 · 양인종 · 지승희 · 이선미 · 이소정
디지털콘텐츠 최정원 · 박진혜 | **관리** 김태희 · 양은지 | **제작** 유수경 | **물류** 김양천 · 박진철
책임편집 민기범

출판등록 2011년 6월 2일 제25100-2011-158호 | **주소** 121-840 서울시 마포구 서교동 395-137
전화 (02)325-2525 | **팩스** (02)325-9007
이메일 book@thenanbiz.com | **홈페이지** http://www.thenanbiz.com
ISBN 978-89-8405-690-9 03320

향후 수십 년간의 도전과 기술들에 대해 설명하는 이 책이 한국에서 출판된다니 매우 반가운 소식입니다. 독자 여러분이 더 나은 미래를 계획하는 데 도움이 되기를 바랍니다.

이 책의 첫 해외 번역본이 한국에서 나오는 것을 매우 뜻 깊게 생각합니다. 한국은 위대한 기술을 도입하고 그것을 기꺼이 응용하는 나라로 세계적 명성이 높기 때문입니다. 어떤 나라 또는 문화에서는 이 책에 나오는 기술적 발전을 두려워하기도 합니다. 그러나 한국에서는 그러한 두려움이 훨씬 덜한 것 같습니다. 실제로 한국은 로봇에서부터 최신 스마트폰에 이르기까지 다양한 신기술의 국제적 시험대로 잘 알려져 있습니다.

이제 25장으로 구성된 이 책을 읽다 보면 알게 되겠지만, 한국의 연구가와 기업들은 이미 인류의 미래를 개척하는 크나큰 성과를 이뤄냈습니다. 예를 들어, 성균관 대학교의 과학자들은 디스플레이 스크린과 배터리, 그리고 여타 전자 부품에 있어 혁명과도 같은, 그래핀이라 불리는 원자 두께의 카본 시트를 연구하고 있습니다. 한편 대전에 있는 카이스트의 연구가들은 유기 공급원료를 바이오플라스틱으로 직접 바꿀 수 있는 합성미생물을 만들기 위해 새로운 합성생물학을 연구하고 있습니다.

한국은 또한 여러 대안에너지 개발의 선두주자입니다. 예를 들어, 시화호 조력발전소는 같은 종류의 발전소 중 세계에서 가장 큰 면적을 자랑하며, 신안 태양광발전소는 아시아에서 가장 큰 광발전 시설입니다. 14장에서 좀 더 자세히 설명하겠지만, 한국은 최근 남프랑스 카다라슈에 실험용 핵융합로를 짓고 있는 국제 열핵융합 실험로 프로젝트의 참여국입니다.

이 책에 소개된 많은 것들이 불가능하게 보일지는 모르지만 그렇다고 과학적 허구는 아닙니다. 사실 이 책이 영국에서 처음 출간되고 나서 몇 달 만에 사람들이 "결코 일어나지 않을 것"이라고 말했던 몇 가지가 현실화되었습니다. 예를 들어, 도시에서 농작물을 재배하는 수직농장이라는 아이디어인데, 실제로 현재 수원의 연구용 식물공장에서 상추가 재배되고 있습니다. 한편 스웨덴에서는 플랜타곤Plantagon이라 불리는 17층짜리 수직농장이 있습니다.

6장과 22장에 자세하게 설명된 입체 프린팅과 바이오프린팅 개발도 계속해서 발전하고 있습니다. 근 10년 내외로 우리는 소비재와 장기 이식 모두에 있어서 일상적으로 입체 프린트를 이용할 수 있을 것입니다. 실제로 지난주에 나는 런던의 제1회 입체 프린트쇼에 다녀왔는데, 매력적인 모델들이 입체 프린팅 기술로 생산된 신발과 옷을 착용하고 걷고 있는 장면을 볼 수 있었습니다.

인간은 새로운 기술 혁신을 통해 언제나 진보해왔습니다. 지난 세기, 인류는 인간의 평균 수명을 두 배로 연장시켰고, 멀티미디어와 인터넷을 발명했으며, 개인의 자유로운 여행 기회를 대폭 늘렸습니다. 금세기에는 유전의학, 사이버네틱, 그리고 바이오프린팅의 발전이 우리의 수명을 다시 연장시켜줄 것입니다.

무엇보다, 앞으로 수십 년간 우리의 도전은 좀 더 지속가능한 삶, 적은 자원으로 더 많이 얻는 삶이 되게 해줄 기술을 발전시키는 것이 될 것입니다. 특히 줄어드는 자연자원과 기후 변화 때문에 우리는 이제 험난한 시대를 맞게 될 것입니다. 그러나 이 책에서 설명한 바와 같이, 인류는 역경을 이겨내고 모든 사람들을 위한 더 나은 미래를 만들 수 있는 기술적 도구들을 점점 더 많이 갖게 될 것입니다.

영국 노팅엄에서 크리스토퍼 바넷

2012년 11월

상상 이상의 미래가 오고 있다!

2030년에 이르면 부모가 자식의 성性뿐만 아니라 머리색을 포함한 여러 특성들을 직접 선택할 수 있을 것이다. 나무에 바이오플라스틱 병이 열리고, 2억 개에 이르는 지능형 로봇이 우리의 시중을 들지도 모른다. 또한 오늘날 프린터로 사진을 인쇄하듯 간단하게 사람의 대체용 장기를 출력할 수 있을 것이다. 우리의 먹거리 대부분이 초고층빌딩에서 생산되고, 인간의 수명은 150세 이상으로 늘어날 것이며, 컴퓨터는 생각만으로 조종이 가능해지리라.

머지않아 과학기술의 발달로 우리는 경이로운 혜택을 누리게 될 것이다. 하지만 석유와 물을 비롯한 여러 천연자원의 부족으로 우리의 생활방식에 많은 제약이 있을 가능성 또한 농후하다. 10여 년 후면 우리는 경기침체라는 소용돌이 속으로 서서히 빠져들지도 모른다.

다가올 일을 정확히 예견한다는 것은 불가능하다. 그러나 인류가 현재 직면한 과제와 차세대 과학기술, 그리고 현재의 추세를 연구함으로써 미래에 실현 가능하게 될 일에 대해 통찰해볼 수는 있다. 그 후 가장 적합한 비전을 현실화하기 위해 일련의 행동을 할 수 있다. 즉, 미래 예측을 미래 설계를 위한 도구로 쓸 수 있는 것이다.

이 책은 미래 예측과 미래 설계를 하고자 하는 사람들을 위한 도구 모음이라고 할 수 있다. 따라서 어떤 면에서 보면, 이 책은 세상을 이해하고 변화시키기 위한 성명서의 성격을 띠기도 한다. 또 한편으로는, 앞으로 수십 년 안에 우리가 이룰 수 있는 것과 이룰 수 없는 것을 가늠해볼 수 있도록 25가지를 선별하여 개별적으로 고찰할 수 있게끔 의도했다고도 할 수 있다.

나무만 보지 말고 숲을 보라

미래를 예측하는 사람이 주의해야 할 것 중 하나는 어떤 나무 한 그루에 너무 심취한 나머지 그 나무가 속한 넓은 숲을 보지 못하는 것이다. 이러한 상황을 피하고자 이 책의 25장을 다시 5부로 구성해놓았다. 이 다섯 모듬은 각각 하나의 중요한 공통 주제를 담고 있다.

1부에서는 지구와 자원에 관한 문제를 다룬다. 좋든 싫든, 우리 문명은 천연자원이 고갈되어감에도 불구하고 지속적인 성장을 이뤄야 한다는 거대한 과제에 직면해 있다. 이것은 대단히 큰 문제지만, 미래 설계가에게 있어 풍요시대의 종말은 혁신의 촉매로 작용하게 됨을 의미한다.

2부에서는 차세대 산업으로서 제조업과 농업을 주로 다룬다. 청동기 시대부터 철기시대를 거쳐 증기시대와 그 이후로도 줄곧 지배적인 생산수단이 우리 삶의 방식을 결정해왔다. 따라서 2부는 나노기술, 입체 프린팅, 합성생물학 등 제조업의 주요 기술개발을 다룬다.

3부에서는 미래의 에너지와 교통수단을 다룬다. 언제까지 화석연료를 쓰는 것이 옳을까라는 문제는 차치하고, 그 누구도 화석연료가 언제 바닥날지 정확하게 모르고 있다. 그러나 지난 2세기 동안 겪어온 바에 비추어볼 때, 화석연료가 미래 문명의 기반이 되지는 않을 것이다. 따라서 3부에서는 대체 에너지에 초점을 맞추어보았다. 또한 어떻게 우주여행이 지구 밖의 다른 행성에서 자원 채취를 가능케 하는 쪽으로 발전할 수 있을지를 다뤘다.

4부에서는 컴퓨팅과 무기물 생명체를 집중 조명한다. 여기서 다루는 주제는 클라우드 컴퓨팅과 인공지능, 그리고 로봇 등이다. 우리는 우주의 지적 생명체를 찾아 늘 하늘 저편을 응시하고 있는지 모른다. 하지만 수십 년 안에 우리 스스로 만들어낸 지능형 디지털 인종과 조우할 가능성이 매우 높다.

마지막 5부에서는 미래의 의료복지와 인구증가 문제를 검토해본다. 오늘날 인구는 급속히 노령화되고 있다. 그런데다가 늘어난 퇴직 기간은 경제적으로 지속 불가능한 수준에 이르렀다. 뿐만 아니라 다가오는 새로운 의학적 가능성까지 감안하면, 머지않아 현재의 사회 통념들은 재구성되어야 한다. 이제 인류가 스스로의 진화를 통제할 수 있게 되면서, 수많은 윤리적 또는 종교적 딜레마까지도 짚고 넘어가야 할 필요성이 대두된다.

미래의식을 높여라

우리가 알고 있는 '시간'이라는 개념은 과거, 현재, 미래에 대한 인식을 수반한다. 이 사실은 우리 모두가 어느 정도 '미래의식'을 가지고 있다는 점을 시사한다. 심리학자인 톰 롬바르도Tom Lombardo의 정의에 의하면, 미래의식이란 '앞날에 대한 사고와 감정을 품을 수 있는 인간 능력' 이다. 따라서 한 개인의 미래의식 수준은 미래의 가능성을 내다볼 수 있는 역량의 정도라 할 수 있다.

이 책은 여러분의 미래의식을 고취시킬 의도로 쓰였다. 이를 위해 미래에 달라질 수 있는 것들에 대해 더 깊은 식견을 가질 수 있도록 도울 것이다. 내일은 무엇인가 달라질 것이라고 당연히 생각한다. 하지만 지속적이며 혁신적인 변화는 비교적 새로운 현상이다.

우리 조상들은 끊임없이 순환하는 자연계의 사이클에 갇힌 채 대부분의 생애를 보냈다. 밤은 길어졌다 짧아지고, 기온은 추워졌다 따스해지며, 사계절과 햇수로 시간의 흐름을 알 수 있었다. 늘 변함없는 모습으로 추수를 하고, 종교적 행사를 치렀다. 수백만 명의 사람이 태어나고, 살고, 생을 마감했다. 그러나 이름만 다를 뿐 모두가 똑같은 삶을 반복했다.

그들에게 시간은 직선이 아니라 원의 순환과 같이 인식되었다. 인생은 끊임없는 순환의 반복으로 여겨졌다. 과거는 끝났고, 현재는 막 지나갔으며, 대개 세상의 종말과 연관되는 미래는 오직 신들에 의해서 관장되었다.

이후, 사람들이 세상을 바꾸기 시작하면서 비로소 과거, 현재, 미래 간의 인지할 만한 차이점이 부각되기 시작했다. 예를 들어, 고대 이집트인이 피라미드를 건축함으로써 미래의 자연환경에 변화를 가하게 되었다. 즉, 피라미드 건설 이전의 과거로부터 피라미드가 건설되고 있는 현재, 지평선을 장악해버리고 인간의 정신마저 압도하게 될 장엄한 무덤이 들어선 미래까지를 선형적인 역사관 속에서 되짚어보는 게 가능해졌다.

현재와 미래로부터 과거가 분리되면서, 역사는 일련의 사건들의 직

과거의(순환적) 시간 인식

시간의 흐름

| 과거 | | 현재 | | 미래 |

사계절과 반복적인 행사들에 의해 규정되는 삶

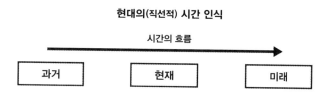

현대의(직선적) 시간 인식

시간의 흐름

| 과거 | | 현재 | | 미래 |

세계의 새로운 상태로의 이행에 의해 규정되는 삶

〈그림 0-1〉 시간 개념의 변화

선적인 흐름 속에서 파악되기 시작했다. 그 무엇보다 과학기술의 혁신이야말로 과거, 현재, 미래를 확실히 구분 짓는 데 기여했다. 철도, 자동차, 비행기, 인터넷 등 대성공을 거둔 여러 발명들이 역사상 한 시대를 다른 시대와 구분 지었다.

미래는 전혀 다른 세상이다

오늘날 우리의 삶은 급진적 변화의 기로에 서 있다. 그런데도 미래 역시 현재가 똑같이 반복될 것처럼 행동하는 모습에 경악하지 않을 수 없다. 대부분의 사람이 수년 뒤 색다른 옷차림을 하고 새로운 모델의 휴대전화를 소지할 것이라 생각하면서도 수십 년 뒤에는 사용 가능한 원자재를 비롯해 제조공법, 에너지원, 식생활, 수명, 여행의 자유 등에 급격한 변화가 올 것이라는 사실에 대해서는 별로 공감하지 못한다. 수십 년 뒤를 현재 수준에서 조금 업그레이드된 정도로 전망하는 착각은 이제 위험 수위에 이르렀다.

인류 문명이 시작된 이래로 부동산 가격이 고삐도 없이 상승가도를 치달리거나 경제가 무한대로 팽창을 거듭한 적은 한 번도 없었다. 금융수학의 마법을 부린다 하더라도 영구적인 부는 결코 창출된 바가 없다. 세상을 이끌어가는 사람들 대다수가 왜 그러한 것들을 당연하게 받아들이게 되었는가는, 이 책뿐만 아니라 요즘 출간된 많은 서적의 주제를 이루고 있다. 이 점이 바로 필자가 말하려는 주제로, 우리가 아직까지도 몇 가지 위험천만한 집단망상에 사로잡혀 만사태평에 빠져 있다는 것이다. 특히 우리는 지구의 천연자원이 무한하고, 현재의 농법으로 90억 인구를 먹여 살릴 수 있으며, 선진국의 대부분 국민이 인생의 상당 기간을 경제활동 없이도 연명할 수 있고, 인류의 진화가 완성되었다는 등의 착각을 키워왔다.

이 책을 통해 이러한 착각을 바로잡고자 한다. 즉, 미래는 현재의 복제가 될 수 없다는 점을 증명해나갈 것이다. 지금부터 다루게 될 25장의 일부는 앞으로의 발전 방향 분석에 할애할 것이다. 전기자동차, 태양에너지, 클라우드 컴퓨팅 등 불과 수년 뒤면 실용화가 확실한 사항들이다. 그 이외에도 우주여행이라든지, 인공지능, 양자전산, 트랜스휴머니즘 등을 다루게 될 장에서는 미래 가능성의 한계를 타진해보는 기회가 될 것이다. 이 책에서 다루는 25가지 중 몇 개는 사실과 다르게 판명이 날 수도 있다. 하지만 그보다 더 중요한 것은, 이 책이 미래사회의 가능성과 급격한 변화가 몰고 올 역동성을 폭넓게 접할 수 있게끔 우리를 돕는 데 있다.

다음 주 로또 추첨번호는?

나는 청중 앞에서 미래학자라고 소개될 때마다 여러 가지 반응을 경험한다. 이따금 대단한 흥밋거리를 만났다고 생각하는 매우 적극적인 사람이 최소한 한 명 정도 끼게 마련이다. 또한 대개의 경우 회의적인 성향을 지닌 좀 불편한 청중도 있다. 이들 중 몇 명은 강연이 시작되기도 전에 나서서 앞으로 내 입에서 나오는 말은 모두 쓸데없는 소리라는 취지의 장광설을 늘어놓는다. 더 흔하게는, 반대론자 몇 명이 노골적으로 티를 내진 않으면서 다음 주 로또 추첨번호나 알려달라고 하곤 한다.

미래학 연구의 목표는 단일하고 확정적인 미래를 예측하는 게 아니라, 여러 개의 개연성 있는 옵션을 제시하는 것이다. 이 책을 통해 논의하고자 하는 25가지는 우리의 일상생활에 중요한 영향을 미칠 만한 것들이다. 그러나 실제로 무엇이 실현되는가는 앞으로 우리 앞에 놓일 과제나 기회에 직면했을 때 어떤 선택을 하느냐에 달려 있다.

무엇보다 나는 이 책이 여러분의 상상력에 불을 지피는 도화선이 되었으면 한다. 윈스턴 처칠의 "미래의 제국은 마음의 제국이다"라는 말의 의미처럼 미래란 머리로 먼저 그릴 수 있어야만 우리의 손으로 만들 수 있다. 일부 사람들은 두려움, 당혹감, 경이로움이 뒤범벅된 소극적인 자세로 앞날을 보려 할 것이다. 하지만 분명한 목적을 가지고 미래를 예측하는 것이 훨씬 더 만족스러우며 가치 있는 일임을 확신한다.

차례

1부

풍요의 시대는 끝났다

2030년 이전에 피크오일 정점에 도달할 것이라고 수많은 전문가가 전망한다. 그전에 전 세계적인 석유 파동 및 유가 폭등을 맞게 될 것이다. 국제에너지기구IEA는 2008년 국제 금융위기에 따른 잇따른 사업 포기 및 연기로 인한 단기적 석유 공급 위기를 경고한 바 있다. 2010년, 영국 정부의 수석과학자로 있던 데이비드 킹David King 박사 역시 빠르면 2014년부터 세계의 원유 수요가 공급을 앞지르기 시작할 것이라는 예측을 내놓았다. 2009년 말, 쿠웨이트 대학 연구진 또한 2014년을 피크오일 예상 일자로 거듭 제기했다.

Chapter 01

피크오일

이 책을 막 쓰기 시작했을 때 한 친구가 한 가지 주제만 다루는 것이 좋겠다고 충고했다. 친구는 농담 반 진담 반으로 미래에 대해 우리가 알아야 할 것은 단 하나, 즉 "우리 모두 끝장났다"는 사실뿐이라고 말했다.

석유, 물, 먹거리 등 오늘날 우리가 당연시 하는 것의 미래 비축량은 아무리 낙관해도 불확실한 상태다. 기후변화와 지속적으로 증가하는 인구로 인해 다음 몇 세기 동안 인간의 삶은 편치만은 않을 것이다. 이러한 난제에 직면해 있음에도 불구하고 나는 점점 더 호응을 얻고 있는 "우리 모두 끝장났다"라는 명제를 거부한다. 누누이 그래왔듯 인간 문명은 크나큰 역경을 극복하며 훌륭하게 번창해왔다. 또 한 번 그렇게 되지 말라는 법은 없다.

앞으로 닥칠 어려운 시기들을 두려워할 필요는 없지만, 향후 수십 년간 당면해야 하는 난제를 바로 이해해야 할 필요는 있다. 그런 연유로 풍요시대의 종말을 고하는 것으로 이 책을 시작하는 데 대해 사과할 생각은 없다. 그러나 말세론을 펼칠 의도는 추호도 없다는 사실을 밝히고 싶다. 이러한 내용을 시작부터 다루는 이유는 이후에 상세하게 소개할 급진적이면서도 흥미진진한 기술혁신이 나올 수밖에 없는 배경을 그려보기 위함이다.

가장 근본적인 과제

미래에 대해 우리가 꼭 알아야 하는 단 한 가지를 꼽으라면 바로 '피크오일'이라 답할 것이다. 오늘날 석유는 산업문명의 생명줄이 되어버렸다. 따라서 앞으로 원유 공급에 차질이 생기면 우리의 일상이 뿌리째 흔들리는 충격을 받게 될 것이다.

피크오일이란, 세계 원유 생산량이 정점에 다다르는 시점을 일컫는 용어이다. 그 시점부터 우리가 뽑아낸 원유량보다 땅속에 매장된 원유량이 더 적어진다. 현재 피크오일 시점에 다다랐는지, 아니면 10여 년 후가 될지, 또는 그다음 10년이 될지에 대해서는 의견이 분분하다. 그 문제는 그렇다 치더라도 피크오일이 2030년 이내에 올 것임을 시사하는 징후들이 점점 늘고 있다.

2009년 9월, 영국 에너지연구소는《세계 원유 감소 전망 보고서》를 출간했다. 500개가 넘는 논문과 업계 데이터베이스를 비교 분석하고, 14개의 세계 수급 전망 비교 등을 토대로 만들어진 이 보고서는 종래의 원유 생산량은 2030년 이전에 정점에 도달할 가능성이 농후하며, 2020년 이전에 이를 가능성도 배제하지 못한다는 결론을 내렸다.

어느 특정 지역의 원유 생산량 증감은 소위 '종형곡선'을 따른다는

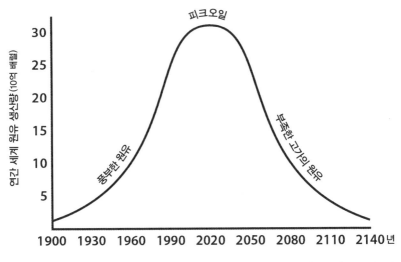

연간 세계 원유 생산량 (10억 배럴)

피크오일

풍부한 원유

부족한 고가의 원유

1900　1930　1960　1990　2020　2050　2080　2110　2140년

〈그림 1-1〉 피크오일 곡선

사실이 50여 년 전부터 알려졌다. 1959년, 지구물리학자 매리인 킹 허버트Marion King Hubbert는 이런 형태의 곡선을 최초로 그려냈다. 이는 미국에서 어느 시점에 원유 생산량이 정점에 이를까 예측하기 위해서였다. 허버트는 이 정점이 1966년에서 1972년 사이가 될 것으로 추정했다. 당시 대부분의 사람은 허버트의 치밀한 연구를 두고 터무니없다고 일축했다. 하지만 실제로 1970년에 미국의 원유 생산량은 정점을 찍었다.

〈그림 1-1〉을 보면 세계 원유 생산량 현황을 종형곡선으로 나타내고 있다. 곡선 왼편의 생산량 단위는 근사치로 표시했다. 수평축의 정확한 연도 또한 논란의 여지가 있다. 어찌 됐든 〈그림 1-1〉은 가장 최근의 예상치를 보여주고 있다.

피크오일이 중요한 이유는, 종형곡선의 정점에 다다르게 되면 석유가 점점 더 부족해져 가격이 폭등하기 때문이다. 또한 피크오일로 야기된 물가등귀로 원유시장이 붕괴할 수도 있다고 내다보는 논객도 많다. 예를 들어, LifeAfterTheOilCrash.net은 원유 수요량에 비해 공급량이 10~15퍼센트밖에 못 미칠 경우 그 부족분으로 인해 세계경제는 심각한 타격을 입을 것이라고 주장했다.

여기서 우리가 이해하고 넘어가야 할 중요한 사항은 피크오일이라는 것이 원유가 바닥나는 사태를 의미하는 것이 아니라는 점이다. 물론 더 긴 세월이 흐르면 그렇게 되겠지만, 그보다도 피크오일은 단시일 안에 엄청난 위력을 행사한다. 즉, 향후 20년 안에 종형곡선의 정점에 다다랐을 때 초래할 수 있는 상황과 관련된 것이다.

검은 금에 의존한 삶

모든 산업사회는 석유를 기반으로 한다. 그동안 인간 문명이 어느 정도까지 석유에 의존해왔는가는 아무리 강조해도 지나치지 않다. 우선 대부분의 사람이 이동하는 데 있어 석유는 생명선과도 같다. 석유 사용의 50퍼센트 정도를 자동차 연료로 소비하는 나라도 있다. 석유는 살충제에도 쓰이지만 농작물을 길러 수확한 후 포장해서 운송하기까지 우리의 먹거리와 관련된 모든 단계에 쓰인다. 이렇게 볼 때, 2002년 이후 선진국에서 섭취된 매 칼로리당 석유 10칼로리 정도가 소비되는 셈이라는 계산이 나온다. 일상용품들도 대부분 석유를 사용해 제조된다. 여기에는 플라스틱이나 나일론을 주원료로 하는 제품을 비롯해 도로를 포장하는 아스팔트까지 포함된다.

일반 가정이나 일터에서 주변을 한번 둘러보면 석유가 들어가지 않은 제품이 거의 없음을 알게 된다. 또한 여러분의 시야에 들어오는 사물 대부분은 기름을 사용한 여행을 적어도 한 번 이상은 했을 것이다. 컴퓨터, 휴대전화 등 여타 전자제품들을 포함한 모든 물건에서 플라스틱 덮개 또는 포장을 떼어내고 사용해야 한다면 여러분의 일상생활이 어떻게 변할지 상상해보라. DVD도 석유로 만든다. 상당수의 양탄자와 가구 덮개도 마찬가지다. 우리가 입는 대부분의 의류도 최소한 한두 가지 이상의 유성소재로 이루어져 있다. 100퍼센트 면제품이라 할지라도 보통 나일론 단추 또는 지퍼가 달려 있기 마련이다. 세제, 화장품, 그리고 의약품도 부분적으로는 석유를 기반으로 하고 있으며 상당량의 포장재 또한 그러하다. 따라서 소량에, 고가의 석유와 함께하는 세상은 지금과는 전혀 다른 환경이 될 것이다.

국제에너지기구IEA에 따르면, 세계는 현재 매년 40억 톤(약 300억 배럴)에 달하는 석유를 소비한다고 한다. 이 정도 선에서 2030년에 이르면 수요가 두 배로 뛸 것이며, 중국이 단독으로 이 증가율의 반을 차지할 것으로 예상된다. 전 세계적으로 중증의 석유 중독 상황은 가히 충격적이라고밖에 할 수 없다.

새로운 원유 공급원이 지속적으로 발굴되고 있기는 하다. 하지만 새로운 원유 공급원을 발굴하고 개발하는 속도가 기존의 석유 매장량을 태워 치우는 속도보다 훨씬 더디다. 폴 로버츠Paul Roberts가 《석유의 종말 The End of Oil》에서 주장하듯, 1995년 이래 새로 발굴된 원유 공급원은 국제 석유 소비율의 약 40퍼센트밖에 미치지 못하고 있다. 원유 발굴과 소비 간의 격차는 점점 더 벌어지고 있다.

이렇듯 석유 고갈 속도를 따라잡기에는 턱없이 부족한 소량의 원유 공급원 발굴로는 무한정 버틸 수 없다. 결국 세계 원유 생산량이 감소하기 시작하는 시점이 오고 말 것이다. 이것이 바로 〈그림 1-1〉에서 살펴보았던 피크오일과 종형곡선이 시사하는 바다.

2009년, TheOilDrum.com은 기사를 통해 《BP 세계 에너지 통계 보고서》의 2009년판 자료를 토대로 우리가 처한 상황을 아주 적나라하게 보여주었다. 그 기사는 2009년을 기준으로 주요 산유국 또는 석유 생산 지역 중 원유 생산량을 지속적으로 늘리고 있는 경우는 54개 중 14개밖에 되지 않는다는 사실을 지적했다. 게다가 그 당시 30개에 달하는 산유 지역은 이미 생산고점을 명백히 지났으며, 나머지 10개 지역의 생산량은 변동이 없거나 감소 추세에 있었다.

도대체 석유는 얼마나 남았단 말인가?

세계에는 현재 대략 7만 개의 유전이 분포하고 있다. 이들 중 25개의 대규모 유전이 재래 석유 생산의 4분의 1을 차지하고 있으며, 100여 개의 유전이 이 중 절반 정도를 차지한다. 대다수 대규모 유전은 정점을 지난 지 이미 오래며, 원유 산출량의 평균 감소율 또한 연간 6.5퍼센트 정도다. 공급량의 손실분을 메우려면 대략 매 3년마다 사우디아라비아 규모의 유전이 가동되어야 한다. 그렇다고 대규모 유전의 추가 발굴을 기대하기는 어렵다.

원유 생산량을 측정하는 일은 그리 어렵지 않다. 하지만 실제 지하 매장량이 얼마나 되는지에 대해서는 논란이 많다. 그리고 추출이 가능하며 경제성도 있는 석유 매장량과 추출 가능성을 보장할 수 없음에도 총량에 포함되는 석유자원을 구분 지어 이해하는 것도 중요하다.

석유 매장량을 추산할 때는 종종 '확인 매장량' '추정 매장량' '가능 매장량' 등으로 세분한다. 하지만 이러한 용어도 일관성 없이 사용되는 경우가 빈번하다. 세계에 남아 있는 확인 가능한 원유 매장량은 약 1조 2,000억 배럴에 달한다. 이는 현재 시점까지의 전 세계 원유 총산출량과 비슷한 수치이기도 하다. 확인, 추정, 가능 매장량을 모두 포함한 추정치(이를 '궁극가채매장량URR'이라고도 한다)는 약 4조 배럴에 다다른다. 그렇다면 URR에 대한 상위 추정치인 약 2조 3,000억 배럴 정도가 가장 신뢰성 있는 수치라고 볼 수 있다. 따라서 "도대체 석유가 얼마나 남았단 말인가?"에 대한 답변은 "아마도 약 1조 2,000억에서 2조 3,000억 배럴 사이"가 될 것이다.

보고된 원유 매장량은 수년간 증가해왔다. 그러나 이는 주로 기존 유전에 대한 최초의 추정치를 수정한 것이지 새로운 유전을 발견한 결과가 아니라는 사실에 유념해야 한다. 또한 원유 매장량을 추산하는 데 있어 여러 경제 및 정치적 요소가 작용하여 영향력을 행사한다.

세계 주요 산유국들은 대부분 석유수출국기구OPEC의 회원이다. 1985년, OPEC의 매장량은 약 4,000억 배럴로 추산되었다. 그러나 당시 OPEC은 각 산유국 원유 생산의 인가 및 판매 할당량은 확인 매장량에 의해 결정되어야 한다는 결정을 내렸다. 그 후 모든 OPEC 회원국은 자국의 매장량을 재평가했으며, 그 결과 1986년 OPEC은 7,000억 배럴의 매장량을 보유하고 있다고 발표했다. 2009년 말, OPEC은 확인 매장량이 약 1조 배럴이 조금 넘는다고 추산했으며, 이 수치는 약 1.33조 배럴에 달하는 세계 확인 매장량의 80퍼센트에 해당된다고 덧붙였다. OPEC의 매장량에 대한 과장 보고 가능성은 지속적으로 논란거리가 되어왔다. 더군다나 몇몇 신뢰할 만한 소식통은 OPEC의 확인 매장량이 최대한으로 잡아도 9,000억 배럴 정도일 것이라고 보도한 바 있다.

기존의 유전에 대한 매장량 증가 보고가 어느 정도 일리가 있기는 하다. 그 이유인즉, 유가 상승으로 말미암아 전에는 추출비용이 높아 손도 대지 않았던 몇몇 석유자원이 이제는 경제적으로 사업성이 있다고 판단되기 때문이다. 보다 발달된 추출기술도 지속적으로 개발되고 있다. 또한 초기 일부 대유전의 규모가 실제로 과소평가되었던 것 같기도 하다. 그렇다 치더라도 매장량의 증가는 내륙의 오래된 대규모 유전과 관련된 것이다. 따라서 그것이 지속되리라고 기대할 수는 없다.

비재래 석유도 있다

현재 원유 매장량 추산은 거의 모두가 오직 석유, 또는 요즈음 용어로 '재래 석유'에만 집중해 이루어지고 있다. 하지만, 피크오일 논란 속에서 낙관적인 입장을 견지하는 이들은 석유 공급 감소가 가져올 공백을 소위 '비재래 석유' 개발이 메울 수 있을 것이라는 주장을 펼친다.

석유란 쉽게 흐르는 액체로 별도의 처리 없이 퍼 올릴 수 있다. 이와 반대로 비재래 석유는 점성이 훨씬 더 강한 탓에 먼저 가공 과정을 거치거나 희석을 해야만 추출할 수 있다. 비재래 석유에는 '극도의 중유重油'를 비롯해 유사油砂에서 추출 가능한 석유나 타르샌드(비튜멘), 또는 유모혈암油母頁岩 등이 있다. 타르샌드로부터 석유를 추출하는 방식은 기술력뿐 아니라 경제성도 이미 검증된 바 있다.

대략 80퍼센트가량의 재래 석유 보유고가 중동에 분포하고 있는데 반해, 그와 비슷한 비율의 비재래 석유 매장량이 베네수엘라, 캐나다, 미국 등지에 퍼져 있다. 이들 나라의 비재래 석유 매장량이 약 3조 배럴에 육박할 것으로 추정하는 견해도 있다. 그러나 기술적으로나 경제적으로 채굴 가능한 매장량은 상대적으로 매우 적을 확률이 크다.

기술적 또는 경제적 한계를 차치하고서라도 다른 여러 요소들이 비재래 석유 개발을 저해할 확률이 크다. 일단 환경보호에 대한 압력이 여러 지역에서 비재래 석유 생산의 걸림돌로 작용할 것이다. 비재래 석유는 재래 석유 추출에 비해 세 배나 더 에너지 집약적이다. 때문에 환경적으로 허용 가능한 선을 넘기 쉽고 비용이 많이 든다. 게다가 재래 석유보다 비재래 석유를 태울 경우 탄소 배출량이 더 높다는 우려도 있다.

영국 에너지연구센터의 《석유 고갈 분석 보고서》에서는 비재래 석유도 고려 대상이 되었다. 그러나 비재래 석유의 가능성을 참작했음에도 불구하고 2030년 이전에 재래 석유뿐 아니라 "모든 형태의 석유 생산"이 정점에 도달할 것이라는 자명한 결론을 내렸다.

숨은 의미를 제대로 이해하려면

연간 약 300억 배럴에 달하는 현재 세계 원유 소비량을 기준으로 약 1조 2,000억에서 2조 3,000억 배럴이 남았다고 가정한다면, 모든 재래 석유는 향후 40년에서 75년 사이에 고갈된다. 하지만 2030년까지 세계 원유 수요량은 두 배로 증가할 것이다. 그때까지 수요가 어느 정도 안정세를 유지한다 하더라도 재래 석유 생산율이 급격하게 하락하기까지는 실제로 25년에서 40년 정도밖에 남지 않았다.

위의 수치에 사회적으로 용인되는 비재래 석유 개발을 참작할 경우 10여 년 이상 기간을 연장시킬 수는 있다. 설사 50년의 시간이 주어진다고 해도 우리 문명이 검은 금의 의존에서 벗어나는 데는 부족한 시간이다. 하나 더 기억해야 할 점은 세계 원유 생산이 감소하고 수요가 공급을 앞지르는 피크오일 지점에 도달했을 때야 비로소 그 여파를 체감하게 된다는 것이다.

2030년 이전에 피크오일 정점에 도달할 것이라고 수많은 전문가가 전망한다. 그전에 전 세계적인 석유 파동 및 유가 폭등을 맞게 될 것이다. 국제에너지기구IEA는 2008년 국제 금융위기에 따른 잇따른 사업 포기 및 연기로 인한 단기적 석유 공급 위기를 경고한 바 있다. 2010년, 영국 정부의 수석과학자로 있던 데이비드 킹David King 박사 역시 빠르면 2014년부터 세계의 원유 수요가 공급을 앞지르기 시작할 것이라는 예측을 내놓았다. 2009년 말, 쿠웨이트 대학 연구진 또한 2014년을 피크오일 예상 일자로 거듭 제기했다. 이브라힘 사미 나샤위Ibrahim Sami Nashawi가 이끄는 이 연구진은 허버트의 종형곡선 모델을 개량함으로써 모든 주요 산유국에 있어서 산출 경향에 영향을 미치는 기술 변화, 생태, 경제, 정치적 요소를 감안하여 분석 결과를 도출했다.

2010년, 로이즈 보험과 채텀 하우스(영국 국제관계연구소)는 공동 출간한 백서에서, '중단기' 원유 공급 위기를 예고했다. 막대한 영향력을 행사하는 이 백서는 더 나아가 그 위기가 빠르면 2013년에 닥칠 수도 있다고 예견하는 이들이 상당수 있다는 데 주목했다. 더불어 배럴당 미화 200

달러 이상의 유가 폭등을 동반할 것이라는 견해도 덧붙였다.

공급 정점을 넘어서는 순간 직면할 유가 인상은 엄청난 반향을 불러올 것이다. 일단 석유로 제조하거나 일부라도 석유가 섞인 제품이면 죄다 가격이 인상될 것이다. 유가가 인상되면 또 운송비가 직격탄을 맞기에 전반적인 물가상승으로 이어진다. 그러나 이보다도 원유 공급과 수요 간에 벌어지는 격차로 인한 피해가 가장 심각할 것으로 예상된다.

많은 이들은 일단 정점을 지나면 매년 몇 퍼센트씩 원유 공급이 감소할 것으로 내다봤다. 이는 세계적으로 수요가 증가하는 시기와 맞아떨어진다. 경제학자에게 있어 미래의 수요, 공급 간의 격차는 과거 구매력 있던 일부 소비자들이 가격 인상으로 구매를 포기함으로써 수급이 '조정'될 수 있는 문제로 비칠 수 있다. 그러나 석유는 오늘날 운송, 농업, 공업 생산을 망라하는, 우리에게 필수불가결한 것이므로 수요가 충족되지 못한다면 엄청난 파장을 몰고 올 것이다. 예를 들어, 농민들이 가격 인상 때문에 생산을 감축한 끝에 전체적인 식량 생산이 감소할 경우 대대적인 기근이 닥칠 수도 있다.

가상의 논쟁에 불과하다고?

피크오일이라는 미래의 난제를 풀 유일하고도 가장 효과적인 대책은 탈석유 경제로 전환하는 것이다. 이는 물론 수년이 아니라 수십 년이 걸린다. 따라서 되도록 빠른 시일 안에 피크오일을 최우선 정치·경제적 과제로 내걸 필요가 있다.

대대적인 합의와 조치가 시급함에도 불구하고, 이제껏 미래의 원유 공급에 대한 논쟁은 두 파벌 간의 대결 구도를 형성하며 곁길로 빠지고 말았다. 약 1조 2,000억 배럴의 원유가 남았으며 10년 안에 피크오일 사태를 맞을 것이라고 주장하는 '조기 정점론자들'과 남은 원유가 2조 배럴 이상을 훨씬 웃돈다고 주장하는 '후기 정점론자들'이 서로 팽팽히 버티고 있다. 또한 후기 정점론자들은 나날이 발전하는 추출 기술로 인해 예전에는 손에 넣을 수 없었던 재래 및 비재래 석유자원을 효과적으로 개발할 수 있다는 일관된 주장을 편다. 따라서 여러 후기 정점론자들은 피크오일 시기를 2030년 또는 그 이후로 보기도 한다.

위의 단락은 마치 팽팽히 맞선 두 세력의 이야기 같은 인상을 준다. 하지만 애석하게도 사실은 그렇지 않다. 탈석유 경제로 전환하는 데 10년 내지 20년밖에 시간이 없다는 진영과 20년에서 30년 정도 남았다는 진영 간의 격론을 보여줄 뿐이다. 정계 진출을 희망하거나 중기 투자계획 또는 개인적으로 경력 전환을 물색하는 이들에게는 이 두 시간 지평 간의 차이가 중요할 수도 있다. 하지만 문명 전체를 고려하면 양쪽 시각으로부터 우리가 얻을 교훈은 지금 당장 석유 의존 경제에서의 탈출을 모색해야 한다는 것이다. 어쨌든 가장 낙관적인 후기 정점론자조차도 현재 비경제적인 석유자원의 경쟁력을 위해 급격한 단기 유가 인상에 기대고 있는 형국이다.

탈석유화를 기회로 삼아라!

피크오일에도 불구하고 인간이 번성할 가장 분명한 방법은 새로운 에너지원을 발전시키고 개발하는 동시에 새로운 교통수단을 강구하는 것이다. 풍력, 파력, 태양열, 원자력, 운동에너지 등이 모두 새로운 천년의 원동력이 될 준비가 되어 있다. 나노기술과 합성생물학 또한 인공합성을 통해 새로운 연료를 제공할 가능성이 있다. 유전자 변형곡물의 확산으로 석유 기반 살충제의 사용을 줄이는 동시에 수확량을 늘릴 수 있을 것이다.

더 광범위하게는 산업문명이 점점 더 에너지 및 자원 효율적 방향으로 진화하고 있고, 곧 실현될 조짐들을 보이고 있다. 클라우드 컴퓨팅 기술이 이미 디지털 방식으로 정보 공유 및 거래를 가능하게 하는 단계에 돌입해 이전보다 사람이나 물건의 움직임을 최소화할 수 있게끔 한다. 또 이제 곧 우리 먹거리의 일부를 도심지에서도 경작할 수 있게 되어 운송 거리를 단축시키는 효과를 거두게 될 전망이다.

마지막으로, 기후변화 억제를 위해 앞으로 고안되는 온갖 수단 대부분이 탈석유경제로 진입하는 데 도움이 될 확률이 많다. 실로 오늘날 온실가스 방출을 낮추고자 하는 노력이 피크오일에 대응할 최선의 전략이 될 것이다. 따라서 기후변화의 영향과 그에 따른 우리의 대응방안이 다음 장의 논지가 될 것이다.

Chapter **02**

기후**변화**

아마도 기후변화는 피크오일과 함께 우리가 직면한 최대의 난제가 아닐까 싶다. 게다가 미래 식량 및 식수 공급과 직접적이고도 중요한 상관관계가 있다. 또한 기후변화와 이를 막아보려는 노력이 이 책에 소개될 다양한 기술혁신의 원동력이 될 것이다.

이번 장에서는 기후변화 연구 및 전망에 관하여 가장 보편적으로 받아들여지는 정설을 검토해볼 것이다. 현재 이들 중 몇 가지 정설은 논란의 여지가 많아, 일부에서는 반박당하기도 한다. 그러나 정부를 비롯한 산하 단체들은 기후변화와 그 영향에 대해 타당하다고 보고 이를 토대로 정책을 수립하기 시작했다. 근거가 타당한가에 대한 논의는 일단 차치하더라도, 기후변화로 인해 촉발된 새로운 입법체제와 사업전략이 우리 모두에게 미칠 영향은 확실하다. 이런 맥락에서 잠재적인 기후변화는 이제 실제 기후변화만큼이나 중요하게 받아들여지고 있다.

과학적 통계가 알려주는 미래

기후변화에 관한 정부간협의체IPCC에 따르면, 광범위한 증거자료가 "온난화는 자명하다"는 사실을 뒷받침한다고 한다. 이미 한 세기 전보다 기온이 평균 0.74도 올랐다. 전 세계 평균온도의 지속적인 상승은 현재 수십 년간 관측되어오고 있다.

기후변화는 화석연료의 연소와 여타 산업활동에 의해 대기의 온실가스량이 증가하면서 일어나는 현상이다. 온실가스 농도가 높아지면 태양의 복사열을 점차 가두게 된다. IPCC는 그 결과 2100년에 이르면 지구 평균기온이 최소 1.1도에서 최대 6.4도까지 오를 것으로 예상하고 있다.

지구의 온도가 몇 도 오르는 것이 별일 아닌 것처럼 들릴지도 모른다. 하지만 세계 곳곳에서 강수량이 증가하고, 여름은 더욱 고온건조해지며, 가뭄은 훨씬 빈번해지는 결과를 초래한다. 따라서 기후변화는 농업에 심각한 결과를 초래한다. 예를 들어, 국세미작연구소는 전 인류의 60퍼센트가 주식으로 하는 쌀의 수확량이 향후 수십 년간 4~13퍼센트 감소할 것이라고 주장했다. 곡식 작물의 수확량 역시 감소할 확률이 높다. 예를 들어, 기온이 2도 오르면 남부유럽의 작물 수확량은 20퍼센트가량 감소하게 된다.

기후변화로 인해 지구 평균기온이 상승하는 데 반하여 일부 지역은 지금보다 훨씬 더 추워질 가능성도 있다. 이미 만년설이 녹아내려 북극해에 유입되는 담수량이 증가하고 있다. 이 현상이 북대서양 해류라 불리는 멕시코 만류의 속도를 저해하고 있다는 우려의 목소리가 나오고 있다. 이 따뜻한 해류는 유럽에 온기를 전달하는 역할을 한다. 그러나 빙하가 녹아내리면 바다의 염분 농도가 옅어져 북대서양 해류를 좌우하는 열

염분 순환 과정을 위축시킨다. 그럴 경우 영국을 비롯한 북유럽 국가들의 평균 기온은 20년 이내에 5도까지 떨어지게 된다. 향후 북유럽의 평균 기온이 더 올라갈지, 더 내려갈지에 대해서는 논란의 여지가 많다.

극지방에서 녹아내리는 빙하가 해수면을 상승시키고 있음을 우리는 잘 안다. 지난 100년 동안 해수면은 이미 17센티미터 정도 상승했다. IPCC는 기후변화로 인하여 2100년까지 전 세계 해수면이 최소 18센티미터에서 최대 59센티미터까지 추가 상승할 것으로 예측했다.

세계 전역에서 일어나는 해수면 상승은 악천후가 닥칠 경우 홍수 발생률을 높이게 될 것이다. 상당수 지역에서 육지가 습지로, 또 습지가 수면으로 바뀌거나, 해변이 침식되고 강 하구의 염도가 상승하는 현상이 발생하게 된다. 지구온난화로 빙하가 녹아내리거나 붕괴될 경우 결국은 스무 명 중 한 명의 거주지가 위협받는다는 예측도 보고되었다.

해수면에서 높이 1미터가 안 되는 지역에 1억 명가량의 사람이 거주한다. 따라서 IPPC가 전망한 해수면 상승률의 고점을 적용해보면 엄청난 사태가 예상된다. 예를 들어, 방글라데시의 약 5분의 1이 물속에 잠기게 된다. IPCC는 기후변화로 인해 약 7,500만 명에서 2억만 명에 달하는 사람이 홍수 피해를 입을 수 있다는 더욱 확대된 전망을 내놓았다. 세계 주요 도시들도 해변이나 큰 강가에 위치한 경우가 많다. 지구의 기온이 3~4도가량 오를 경우, 그에 따른 해수면 상승은 세계의 주요 대도시들을 위협할 것이다. 즉 런던, 상하이, 뉴욕, 도쿄, 홍콩 등지가 피해 예상 지역에 들게 된다.

해수면이 상승하면 몇몇 도서 국가는 완전히 사라지게 된다. 태평양에 위치한 산호도 투발루는 머지않아 수몰될 예정이다. 이에 따라 투발루는 1만 1,000명의 주민을 뉴질랜드로 이주시키는 계획에 착수했다.

기후변화는 환경 전반에 걸쳐 영향을 미칠 것이며, 많은 생태계가 심각한 손상을 입거나 파괴될 것이다. 지구 평균온도가 2도 상승할 경우 모든 종의 15~40퍼센트가 멸종 위기에 처할 것이라는 추계도 나왔다. 몇몇 기후 예측 프로그램은 앞서 말한 정도의 기온 상승으로도 아마존 우림이 심각할 정도로 훼손될 수 있다는 계산을 내놓았다.

온실가스 배출량을 줄여라

온실가스로 인해 대기 중에 열을 가두는 현상은 자연스런 작용일 뿐 아니라 지구상에 생명체가 살기 위해서는 반드시 필요하다. 온실효과가 없었다면 지구의 평균온도는 현재의 15도가 아니라 영하 18도 정도로 떨어졌을 것이다.

대기 중에는 지구가 열을 가둘 수 있게끔 하는 몇 가지 기체가 있다. 수증기도 온실가스 중 하나다. 하지만 정말 문제가 되는 것들은 이산화탄소, 메탄, 이산화질소 등이다. 대기 중에 잡혀 있는 이들 기체의 증가는 산업화 진행과 밀접한 관계가 있다. 온실가스 배출은 대부분 화석연료의 연소, 시멘트 생산, 개간 작업, 농업 생산에 기인한다. 특히 이산화탄소는 석유, 천연가스, 석탄, 나무 등을 태울 때나 시멘트를 혼합할 때에 석회석에서 다량 배출된다. 시멘트 화학처리 공정을 비롯해 가마 속에서의 연료 연소와 기타 에너지 요구량 등을 따져보면 시멘트 산업이 전체 이산화탄소 배출량의 약 5퍼센트를 차지한다는 사실을 알 수 있다.

목재를 얻기 위해 벌목하고, 농토나 거주할 개간지를 얻기 위해 이탄

지대나 숲을 태울 때 상당량의 이산화탄소가 배출된다. 나무를 비롯한 여타 초목들과 이탄지는 이산화탄소를 흡수해 저장한다. 이들을 태우면 저장하고 있던 이산화탄소를 대기 중에 다시 방출해버리게 된다. 국제 캐노피 프로그램의 연구진에 의하면, 계속되는 삼림 파괴에 의한 이산화탄소 배출이 현재 전체의 약 25퍼센트를 차지한다고 한다.

메탄은 이산화탄소보다 독성이 많은 온실가스이기는 해도 그 양이 훨씬 적은데, 주로 석탄, 천연가스, 석유 등을 생산할 때 배출된다. 또한 메탄은 쓰레기 매립지, 정수 처리장, 모든 가축과 기타 동물들의 소화기관에서 배출된다. 끝으로 이산화질소는 화석연료를 때거나 비료를 사용할 때, 기타 산업 생산활동 전반에 걸쳐 배출된다.

온실가스의 농도는 이산화탄소 농도ppm로 측정되는데, 해당하는 기타 기체의 수치도 같이 기록한다. 현재 대기 중 전체 온실가스 농도는 약 430ppm 정도다. 이 중 약 380ppm 정도가 이산화탄소다. 이는 산업혁명 이전인 17세기 중반의 추정치 280ppm과 비교된다. 유명한 화학자 찰스 데이비드 킬링Charles David Keeling이 정밀 측정을 시작했던 1958년 이산화탄소 농도는 317ppm이었다. 연간 배출량이 안정세를 유지한다 하더라도 2050년이 되면 이 수치는 550ppm에 이를 것이다. 그러나 배출량은 실제로 급속히 증가하고 있다. 즉, 550ppm이란 수치가 2035년에 도달할 수도 있다는 말이다. 이는 지구의 온도를 2도 이상 올리는 결과를 초래할 것이다. 이 정도의 변화만으로도 전 세계에 엄청난 영향을 미칠 수 있다. 온도 상승이 2도를 넘어서게 되면 잠재적으로 몹시 심각한 문제를 일으킬 수 있다.

기후변화가 걷잡을 수 없는 통제 불능의 상태로 접어들기 전에 지구 스스로 자정능력을 되찾아 대기권 밖으로 온실가스를 배출할 수 있을 정도로 전 세계의 연간 온실가스 배출량을 줄여야 한다. 2006년, 영국 정부가 위탁한 〈스턴 보고서〉는 우리가 취할 수 있는 방안들을 정밀하게 분석했다. 특히 온실가스 농도가 450에서 550ppm 정도를 유지하도록 제한해야 한다는 등의 현실적인 목표를 제안한 점이 돋보인다. 제안 범위의 최고치인 550ppm 선을 유지하려면 향후 10년 안에 세계 배출량이 정점에 도달해 2050년까지 현재 수준의 25퍼센트 아래로 떨어뜨려야 한다. 450ppm 선 유지를 위해서는 근 10년 내에 배출량이 정점을 찍은 후 연간 5퍼센트씩 떨어뜨려 2050년까지 현재 농도의 약 70퍼센트 미만으로 수치를 끌어내려야 한다. 이러한 건의안들은 세계적 차원의 공약이 선결되어야만 신속하고 급격한 변화를 기대할 수 있다. 〈스턴 보고서〉에 따르면 온실가스 농도를 550ppm 미만으로 유지하려면 2050년까지 전력 생산이 60에서 75퍼센트까지 탈탄소화에 도달해야 한다.

이미 엎지른 물인가?

우리가 어떤 행동을 취하든 간에, 향후 수십 년간 기후변화는 계속 진행될 것이다. 기후변화로 비상사태가 초래되고 갈수록 그 강도가 심해져, 이미 경제적인 부담을 안겨주고 있다. 그 예로 영국의 경우 폭설, 혹한이 닥칠 때마다 2억 3,000만 파운드에서 6억 파운드에 달하는 경제적 손실을 보고 있다. 또한 이런 악천후가 점점 더 빈번해질 것이다. 만일 북대서양 해류가 끊겨 북유럽의 온도가 내려간다면 상황은 더욱 심각해진다. 2005년 허리케인 카트리나와 2011년 호주에서 일어난 홍수 규모의 기상 관련 사태들이 더욱 잦아질 것이다. 현재까지는 허리케인 카트리나가 기상 관련 자연재해로서 가장 큰 경제적 손실을 냈다. 그런데 이 처참한 기록은 앞으로도 계속 깨질 전망이다.

때문에 재해복구 계획 및 대비태세는 한층 더 강화되어야 한다. 2010년 9월 영국 정부가 이를 받아들여, 순수 기후변화 완화 정책에서 적응 정책 쪽으로 노선을 변경했다. 발전소 침수 피해 대비안과 여름철 건기 중 병원 급수난 방지 대책 등이 이 발표에 포함되어 있다. 이와 같은 기후변화 적응 정책에 따른 조치들은 결국 세금 인상과 물가 상승으로 이어진다.

많은 나라가 미래 식량 및 식수 공급량을 확보하기 위해 노력을 기울여야 한다. 또한 작물 수확 감소로 인해 지속적으로 식량 가격이 상승하고, 큰 폭으로 널뛰는 기후변동에 의한 농산물 피해가 점점 더 정기적 패턴으로 변화한다는 점도 염두에 두어야 한다. 선진국에 사는 사람들에게 육류 섭취를 줄이라는 압력이 더 거세질 가능성도 있다. 이는 두 가지 측면에서 온실가스 배출량 감축에 도움이 된다. 우선, 식용가축 사육 시 나오는 메탄가스 배출이 줄어들 것이다. 둘째로, 삼림 개간의 필요성이 줄어든다. 그린피스에 따르면, 2004~2005년에 사료작물을 경작하기 위해 아마존 열대우림 290만 에이커가 파괴되었다. 햄버거 1파운드를 생산하는 데 220평방미터가량의 땅이 희생되어야 한다는 말이다.

기후변화에 직면해, 일부 업체(특히, 보험업체)들은 사업 모델을 근본적으로 재고해야 할 필요가 있다. 현재 대부분의 재산보험은 모든 손해 발생을 보장하는 형태로 판매된다. 앞으로는 화재 및 도난에 대한 피해보상을 침수나 기상재해로 인한 피해보상과 구별해 판매하는 형태가 되어야 한다. 이런 식으로 변경되지 않는 한 수많은 재산이 보험 적용 불가 판정을 받게 될 것이다.

비교적 머지않아 대부분의 나라가 수해 방지대책을 세우거나 해안침식 방지를 위해 수억 달러, 파운드, 유로, 엔 등을 지출하게 될 것이다. 영국 환경처는 2035년까지 이런 사업을 추진하기 위해 정부가 연간 10억 파운드가량을 쏟아 부을 것을 권고했다. 그러나 너무 어마어마한 비용이라는 여론이 일어날 가능성이 크다. 더 나아가 기후변화로 인한 피해가 워낙 커서 주민을 이주시켜야 하는 경우도 생길 것이다. 어느 선까지 정책을 추진해야 할까 하는 결단의 문제가 앞으로 중요 정치 사안으로 떠오를 것이다. 금세기 중반에 이르면 정치인들은 어느 지역을 보호해야 하고, 어느 지역은 지켜내기에 부적합하고 비경제적인가 등에 대한 공약을 내걸고 유세를 벌여야 할지도 모른다.

이제 당장 건축 허가를 내줄 때에도 기후변화를 염두에 두기 시작해야 한다. 이러한 요구에 부응하는 설계를 내놓는 건축업체는 그야말로 대박을 터트리게 될 것이다. 시멘트 의존도가 낮은 시공법을 개발, 시공할 수 있는 건축업체 또한 성공가도를 질주하게 될 것이다. 기존 건축물이나 기반시설을 기후변화에 유연하게 대처할 수 있도록 보강할 수 있다면, 이 또한 건축 분야에서 위대한 도전인 동시에 기회가 될 수 있다. 〈스턴 보고서〉에 의하면, 그러한 건축시공은 경제협력개발기구OECD 회원국에만 국한해 따져 봐도 연간 150억 달러에서 1,500억 달러가 들게 된다.

미래 기후변화에 대한 대처법

기후변화가 초래한 결과에 맞서기 위해서는 상당한 규모의 조치가 취해져야 한다. 하지만 이 정도의 미봉책은 우리 생활에 주는 충격이 미미한 데 반해, 기후변화의 근본적 원인에 메스를 대는 조치들은 가공할 만한 충격으로 다가올 수 있다. 국민들이 거세게 반발하지 않는 한 대부분의 정부는 굵직한 기후변화 완화 정책들을 추진할 것이다. 잘하면 새로운 산업이나 기회가 창출될 수도 있다. 하지만 정부의 조치로 인해 우리 대부분은 기존의 생활방식에 커다란 변혁을 감수해야 할 것이다.

정부의 입장에서 자국민 또는 기업체들을 가장 수월하게 설득시키는 방법은 에너지 효율을 높이라고 권고하는 길이다. 피크오일을 비롯하여 여타 자원의 고갈로 인해 향후 수십 년간 에너지 가격이 가파르게 상승할 전망이다. 만일(그러기 십상인데) 탄소 배출에 대해 직간접적인 세금을 부과한다 하더라도 에너지 가격은 여전히 상승을 거듭할 것이다. 풍력과 파력, 태양열 그리고 원자력 등의 에너지로 전환할 경우 온실가스 배출을 낮추는 효과를 본다. 그러나 차세대 대체 에너지원으로 생산한 에너지는 현재 화석연료를 태워 얻는 것보다 훨씬 많은 비용이 든다. 이 때문에 대부분 사람의 생활방식은 에너지 집약적인 방향과 반대로 바뀔 수밖에 없다.

다행히도 과학기술이 발달해, 앞으로는 훨씬 에너지 효율적으로 살게 될 전망이다. 이미 기존의 전구보다 에너지를 80퍼센트가량 덜 소모하는 초절전형 전구가 출시됐다. 수년만 지나면 더욱 에너지 효율적인 LED 전구가 상용화될 것이다.

유럽연합EU 전역에 절전형 전구가 보급된다면 탄소 배출량을 연간

2,000만 톤가량 절감시킬 수 있다. 때문에 2009년, EU가 100와트 백열 전구 생산 및 수입을 금지시킨 것은 그다지 놀랄 일이 아니다. 에너지 효율을 획기적으로 끌어올릴 여지가 있는 기타 많은 종류의 전기제품이 있는 터라, 이와 유사한 개발과 노력은 불가피하다. 지금 나는 이 글을 초절전형 PC와 모니터를 사용해 작성하고 있다. 이 PC와 모니터는 합쳐봐야 41와트의 전력을 소비할 뿐이다. 1년 전만 해도 나는 220와트가량의 전력을 소비하는 일반 데스크톱 컴퓨터로 글을 썼다. 에너지 소비를 줄일 수 있는 방법은 얼마든지 많다. 이러한 효율성은 결국 경비 절감으로 이어지기 때문에 10년 안에 우리 대부분은 초절전형 전자제품을 구매하게 될 것이다.

에너지 효율을 높여서 에너지 수요를 절감시킨다 하더라도, 사람들로 하여금 습성을 바꾸도록 유도하는 일은 쉽지 않다. 에너지 가격의 상승은 어느 정도 사람들의 사고방식에 변화를 일으켜, 더 많은 이들이 사용하지 않는 전자기기의 전원을 끌 것이다. 또한 연료를 소비하는 일부 개인여행의 비중도 줄 것이며, 더 나아가 우리의 식탁에 오르기까지 수천 킬로미터를 이동하는 식품도 덜 수입하게 될 것이다. 하지만 여행을 못 하도록 막거나 오직 세계의 장래를 위해서만 소비행위를 하도록 대중을 설득하고 교육시킨다는 것은 지극히 어려운 일이다.

앞으로 수십 년 내에 재래 석유의 공급량은 점점 더 제한될 것이다. 그러나 한편으로, 석탄이나 잠재적인 비재래 석유는 앞으로도 수십 년 동안 계속 풍부하게 공급될 것으로 보인다. 비교적 풍족한 이 두 에너지 자원 중 어느 한쪽을 완전히 태워 없애게 될 어떤 미래의 선택을 한다면, 대기 중 온실가스 농도는 급격하게 치솟아 향후 기후변화를 한층 심화시키는 결과를 초래할 것이다. 이러한 영향을 완화하기 위해 이산화탄소 포집기술을 발전소에 적용할 수도 있다. 하지만 다시 말하건대, 관계자들에게 비용이 훨씬 높은 기술을 사용해야 하는 당위성을 설득하기란 결코 쉽지 않다. 중국 성장의 80퍼센트가 석탄을 이용해 달성한 것이다. 이에 따라 현재 544개의 추가적인 석탄 화력발전소 건설을 계획하고 있다. 서방 국가들이 중국, 인도를 비롯한 다른 나라들에게 당장 산업화를 중단해서 공해를 발생시키지 말라고 도덕적 권위를 내세워 타이를 수도 없다. 자신들도 그렇게 성장했기 때문이다.

이렇듯 도덕적 권위가 서지 않다 보니 삼림 개간으로 인한 온실가스 배출량을 줄이고자 하는 노력에 힘이 실리지 못한다. 오늘날 연간 5,000만 에이커에 달하는 열대우림이 파괴되고 있다. 이는 영국과 스코틀랜드, 웨일스를 전부 합친 규모와 같다. 이는 다시 대기 중에 20억 톤에 달하는 이산화탄소가 배출됨을 의미한다. 이 배출량은 항공사를 포함한 전 세계 운송업체가 내뿜는 양을 훨씬 초과한 것이다. 국제 캐노피 프로그램의 회장인 앤드류 미첼이 주장하듯이 "열대우림은 기후변화에 있어 방 안의 코끼리와 같은 존재다." 즉, 누구나 인정하는 중요한 문제지만 얽히고설킨 이해관계 때문에 그 누구도 문제 제기를 하지 않을 뿐이다.

가장 저렴한 미래 기후변화 억제책 중 하나가 과감한 삼림 개간 감축임을 뒷받침하는 상당한 증거도 있다. 문제는 이의 실행방법이다. 육류 수요 증가가 사료 생산을 위한 개간을 부추긴다. 어느 정도는 우리 모두가 어찌해볼 수도 있다. 그러나 인도네시아, 브라질, 콩고 등지에 사는 사람들이 다른 경제활동을 추구하도록 설득하기 위해서는 국제사회의 기금 및 지원이 필요하다. 한 나라의 일방적 희생을 바랄 수는 없는 노릇이다. 즉, 우리 모두의 미래가 달린 일이기 때문에 세계 각국이 실질적인 대안 마련에 나서야 한다.

지구공학이 해결책인가?

정치인들이 합의점을 도출하지 못해 탄소 배출량 감축에 필요한 적절한 대책을 마련하지 못할 가능성도 있다. 따라서 향후 수십 년간 대기 중 온실가스 농도가 지속적으로 증가할 우려가 있다. 그리고 만약 이런 식으로 상황이 전개된다면 기후변화를 저지하기 위해 이제까지 제시한 일련의 대비책들을 뛰어넘는 더욱 급진적인 해결책이 나와야 한다. 실제로 오늘날 기후변화 정책 반대론자의 대다수는 범지구 차원의 획기적인 과학기술로 해결책을 마련할 수 있을 것이라고 믿고 있다.

기후변화를 조절해보려는 미래의 '지구공학적' 해결책으로 산업 현장에서 배출된 이산화탄소를 액화시켜 지하 깊숙이 매장하거나, 새로운 형태의 해조류를 양성해 바다 속의 이산화탄소를 흡수하게 하는 등의 방법이 선을 보였다. 나노기술을 기반으로 한 온실가스 여과공장을 건설해 대기 중의 과도한 온실가스를 추출해내는 방법이 가능할지도 모른다. 이러한 공장들이 세계 전역에 전략적으로 들어설 경우, 농축된 온실가스를 산업화 이전 수준으로 돌려놓을 수 있을 것이다. 또 다른 차선책은 어쩌면 가장 야심 찬 기후변화 해결책으로 뽑을 만한 것으로, 우주에 솔라 세일(태양의 방사압을 이용하기 위한 돛)을 건설하는 것이다.

지구를 감싸는 태양 복사열의 수준은 대체로 일정하다. 현재 기후변화가 발생하는 이유는 대기 중에 온실가스 농도가 증가해 지구상에 너무 많은 양의 복사열이 남아 있기 때문이다. 이런 현상을 방지하기 위해 이제까지 논의한 모든 기후변화 완화책은 온실가스 농도 억제를 그 기조로 하고 있다. 그러나 기초물리학에 의하면 온실가스 농도가 높더라도 애초에 지구에 도달하는 태양 복사열의 양이 적다면 아무 문제없이 살아갈 수 있다.

이론상으로 거대한 솔라 세일을 궤도에 설치해 지구에 차양을 드리울 수 있다면 과다한 태양 복사열을 차단할 수 있다. 여기에 사용될 돛은 면적은 커야겠지만 재질은 플라스틱이나 금속으로 하고, 두께가 수백 개의 원자로 구성될 정도로 얇아야 한다. 현재 그러한 돛을 생산하는 것은 불가능하다. 그러나 나노기술의 발달로 향후 10년 안에는 제조가 가능하다.

케네스 로이Kenneth I. Roy는 2001년 우주기술 및 응용에 관한 국제 포럼에서 10만 세제곱킬로미터 정도의 솔라 세일 규모라면 인간이 기후변화를 조정할 수 있을 것이라고 주장했다. 그런 돛이라면 잠재적으로 전력을 생성해 지구로 내려 보낼 가능성도 있다. 하지만 우리가 앞으로 최고의 우주 접근기술을 보유한다고 해도 지상에서 그러한 돛을 제작해 궤도에 쏘아 올릴 가능성은 희박하다. 로이 박사에 의하면 10만 세제곱킬로미터에 이르는 돛은 무게가 무려 4,000만 톤에 육박할 것이라고 한다. 따라서 솔라 세일은 우주에서 제작되어야 한다. 그리고 달이나 소행성에서 채취한 원료를 사용할 수도 있다.

이러한 구상은 믿기지도 않거니와 엄청난 비용이 들 것이다. 솔라 세일을 이용해 지구온난화를 해결한다는 것은 현재로선 터무니없는 공상에 불과하다. 하지만 해를 거듭할수록 현실성 있는 옵션으로 둔갑할 수도 있다. 즉, 수십억의 사람에게 급격한 라이프스타일의 변화를 감수하게 하고, 소비와 여행마저 대폭 줄여야 한다고 설득하는 것보다 더 현실적일 수 있다.

근시안적 마인드가 미래를 망친다

앞으로 수십 년간 기후변화가 우리 모두에게 미치는 영향은 갈수록 커질 것이다. 그러나 일부에게는 식료품 가격이 상승하는 정도의 변화에 지나지 않을 것이다. 또는 이따금씩 극심한 날씨 탓으로 다소 불편을 겪는 정도일 것이다. 하지만 이들보다 불행한 세계 인구의 대다수를 차지하는 사람들에게 기후변화는 홍수, 가뭄, 그에 따른 식량 및 식수 부족 등을 의미한다. 전 세계 빈곤지역에 사는 많은 사람이 기후변화가 몰고 오는 직격탄에 목숨을 잃게 될 것이다.

인류가 기후변화에 대처하며 직면하게 되는 난관 때문에 오늘날 더욱 많은 사람이 미래 세계에 관심을 갖게 된다. 20세기 자본주의를 풍미했던 유명한 경제학자 존 메이너드 케인스John Maynard Keynes는 "우리 모두가 죽게 되는 건 먼 훗날이다"라고 피력한 적이 있다. 업체, 정부 및 개인 행위의 장기적인 책임은 그냥 무시해도 된다는 그의 논리는 수십 년 동안 많은 이에게 편의를 제공해왔다. 그러나 케인스와 추종자들은 먼 훗날을 내다볼 때 우리의 자손과 그 후손들이 여전히 살아갈 것이며, 현재 우리의 이기적이고 어리석은 행동으로 빚어진 결과에 따른 고통을 떠안게 된다는 단순한 사실을 외면하고자 했다. 따라서 2008년, 세계금융위기와 함께 기후변화 문제는, 비정한 20세기 관료들이 고안해낸 그릇되고 근시안적인 경제논리를 폐기해야만 하는 결정적 근거를 보여준 셈이다. 이를 반영하듯 영국 정부의 〈스턴 보고서〉 서두에서는 놀랍게도 "기후변화는 이제껏 전례가 없는 가장 광범위한 시장실패 사례"라고 시인하고 있다. 물론 그다음에 경제적 논리하에 내놓은 제안이라는 것들은 기껏해야 우스꽝스러운 것에 지나지 않았다.

Chapter 03

피크워터

기후변화의 심각성은 믿고 안 믿고를 떠나 누구든지 한 번쯤은 들어봤을 것이다. '피크오일'이란 용어가 생소하다 해도 언젠가는 석유가 바닥날 것임을 누구나 인지하고 있다. 그러나 '피크워터'라는 용어를 입에 올리면 사람들은 멍하니 눈만 껌뻑거리는 경우가 대부분이다.

피크워터는 물 공급이 자연적 한계에 도달하는 시점을 일컫는다. 피크워터 지점을 지나면, 물에 대한 수요가 공급을 초과하게 된다. 유엔의 보고에 의하면, 2025년에 이르면 18억 인구가 '절대적 물 기근' 상태에 놓이게 되고, 세계 인구의 3분의 2가량이 물 공급 부족이나 제한 급수를 겪게 될 것으로 전망했다.

세계의 몇몇 지역은 다른 지역에 비해 풍부한 담수로 축복을 누리고 있다. 따라서 세계의 각 지역은 서로 다른 시기에 피크워터 지점에 도달하게 된다. 유엔은 이미 전 세계 43개국 전역에 7억 명가량이 물 부족을 겪고 있다고 추산하고 있다. 현재 이들은 모두 아프리카, 남아프리카, 또

예전부터 가뭄이 빈번했던 지역에 거주하고 있다. 하지만 이제 중국과 유럽 일부도 유엔의 '중상위급 물 부족' 리스트에 올라 있다.

사방이 물인데도, 부족하다고?

사람들은 피크워터에 대해 설명하면 처음에는 믿지 않는다. 그들은 보통 "지구 표면의 3분의 2 이상이 물로 덮여 있지 않은가!"라고 반문한다. 태양계에서 오직 지구만이 이따금 '푸른 행성'이란 별칭으로 불린다. 석유나 기타 화석연료와 달리 물은 사용 후 자연적으로 재순환된다. 그렇다면 물이 고갈된다는 것이 도대체 말이나 되는 소리인가?

지구상에 약 14억 세제곱킬로미터(대략 326퀸틸리언 갤런)에 달하는 물이 있다고 추산된다. 그러나 그 물의 약 97퍼센트가 염수라서 식수나 농업용수로 부적절하다. 게다가 대부분이 극지의 만년빙이다. 이를 제외한 나머지도 토양에 섞여 있거나 지하 깊숙이 있어 접근이 어렵다. 따라서 인간과 모든 지상생물이 음용할 수 있는 소량의 물은 호수, 강, 비, 녹은 눈, 녹은 빙하, 대수층에서 끌어올린 물 등으로 이루어져 있다. 이렇게 구성된 세계의 물 보유량은 솔직히 아직 상당량에 달한다. 하지만 상당히 불균등하게 분배되어 있다.

대다수 지역의 담수 공급원은 시간이 지나면 자연스럽게 보충된다. 이는 지구의 '물순환' 원리에 의해 이루어지는데 증발, 강우, 지표면 유출, 바다에서 육지로 이동하는 대기 중 수분 등이 여기에 포함된다. 그러나 주어진 기상조건 안에서 특정한 담수 공급원의 담수 보충률은 거의 일정하다. 모든 담수 공급원은 따라서 자연 보충량 이상으로 물이 빠져

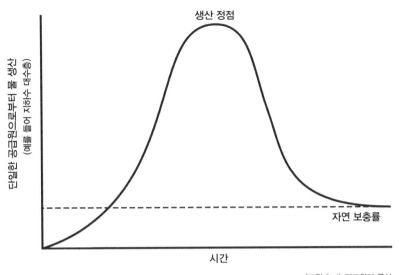

〈그림 3-1〉 피크워터 곡선

나갈 경우 생산 정점을 맞게 된다.

〈그림 3-1〉은 대수층 같은 단일한 물 공급원의 잠재적인 피크워터 곡선을 보여준다. 대수층에서 자연 보충률 이상으로 물을 취득한 경우 종형곡선을 따르게 된다. 그리고 정점을 지난 생산량은 결국 자연 보충량 수준으로 떨어진다.

상당히 빠른 속도로 보충되는 대수층도 더러 존재한다. 따라서 그런 경우 자연 보충률은 〈그림 3-1〉의 수직축에서 상당히 높은 지점을 차지하게 된다. 그러나 이와 다른 이른바 '화석수'는 수천 년 동안 서서히 모인 것으로, 자연적인 보충이 매우 느리게 진행되거나 아예 불가능한 경우도 있다.

세계의 많은 지역이 지하수 생산 정점을 이미 경험하고 있거나, 머지

않아 겪게 될 지점에 와 있다. 특히 중국, 이란, 이스라엘, 멕시코, 스페인 등이 대수층의 물을 과다하게 양수하는 나라다.

세계 인구의 절반 정도가 지하수면이 하강하고 있는 나라에 살고 있으며, 이 중 몇몇 지역의 지하수면은 급속도로 낮아지고 있다. 예를 들어, 중국 북부 대평원의 중심부 허베이 평원 지하의 대수층은 연간 3미터씩 낮아지고 있다. 더 심하게는, 인도 북부 구자라트 지역의 지하수면이 허베이 평원의 두 배 이상 매년 감소하고 있다. 이들 지역의 우물은 바닥이 났거나 매년 더욱더 깊이 파들어가야 하는 형편이다. 이제는 급기야 농업에 피해가 발생하는 등 위기가 현실로 나타나고 있다.

지하 대수층을 공급원으로 하지 않는 대부분의 물은 호수나 강에서 나온다. 이 두 급수원은 비, 눈 또는 빙하가 녹아내려 생긴 유거수를 통해 자연 보충된다. 그러나 보충 속도보다 빨리 유출될 경우, 호수와 강도 〈그림 3-1〉에서 볼 수 있는 생산 정점 대상이 된다. 지상에 노출된 수원지 대부분의 자연 보충률은 수직축의 꽤 높은 곳에 위치한다.

물, 기후변화, 그리고 환경

인간에 의한 물 수요 증가는 불행히도 유일한 공급 압박 요인이 아니다. 여기에 또 기후변화가 가세하게 될 것이다. 미미한 지구의 온도 변화에도 불구하고 강우 기간과 강도에 이미 변화가 일어나고 있다. 이러한 변화는 호수의 증발을 가속화하고 가뭄을 촉진한다. 빙하가 녹아 생긴 유거수에 의존하는 지역사회는 앞으로 수십 년 내에 빙하 감소로 인한 피크워터 사태에 직면하게 된다. 기온 상승으로 지구가 점점 더 더운 기후대를 형성하게 되면서 식수에 대한 수요도 더불어 증가할 것이다. 예전에는 비가 내려 자연적으로 물을 공급했던 농경지에 인위적 관개시설을 설치해야 하는 상황 또한 폭발적으로 늘어날 수밖에 없다.

일부 지역의 경우, 식수 및 농·공업용수 취수 행위는 돌이킬 수 없는 환경 파괴의 잠재적 주범이다. 2009년, 태평양연구소는 이러한 위험을 알리기 위해 '피크 생태 워터'라는 신조어를 선보였다. 《더 월드 워터》지에 게재된 보고서에 따르면 "인간이 사용하기 위한 새로운 취수 개발 사업은 모두 해당 수자원이 생태계를 지탱하는 역량을 저하하고, 그동안 기여해왔던 역량마저 감소시킨다. 일시적으로 전용되거나 유역 변경된 물길은 한때 땅과 하늘, 수중에 서식하는 동식물의 목을 축이고, 그들의 서식지를 지탱해온 것이다."

어느 지역이 생태적으로 지속 가능한 한계점을 넘어 물을 소비하면 그로 인해 심각한 결과를 초래하게 된다. 1900년 이후 전 세계 습지의 반 이상이 사라졌다. 이로 인해 여러 동식물이 멸종했을 뿐 아니라 사람들이 거주하는 지역에 홍수 발생률을 높이는 결과를 낳았다. 식수 및 농업용수를 얻기 위해 강의 물을 끌어 쓸 경우, 자연 식생 유지에 필요한 물 부족현상이 빈번하게 발생한다. 이러한 행위가 지속되면 야생동물들이 먹이와 서식지를 잃게 되고, 시간이 지나면서 토양 침식으로 이어진다.

20세기에 들어서면서 전 인류의 담수 소비량이 9배 이상 증가했다. 일부는 현재 우리가 재생 가능하고 접근성 있는 담수자원의 절반가량을 끌어다 쓰고 있다고 추정한 바 있다. 물을 이런 식으로 계속 전용한다면 위험부담이 따르기 마련이다. 즉, 이로 인해 생태계가 피해를 입어 심각한 역효과를 낳게 될 것이다.

피크워터가 미치는 영향

　피크워터라는 미래의 과제는 인간과 기타 생명을 포함하는 아주 광범위한 영역에 걸쳐 영향을 미칠 것으로 예상된다. 인류 문명이 소비하는 물의 8퍼센트 정도가 식수와 집안일에 쓰인다. 대부분 선진국에서 앞으로 가성용 급수 사용이 좀 더 제약을 받을 수는 있으나 위기라고 말할 단계는 아니다. 그렇다 해도 대다수 지역에서 지금보다 훨씬 많은 물을 필요로 하는 식량 생산까지는 확신할 수가 없다.

　인간이 전용하는 물의 최소 70퍼센트가 농업에 사용된다. 예를 들어, 1톤의 곡물을 생산하는 데 1,000톤의 물이 들어가고, 쌀 1톤을 생산하는 데는 무려 5,000톤의 물이 소비된다. 강우량이 충분하지 않은 지역일 경우, 농업에 필요한 물은 관개를 통해 공급해야만 한다. 현재 과도하게 물을 끌어다 쓰는 주요 농업지역은 머지않아 심각한 결과에 직면하게 될 것이다.

　세계은행은 중국의 하이 강 유역이 자연 보충률 이상으로 유출되고 있다고 보고했다. 이 수원이 고갈될 경우, 연간 약 400억 톤가량의 공급 부족 현상을 겪게 될 전망이다. 결국, 이 지역의 곡물 생산이 4,000만 톤 감소한다는 것을 의미한다. 이는 1억 2,000만 명을 부양할 수 있는 양이다. 1997년 중국 전역에 걸쳐 밀과 곡물 생산이 정점에 도달했다. 그때부터 주요 곡물인 이 두 작물의 생산량이 감소하기 시작했는데, 물 부족이 일부 요인으로 지목되고 있다.

　피크워터는 미래의 전 세계 식량자원을 위협하는 난제 중 하나다. 물 부족 사태가 날이 갈수록 심각해진다면, 농업뿐 아니라 다른 분야에도 심각한 영향을 미칠 것이다. 유엔의 반기문 사무총장은 "물 부족은 향후

20년 안에 경제성장을 저해할 것이며, 이와 더불어 인권과 보건 및 안전, 그리고 국가안보를 위협할 것"이라고 수차례 경고한 바 있다.

국내의 물 공급이 부족하면 잠재적으로 건강과 안전에 영향을 미치게 된다. 또한 피크워터가 식량 부족으로 이어진다는 사실도 확실하다. 하지만 물 부족이 산업과 경제에 미치는 여파를 가늠하기란 그리 쉽지 않다.

물에 대한 의존도가 높은 산업 공정은 헤아릴 수 없이 많다. 약 22퍼센트의 수자원이 산업 활동에 쓰인다. 금속, 화학약품, 종이제품, 전자 부품 등을 생산하는 데 어마어마한 양의 물이 필요하다. 물은 또한 석탄, 석유, 천연가스를 비롯한 여타 연료를 생산하는 데 필수적이며, 발전소 가동에도 필요하다. 미국의 경우, 연료 생산과 발전소에 소요되는 물은 농업에 드는 양에 맞먹는 수준이다.

2010년 3월, 글로브스캔GlobeScan과 비즈니스 싱크탱크 업체인 서스테인어빌리티SustainAbility가 지속 가능성을 분석하는 1,200명의 연구원을 대상으로 한 공동조사에 따르면, 미래에 물 부족 현상은 "전 세계적으로 산업을 완전히 탈바꿈시키는 계기가 될 것"이다. 서스테인어빌리티의 제프 에릭슨Jeff Erikson은, 물 부족은 비즈니스의 모든 측면을 파고 들 것이라고 말한다. 예를 들어, 오늘날 중국 현지에 새로운 공장 구축을 계획하는 업체가 있다면 중국의 주요 강에 물을 공급하는 히말라야 빙하의 상태를 먼저 확인해야 할 것이다. 미국의 제조업체들 또한 앞으로 갈수록 건조해지는 서남부 지역에서 물이 풍족한 5대호 지역으로 공장을 이전시켜야 할지도 모른다.

피크워터 해결 방안

'피크워터'라는 용어가 유사 부족 현상인 '피크오일'에 상응하는 인상을 주기 위해 사용되는 경향이 많아졌다. 어떤 면에서 같은 형태의 용어 차용은 큰 도움이 되기도 한다. 사람들에게 장차 다가올 위험에 대한 인식을 높일 때는 특히 그러하다. 그렇다고는 해도 장차 석유 부족과 수자원 부족은 서로 상이한 접근방법을 요하며 각기 다른 해결책을 필요로 한다는 점을 인식해야 한다.

물과 달리 석유의 사용은 전적으로 소모적이다. 다시 말하자면, 일부 플라스틱류를 재활용하는 예외는 있지만, 석유는 한 번 쓰면 말 그대로 타버리는 것이라 다시는 사용할 수 없다. 이와 반대로, 거의 모든 형태의 물 소비는 비소모적이라 할 수 있다. 어떤 물은 사용 후 다시 인간이 사용할 수 있는 상태가 되기까지 100년 혹은 수천 년씩 걸리는 경우도 있다. 하지만 충분한 시간이 경과하고 과학기술적인 지식이 뒷받침된다면, 오염이 심한 물이라도 잠재적으로 다시 사용할 수 있다.

석유를 지구 한쪽에서 다른 쪽으로 수송하는 일은 경제적일 수 있으나, 많은 양의 물을 장거리 이동시키는 것은 지극히 비효율적이다. 그러므로 석유와는 달리 많은 지역에서 물 부족이 갈수록 심화되는 반면에 다른 일부 지역은 여전히 풍족함을 누리는 불균형 현상이 나타나게 된다. 따라서 많은 사람에게 피크워터가 초래할 수 있는 가장 큰 문제는 해당 지역의 물 부족보다 극도로 건조해진 지역에서 식량을 비롯한 여타 물품들의 공급이 줄어들게 된다는 사실이다. 이는 다른 나라에서 식량을 수입해왔던 유럽과 같은 지역에서 큰 문제로 다가올 수 있다. 유럽 국가들은 주로 인도, 남아프리카, 에티오피아 등지에서 식량을 수입해왔는데,

이들 나라는 이미 물 부족을 겪고 있다. 이처럼 우리 모두에게 피크워터의 영향이 미치겠지만 결과는 서로 다른 양상으로 나타날 것이다.

피크오일에 대한 대부분의 장기적 해결책은 대체연료 및 그 제조 원료의 개발과 수용을 포함한다. 그러나 이와 대조적으로, 물을 대체할 만한 것은 아직 존재하지 않는다. 바다를 가까이 두고 사는 사람들에게는 담수 처리공장이 대안으로 떠오를 수 있으며, 이미 몇몇 지역에서는 상용화되고 있다. 지금까지는 염분을 제거한 물은 상당히 고가였다. 그러나 나노기술의 발전으로 담수 처리 과정을 훨씬 저렴하고 효과적인 방식으로 개선할 수 있을지도 모른다.

피크오일과 피크워터는 공통적으로 우리가 이 두 자원을 더욱 효율적으로 사용하도록 요구한다. 그러기 위해 피크워터 연구원의 말을 빌리자면, 우리는 '소프트 패스softer path'를 채택할 필요가 있다. 즉, 물을 제공해주는 요소들을 좀 더 통합적이고 지속 가능한 접근법을 통해 개발할 필요가 있음을 의미한다.

소프트 패스 옹호론자들은, 오늘날의 '하드 패스hard path'적 접근이라 할 수 있는 댐과 양수기, 수도관, 처리시설 등의 확충에만 계속 집중하기보다, 좀 더 소량의 물로 씻고 위생을 관리할 수 있는 방안을 찾아야 한다고 주장한다. 요구되는 조건에 적합한 수질의 물을 공급할 수 있는 기회가 여러 나라에 분명 존재한다. 예를 들어, 강수량이 충분한 나라는 변기를 내리고 정원에 물을 주는 용도로 빗물을 사용할 수 있게끔 가옥을 개조할 수 있다. 이와 같은 맥락으로, 농업이나 공업용수로는 식수용 수돗물을 사용하는 대신 하수 처리된 물을 재활용하는 방법이 있다.

코앞으로 다가온 피크워터

선진국에 사는 대부분의 사람에게는 피크워터의 영향이 직접적으로 피부에 와 닿지 않을 것이다. 따라서 물 부족 현상이 기존에 상습적 가뭄 지역으로 간주된 곳뿐만 아니라 다른 지역으로 점점 확대되고 있음을 깨달아야 한다. 예를 들어, 2010년 9월 여러 언론사는 키프로스가 유럽 국가로는 처음으로 피크워터를 경험하는 나라가 될 것이라고 보도했다.

지중해에 위치한 키프로스는 인구가 약 100만 명가량으로 수많은 사람이 매년 찾는 관광지이기도 하다. 예로부터 이 섬의 급수 공급은 지하 대수층을 통해 이루어졌다. 그러나 그 대수층이 고갈되면서 부분적으로 바닷물이 유입되기 시작했다. 이 때문에 이들 대수층의 염도가 높아져 식수로 사용할 수 없게 되었다. 식물 또한 영향을 받기 시작해, 일부 지역에서 50퍼센트에 달하는 나무들이 물 부족으로 말라죽었다. 급기야 토양 침식이 확산돼 국토마저 타격을 입기 시작했다.

4년에 걸친 가뭄 끝에 키프로스 정부는 2008년, 그리스로부터 물을 수입하는 데 3,900만 달러를 지출해야 했다. 그러한 조치에도 불구하고 가정용 급수는 하루 몇 시간으로 제한되었고, 섬 전역에 걸쳐 수많은 가축이 폐사했다.

키프로스의 수자원개발청장인 소포클리스 알레트라리스Sofoclis Aletraris는 미국 CNN 방송과의 인터뷰에서 나라의 '물 문화'가 바뀌고 있다고 밝히면서, 근래의 현상에서 보듯 키프로스 사람들은 더 이상 물 공급을 당연하게 여기지 못하게 되었다고 말했다. 키프로스 정부는 담수 처리공장 설비에 집중 투자하고 있으며, 앞으로 도시 전체가 필요로 하는 식수를 정화된 바닷물로 공급할 계획이다. 이 사례에서 보듯 피크워터는 현실적인 과제로, 기술력이나 의식 변화가 뒷받침되어 이미 실천에 옮기고 있는 나라들이 나타나고 있는 상황이다.

문명의 흐름

가장 번영을 누린 초창기 인류가 거대한 강기슭에 자리 잡았던 것은 결코 우연이 아니다. 세계 역사를 두루 살펴보면, 문명은 언제나 수자원에 접근하기 좋은 곳에 위치했다. 미래에도 이러한 흐름에 변화는 없을 것이다. 따라서 오늘날 과잉 양수로 몸살을 앓고 있는 대수층에 의존하는 많은 사람은 언젠가는 이주해야 할 것이다. 피크워터에 직면할 경우, 세계의 무역거래 양상에도 큰 변화가 불가피하다. 피크워터는 장차 세계 패권의 판도까지 쥐고 흔들 정도로 위세를 떨칠 수도 있다.

대부분의 경영 분석가는 앞으로 중국과 인도가 미래의 경제 대국의 반열에 올라설 것이라고 말한다. 그러나 이 두 나라 모두 자연 보충률의 한계를 훌쩍 뛰어넘는 자국의 수자원 소비를 담보로 급속한 산업화를 진행하고 있다. 따라서 중국과 인도가 세계를 호령할 실세로 등극할 것이라는 예언은 빗나갈 가능성이 많다.

지난 50년간 선진국 국민들은 생활에 수반하는 여러 본질적인 문제와 동떨어져 살아올 수 있었다. 그러나 머지않아 피크워터라는 현상이 이러한 추세를 반전시킬 수도 있다. 오늘날 선진국에 거주하는 행운을 누리는 사람들은 아직까지도 물을 무상으로 제공되는 자원으로 인식한다. 우리 중 많은 이들이 세계 저편에서 갈증에 시달리는 사람을 살릴 만한 양의 물을 매일같이 낭비한다. 이를 알면서도 우리가 할 수 있는 일은 별로 없다. 물은 한꺼번에 운반이 가능한 자원이 아니기 때문이다.

　한 가지 더 심사숙고할 만한 사항은 오늘날 지구상에 사는 사람들 중 절반 정도만이 수돗물을 쓰고 있다는 사실이다. 현재 물 부족이 가장 극심한 지역에 사는 이들은 수도꼭지에서 물이 안 나올까봐 전전긍긍하는 것조차 사치로 보일 수 있는, 수도라는 것을 써봤으면 하는 처지에 있다. 따라서 누구도 급수 공급에 관한 문제를 폄하해서는 안 된다. 특히, 전 세계 사람들이 이제까지 직면하지 못한 문제이기 때문에 더더욱 그러하다.

Chapter 04

식량 **부족**

2030년에 이르면 지구상에는 최소한 80억 명의 인구가 함께 살아가야 한다. 따라서 피크오일, 기후변화, 피크워터와 같은 현상들은 미래의 식량 공급 감소로 귀결된다. 특히, 점점 더 고갈되고 가격이 폭등하는 석유는 식량의 생산과 수송에 관련한 방식과 경제 시스템 등에 변화를 불러오게 될 것이다. 또한 기후변화는 이미 곡물 수확량 감소로 나타나고 있으며, 일부 지역에서는 현재 재배되고 있는 작물의 생산력조차 줄어들고 있다. 계속 심화되는 물 부족 사태로 식량 생산량 감소는 악화일로에 접어들고, 일부 지역은 아예 수확을 포기해야 하는 불모의 땅으로 전락해 버릴 것이다.

미래 식량안보에 걸림돌로 작용할 다섯 가지 주요 난제가 있다.

첫째, 인구 팽창의 결과 더 많은 사람이 현재와 같은 규모, 혹은 훨씬 감소된 농경지에서 생산된 식량으로 먹거리를 해결해야만 한다. 둘째, 산업화가 계속 진행되면서 식탁 위에 고기가 차지하는 비율이 점점 높아져 우리의 식량자원 사정을 더욱 빠듯하게 할 것이다. 셋째, 수산자원이 감소하고 있다. 넷째로, '비식량 농업'의 성장이 두드러지고 있다. 즉, 점점 더 많은 면적의 농경지가 바이오연료 및 기타 석유 대체연료 제조에 필요한 곡물 재배 용도로 편입되고 있다. 그리고 마지막으로 거론하지만 결코 폄하할 수 없는 문제가 상당 비율의 농경지에서 나타나는 생산력 저하 현상이다.

그나마 다행스럽게도 미래에 풍족한 식량 생산을 가능하게 하는 몇 가지 괄목할 만한 혁신기술이 등장하고 있다. 작물의 수확량 증가 및 품질 향상을 위해 유전자 조작을 가하는 방법이나 수직형 농업 등이 그 해결책에 포함되어 있다. 식단의 변화를 꾀하거나, 로컬푸드 생산으로 전환하는 방법 등도 많은 도움이 될 전망이다. 다시 말하건대, 향후 수십 년 안에 식량 공급 부족 현상이 발생하게 된다는 것과 결국 우리의 식단도 변해야 한다는 것을 인식할 필요가 있다.

피크오일과 식량

선진국에서 1칼로리 분량의 음식을 섭취할 경우 대략 10칼로리의 석유를 소비해야 한다. 달리 말하자면, 1킬로그램 상자에 든 아침 대용 시리얼을 운송하기 위해 대략 석유 반 갤런 정도를 소모해야 한다. 많은 사람이 깨닫지 못하고 있지만, 피크오일은 우리의 차량 및 항공 이용을 위협할 뿐만 아니라 미래의 식량자원까지도 위협한다.

1950년대와 1960년대를 거치면서 세계 농업에 '녹색혁명'이 일어났고, 이때 생산량이 수백 퍼센트나 증가했다. 그것은 새로운 변종 품종의 개발이 있어 가능했다. 그러나 농업 생산성 향상에 결정적 기여를 한 것은, 석유를 연료로 하는 농기계 및 관개 시스템을 비롯해 석유 기반 살충제와 화학비료였다. 통계자료에서 확인할 수 있듯이, 오늘날 식량 생산에 있어서도 여전히 석유 의존도가 높다. 어느 누가 식탁에 앉아 음식 위에 석유를 뿌려 먹겠는가마는, 우리 대부분이 자기 몸에 에너지를 공급하면서 석유를 간접 섭취하고 있는 셈이다.

현재 세계적으로 석유 기반 살충제 사용을 중단할 경우, 식량 자급 문제를 해결하지 못한다. 그러나 장차 작물의 유전자 조작을 통해 병충해에 대한 저항력을 길러 땅에 뿌리는 석유의 양을 줄이게 될 수도 있다. 또한 유기 나노기술을 이용해 재래 살충제를 대체할 물질을 개발할 수도 있다. 또 다른 방안으로, 훗날 작은 로봇들이 경작지 위를 날아다니면서 소중한 곡식을 먹어치우는 곤충이나 기타 해충을 없애버리는 모습도 상상해볼 수 있다.

기존 관개 시스템과 농기구류 또한 현 수준의 식량 생산을 유지하는 데 반드시 필요하다. 이것들이 비록 석유를 사용해 작동하지는 않지만, 좀 더 절박한 마음으로 이것들을 작동시킬 다른 동력원을 모색해야 한다. 더욱 절실한 사항은 우리의 먹거리 중 가장 큰 비중을 차지하는 것들을 근거리에서 생산해야 한다는 사실이다. 우리가 섭취하는 대부분의 음식은 수백 또는 수천 킬로미터를 이동해 우리의 식탁 위에 오른다. 그 음식은 아무리 최소화한다 해도 부분적으로나마 플라스틱 포장 상태로 운반된다. 이처럼 식량에 대한 석유 의존적 측면을 당장 줄여나가야만 한다.

기후변화와 음식

지구의 평균온도가 1도씩 오를 때마다 전 세계의 옥수수와 쌀, 밀의 수확량이 10퍼센트가량 감소한다. 해수면 상승과 함께 그린란드와 서남극의 빙하층이 녹아내리는 속도가 가속화되면서, 쌀이 재배되고 있는 아시아의 모든 삼각주가 범람 위기에 처해 있다. 일부 지역에서는 평균온도의 적당한 상승으로 특정 농작물에 한하여 생산량이 오히려 늘어나는 경우도 있다. 그러나 전반적으로 볼 때 기후변화는 식량 생산에 도움이 되기보다는 저해 요소로 작용한다.

영국 정부의 〈스턴 보고서〉에 나오는 아주 적나라한 표현을 그대로 인용하자면, "기후변화로 전 세계에서 영양실조로 인한 사망률이 증가할 것이다." 세계 곳곳이 피해 정도에 있어 다소 차이는 있겠지만, 기후변화로 인한 악천후의 영향으로 생산량이 급감하고 작물의 상품 가치가 떨어져 타격을 받을 것이다. 뿐만 아니라 몇몇 국가의 기후변화는 대재앙을 초래할 것이다.

기후변화에 관한 정부간협의체IPCC의 필리핀 측 대표인 로델 라스코 Rodel D. Lasco 박사는 몹시 빈번해진 홍수와 가뭄이 자국의 수백만 에이커에 달하는 농경지 생산성을 현저히 떨어뜨릴 것으로 내다봤다. 지구온난화가 산호초에 치명적인 피해를 입힐 위험성도 있다. 이 역시 필리핀에게는 우려할 만한 일이다. 필리핀의 작은 섬들에 산재한 거의 대부분의 지역사회가 2만 7,000세제곱킬로미터에 달하는 산호초에서의 어업활동에 의존해 살아가기 때문이다.

피크워터와 식량

세계 인구의 절반가량이 지하수면이 낮아지고 있는 나라에 거주한
다. 또 전 세계의 4억에 달하는 인구(중국의 1억 3,000만, 인도의 1억 7,500
만 명을 포함)가 현재 수원지에서 과도하게 퍼 올린 물을 댄 농경지에서
생산된 식량을 공급받고 있다. 사람은 대개 하루 평균 4리터 정도의 물을
섭취한다. 그런데 일반인의 하루 섭취량의 식량을 생산해내기 위해서는
적어도 2,000리터의 물이 필요하다. 따라서 미래의 수자원 부족이 미래
의 식량 부족으로 이어질 가능성은 매우 높다.

사우디아라비아는 물 부족으로 식량 생산에 가장 치명적인 타격을
입을 것으로 전망되는 나라 중 하나다. 사우디아라비아의 거의 모든 식
량 생산은 재보충되지 않는 대수층 화석수를 끌어 올려 관개한 농경지에
의존하고 있다. 사우디아라비아는 수년간 석유 수익의 일부를 밀 생산
보조금 지급에 사용해왔다. 밀 생산 가격이 세계 평균의 다섯 배를 웃돌
았기 때문이다. 그러나 대수층이 고갈되면서 밀 생산량은 정점에 달했던
1992년 410만 톤에서 2010년 120만 톤으로 줄어들었다. 한때 가장 규모
가 큰 대수층을 자랑하던 사우디아라비아는 이제 수십 년 동안 쓸 물밖
에 남지 않았다. 사우디아라비아는 2016년까지 모든 밀 생산을 단계적으
로 중단할 계획이다.

사우디아라비아의 경우는 어떻게 피크워터가 미래 식량 생산을 감소
시키는지를 극단적으로 보여주는 사례다. 세계경제포럼은 어떤 특단의
조치가 취해지지 않는다면, 물 부족으로 인해 2030년에는 세계 수확량이
최대 30퍼센트까지 감소하게 된다고 주장한다. 이는 세계 식량 수급에서
현재 인도와 미국의 곡물 수확량을 뺀 것과 맞먹는 양이다.

그나마 다행스럽게도 수자원을 훨씬 더 효율적으로 사용할 수 있는 방법이 있기는 하다. 대개의 관개 시스템은 증발 및 유출로 인해 공급된 물의 50퍼센트 이상을 허비한다. 그러나 고압에서 저압 살수장치로 교체할 경우 물 낭비를 30퍼센트까지 줄일 수 있고, 점적관수는 관개 시스템의 용수 효율을 배가시킬 수 있다. 쌀과 같이 물 요구량이 많은 작물에서 상대적으로 물 요구량이 적은 작물(밀과 같은)로 변경하게 되면 고정 관수량 대비 단백질 생산량을 크게 증가시킬 수 있다. 이런 연유로 베이징 근교의 쌀 생산이 점차 중단되고 있으며, 이집트의 경우도 곡물을 선호하여 쌀 생산을 제한하고 있다.

육류 소비의 증가

육류로 이루어진 식단은 좀 더 자원 집약적이다. 식용을 목적으로 사육하는 가축은 출산에서 도축에 이르기까지 인간이 직접 부양해야 하기 때문이다. 따라서 육류를 먹을 경우 그 동물이 일생 동안 먹어왔던 식량을 간접적으로 섭취한다고 할 수 있다.

세계에서 가장 육류 집약적인 식단은 현재 캐나다와 미국의 식단이다. 이들 나라에서 소비하는 소고기, 돼지고기, 가금류 등을 공급하기 위해서는 한 사람당 연간 800킬로그램에 달하는 곡물을 수확해야 한다. 그 곡물 대부분이 동물의 사료가 되고, 이를 사람이 먹기에 적합한 육단백으로 변환시키게 된다. 이와는 대조적으로 인도와 같은 가난한 나라의 경우, 평균 식단이 요구하는 곡물량이 한 사람당 200킬로그램을 넘지 않는다. 이때 그 곡물 대부분이 채식 위주 식단의 재료로 직접 소비된다.

다행스럽게도 지구상의 50퍼센트 이상의 소가 곡물 대신 풀을 사료로 먹는다. 이들을 방목하는 목초지는 너무 가파르거나 건조해 작물을 재배하기 부적합한 경우가 많다. 따라서 그러한 장소에 소를 방목하는 것은 농업자원을 효율적으로 사용하는 사례다. 하지만 적절한 초원은 한정적이며, 곡물은 여전히 대부분의 가금류와 돼지의 사료로 널리 사용되고 있다.

산업화한 여러 나라로 인해 사람들이 더 많은 육류를 소비하게 되었다. 예를 들어, 중국은 1995년 1인당 연간 평균 육류 소비량이 25킬로그램이었는데, 2008년에는 53킬로그램으로 늘었다. 육류 1킬로그램을 생산하기 위해서는 곡물 5킬로그램을 필요로 한다. 그 결과 1995년에서 2008년 사이 중국 인구가 대략 10퍼센트밖에 증가하지 않았음에도 곡물 소비는 네 배나 증가했다. 중국을 비롯해 급속히 산업화가 진행되는 다른 나라의 육류 수요 증가는 전혀 진정될 기미가 보이지 않는다. 세계은행은 전 세계의 육류 수요가 2030년까지 85퍼센트가량 상승할 것이라고 추산한다.

인구 증가율을 무시한다 해도 10년 내지 20년 안에 세계 육류 소비량이 육류 공급량을 훨씬 앞지르게 될 것임은 자명한 일이다. 기후변화 억제 정책의 측면에서 보더라도 메탄을 배출하는 가축의 개체수가 많은 것보다는 적은 것을 더 선호하게 될 것이다. 따라서 육류를 많이 섭취하는 사람이라면 향후 20년 안에 채소의 비율이 더 많은 식단으로의 전환이 불가피함을 각오해야 한다.

감소하는 수산자원

불행하게도 그 수가 한정된 데다가 잠재적으로 공급 감소 국면에 있는 가축의 수요 증가분을 바다에서 채우는 것도 불가능하다. 이미 수산자원의 4분의 3 정도가 과도하게 남획되고 있거나, 남획의 후유증에서 회복하기 위해 휴식기를 가져야 할 정도다. 때문에 앞으로 수산물의 공급은 점점 더 감소할 전망이다. 2010년에 출간된《해양생물 조사 프로그램》에 따르면 어떤 특단의 조치가 취해지지 않는 이상 2050년이 도래하기 전에 전 세계적으로 상업적 어업이 완전히 붕괴될 것이다.

쉽게 말하자면, 오늘날 전 세계적으로 수산자원이 자연 보충률을 넘어서 남획되고 있다는 것이다. 이러한 행위를 즉각 중단하지 않는다면 자연적 수자원 보충률이 거의 제로에 가깝게 떨어질 위험성마저 있다. 실제로 벌써 '피크피쉬' 지점에 도달했거나 이미 지난 것으로 보인다. 이로 인해 미래 식량 공급에 상당한 차질을 빚게 될 것이다.

《해양생물 조사 프로그램》은 큰 어종을 대상으로, 이들을 열 개의 그룹으로 나눠 풍도지수 측정 기준을 마련했다. 여기에는 민물바다물 회유어류(민물과 바다를 오가는 어종), 암초어류, 심해어류 등이 포함된다. 통계에 따르면 거의 모든 그룹의 풍도지수가 90퍼센트 이하인 것으로 나타났다. 그러한 결과의 주요 원인은 남획과 서식지 파괴다. 바다는 현재 인간의 활동이 미치지 않은 구석이 없다. 과학자들은 해양 생태계가 머지않아 붕괴될 위기에 처할 것이며, 이미 그 시점을 지났을 확률도 있다고 입을 모은다. 따라서 바다는 불행하게도 미래 인류의 식량 문제에 관한 '해결책'이 아니라 오히려 '난제'로 분류되어야 할 것이다.

비식량 농업

피크오일, 기후변화, 피크워터, 인구 증가, 육류 소비 증가, 급감하는 수산자원도 모자라 이제는 농경지가 비식량 농업에 의해 열외로 분류되기에 이르렀다. 가장 주목할 만한 변화로 바이오연료 생산을 위한 옥수수, 유채, 사탕수수 등의 경작에 막대한 규모의 땅이 이용되는 경우가 점차 증가하고 있다는 것이다. 국제에너지기구IEA의 보고에 따르면, 2001년에서 2008년 사이 세계 바이오연료 생산이 열 배 이상 증가해 연간 생산량이 109억 리터에 이르렀다고 한다. 2012년 말까지 생산량이 200억 리터에 육박할 것으로 전망된다.

바이오연료 작물을 재배하는 데 이용되는 토지는 대부분 과거에 식량 작물을 생산했거나 할 수 있는 땅이다. 금세기 후반에 이르면, 바이오연료는 화석연료의 유일한 대안으로서 여러 산업 공정에 있어 필수적인 요소로 자리매김하게 될 것이다. 따라서 바이오연료 생산은 핵심 사업으로 뿌리내리게 될 전망이다.

바이오연료는 같은 양의 화석연료를 연소할 때보다 탄소 배출량이 적다. 이론상 바이오연료로 전환하게 되면 기후변화를 억제하는 데 도움이 될 것처럼 보인다. 그러나 실제로는 바이오연료 생산을 위해 열대우림, 이탄지 등을 개간하는 데서 오는 탄소 배출이 바이오연료로 인한 절감 효과를 훨씬 초과한다는 보고가 점차 늘고 있다. 따라서 적어도 현재 시점에서는 기존의 농지에서 재배한 작물로 제조된 바이오연료만이 환경친화적이라고 말할 수 있다.

토지 소유와 생산성

이미 밝혀진 여러 가지 이유 때문에, 경작 가능한 토지가 차츰 희소가치가 높아 프리미엄이 붙는 자원으로 탈바꿈하고 있다. 따라서 일부 선진국의 정부나 업체가 미래의 식량 공급원 확보를 위해 다른 나라의 토지를 사들이느라 막대한 자금을 쏟아 붓고 있다는 사실은 그리 놀라운 일이 아니다.

이미 아프리카의 농경지가 영국 슈퍼마켓에 식자재를 납품하기 위해 경작되느라, 정작 농장 인근에 살고 있는 아프리카 사람들은 계속 배를 곯는 상황이 벌어지고 있다.

외국인이 토지를 취득하면, 가난한 해당국은 토지뿐만 아니라 그 나라의 주요 자연자원도 내어주게 된다. 예를 들어, 아프리카에서 구입한 땅에 농산물을 재배하는 나라는 본국으로 출하하는 모든 과일 및 채소와 함께 물 부족 국가인 그 나라의 수자원도 조금씩 유출하는 것이다. 많은 양의 물은 장거리 이동을 할 수가 없다. 하지만 타국의 농경지를 취득하면 간접적으로 그 나라의 물도 취득하는 결과를 낳게 된다. 부유한 나라가 해외에 대규모의 대지를 매입해 경작하는 행위는 논란의 소지가 있다. 이미 마다가스카르에 대규모의 땅을 매입하려던 한국의 계획이 백지화된 바 있다.

많은 농경지대의 가치가 훼손되고 있다. 전 세계 농경지의 30퍼센트가량의 생산성이 토양 침식으로 인해 감소하고 있다. 과도한 방목, 무리한 경작, 삼림 파괴 등이 급속한 산업 성장을 이룬 나라들에 만연하면서 사막화 현상이 꾸준히 진행되고 있다. 이러한 현상은 특히 중국에서 두드러지게 나타나고 있다. 이미 토양 침식으로 인해 2만 4,000명에 달하는 마을 주민이 삶의 터전을 완전히 또는 일부 포기할 수밖에 없는 상황으로 내몰리고 말았다. 수많은 초기 문명이 더 이상 자신들의 땅에서 자급자족하지 못해 멸망한 사례는 수두룩하다. 오늘날 최강대국도 변화를 모색하지 않고서는 비교적 가까운 미래에 이와 비슷한 운명에 처할 수 있다.

조금 희망적인 상황도 있다. 일부 농경지의 잠재적 생산성이 증가하기 시작했다. 이와 같은 성과는 주로 같은 땅에서 한 해에 둘 이상의 작물을 생산함으로써 가능한 경우가 많다. 실제로 1950년에서 2000년 사이 국제 곡물 수확량이 세 배로 늘 수 있었던 이유는 아시아 전역에 걸친 다모작의 증가 때문이다. 작물에 유전자 조작을 가하면 장차 다모작으로 수확량을 획기적으로 늘릴 수 있다. 신품종 개발로 질병에 더 강한, 가뭄과 추위에 더 잘 견디는 작물을 보급할 수 있다면 토지 생산성을 높이는 데 기여할 것이다. 새로운 종자나 더 강한 곡물 종자는 과거 불모지였던 땅에서조차 재배가 가능하게 할 수 있을지도 모른다.

훌륭한 음식

2006년 중반에서 2008년 중반 사이, 쌀을 비롯해 밀, 옥수수, 콩의 가격이 거의 세 배 가까이 뛰었다. 2008년, 세계금융위기를 겪으면서 가격이 잠시 진정 국면에 접어들고, 약간 떨어지기까지도 했다. 그러나 2011년 초부터 세계 식량 가격은 다시금 급등세로 돌아서 계속하여 최고치를 갈아치우고 있다. 따라서 이 책에서 다룬 미래의 식량 생산 제약 요인들이 현실로 나타난다면, 2006년과 2008년 사이 벌어졌던 곡물 가격 폭등 사건은 순위에서 한참 뒤로 밀려나버리고 말 것이다. 2010년 러시아가 흉작으로 피해를 보고, 또 2011년 호주는 홍수 피해로 농사를 망친 바 있는데, 이러한 흉작이 발생하자 몇몇 나라들은 발 빠르게 자국의 식량 수출을 제한하고 나섰다. 개발도상국에서는 충분한 식량 공급이 늘 주요 과업으로 대두되어왔다. 길게 잡아 10년이 못 되어 국내외의 식량 공급 문제가 모든 국가에 있어 중요한 과제로 떠오르게 된 것이다.

기술적인 면에서는 향후 수십 년 안에 지구상의 모든 사람을 넉넉히 먹여 살리는 것이 분명 가능하다. 하지만 그러기 위해서는 생산되는 식량(유전자 변형의 보편화를 포함)의 혁신을 비롯해 수십억 인구의 식생활 개선 등과 같은 본질적인 변화가 선행되어야 한다. 그렇기 때문에 향후 10년, 혹은 그 이후에라도 식량 부족 현상이 만연하지 않으리라고는 결코 장담할 수 없다.

최근 수년간 지구상에는 기아에 허덕이는 사람이 늘고 있다. 오늘날 10억 이상의 인구가 영양실조 상태에 놓여 있다. 매일 약 1만 6,000명의 어린이가 기아로 사망한다. 그러므로 제때에 세계의 식량안보를 확보하기 위한 조치들이 취해지겠지라는 확신 따위는 접어두는 편이 옳을 것이다. 지구정책연구소의 레스터 브라운Lester Brown은 2010년,《더 퓨처리스트》1월호에서 다음과 같이 지적했다.

"식량안보는 세계 주요 국가들이 총력을 기울이지 않는다면 앞으로 계속 악화일로를 걷게 될 것이다. 다시 말해, 식량 생산을 안정시키고, 기후변화를 완화시키고, 대수층을 안정적으로 되돌리고, 토양을 보존하고, 농경지를 보호하며, 차량 연료를 위한 곡물 생산을 제한해야 한다."

에너지를 비롯한 여타 다른 자원과 같이 식품 가격은 폭등하게 될 것이다. 대부분의 사람은 수입의 상당 비율을 먹거리 해결에 할애하게 될 것이다. 오늘날 선진국이 누리는 여유, 즉 좋아하는 음식을 먹고 싶을 때 먹을 수 있는 호사는 앞으로 불가능해질 것이며, 엄청난 부자이거나 극도로 이기적인 사람들만이 예외적으로 누릴 수 있는 사치가 될 것이다.

또한 미래에는 우리가 먹는 음식의 이동거리가 줄어들 것이며 우리와 더욱 가까운 지역에서 생산될 것이 거의 확실하다. 그뿐 아니라 유전자 조작 대상이 되는 먹거리도 늘어날 전망이다. 유럽에 사는 대다수의 사람은 이를 환영하지 않겠지만, 미국 전역과 아프리카 등지에서 유전자 변형 음식은 이미 실생활 깊숙이 파고들고 있다.

21세기에 진입해 10년이 지나는 시점인 오늘날, 미래의 식량 부족 사태 때문에 각 나라는 폭동사태에 휘말리고, 정권이 전복되고, 매서운 무역 규제 조치에 들어가고, 심지어는 전쟁에 돌입하게 될 소지도 다분하다. 따라서 미래 국제 식량안보 성취 과제는 앞으로 상당한 고통을 수반하게 될 것이다. 하지만 긍정적인 시선으로 바라보자면, 식량 및 공급에 대한 관심이 늘어나면서 오늘날 선진국 국민들이 다시금 자연과의 관계를 회복하게 될 것이다. 우리 모두 생존하려면 농업에 의지할 수밖에 없다. 이 사실이 앞으로는 더욱 극명해질 것이며, 많은 사람이 더 이상 외면할 수 없게 될 것이다.

Chapter 05

자원 고갈

좋든 싫든 풍요의 시대는 이제 종말을 고하고 있다. 앞으로 석유, 물, 식량 등을 포함한 여러 원자재가 부족해질 것이다. 특히 오늘날 전기 및 전자 부품 생산에 핵심적 역할을 담당해온 몇 가지 금속류가 곧 동날 전망이다. 따라서 우리 모두가 조금씩 덜 소비하고 물건을 귀하게 여기는 데 익숙해져야 한다.

천연자원 고갈을 눈앞에 두고도 인류는 팽창을 향해 질주하고 있다. 그대로 내버려둘 경우, 갈수록 불안한 상황으로 인해 전 세계가 분쟁의 소용돌이에 휩싸일 수도 있다. 비교적 조화로운 현재의 지구촌을 유지하기 위해서라도 자원 활용에 대한 접근법을 달리해야 한다. 창고가 바닥날 때까지 기다리는 선택도 있지만, 합리적인 생존 전략이 될리 만무하다.

2011년 5월에 발표된 국제연합환경계획UNEP의 보고서는 우리의 처지를 단적으로 보여준다. 이 보고서에 의하면 만약 아무런 조치 없이 현 상황을 방치할 경우, 인간의 천연자원 수요로 인해 2050년까지 연간

1,400억 톤에 달하는 광물 및 광석, 화석연료, 바이오매스 등을 소비하게 된다고 한다. 이는 현재 자원 소비율의 세 배에 해당하는 수치로서, "지속 가능한 수준을 훨씬 초과하는 것이다"라고 UNEP의 상임이사 아킴 슈타이너Achim Steiner는 밝힌다. 그는 이어서, 인류가 자원 활용과 경제적 번영 사이의 관계를 "긴급히 재정립"할 필요가 있다고 강조했다. 간단히 표현하자면, 적게 들여 더 많이 성취해야 한다는 말이다.

피크 에브리싱

대부분의 분석가는 2013년에서 2030년 사이에 피크오일에 도달한다는 데 의견을 모은다. 이와 맞물려, 현재 지하에서 추출하는 다른 자원들도 비슷한 시기에 생산 정점에 도달할 듯하다. 아연(여러 종류의 건전지를 만드는 데 쓰임)과 탄탈룸(이 또한 충전지나 콘덴서 및 저항기를 만드는 데 사용)은 2025년과 2035년 사이 생산 정점에 도달할 것이고, 안티몬(반도체 생산에 핵심적 금속)도 아마 2020년에서 2040년 사이 생산 정점에 도달할 것으로 예상된다.

몇몇 주요 귀금속은 이보다 잠재 매장량이 더 적다. LCD 평면 디스플레이 생산의 핵심 소재인 인듐의 경우, 새로운 매장 지대가 발견되지 않는 이상 2020년이면 턱없이 부족하게 될 전망이다. 현재 인듐 가격이 이를 증명하고 있다. 2003년 킬로그램당 40달러 하던 것이 2011년에는 600달러 이상으로 치솟았다. 현재 발광다이오드LED 생산 및 태양전지의 핵심 소재인 갈륨 공급도 잠재적으로 불안하다. 구리와 주석의 공급도 2050년을 넘어서면서 세계적으로 늘어나는 수요를 감당하지 못할 것이

불 보듯 뻔하다. 이렇듯, 요즈음 세간에 '피크 에브리싱Peak Everything'이라는 용어가 자주 사용된다.

화석연료에 대한 의존도를 줄이기 위한 최근의 모든 시도는 얼마 안 가서 고갈될 운명에 처한 다른 자원에 좀 더 의존하게 만든다. 예를 들어, 석탄을 사용하는 화력발전소를 기존의 원자력발전소로 대체한다고 해도 후자 역시 우라늄을 연료로 한다. 불행히도 사용 가능한 우라늄 매장량은 80년 이상 버티지 못할 것이다. 인지도가 높아진 전기자동차의 경우도 리튬, 아연, 탄탈룸, 코발트 등 충전지 생산에 사용되는 귀금속에 대한 의존도를 큰 폭으로 끌어 올릴 전망이다. 이와 비슷한 예로, 기존의 태양전지의 활성화도 갈륨, 은, 금 등에 대한 의존도를 높이는 결과를 초래하게 된다.

'희토류REM'의 공급도 심각한 부족 상태를 면치 못할 것이다. REM은 17개의 금속을 지칭하는데, 여기에는 이미 우리가 의존하고 있는 것을 포함해 차세대 에너지 과학기술이 널리 의존할 공산이 큰 금속들도 포함되어 있다. 네오디뮴이라 불리는 희토류는 세계에서 가장 강력한 자석으로, 발전기나 전동기를 만드는 데 사용된다. 이와 비슷한 경우로, 디스프로슘이란 희토류는 전동기 자석을 90퍼센트 가볍게 만드는 데 사용된다. 한편 테르븀이란 희토류는 전등의 효율성을 끌어올리는 중요한 재료다. 미래에 이러한 REM들의 공급이 끊긴다면 전기자동차, 풍력발전용 터빈, 태양전지, 저전력 전구 등을 만들 때에 기존의 공정을 사용하지 못하게 됨을 의미한다. 레이저, 컴퓨터 메모리, 하드디스크 드라이브, 스마트폰 등도 같은 영향을 받게 될 것이다.

서방 국가들이 가장 우려하는 바는, 현재 중국이 전 세계 희토류 생산의 97퍼센트를 차지하고 있다는 사실이다. 또한 이와 연관된 금속 제조업은 거의 100퍼센트 독점하고 있으며, 희토류 자석의 80퍼센트를 생산하고 있다. 이미 보도된 자료들에 의하면 수년 내에 중국의 REM 생산은 내수 공급량 정도만 감당할 수 있을 것으로 전망된다. 세계의 REM 수요는 지난 10년 사이에만 4만 톤에서 무려 12만 톤으로 늘었다. 하지만 중국의 연간 수출량은 이미 3만 톤에 그치고 있다. 따라서 수많은 녹색기술 개발이 난항을 겪고 있다.

REM 매장지대가 중국 말고도 더 있긴 하다. 따라서 이미 다른 나라에서도 REM 광산 준공 계획이 진행되고 있다. 하지만 광산 건설에 수년이 소요되는 데다가, REM 광산업은 대단히 더럽고 다량의 공해를 발생시킨다. 따라서 자기 집 앞에 REM 광산이 들어서는 것을 반기는 지역공동체는 거의 없다고 봐야 한다. 이는 서방의 REM 생산 증대를 지연시키는 요인으로 작용할 것이다. 이러한 이유로 2020년 이전까지 REM의 단기적 부족 현상은 불가피하다. 앞으로 획기적인 REM 재활용 계획 도입이 시급한 실정이다.

소에서 대를 창출하기

우리는 바로 몇 세대 이전 선조들과는 비교할 수 없을 만큼 급속도로 지구를 갉아먹고 있다. 그럼에도 자원 고갈에 대응해 우리가 할 수 있는 일이 다섯 가지나 있다. 즉, 소비를 줄이고, 갈아치우기보다는 고쳐 쓰고, 재활용을 늘리고, 쓰레기는 줄이며, 장기적으로는 우주에서 자원을 채취하는 것이다. 이 중에서 하나만 떼어내 효과를 볼 수 있는 것은 없다. 따라서 우리는 콜라주 반응을 도입할 필요가 있다.

물질적 상품과 에너지에 대한 수요가 세계적으로 줄어든다면 지구의 유한자원을 좀 더 오래 쓸 수 있을 것이다. 고도 산업화 시기에, 그런 감축은 거의 불가능해 보인다. 하지만 기후변화로 인해 이미 여러 나라의 정책과 견해가 자원 및 에너지 효율을 높이는 쪽으로 기울고 있다. 실용적인 조치들이 이제 자리를 잡아가기 시작했다. 예를 들어, 저전력 전구가 상용화되어가고 있으며, 머지않아 저전력 컴퓨터도 널리 보편화될 전망이다. 2005년도까지만 해도 인텔이 컴퓨터 분야에 '와트당 성능'이라는 새 유행어로 승부를 걸었던 것을 보면 참으로 격세지감을 느끼지 않을 수 없다.

디지털 기술로 많은 사람이 소량 자원 대비 양질의 서비스를 받을 수 있는 길이 열렸다. 예를 들어, 음반업계는 자사 생산품 대부분을 '비물질화'했다. 즉, 이제는 디지털 다운로드 방식 기반의 음원 판매가 자원 집약적인 CD 판매 실적과 맞먹는 실정이다. 향후 10년 안에 더 많은 서적과 비디오 등이 디지털 방식으로 유통될 전망이다. 이미 전자책e-book 리더기인 킨들이 아마존에서 최고 판매량을 기록하고 있다. 지난 2011년 1월, 킨들이 아마존닷컴에서 기존의 문고판을 제치고 더 높은 판매 실적을 올리기 시작했다고 보도되었다.

고쳐 쓰는 삶으로 돌아가자

자원 고갈에 대처하는 또 하나의 지혜는 고장 난 물품을 버리기보다 수리해서 쓰는 것이다. 사실 유사 이래로 사람들은 줄곧 고장 난 물건을 고쳐 사용하며 살아왔다. 적어도 20세기 후반에 일회용 문화가 등장하기 전까지는 그랬다. 고쳐 쓰는 문화가 자리 잡으려면 제조업체가 수리 가능한 제품을 만들어내야 하고, '계획적 구식화' 전략은 역사의 뒤안길로 물러나야 한다. 자원 고갈의 영향에 따른 가격 상승 및 원자재 품귀 현상이 나타나자 실제 이런 방향으로 눈을 돌리는 업체들이 생겨나기 시작했다. 하지만 업체들이 쉽게 버려지도록 설계된 제품을 더 이상 생산하지 못하게 하려면 정부의 개입이 필요하다.

전자산업의 경우, 문제와 해법을 동시에 안고 있다. 오늘날 DVD 플레이어를 구입할 경우, 구동장치가 고장 나면 제품 전체를 버릴 수밖에 없다. 이와 반대로, 데스크톱이나 노트북 컴퓨터는 DVD 구동장치가 고장 날 경우 표준 부품으로 나온 교체장치를 쉽게 구할 수 있다. 교체 가능하고 표준화된 구동장치를 공급하는 DVD 업체가 이제껏 한 군데도 없었다는 사실은 오늘날 얼마나 많은 제품이 계획적 구식화 전략을 몰염치하게 고집하고 있는지를 적나라하게 보여준다.

업체 또는 정부 차원의 조치 유무 여부와 무관하게 앞으로 많은 제품이 수리하기 쉽게 출시될 것이다. 그 이유 중 하나는 입체 프린팅 기술로서, 때와 장소의 제약 없이 부속품을 만들어낼 수 있게 되기 때문이다. 오늘날 플라스틱 또는 금속 한 조각만 떨어져 나가도 제품 전체가 못쓰게 되어 폐기처분해야 하는 경우가 허다하다. 하지만 미래에는 업체가 부품을 공급하지 않아도 입체 프린터를 이용해 파손된 부품을 쉽게 복제할 수 있게 될 것이다. 더 먼 미래에는 나노기술과 합성생물학의 발달로 자가수리가 가능한 기계가 선보일 날이 올지도 모른다. 이렇듯 과학기술의 발달이 한정된 자원을 해결해줄 날이 머지않았다.

재활용의 확대

자원 고갈에 대응하는 세 번째 방법은 재활용의 확대다. 이를 통해 예전에는 다시 쓸 수 없다고 간주했던 원자재를 신생자원으로 바꿔놓게 되는 것이다. 다시금 여기에서도 제조업체의 솔선이 요구된다. 이미 '요람에서 요람 제조법'이라는 용어가 사용되고 있는데, 제품 디자인 단계에서 미리 해당 제품을 구성하는 모든 부품의 재사용 및 재활용까지 고려하는 상황을 의미한다. 이러한 방향으로 제품 생산이 전개된다면 업체들 간에 긴밀한 공조 관계가 형성되어 단순화된 제품 수리가 활성화될 것이다.

어릴 적에 어머니께서 미래에는 사람들이 쓰레기 매립지를 파헤치게 될 것이라고 종종 말씀하시곤 했다. 이런 어머니의 수십 년 전 예언이 적중할 것이라고 확신한다. 이미 금광에서 금을 캐는 것보다 특정 회로기판에서 금을 추출하는 것이 더 경제적이다. 금덩어리를 버렸을 수도 있다고 사람들에게 말하면 깜짝 놀란다. 하지만 대부분의 사람이 무심결에 내던져버리는 컴퓨터나, 휴대전화, 오디오 잭 등의 접촉 부위에는 소량의 금이 사용된다. 머지않아 노변의 흙먼지까지 재활용하는 날이 올지도 모른다. 요즈음 자동차의 배기가스 오염을 줄이기 위해 장착된 촉매 변환장치에는 세상에서 가장 희귀하고도 비싼 백금이 소량 사용된다. 그 결과 오늘날 영국의 노면 흙먼지에는 1.5ppm 상당의 백금이 섞여 있다. 이에 따라 새로운 도시 귀금속 퇴적층에서 보다 효과적으로 백금을 추출하기 위해 박테리아 처리 공정개발을 위한 연구가 진행 중이다.

낭비를 최소화하기

자원 고갈에 대응하기 위한 네 번째 전략은 낭비되는 양을 줄이는 것이다. 이는 여러 가지 방법으로 달성될 수 있다. 우선 다양한 원자재의 가격이 오름에 따라 제조업체들은 공정에서 버려지는 물질의 양을 줄여나갈 수밖에 없다. 또한 팔릴 가능성이 없는 재고를 줄여나갈 것이 확실하다. 이러한 재고 문제에 있어서도 입체 프린팅 기술은 엄청난 잠재력을 보여준다. 즉, 디지털화된 주문생산을 가능하게 하기 때문이다. 이로써 소비자가 찾지 않는 물건들로 창고나 매장을 빼곡히 채울 필요가 없어진다. 오늘날 상점에 가보면 팔릴 가능성이 전혀 없어 보이는 물건들을 수북이 쌓아 놓은 광경을 흔히 볼 수 있다. 서점에 들러 진열된 책 중에 어느 정도가 폐기될지를 곰곰이 생각해보면 정말이지 정신이 번쩍 든다. 업체들이 소비자가 원하는 바를 좀 더 깊이 고민하거나 주문생산 방식을 채택한다면 소모적인 관행이 비교적 쉽게 줄어들 것이다.

낭비를 줄이는 또 한 가지 방법은 제품 포장에 드는 소재를 줄이는 것이다. 이미 많은 제조업체가 더 작고, 더 지속 가능한, 그리고 덜 자원 집약적인 상자나 포장을 사용하여 제품을 포장하고 있으며 이러한 추세는 앞으로도 지속될 전망이다. 어쩌면 생산품들이 거의 포장 없이, 또는 최소한의 포장만 갖춘 채 유통되던 시절로 다시 회귀하는 날이 올지도 모른다. 다시 말하지만, 예전에는 그것이 일반적이었다. 1세기 전에는 과일 또는 장신구, 의류 등을 구입할 때 상품을 비닐에 수축포장하여 상자 안에 넣은 다음 다시 봉투에 넣어줄 것을 기대하는 사람은 거의 없었다는 이야기다. 규모 있는 업체들이나 도매상, 소매점 등이 이러한 변화를 실행에 옮기기란 버거울 것이다. 유통망 전체에 파장이 미칠 것이기 때문이다. 그럼에도 불구하고 워낙 많은 원자재의 가격이 치솟기 때문에 무포장 상품이 훨씬 경제적일 수 있다. 모두가 새로운 방식으로 일하고 쇼핑할 수 있도록 해줄 것이다.

우주에서 자원 조달하기

사실상 지구와 같이 닫힌 구조 내에서 지속적인 경제성장 및 인구 팽창을 감당하는 것은 불가능하다. 따라서 자원 고갈을 해결할 궁극적이고도 가장 장기적인 대응책은 지구 이외의 장소에서 자원을 채취하는 방법이다. 지난 역사를 되돌아보면 우리의 선조들은 새로운 풍요의 땅을 찾아 머나먼 곳으로 모험을 떠나고는 했다. 이런 일이 다시 일어나지 말라는 법이 없다.

2011년, NASA는 막대한 예산을 상업적 우주선 1세대를 개발 중인 민간업체에 할당했다. 구글도 '루너 엑스 프라이즈'라고 불리는 대회를 후원하고 있는데, 그 대회를 통해서 29개의 민간업체가 달에 로봇 우주선을 보내기 위해 경쟁하고 있다.

우리가 중장기적으로 의지할 만한 유일한 자원은 태양으로부터 나오는 에너지가 될 확률이 크다. 우리가 오늘날 소비하고 있는 그 외의 모든 자원은 말 그대로 유한하다. 따라서 언젠가는 창고가 바닥나게 될 것이다. 그날이 오기 전에 미리 대비해두어야만 한다. 그렇지 못하면 서서히 다가오는 멸종의 운명을 받아들여야만 할 것이다.

미래의 과제와 해법

피크오일, 기후변화, 피크워터, 식량 부족, 자원 고갈 등은 모두 불가피한 수순이다. 그러나 비관론자들이 휘두를 무기로 악용되어서는 안 된다. 미래에 이러한 다섯 가지 핵심 과제가 개인의 생활양식과 세계 문명의 전반적인 패턴에 근본적인 변화를 가져오는 촉매가 될 것이다. 인류의 장구한 역사에 걸쳐, 현실의 또는 잠재적인 역경을 기회로 삼아 위대하고도 근본적인 혁신을 일구어낸 사례들이 많다.

모든 미래학자가 그러하듯이 나도 매일 분열적 심정으로 살아간다. 한편으로는 미래 인류 발전의 발목을 잡는 문제―자원 고갈과 같은 문제―들을 끊임없이 자각한다. 그러나 이와 동시에 아주 다양한 방식으로 우리의 삶을 개선하고 향상시켜줄 다수의 최첨단 기술혁신에 대해서도 잘 인식하고 있다.

머지않아 지구 문명은 자원 부족 문제를 피부로 느끼기 시작할 것이다. 우리는 이러한 과제를 안고 있으면서, 동시에 기하급수적으로 집적된 기술 진보의 실현을 코앞에 두고 있다. 어떤 의미에서는 인류 문명이 물질적 기회가 급감하는 현실을 고도의 지혜를 발휘함으로써 문명의 수레바퀴를 계속 굴릴 수 있는 방법을 배워가야 할 때다. 이는 우리 각자가 직면한 과제지만, 두려워할 일은 아니다.

10대들은 살아온 날이 얼마 안 되기에 그다지 아는 것이 많지 않다. 대부분의 청소년은 젊고 회복력 빠른 육체의 거의 무한한 에너지로 이 부족함을 만회한다. 하지만 안타깝게도 대부분의 사람은 서른 살(마흔이 되면 어김없이)에 이르면 건강과 기력이 쇠하기 시작한다. 다행히도 이 나이쯤 되면 대부분이 상당한 지식과 경험을 쌓게 된다. 젊은 날이 가는 것은 애석한 일이지만, 30~40대에 접어든 사람들 대부분이 비록 육체적인 절정기에서 떠나왔지만 남은 생에 대한 기대를 품고 살아간다.

인간에 비유하자면, 인류 문명도 30대 초반 정도의 나이에 이르렀다고 생각한다. 무한한 자원과 무모한 성취를 향해 마냥 질주했던 청소년기를 훌쩍 지나온 것이다. 애석한 구석이 있긴 하나, 그렇다고 우리의 문명이 종말에 임박했다거나 운이 다했다는 것을 암시하는 것은 아니다. 삶은 아주 많이 달라질 것이다. 우리는 물질자원 형태로는 더 적게, 그리고 지혜의 형태로는 더 많이 거래되기 시작할 것이다. 요컨대 '달라진' 삶은 최소한 지금과 비슷하거나 잠재적으로는 꽤 훌륭한 것으로 판명날 수도 있다.

지금까지의 인류 문명은 대다수 젊은이들이 그렇듯이, 넘치는 에너지와 부족한 자제력으로 앞만 보고 달려왔다. 그러나 이러한 양상이 변화할 조짐을 보이고 있다. 앞으로의 20장 대부분은 우리가 살고 있는 세상을 조작할 수 있는 탁월한 능력에 대한 주제들로 이루어져 있다. 점차 우리는 원하는 것만을 제조할 수 있게 되고, 에너지 원천의 범위를 훨씬 확대해갈 것이며, 새로운 형태의 지능을 만들어 우리 자신을 개량하기에 이를 것이다. 자원 고갈에 직면해 인간의 통제력을 함양하는 것이 미래의 과제가 될 것이다. 이것이 과연 좋은 발전 방향인지(특히 지구의 다른 모든 생명체의 입장에서)는 그 타당성을 검증해봐야 한다. 그러나 과학기술적 가능성이라는 판도라의 상자가 열릴 경우, 다시 덮기는 어렵다. 따라서 옹호론자든 회의론자든 상관없이 앞으로 다가올 여러 기술혁신에 대해 알아야 한다.

2부

주목받는 새로운 산업

많은 미래학자들은 2020년에서 2050년 사이가 상대적 결핍의 시대가 될 것이라고 입을 모은다. …… 이러한 난제 앞에 선 인류는 새로운 방식으로 살아가는 법을 터득하게 될 것이다. 하지만 2050년에 들어서면 나노기술, 유전공학, 합성생물학, 우주여행 등의 발달로 새로운 풍요의 시대를 맞이하게 될지도 모른다.

Chapter 06

입체 프린팅

여러 차례 신기술이 등장해 상품의 생산방식을 바꾸어놓은 바 있다. 증기력, 생산 라인, 컴퓨터 등은 산업환경을 완전히 탈바꿈시킨 사례다. 우리는 오늘날 그것들에 비견할 만한 산업혁명의 여명기를 살아가고 있다.

앞으로 제조업체들은 점차 신생 과학인 나노기술을 이용해 원자 정밀도를 자랑하는 제품을 생산할 수 있게 될 것이다. 생명과학 분야의 혁명 또한 멀지 않았다. 이제 농업 및 산업 관련 종사자가 유전자 변형을 통해 개량 동식물을 만들어내는 동시에 차세대 바이오연료 또는 바이오플라스틱 등을 생산해낼 수 있는 수준에 도달할 것이다. 또한 '합성생물학'이라 불리는 새로운 분야의 발달로 완전히 새로운 유형의 생명체를 창조할지도 모른다. 이렇게 인공적으로 창조된 생명체를 이용해 어떤 특정한 화학물질만을 생산해내도록 유도할 수도 있다. 식량 및 기타 농산물이 도심 속 '수직농장'이라 불리는 유리 빌딩에서 생산될 날이 곧 도래할 것이다.

1984년에 탄생한 미래

입체 프린터는 1984년, 찰스 헐Charles Hull이 최초로 고안해냈다. 그 당시 헐은 광경화성 중합체라 불리는 액체플라스틱 수지를 굳히기 위해 전문가용 자외선램프를 가지고 작업하고 있었다. 헐은 액체플라스틱으로 만든 용기의 일정 부분만 응고시킬 수 있을 것이라고 믿었고, 이로 인해 입체로 된 물건이 출력되기에 이르렀다.

그 후 헐은 주말도 반납한 채 연구에 몰두해 컴퓨터로 제어 가능한 자외선 레이저 광선기기를 개발했다. 이 장치로 그는 광경화성 액체플라스틱 표면에 한 물체의 단층 윤곽을 그려낸 후 응고시켰다. 그다음, 액체플라스틱 표면 바로 밑에 위치한 다공판이 밀리미터보다 미세한 편차로 내려가면서 첫 번째 층을 액체플라스틱에 살짝 담근다. 그런 다음, 컴퓨터로 조절되는 레이저 광선이 물체의 그다음 층에 해당하는 윤곽을 그려내고 다시금 다공판이 내려지는 과정을 되풀이한다. 이 과정을 반복한 헐은 푸른빛의 작은 플라스틱 컵을 만들어냈다.

헐은 자신의 입체 프린팅 공정을 '스테레오리소그래피stereolithography'라고 명명했다. 그는 재빨리 특허 신청을 하고, 최초의 상업용 '스테레오리소그래피 기기'를 개발하기 위해 '3D 시스템즈'라는 회사를 설립했다. 결국 1988년에 2세대 스테레오리소그래피 프린터가 시장에 선보이게 된다.

현재 스테레오리소그래피는 가장 널리 애용되는 입체 프린팅 기술이다. 앞으로도 상당 기간 스테레오리소그래피의 인기는 지속될 전망이다. 스테레오리소그래피는 속도가 상당히 느린데다 특정 플라스틱 수지를 이용한 단색 물체만 만들어낼 수 있다는 한계를 지니고 있다. 그럼에도 불구하고, 고도로 정밀한 공정임에는 틀림없다. 오늘날 스테레오리소그래피 프린터는 '5×5' 크기의 작업 공간을 갖춘 것부터 '20×60'짜리 플랫폼을 갖춘 초대형 기기에 이르기까지 다양한 크기로 출시된다.

일단 프린트를 실행했을 경우, 스테레오리소그래피를 통해 출력된 물체는 프린트 플랫폼으로부터 떼어내야 한다. 또한 완전히 응고시키기 위해 강력한 자외선 아래 대략 한 시간 정도 놓아두어야 한다. 이러한 과정이 끝나면 완성된 물체를 필요에 따라 사포로 다듬고, 애벌칠을 하고, 페인트로 칠하거나, 도금해야 한다. 초창기의 스테레오리소그래피 프린터는 아주 부서지기 쉬운 플라스틱만을 출력할 수 있었으나, 이제는 다양한 광경화성 수지가 개발된 상태라, 아주 강하면서도 신축성 있는 물체를 출력해내는 것이 가능해졌다.

스테레오리소그래피 입체 프린팅 기술은 응용 범위가 매우 광범위하다. 가장 일반적으로는 새로운 제품을 만들기에 앞서 기능을 제대로 갖춘 시제품을 생산하는 데 사용된다. 따라서 여러 업계에서는 스테레오리소그래피 프린팅을 쾌속 조형기라고 부르곤 한다. 예를 들어, 자동차 공학자가 새 변속기의 부품을 시험 출력해 모든 게 제대로 작동하는지 점검해볼 수 있게 된 것이다. 몇몇 디자이너들은 이제 스테레오리소그래피를 이용해 콘셉트 모델을 만들어내기도 한다.

또한 금형을 위해 스테레오리소그래피 프린터를 사용하는 비율도 높아지고 있다. 즉, 출력된 틀을 가지고 실제 생산용 금형을 만들어낸 다음, 최종 용도의 플라스틱 또는 금속 제품이 주조하는 것이다. 여러분은 스테레오리소그래프 프린터로 출력한 금형 원본을 사용해 만든 제품들을 이미 소유하고 있을 확률이 매우 높다.

이전보다 개선된 광경화성 수지가 개발됨에 따라 스테레오리소그래프 프린터를 사용해 곧바로 완성품을 제조하는 몇몇 회사도 등장하기 시작했다. 단지 수백 개 정도의 제품만을 생산해야 할 경우, 이러한 방법으로 출력하는 것이 기존의 생산 라인을 가동시키는 것보다 비용 면에서 훨씬 저렴하다. 또한 각 부분별로 맞춤형 입체 출력이 가능해 고도의 주문제작 생산을 가능케 한다.

혁명 전야

입체 프린팅 기술은 이제 막 무르익기 시작했다. 현재 3D 시스템즈, 스트라타시스, Z 코퍼레이션, 솔리드 스케이프, 포투스, 데스크톱 팩토리 등과 같은 회사들이 입체 프린터 판매에 나서고 있다. 하지만 이들 회사의 인터넷 사이트를 한번 훑어보면 경이로움과 동시에 다소 실망감이 느껴지기도 한다.

오늘날 입체 프린터의 기능은 경탄할 만하다. 입체 컴퓨터 모델 또는 디지털 스캔 자료를 광범위한 재료를 사용해 출력하거나 컬러 출력까지도 가능하기 때문이다. 하지만 물체를 출력하는 데 드는 시간이 너무도 길다는 단점이 있다. 스테레오리소그래피로 출력된 물체는 따로 처리 과정을 거쳐야 한다. 다른 방식으로 출력한 경우도 지지 구조물을 제거한다든지 기타 이물질을 없애야 하는 번거로움이 따른다. 현재 상용화된 입체 프린터는 움직이는 기어장치와 같이 서로 맞물린 부품이 들어간 물체도 출력할 수 있다. 그렇지만 갖가지 다양한 물질을 혼합하여 거의 무엇이든 출력해낼 수 있는 프린터의 등장은 아직 수십 년이 흘러야 가능하다.

오늘날 입체 프린터 설비를 갖춘 회사들은 대부분 시제품 제작이나 금형을 뜨는 작업에 주로 이 공정을 도입하고 있다. 이것은 평범하게 보일지 모르나 굉장한 결과를 낳을 수도 있다. 인도의 가스 터빈 연구기관 GTRE은 입체 프린팅 기술을 도입해 카베리 전투기 엔진을 제작하는 데 비용과 시간을 크게 절감했다. 입체 프린트 공정으로 출력한 2,500개의 부품으로 단 30일 만에 시험 엔진을 만들었던 것이다. 만약 재래식 공정을 채택해 시험 엔진을 제작했더라면 1년이라는 세월은 족히 걸렸을 것이다.

입체 프린터를 사용한 효율성 향상은 매우 고무적이다. 하지만 입체 프린트 혁명이 자리를 잡기 위해서는(더욱이 대중의 관심을 끌기 위해서는) 일상적으로 다량의 완성품이 입체 프린트로 생산되는 모습을 보여주지 않으면 안 된다. 이렇듯 '직접 디지털 제조DDM' 기법은 더 이상 공상과학이 아닌 현실화되었으며, 이미 몇몇 선두 주자들이 기존 제조방식의 한계를 무너뜨리기 시작했다. 2011년 2월,《이코노미스트》지는 입체 출력물의 약 20퍼센트가 최종 단계 제품이라고 보도한 바 있다.

직접 디지털 제조방식

DDM에 대한 선도적인 움직임 중 돋보이는 기획은 'MERLIN 프로젝트'다. 이를 위해 여섯 개의 유수 항공 엔진 제조업체가 컨소시엄을 구성했는데, 롤스로이스가 총기획을 맡고 있다. MERLIN 프로젝트는 민간 항공기용 엔진 생산에 금속 적층 가공 방식 도입을 목표로 삼고 있다. 이 방식이 가능할 경우 금형에 드는 비용을 절감할 수 있다. 입체 프린팅 기술은 기존의 제조방식보다 자재 낭비가 훨씬 덜하기 때문에 환경에 미치는 영향 또한 감소할 것이다. MERLIN 프로젝트는 2011년 1월에 착수되었으며 2014년 12월까지 완료될 전망이다.

MERLIN 프로젝트로 인해 수년 뒤 항공 엔진 생산에 DDM 방식이 도입되겠지만, 이미 입체 프린팅으로 완제품을 생산하거나 심지어는 생산품 전체를 DDM 기법으로 출시하는 업체들도 나타나고 있다. 한 예로, '머큐리 커스텀스Mercury Customs'라는 회사를 들 수 있다. 이 회사는 최고급 맞춤형 오토바이를 비롯해 오토바이용 부품을 생산하고 있으며, 스트라타시스의 디멘션 FDM 프린터를 활용해 프로라이트라고 불리는 아주 독특한 오토바이 펜더를 생산한다. 그 펜더는 LED 조명이 통합된 형태인데, 기존의 사출 성형 방식만으로는 제작이 불가능한 제품이다.

두 번째 사례 또한 오토바이 제조업체로서 DDM 기술을 개척하고 있는 '클락 워크스 커스텀 사이클즈Klock Werks Kustom Cycles'다. 이 회사는 '솔리드웍스SolidWorks'라는 입체 모형 제작 프로그램을 사용해 맞춤형 부품을 설계하고 있다. 설계를 마친 다음 이를 알루미늄으로 제작하거나 플라스틱으로 사출 성형하기보다 FDM을 이용해 보통 폴리카보네이트로 출력해낸다.

한번은 텔레비전에서 선보일 맞춤형 오토바이를 제작하는 데 클락 워크스에게 단지 닷새의 여유밖에 주어지지 않았다. 시간 내에 이를 달성하기 위해 회사 소속 엔지니어들은 오토바이의 게이지 포드, 포크 튜브 커버, 헤드라이트 홈, 보조 발판, 플로어보드 언더커버, 휠 스페이서 커버 등을 모조리 입체 프린터로 출력했다. 완성된 오토바이는 미국 모터사이클협회가 주관하는 대회에서 최고 속도 기록을 갱신했다. 이로서 입체 프린터로 출력한 부품의 내구성을 다시 한 번 증명해 보였다.

고속으로 오토바이를 몰려면 극도의 위험을 무릅써야 한다. 그래서 이번에는 DDM 개척자로서 입체 프린팅 기술을 활용해 인공기관에 쓰이는 맞춤형 피복을 제작하는 회사 비스포크 이노베이션Bespoke Innovation을 소개해볼까 한다. 향후 이 회사는 의수 또는 의족 전체를 입체 프린터로 출력할 계획을 수립해놓고 있다. 입체 스캐너로 환자의 절단 부위를 정확히 측정해 맞춤형 인공보철 제작에 활용할 예정이다. 입체 프린터로 출력한 의수 및 의족은 프리사이즈로 나온 기존의 기성품보다 훨씬 더 착용감이 좋고 편안하며, 기존 제품보다 가격이 90퍼센트 정도 저렴할 것이다.

여러 웹기반 업체들(3Dproarts.com, Sculpteo.com, Shapeways.com 등)은 이미 누구든지 디자인만 가져오면 입체 프린트를 해주는 대행 서비스를 제공하고 있다. 이에 따라 개별 디자이너는 공장 설비를 갖추거나 주식에 투자하는 조건 없이도 자신의 제품을 시장에 선보일 수 있는 길이 열리게 되었다. 그 사례로 디자이너 제프 베어Jeff Bare는 독자적으로 입체 프린터로 출력한 '캔버스랩Canvas Wrap'이라는 이름의 신축성 있는 아이패드 커버를 '쉐이프웨이즈Shapeways.com'를 통해 판매하기 시작했다.

현재 입체 프린팅의 잠재력을 제조 공정에 가장 잘 활용하고 있는 업체는 암스테르담에 본사를 둔 '프리덤 오브 크리에이션Freedom of Creation'이다. 2000년, 쟌 키타넨Janne Kyttanen이 설립한 이 회사는 업계를 선도하는 디자인 회사로 입체 프린터를 이용해 전 세계 25개국에 식탁용 전등, 벽 부착등, 쟁반, 식탁, 의자, 봉투, 귀걸이, 목걸이, 신발, 모자걸이, 아이폰 케이스 등의 다양한 제품을 판매하고 있다.

프리덤 오브 크리에이션을 비롯해 앞서 언급한 회사들은 누구나 구입할 수 있는 입체 프린터를 사용해 비교적 작은 크기의 부품이나 완제품을 생산해낸다. 하지만 앞으로는 맞춤형 입체 프린터로 거대한 규모의 물건을 출력하는 날이 올 것이다. 영국의 러프버러 대학 연구진은 현재 입체 콘크리트 프린터를 개발 중인데, 앞으로는 건물의 일부나 어쩌면 건물을 통째로 출력해낼 수 있을지도 모른다. 현재 연구진은 '2×2.5×5' 미터 크기에 달하는 콘크리트 가공물의 출력 기술개발에 몰두하고 있다. 이러한 크기의 출력물들을 조립해 더 큰 구조물을 만들어낼 수 있게 될 것이다.

미래에는 디지털 제조 방식을 응용한 건축기술이 기존 건축 방식이 안고 있던 제약들을 상당 부분 해결해줄 것이다. 일단, DDM 방식을 쓰면 어떤 형태라도 만들어낼 수가 있다. 더 나아가 콘크리트 프린터는 자재 낭비를 줄여주고 단열 처리 효과를 개선시킬 수 있다. 즉, 벌집 모양의 건축 형태를 비롯해 부분적으로 속이 빈 콘크리트 벽체 등의 제작이 가능하게 될 것이다.

디지털 수송, 보관 그리고 복제

앞으로 10년 전후로 입체 프린팅은 제조 공정의 주류를 형성하게 되고, 신제품은 예전보다 훨씬 빠르게 시장에 선보이게 될 것이다. 탁월한 수준의 맞춤형 제품 제작도 가능해질 것이다. 그러나 무엇보다도 입체 프린터 사용이 활발해지면 디지털 수송과 보관, 그리고 복제 기술이 널리 상용화된다.

오늘날 제품들이 판매처로부터 수천 킬로미터 떨어진 장소에서 제작되는 경우가 다반사다. 그 때문에 제품 판매가의 7분의 1 정도를 직간접적인 운송비가 차지하고 있다. 생산품을 지구 구석구석으로 운송하는 데 엄청난 양의 석유와 기타 원자재 등이 투입된다. 따라서 물리적 운송 수단을 이용하지 않고 디지털 방식으로 생산품을 운송하게 된다면 큰 득이 될 것이다.

디지털 수송의 취지는 매우 간단하다. 제조업체들이 상품을 직접 수송하기보다 인터넷을 이용해 디지털 파일을 가까운 지역에 위치한 입체 프린팅 물류센터로 전송한다. 그러면 가능한 판매처에서 가장 가까운 지점에서 출력을 하게 된다. 앞서 언급한 입체 프린팅의 선두주자 프리덤 오브 크리에이션은 지난 10여 년 동안 디지털 수송의 원리 및 혜택을 적극적으로 수용해왔다. 회사 창립사는 자사 웹사이트를 통해 이렇게 말한다.

"프리덤 오브 크리에이션은 데이터 자체를 디자인된 생산품으로 받아들이는 미래를 지향한다. 이미지와 음악이 인터넷을 통해 유통되듯이 제품 또한 같은 방식으로 유통되는 세상을 꿈꾼다."

디지털 수송은 제조업계의 혁명에 불을 댕길 수 있는 잠재력을 지니고 있다. 장차 제조사들이 주요 도시 및 거점에 디지털 데이터를 전송할 수 있는 입체 프린팅 물류센터들을 입점시킬 가능성이 많다. 이러한 물류센터를 운영하기 위해 여러 제조업체가 모여 컨소시엄을 구성할 수도 있다. 작은 규모의 생산품일 경우에는 인터넷 사이트를 통해 가정용 입체 프린터로 직접 전송하고, 대형 매장에서는 대부분의 물류를 상점 내에서 바로 출력하는 방식을 채택할 것이다.

물류의 디지털 운송과 깊은 관련이 있는 요소는 바로 디지털 저장이다. 오늘날 소매상이 취급할 수 있는 상품 종류는 극히 제한적이다. 전시실이나 창고 등의 공간적 제약을 받기 때문이다. 그러나 생산품의 입체 출력이 가능한 상황이라면 디지털 디자인을 현지 컴퓨터나 인터넷상에 보관하면 그만이다. 따라서 입체 프린터만 있다면 어떤 종류의 상품이라도 제공 가능할 것이다. 게다가 물리적인 재고 관리가 불필요해진다. 당연히 품절을 염려할 필요도 없다. 상품이 팔리지 않아 넘치는 재고량을 처분해야 하는 위험부담도 털어버릴 수 있다. 오늘날 디지털 출판사나 이북 독자들은 책이 절판되는 것을 걱정할 필요가 없다. 동시에 출판사들은 재고량을 항시 조절할 수 있게 되었다. 미래에는 입체 프린터에 의해 완성품을 비롯한 각종 부품의 경우도 비슷한 유통방식을 따르게 될 것이다.

디지털 방식으로 저장된 상품 및 부품은 물류 저장공간의 제약성을 해결해준다. NASA는 국제우주정거장에서 이미 입체 프린터를 시험 가동한 바 있으며, 최근에는 우주에서의 임무 수행 중 우주선의 부품을 출력하기 위한 고해상도 입체 프린터가 갖추어야 할 조건들을 발표하기도 했다. 미군 또한 트럭에 탑재한 입체 프린터로 전장에서 탱크 및 기타 차량에 필요한 부품을 조달하는 가능성을 실험한 바 있다.

입체 스캐너와 더불어 미래의 입체 프린터를 활용한다면, 손상된 어떤 부품이든 디지털화된 복제가 가능하다. 오늘날 예비 부속품 품절로 인해 제품 전체를 처분해야 하는 경우가 빈번하게 발생한다. 그러나 머지않아 이러한 낭비적 관행에는 자연스럽게 제동이 걸릴 것이다. 따라서 모든 번화가에 수리 전문매장들이 등장하는 광경을 보게 될 날이 곧 올수도 있다. 입체 스캐너 및 입체 프린터가 활성화됨에 따라 기술자가 손상된 부품을 스캔한 다음 컴퓨터를 이용해 디지털 수리 과정을 거쳐 대체 부품을 출력할 수 있게 되는 것이다. 한 남자가 어떤 물건을 가지고 가서 "이런 거 세 개만 출력해주세요. 똑같은 재료랑, 같은 색으로요"라고 주문하는 모습을 상상해보라. 아마도 앞으로 10여 년 안에 어떤 물건을 복제하는 일이 복사 가게에 들러 문서 사본을 부탁하는 것만큼이나 쉬워지는 날이 올 것이다.

이러한 발전은 앞으로 온갖 문제와 가능성을 잉태하게 된다. 예를 들어, 지금은 제품 구입 시 재질을 선택할 수 없지만, 앞으로는 가능해진다. '원본'에 대한 개념도 문제될 소지가 다분하다. 조각가 밧세바 그로스만 Bathsheba Grossman은 원본이 대량생산될 수 있는 위험부담에도 불구하고 이미 입체 프린터를 사용해 작품을 제작하고 있다. 고로 예술작품을 비롯한 여나 다른 제품의 진위 여부를 판별하기가 앞으로는 더욱더 어려워질 전망이다. 그로스만이 조각상을 만들어낼 경우, 출력된 조각상 모두가 똑같은 걸작이 된다. 그러나 그녀의 작품을 스캔해서 만든 복제 조각상 역시 똑같은 대접을 받게 될 것이며, 더 나아가 그녀의 디지털 파일을 복사해 입체 출력한 '가짜'마저도 원본과 똑같은 대우를 받을 것이다. 이렇듯 미래에는 예술작품의 소유권이 그 작품을 만드는 데 사용됐거나 앞으로도 사용될 수 있는 디지털 데이터의 소유권과 동일시되지 않을까 생각된다.

미래에는 박물관도 자신의 디지털 소장품에서 선정한 작품을 전시하거나, 아니면 오래전 분실되었거나 원본을 전시하기에는 파손 위험이 큰 작품들을 스캔해 모아둔 글로벌 예술품 기록 보관소를 통해서 출력한 작품들을 전시할 수도 있다. 이미 고고학자들은 1,000년 이상 묵은 미라의 붕대를 뜯어내지 않고도 스캔만으로 그 속의 골격을 출력해내는 작업을 수행하고 있다. 이러한 작업은 언뜻 대단히 흥미롭고 유익한 것처럼 들린다. 하지만 이러한 스캔 및 복제 작업은 지적소유권 관리 문제를 매우 복잡하게 만들 수 있다. 미디어업계는 이미 음악과 비디오의 디지털 유통 및 복사 문제로 혼란에 빠졌던 경험이 있다. 따라서 무한 복제가 일상화되는 날이 올 경우, 기존의 예술가를 비롯한 제조업체들이 과연 어떠한 반응을 보일지 지켜보는 것도 흥미로울 것이다.

직접 입체 프린터 만들기

현재 대부분의 입체 프린터는 1만 달러에서 2만 달러의 가격대를 형성하고 있다. 그러나 지갑 사정이 여의치 않은 열성가에게도 입체 프린터의 구입을 대체할 수 있는 방법이 있다.

시간 여유가 많은 사람이라면, 이제 직접 입체 프린터를 제작할 수 있는 길이 열렸다. 오픈소스 온라인 커뮤니티가 개발해 무료 공개한 디자인을 사용하면 된다. 현재 각각 'RepRap'과 'Fab@Home'이라 불리는 두 가지 모델이 나와 있다.

RepRap-또는 자기재생 쾌속 조형기-은 직접 조립할 수 있는 입체 프린터로서 플라스틱으로 된 물체를 '8×8×5'인치 크기까지 출력할 수 있다. 이는 더 나아가 RepRap이 자신에게 들어가는 부속품을 출력할 수도 있음을 의미한다. 어느 한 사람이 RepRap을 제작했을 경우, 이를 이용해 부품을 출력하면 그의 친구도 RepRap을 제작할 수 있다. RepRap 제작에 필요한 자재를 구입하려면 대략 500달러 정도가 든다.

Fab@Home은 오픈소스 입체 프린터 기업체로서 "우리가 사는 방식을 변화시키자"라는 야심찬 캐치프레이즈를 내걸고 있다. 더 구체적으로 소개하자면 Fab@Home은 "입체 기능성 물품을 생산할 수 있는 프린터 및 프로그램 플랫폼"이다.

손수 제작한 Fab@Home 프린터는 여러 층으로 이루어진 물체를 만들어낼 수 있다. 더구나 주사기와 같은 장치를 이용하기 때문에 다양한 소재의 사용이 가능하다. 잠재적으로 사용 가능한 소재로는 실리콘, 시멘트, 스테인리스, 케이크 프로스팅, 얼음, 치즈 등이 있다. 건전지, 취관, 자전거 톱니, 장난감 부속품, 다양한 먹거리 등이 Fab@Homed으로 출력 가능하다. Fab@Homed의 '모델원'을 제작하는 데는 2,400달러가 든다. 앞으로 곧 출시될 '모델투'는 부품 값을 줄여 1,300달러 선에 맞추려고 한다.

Chapter 07

나노기술

모든 물체는 원자로 구성되어 있다. 여러분과 나, 부엌에 있는 냉장고, 심지어 앞마당을 느릿느릿 기어가고 있는 거북이도 마찬가지다. 그러나 냉장고를 제조할 경우, 원자는 상당히 어설픈 방식으로 냉장고의 형상처럼 배치된다. 사실 오늘날 널리 쓰이는 주조, 절삭, 프레스, 용접, 나사 조이기, 접착 등의 제조방식은 마치 권투장갑을 낀 채 레고로 무엇을 만들어 내는 것과 다를 바 없다. 다시 말해, 현재 제조기술이 원자 무리를 이리저리 옮길 수는 있지만 각각의 제작 물질 덩어리가 원자 차원에서 정확히 제어되도록 배치하지는 못한다.

이 시점에서 바로 나노기술 또는 '나노테크'가 등장한 것이다. 나노기술은 나노미터 단위로 물질을 조작하고 이해하는 학문이다. 나노미터란 10억분의 1미터에 지나지 않는다. 즉, 몇 개의 원자를 줄지어 이어놓은 길이다. 일상적인 맥락에서 풀어보자면, 사람의 머리카락은 지름이 약 5만 나노미터가량 되며, 종이 한 장의 두께가 대략 10만 나노미터다.

1에서 100나노미터 범위 내의 정밀도를 띠고 작업하는 공정이나 제조기술이라면 나노기술이라고 할 수 있다. 이는 나노테크가 굉장히 포괄적인 분야임을 의미한다. 신생 나노기술 프로젝트가 관리하는 나노소비재 조사에 의하면 나노기술에 일부 또는 전적으로 의존하고 있는 생산품 수는 1,000개가 넘는다. 24개국에 걸쳐 500개에 달하는 업체가 생산한 일상용품 중에는 마이크로프로세서, 건전지, 자동차 도료, 직물, 의약품, 화장품 등이 있다.

기회의 과학

1986년, 에릭 드렉슬러Eric Drexler의 《창조의 엔진 Engines of Creation》 출간이 센세이션을 불러일으키기 시작하면서 나노기술은 대중의 관심을 받기 시작했다. 이 중대한 연구서로 인해 나노기술 분야가 정립됐다. 이 책은 2007년 출간 21주년을 기념해 무료 이북으로도 재출간됐다.

나노기술은 온갖 종류의 신소재와 신제품의 탄생을 예고했다. 나노기술의 무한한 잠재력을 인정해 2001년, 미국 정부는 미국 국립 나노기술 연구기관NNI을 설립하여 25개의 정부기관을 산하에 두고 나노기술 연구개발을 주도해나가도록 했다. 25년간 기획된 이 연구 프로젝트에 이미 140억 달러 이상의 자금이 투입됐다. 정부 차원에서 나노기술을 얼마나 중요시하는지를 짐작하게 해주는 대목이다.

나노기술 상용화가 진척될수록 모든 것이 더 강해지고, 더 가벼워지고, 더 저렴해지고, 더 에너지 효율적이며, 더 환경친화적으로 바뀔 것이다. 드렉슬러는 미래의 나노공장들은 단순한 화학 공급원만 있다면 원자 정밀도를 지닌 큰 부피의 생산품을 오염 없이 저렴하면서도 이른바 착한 에너지 소비율까지 달성해 만들어낼 수 있다고 장담했다. 이미 나노기술은 마이크로칩에 수십 억 이상의 트랜지스터가 장착될 수 있도록 하였고, 플라스마 TV 화면을 얇으면서 강도는 더 높게 개선하고, 자외선 차단제의 기능을 대폭 강화시켰으며, 마모에 강한 직물을 만들어냈다. 그러나 진정한 나노기술의 혁명은 아직도 여명의 저편에서 대기 중이다.

적어도 이론적으로는 인간이 나노기술을 통해 원자 차원의 모든 형태의 물질을 제어할 수 있다. 따라서 미래에 나노기술은 우리가 상상할 수 있는 모든 것의 제작을 가능하게 할 것이다.

원자를 다루는 방법

나노 단위의 물질을 조작하는 방법에는 두 가지가 있다.

첫째, '하향식' 접근법으로서 기존의 소재를 조작해 나노 단위에서 그 구성요소에 변화를 주거나 나노 규모의 구조물을 기존 소재의 표면에 생성하는 것이다. 둘째, '상향식' 접근법은 개별 원자 또는 분자로부터 나노 구조를 조립하는 방식을 기반으로 한다.

오늘날 대부분의 나노기술 개발은 하향식 접근법을 토대로 하고 있다. 실리콘 칩을 만드는 기술이 가장 일반적인 하향식 접근법이다. 이때 실리콘 웨이퍼에 마이크로프로세서 또는 컴퓨터 메모리를 부각하기 위해 나노리소그래피라 불리는 자외선 사진 공정을 이용한다. 이 기술을 적용해 인텔은 최신 제조공장에서 지난 수년간 구성요소의 너비가 불과 32나노미터에 지나지 않는 마이크로칩을 생산해내고 있다. 인텔은 또한 근래에 제조공장을 업그레이드하기 위해 80억 달러를 투자했다. 업그레이드를 마친 공장은 구성요소의 너비가 22나노미터에 불과한 차세대 칩 생산을 목전에 두고 있다.

널리 쓰이는 또 다른 하향식 접근법에는 기존의 자재에 아주 작은 나노 단위의 미립자를 섞어 이른바 '나노복합체'를 만들어내는 방식이 있다. 예를 들어, 나노테크 자외선 차단제는 기성 로션에 티타늄과 산화아연으로 된 나노 크기의 미립자를 첨가해 제조된다. 또한 은으로 된 나노 입자를 의약품이나 청소용품에 첨가하는 사례도 늘어나고 있는데, 이는 은의항균 성분이 다양한 종류의 박테리아를 없애는 데 탁월한 효과가 있기 때문이다.

가장 흔히 쓰이는 나노복합재료 첨가제 중 하나는 탄소나노튜브다. 탄소나노튜브란 탄소원자의 육방격자 구조를 지름이 약 1나노미터에 불과한 작은 튜브에 접합시킨 것을 가리킨다. 탄소나노튜브는 강도가 굉장히 센데, 강철보다 약 117배나 강하다. 이는 아마도 이론적으로 생성 가능한 물질 중 가장 강한 물질이 아닐까 싶다. 이 점 때문에 탄소나노튜브는 유리, 강철, 플라스틱 등 기존 소재의 강도를 끌어올리는 데 주로 사용된다.

현재 여러 업체가 탄소나노튜브의 대량생산을 가능하게 할 복잡한 화학 조작방식 개발에 발 벗고 나섰다. 이들이 생산한 나노튜브는 길이가 수 센티미터에 달하는 것까지 있으며 그램당 수백 달러에 판매된다. 베이어와 같은 몇몇 업체는 연간 30톤 이상의 탄소나노튜브를 생산할 수 있는 설비를 갖추고 있다. 10여 년 안에 세계 탄소나노튜브 시장은 연간 수십억 달러 규모로 성장할 전망이다. 이는 나노튜브가 다른 소재를 보강해주기 때문만이 아니라, 차세대 나노전자공학에도 적용이 가능하기 때문이다.

미래의 나노 규모 공장

나노 규모로 기존의 소재를 조작하는 방식은 이미 일반시장을 겨냥하고 있다. 그러나 개별 원자 또는 나노 규모의 구성요소에서 무엇을 만들어내는 상향식 제조 공정은 하향식 접근법의 성과에 비해 한참 뒤처져 있다. 그럼에도 상향식 나노테크는 활발한 연구가 이루어지고 있어 언젠가는 어떤 소재를 가지고도 무엇이든지 만들어낼 수 있는 제조 공법으로 발전할 가능성이 크다. 특히 상향식 나노기술이 널리 보급될 경우, 모든 폐기물과 오염물질조차도 가치 있는 것으로 재배열될 수 있는 한 무리의 원자 덩어리로 대접받게 될 것이다.

나노구조는 개별 원자 또는 분자로 구성할 수 있는데, 다음 두 가지 방법 중 하나에 의해서 구축할 수 있다.

첫 번째 방법은 '위치상 조립'으로, 개별 원자 또는 분자를 이리저리 이동시키기 위해 그보다 큰 도구를 사용하는 방식이다. 두 번째 방식은 '자기조립'으로, 나노 규모의 구성요소가 자발적으로 나노 단위의 다른 구성요소를 조작하는 것을 말한다.

위치상 조립 방식에 대한 실험은 이미 여러 번 실시되었다. 1989년, IBM의 선임연구원인 돈 아이글러Don Eigler는 개별 원자를 최초로 인위적으로 통제하여 조작하는 데 성공한 사례다. 아이글러는 주사터널링현미경STM을 이용해 35개의 크세논 원자를 이리저리 밀고 다녔다. 실험을 마칠 즈음 그는 원자를 배열해 철자 'IBM'을 쓰는 데 성공함으로써 세계에서 가장 작은 회사 로고를 만들어냈다.

STM을 사용해 원자를 이리저리 옮긴다는 개념은 얼른 납득하기 쉽지 않다. 하물며 상향식 나노기술 중 자기조립 방식은 완전히 공상과학물 같이 들리기 십상이다. 실제로 지난 수십 년간 원자 규모의 물질을 만들어내고 수리하는 데 '나노봇' 또는 '나나이트(나노기기)' 등을 이용한다는 발상은 공상과학영화나 소설에 등장할 법한 것이었다. 하지만 나노기술의 자기조립은 공상의 산물이 아니다. 왜냐하면 생명 자체가 자기조립 방식을 기본원리로 삼고 있을 뿐만 아니라 모든 생물학이 분자의 자기조립 방식에 의존하고 있기 때문이다.

공상과학물에 필적하는 자기조립 나노봇을 만드는 데 성공한 사람은 아직 없다. 하지만 '분자 자기조립 현상'에 대한 몇 차례 성공적인 실험이 실시된 사례는 있다. 이 기술은 DNA 분자에 화학적 규칙을 적용해 어떤 형태를 조립하도록 하는 것을 요지로 한다. 2010년 10월, 뉴욕 대학과 콜롬비아 대학의 연구진이 'DNA 로봇'의 시험 제작 원형을 만드는 데 성공했다. 이 엄청나게 작은 기기들은 DNA 분자의 사슬을 이용해 제작되었으며, 단순한 기능을 수행하도록 프로그램됐다.

좀 더 설명하자면, 뉴욕 대학의 DNA 로봇이 이미 금입자를 여덟 개의 각기 다른 패턴으로 배열하는 임무를 완수한 바 있다. 한편 콜롬비아 대학 연구진은 DNA 로봇이 움직이다 멈추고 방향을 전환하는 등의 동작을 할 수 있도록 프로그램하기도 했다. 이 연구진의 'DNA 워커'들은 다리가 서너 개 정도 달렸는데, 이는 유전적 효소의 사슬을 이용해 만들어진 것이다. 각각의 다리는 화학적 명령 프로그램의 디딤돌 역할을 수행하도록 일련의 생화학 물질에 대한 화학적 친화력에 이끌려 전진하도록 고안되었다. 이론상으로는 이와 같은 성과가 언젠가는 분자공장의 설립으로까지 이어질 가능성도 꿈꿔볼 수 있다. 그렇게 되면 화학 합성물을 비롯해 나노 규모의 컴퓨터까지도 만들어낼 수 있다.

나노일렉트로닉스

나노기술의 잠재적인 전망에 지나치게 현혹되어서는 안 된다. 하지만 이미 증명된 나노기술의 응용력 및 잠재력을 애써 외면하는 태도 역시 바람직하지 못하다. 미국 보스턴에 위치한 럭스연구소에 의하면 나노기술을 적용한 제품은 2015년까지 매출 총액이 2조 5,000억 달러에 이를 전망이다. 지금부터는 향후 10년 안에 나노기술이 현실적으로 어떤 양상으로 전개될지에 대해 알아보자.

현재 구성요소가 작게는 22나노미터에 불과한 최첨단 실리콘 칩을 제조하는 데 나노리소그래피기술이 활용되고 있다. 이러한 '상보형금속산화반도체CMOS'는 불과 0.9나노미터 두께의 금속 산화물 층으로 가공된다. 따라서 머지않아 CMOS기술은 소형화의 한계점에 다다를 것이다. 2020년을 넘어서면 컴퓨터의 지속적인 성능 개선에 대한 갈구로 인해 결국 다른 유형의 기술력에 대한 의존이 불가피하다.

전 세계의 연구진은 CMOS 이후의 나노전자소자를 개발하는 데 총력을 기울이고 있다. 지난 2007년 IBM 연구진은 최초의 무결점 단분자 기반 스위치를 개발함으로써 분자 규모의 컴퓨터 부품이 탄생할 수 있는 기반을 다져놓았다.

미래의 나노전자소자 기기는 탄소나노튜브의 초전도 특성을 활용하게 될 것이다. 그 이유는 매우 미세한 이 전선관이 일반 금속과는 다른 방식으로 전기를 전도하기 때문이다. 즉, 이들은 전자를 산란시키지 않는다. 바로 이 점은 탄소나노튜브 배선이 잠재적으로 전자회로 제작에 사용될 수 있음을 시사하며, 그 회로는 오늘날 실리콘 제작 방식으로 생산되던 것보다 훨씬 작은 규모가 될 것이다.

탄소나노튜브와 더불어 응용 가능성이 무궁무진한 또 하나의 나노소재는 단연 그라핀이다. 그라핀은 벌집형 구조로 배열된 단층의 탄소원자로 구성되며 어마어마한 강도, 신축성, 투명도, 전기 전도율 등을 자랑한다. 그라핀이 발견된 것이 1962년이기는 하나, 최근까지 극소량 생산만이 가능했다. 그러나 2010년 한국의 성균관대학과 삼성 연구진은 투명하고 신축성 있는 너비 63센티미터의 폴리에스테르 판 위에 순수 그라핀의 연속층을 생성해내는 데 성공했다. 이러한 성과에 힘입어 앞으로 그라핀은 신축성이 높은 디스플레이나 터치스크린 생산에 활용될 가능성이 높으며, 미래의 태양전지 생산에도 사용될 확률이 크다.

나노소재와 나노코팅

나노기술은 점차 다양한 소재의 속성을 향상시키는 데 쓰일 것이다. 이미 나노코팅 기술이 적용된 먼지 차단 및 방수가 되는 기능성 직물이 상당히 보편화됐다. 일부 건물에서도 나노코팅 처리된 '자정유리'를 설치하기 시작했는데, 이 또한 유리에 달라붙는 먼지를 차단하는 역할을 한다. 이러한 성과는 그다지 대수롭지 않게 보인다. 하지만 이것이 유리

창 청소부나 세제 제조업체에게는 참으로 심각한 문제이지 않겠는가!

일부 특정한 기성 소재에 탄소나노튜브를 첨가하는 기술은 이미 매우 독특한 방향으로 진전을 보이고 있다. 일례로, 화학제품 제조업체 바텔Battelle 소속 과학자들은 비행기 표면의 결빙을 방지하기 위해 온열 페인트를 개발하고 있다. 이는 탄소나노튜브기술이 적용된 것으로 머지않아 항공기의 날개를 비롯해 기타 주요 부품에 사용될 것으로 예상된다. 조종사는 강추위가 몰아닥칠 경우, 기내 전자제어 장치를 이용해 페인트에 전원을 넣으면 된다. 바텔의 과학자들은 나노테크 온열 페인트가 결빙 방지 업계의 판도를 바꿔놓게 될 것이라 자부한다. 이 획기적인 코팅 페인트는 다른 결빙 방지 용액 대비 100배 더 가볍기 때문이다.

플라스틱업계는 기성 소재에 나노 단위의 첨가물을 결합하는 기술의 도입을 시작으로 점차 새로운 나노 복합재료의 개발을 지속적으로 개발해나갈 예정이다. 이로써 저렴한 비용 대비 우수한 강도 및 표면 품질의 향상을 꾀할 수 있게 될 것이다. 일부 자동차 범퍼의 경우, 내충격성 향상을 위해 이미 플라스틱에 나노점토를 합성하는 제작 방식이 쓰이고 있다. 나노 복합발포제 또한 이미 생산되었는데, 외관은 견고한 플라스틱과 흡사해 보이지만 훨씬 가볍다는 장점이 있다. 따라서 이 발포제는 일회용 컵, 패스트푸드 용기, 포장재, 가정용 단열재, 카펫 바닥재, 쿠션 등 다양한 제품 생산에 폭넓게 적용될 예정이다.

나노소재에 있어서 또 하나의 잠재적인 성과는 주문형 접합이다. 미래에는 금속과 플라스틱이 서로 견고하게 접착될 수 있는 길이 열리게 되며, 추후에 순조로운 재활용을 위해 원자 차원의 비활성화도 가능할 것이다.

나노의학

의학에 나노기술을 접목시키는 것은 극히 당연한 수순이 아닐까 싶다. 수백 년 동안 의사들은 더 정밀한 시술을 위한 수술기술 개발에 매진해왔다. 의학을 나노 차원으로 끌어올리는 것은 지극히 자연스러운 진화 과정으로서, 의술과 약제학이 융합되는 방향으로 나아갈 수도 있다.

1999년 6월, 나노기술의 선구자이자 노벨상 수상자이기도 한 리처드 스몰리Richard Smalley는 미 국회 하원 청문회에서 몇 차례 증언할 기회를 얻었는데, 그것이 계기가 되어 NNI의 설립으로 이어졌다. 그 당시 스몰리는 항암치료를 받고 있는 중이었다. 그는 치료를 받으며 지금 자신의 몸을 황폐하게 만들고 있는 이 '매우 우둔한 도구'가 향후 20년 안에 폐기되리라 예견했다. 스몰리는 최소한의 부작용으로 돌연변이 세포만을 겨냥할 수 있는 나노 차원의 약물 개발이 가능하리라 확신했다. 그는 자신이 앓고 있던 유형의 암은 앞으로 역사의 뒤안길로 퇴장하게 될 것이라고 단언하며 증언을 마쳤다.

스몰리는 2005년 암으로 숨을 거두었다. 그러나 현재 몇몇 연구진은 암세포만을 겨냥해 항암제를 전달하는 나노로봇 또는 '나노봇'의 개발에 박차를 가하고 있다. 바로 이러한 프로젝트 중 하나가 몬트리올 공과대학에서 진행되고 있다. 나노로봇공학 연구소장인 실뱅 마르텔Sylvain Martel은 연구가 암 치료에 엄청난 영향을 미칠 것이며, 나노봇이 언젠가는 혈류를 통해 치료제를 종양에 바로 전달하게 될 날이 올 것이라고 말한다.

마르텔이 개발하고 있는 나노봇은 편모 박테리아 모터와 결합된 자성 약물 수송체로 구성되어 있다. 연구진이 자기공명영상MRI을 이용해 제어장치에 정보를 입력하면 나노봇은 환자의 혈관을 통해 이동하게 된다. 나노봇을 이용하면 기존의 카테터 삽입법으로는 접근하기 어려웠던 부분까지 항암제를 투여할 수 있게 된다. 2009년 9월, 마르텔은 컴퓨터로 제어되는 나노봇의 조종장치를 완성하는 데 3년 내지 5년 정도가 소요될 것이라고 예상했다. 미국 카네기 멜론 대학에서도 이와 유사한 프로젝트가 진행 중인데, 이 프로그램이 또한 가능한 나노 규모의 로봇을 이용해 목표 지점에 약물을 투여하는 기술개발에 역점을 두고 있다.

근 10년 내에 나노봇을 의술에 접목시키려는 또 다른 연구가 브래들리 넬슨Bradley Nelson이 이끄는 스위스의 ETH 취리히 과학기술대학 부속 로봇 및 지능정보시스템 연구소의 연구진에 의해 진행 중이다. 넬슨의 프로젝트 중 하나는 망막수술용 나노봇의 개발이다. 넬슨은 이 프로젝트가 앞으로 10년 안에 실현될 가능성이 크다고 말한다. 그는 2009년, 기고문에서 "충분한 재원과 에너지, 그리고 의사들을 비롯한 기업가의 지원만 뒷받침된다면 나노봇을 활용한 망막 치료는 5년 안에 실현될 것"이라고 밝힌 바 있다.

한편 미국 서던캘리포니아 대학의 분자로봇 연구소장인 아리스티데스 레퀴차Aristides Requicha는 현재의 의학적 패러다임의 완전한 전복을 꿈꾼다. 레퀴차의 목표는 치료보다 예방에 초점을 맞추고 있는데, 수많은 나노봇의 무리가 혈류를 타고 끊임없이 돌아다니면서 환자가 증상을 보이기 전에 병원체를 찾아내 파괴하는 것을 골자로 하고 있다. 레퀴차의 장기적 계획은 "프로그램 작동이 가능한 인공세포"를 만들어내는 것이다.

나노로봇 무리가 우리의 혈류를 타고 순찰에 나서는 날까지는 수많은 세월이 흘러야겠지만 실질적인 응용을 눈앞에 두고 있는 건강 관련 나노테크 성과물도 많이 나왔다. 예를 들어, 유럽연합의 지원을 받아 영국 배스 대학에서 진행하고 있는 프로젝트는 나노테크 스마트 붕대 개발을 목표로 하고 있다. 이 붕대는 나노캡슐에서 항생제를 분비해 감염을 방어하도록 고안됐다. 그런데 질병을 일으키는 병원성 세균이 붕대에 의해 감지될 경우에만 항생제가 분비된다는 점이 정말 기발하다. 이렇게 함으로써 불필요한 약물 투여로 인해 환자에게 내성이 생기는 위험 부담을 줄일 수 있게 된다.

건강 관련 성과물을 하나 더 꼽자면 나노기술을 적용해 정수 기능을 향상한 사례를 들 수 있다. 남아프리카의 희망 프로젝트Hope Project의 일환으로 남아공 스틸렌보쉬 대학의 수자원연구소는 기존의 티백 양식을 차용한 혁신적인 정수 처리기를 개발하고 있다. 1센트가 채 안 되는 가격으로 출시될 예정인 이 정수기는 살생물제의 얇은 막에 활성탄 및 나노섬유를 결합시켰다. 사용자는 용기에 티백을 넣은 다음 더러운 물을 붓기만 하면 된다. 물이 티백을 통해 여과되면서 활성탄이 해로운 화학물질 및 불순물을 제거하고 나노섬유의 살생물제는 유해한 미생물을 파괴한다. 따라서 더러운 물이 즉석에서 안전한 식수로 정수 처리된다.

작은 과학, 큰 미래

나노일렉트로닉스, 나노소재, 나노코팅, 나노의학 등은 수많은 산업체와 우리의 생활에 변화를 가져올 것이다. 더욱이 이 책의 1부에서 열거한 세계적인 난제들의 해법을 나노기술을 통해 찾을 수 있을지도 모른다. 예를 들어, 나노기술을 적용해 기후변화에 맞설 수 있는 방법이 몇 가지 있다. 그중 하나는 우주에 거대한 솔라 세일을 건조하는 것이다. 솔라 세일은 대기 중의 온실가스량 축소가 아닌, 태양복사열로부터 지구를 살짝 가리는 방법으로 지구온난화를 억제할 수 있다.

거대한 솔라 세일은 그야말로 극도로 얇게 제작되어야만 제 역할을 해낼 수 있다. 따라서 하향식이나 상향식 중 어느 나노기술을 채택하든지 우주 공간에서 제작되어야 한다는 사실에는 변함이 없다. 결국 그러기 위해서는 지구 궤도에 필요한 재료를 올려놓아야 하는 난제가 발생한다. 논란의 여지가 있는 해결책 중 하나는 달이나 소행성에서 광물을 채취하는 방안이다. 그렇지만 한 척의 우주비행선도 쏘아 올리지 않고 자재를 궤도까지 나를 수 있는 우주 엘리베이터 건설이 또 다른 가능성으로 부상할 수 있다.

기후변화에 맞설 또 하나의 대담한 대안으로 지구 각지에 대기 여과 공장을 건설하는 방법이 있다. 《창조의 엔진》에서 에릭 드렉슬러는 대기로부터 온실가스를 배출하는 데 미래의 나노기술을 사용할 수 있게 될 것이라고 주장했다. 물론 그는 이를 추진하는 데 10년 정도는 족히 걸릴 것이라고 인정하기는 했다. 게다가 수십 테라와트에 달하는 전기를 대형 태양전지판을 통해 공급받아야 할 것이라는 말도 덧붙였다. 그는 그래도 미래의 나노기술 발달로 인해 산업혁명 이후 대기 중에 계속 누적되어왔던 과도한 이산화탄소를 적절한 비용으로 제거하는 것이 가능할 것이라고 확신했다.

아주 가까운 미래에 저비용 및 저에너지로 해수 담수화를 실현함으로써 나노기술은 피크워터가 안겨준 난제를 푸는 데도 도움을 주게 될 것이다. 미국 에너지부 산하의 로런스 리버모어 연구소는 이미 나노기술을 이용해 해수에서 염분을 제거하는 방법을 개발했다. 이는 탄소나노튜브를 이용해 일반 소금을 구성하고 있는 이온을 여과 또는 '거부'하는 방식이다. 만일 이 기술이 앞으로도 더 발전한다면 해안지역의 담수자원을 배가시키는 데 큰 도움이 될 전망이다. 또 그렇게 된다면 임박한 전 세계의 식량 부족 위기를 타파하는 데도 큰 힘이 될 것이다.

미래의 나노기술이 원자 대 원자 결합 방식으로 잠재적으로 무엇이든 제작할 수 있다고 가정할 때, 미래의 연료 및 식량 부족 현상 해결이 이론상으로 가능하다. 부연하자면, 아주 가까운 장래에 신생 연료 및 식량 공급 문제는 유전자 조작과 합성생물학의 발달에 힘입어 해결될 확률이 훨씬 더 높다.

어찌 됐든 나노기술은 미래의 에너지 및 운송 부문에 있어 중요한 역할을 할 것이다. 나노테크 태양전지판을 비롯한 미래 전기자동차용 신형 배터리 생산에 적용될 나노기술 등에도 그 가능성을 열어 두어야 한다.

내일의 석면?

나노기술은 분명 수많은 혜택을 가져올 것이다. 하지만 다른 혁신기술이 등장할 때와 매한가지로 정확히 파악도 않은 채 성급히 뛰어든다고 비판하는 사람들이 등장하고 있다. 이들 중 일부는 물질을 조작하는 그 자체가 자연계의 질서를 교란시키는 것이라고 주장한다. 이러한 극단적 시각을 가지고 있는 사람이 비록 소수이긴 하지만, 아주 많은 사람이 나노기술의 안정성에 대한 우려를 표명하고 있는 것도 사실이다.

1980년대 후반 나노테크가 대중화되자, 통제를 벗어난 무분별한 나노기술 사용이 인류에 재앙을 불러올 것이라는 괴변이 확산되기 시작했다. 이른바 '회색 점액물질 논쟁'이라고 명명된 이 현상은 미래의 자기재생 나노봇이 모든 물질을 어떤 생명 없는 점액물질로 변질시킬 것이라는 소문에 기인했다. 찰스 왕세자를 비롯한 다수의 반대론자는 그 후 수년간 회색 점액물질 논쟁을 지지하고 나섰다. 하지만 오늘날 나노테크에 반기를 드는 사람들도 대부분 우리 인간이 회색 점액물질로 둔갑할 위험은 없다는 사실을 인정한다. 먼지를 끊임없이 자신의 복제물로 둔갑시키는 물질의 탄생에 대한 두려움은 어떻게 보면 합리적인 것처럼 보이기도 한다. 그러나 이러한 과정은 감자가 재배되는 과정과도 같아, 감자가 인간을 정복할 것이라는 우려는 접어두어도 될 듯하다.

나노기술은 안전에 대한 심각한 우려를 자아낼 수도 있다. 예를 들어, 영국의 환경보호단체인 지구의 벗 Friends of the Earth을 비롯한 몇몇 단체는 석면사태가 재현되는 상황을 피하려면 탄소나노튜브 활용을 "즉각적으로 중단해야 한다"고 경고하기도 했다. 사람의 건강과 환경에 미치는 장기적 영향이 미처 밝혀지기도 전에 나노물질이 시장에 출시되었던 몇몇 사례가 분명히 있기는 했다. 예를 들어, 인간의 몸이 불필요한 나노분자를 어떤 식으로 제거할 것인지에 대해서는 전혀 알려진 바가 없다. 하지만 이러한 분야에 대한 연구가 필요한 건 사실이다. 나노분자가 폐와 심장, 생식기, 신장, 세포계통에 해로운 영향을 미친다는 사례가 보고된 바 있기 때문이다.

나노테크 옹호론자들은 이미 일상적인 소재에 첨가된 나노 규모의 분자들은 건강에 아무런 영향을 미치지 않는다고 주장한다. 이는 오늘날

자동차 페인트나 플라스마 텔레비전 화면에 존재하는 탄소나노튜브는 건강상의 위험 요소가 아님을 의미한다. 하지만 반대 견해에 따르면 느슨해진 나노튜브는 쉽게 피부에 침투하며 암을 유발할 수도 있다는 주장이 제기된다. 10여 년이 지나면 과연 어느 편이 옳은지 확실히 알 수 있을 것이다.

세계 곳곳에 나노기술의 안전성에 대한 논란이 거세지고 있다. 더욱 포괄적인 독성 시험에 대한 요구는 새로운 나노 제품의 출시를 더디게 할 것이다. 마치 유전자변형 작물에 대한 반대가 이들의 유럽 출하를 상당량 저지시켰던 것과 비슷한 상황이다. 일각에서는 나노 안전관리 방안을 수립하기 시작했다. 예를 들어, 2008년에는 '어슈어드나노 AssuredNano'라 불리는 인증제도가 소개되기도 했다. 즉, 건강과 안전수칙에 대한 책임 있고 적극적인 나노기술 적용을 장려하자는 취지하에 도입된 것이다.

미래에 대한 약속

이 책에서 다루고 있는 소재들 중 나노기술은 아마도 미래에 있어 가장 광범위한 잠재력을 지녔다고 해도 과언이 아니다. 이에 따라 나머지 장은 어느 시점에서 다시금 나노기술에 대한 언급으로 귀결될 것이다. 그러나 나노테크가 근본적으로 물질을 가장 기본적인 단위에서 조작하고 연구하는 분야임을 감안한다면, 미래의 과학기술 발달에 있어 수많은 부문에 적용된다는 사실은 그리 놀랄 일이 아니다.

1980년대, 마이크로 전자기술이 오늘날 컴퓨팅 및 디지털 정보통신기술로 대변되는 산업의 물결을 일으켰다. 인터넷시대의 과학기술들이 당장에 무대 위에서 퇴장하지는 않겠지만, 나노기술과 입체 프린팅 기술은 곧 거의 무한대에 가까운 생산 가능성을 앞세워 새로운 물결을 일으킬 것이다. 이러한 새로운 흐름은, 새로운 생산법에 병행해 수리와 재활용을 지속적으로 옹호해나가는 최초의 사례가 될 수도 있다. 이전의 여러 산업화 물결이 그랬듯이, 주류로서의 나노기술은 광범위한 선택의 기회를 제공하게 될 것이다.

세계적인 명성을 자랑하는 나노기술 권위자 중 한 명인 랠프 머클 Ralph Merkle은 미래를 집중적으로 연구하는 미국 싱귤래러티 대학의 교수로 재직하고 있다. 머클은 자기복제 나노봇이 원자들을 이용해 우리가 상상할 수 있는 모든 것을 만들어줄 수 있게 되는 날, 우리에게 주어질 제조의 가능성에 대해 자주 이야기하곤 했다. 이러한 주제에 대한 최근 강의(유튜브를 통해 무료 시청 가능)에서 머클은 이제껏 제작될 수 있었던 가능한 모든 물건을 표현하기 위해 하나의 원을 그렸다. 다음에 그는 이 원 안에 아주 작은 점 하나를 찍어 역사의 이 시점까지 제조된 모든 생산물을 나타냈다. 그가 말하려는 것은 바로 나노기술이 우리로 하여금 물리적으로 가능한 모든 것을 만들 수 있는 능력을 줄 수 있지만, 무엇을 어떻게 만들지는 아직까지 알지 못한다는 것이다.

많은 미래학자들은 2020년에서 2050년 사이가 상대적 결핍의 시대가 될 것이라고 입을 모은다. 그렇다고 그때가 되면 모든 자원이 바닥날 것이라는 의미는 아니다. 그러기보다 석유, 물, 식량, 광물 등과 같은 여러 천연자원들이 전 세계적으로 부족 현상을 일으킨다는 의미다. 이러한 난제 앞에 선 인류는 새로운 방식으로 살아가는 법을 터득하게 될 것이다. 하지만 2050년에 들어서면 나노기술, 유전공학, 합성생물학, 우주여행 등의 발달로 새로운 풍요의 시대를 맞이하게 될지도 모른다. 만약 그렇게 된다면, 새로운 과학기술(특히 상향적 나노기술)이 우리의 욕구에 부응했기 때문일 것이다.

우주에서 새로운 자원을 채취하지 않더라도 풍족한 원자의 공급원인 지구는 100억 이상의 인구 전체가 안락한 생활을 영위할 수 있도록 거뜬히 부양할 능력이 있다. 그러한 삶이 실현되기 위해서는 적합한 원자를 필요한 자원이나 생산품으로 적소에 재배열하는 기술이 필요하다. 장기적으로 바로 그것이 나노기술이 약속하는 미래다. 그런 까닭에 좀 더 가속도를 내볼 만한 구미 당기는 약속임에는 틀림없다.

Chapter 08

유전자 변형

20세기를 주도했던 학문은 물리학과 화학이었다. 입체 프린팅과 나노기술 등의 신기술이 전면에 포진하는 21세기에 들어서도 물리학과 화학이 가지는 중요성은 여전하다. 그러나 결국 물리학과 화학은 점차 생물과학의 그늘에 가려지게 될 전망이다. 우선 기존의 식물학 및 동물학의 발전은 새로운 농법 및 생산방식을 견인해나갈 것이다. 그러나 무엇보다 더 중요한 사실은 생물과학 혁명이 우리 자신을 비롯한 모든 생명체에 대한 유전자 검사 및 유전자 변형을 망라하게 된다는 점이다. 가장 급진적인 생물학의 발전은 인공적 창조를 가능하게 해, 완전히 새로운 종류의 생명체 탄생까지 보게 할 것이다.

미래에 있어 생물과학의 발전이 가지는 의미를 논하기에는 그 범위가 너무나 방대하여 제한된 지면에서 이야기를 풀어놓기가 쉽지 않다. 때문에 지금부터 약간의 지면을 할애해 기존의 동식물 및 미생물에 대한 유전자 변형을 집중적으로 이야기하고, 그다음 장에서는 완전히 인공적인 생물체의 창조와 더불어 기존의 생물학 체계의 혁신적 재설계에 대해 탐험해볼 것이다. 또한 이번 장과 다음 장 전반에 걸쳐 생물학의 발전이 농업 및 제조업을 어떻게 변화시킬 것인지에 대해 고찰할 것이다. 인간의 유전자 검사, 약물유전학, 유전자 치료 등은 21장에서 유전의학을 논의하면서 따로 다루도록 하겠다.

생명 조작

인간은 농업을 시작하면서부터 생명체를 의도적으로 조작해왔다. 우리는 지난 수백 년간 사과나무에 눈접을 해왔다. 그렇게 하면 한 나무의 서로 다른 나뭇가지마다 각기 다른 열매를 맺게 할 수 있기 때문이다. 이 기술은 워낙 성공적이어서 오늘날 일부 교배종은 무려 100가지가 넘는 사과열매를 맺기도 한다.

사과나무에서 눈을 떼어내 다른 나무에 접붙이는 방식은 예로부터 전해 내려오는 기술로서, 외래 유전형질을 숙주 식물에 이식하는 전형적인 사례다. 하지만 근래에는 유전자 변형이라는 현대과학에 힘입어 더욱 근본적으로 유전형질을 바꿔치기하거나 조작할 수 있게 됐다. 미래에는 이 기술이 일부 우려의 목소리에도 불구하고 인간에게 모든 생명체를 관장할 수 있는 능력을 부여하게 될 것이다.

모든 생명체의 특성은 완전 유전자 코드 또는 '게놈'에 의해 결정된다. 이러한 정보는 디옥시리보핵산DNA에 저장돼 있는데, 이때 각각 아데닌, 시토신, 구아닌, 티민이라 불리는 화학물질이 동원돼 정보가 기록된다. 이 화학물질들의 이름을 축약하여 철자 'A' 'C' 'G' 'T'로 표기하고,

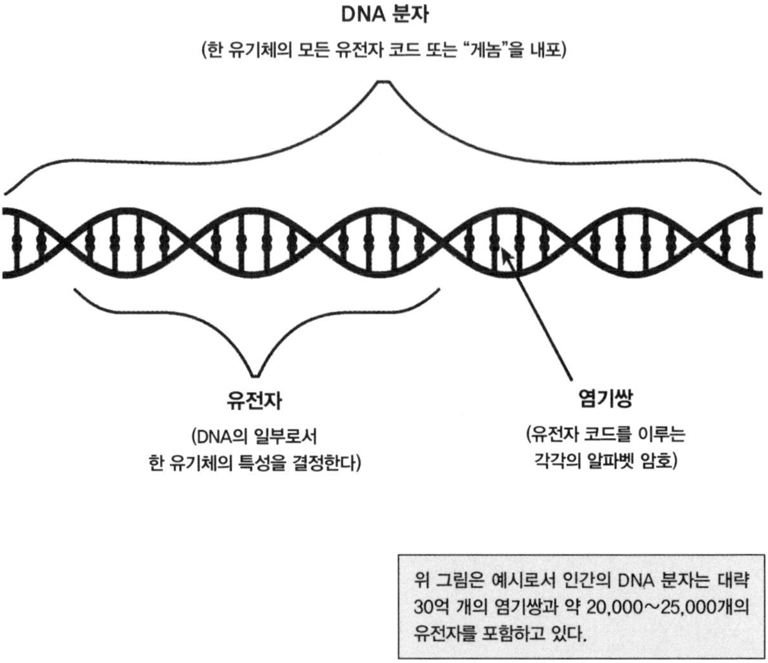

DNA 분자

(한 유기체의 모든 유전자 코드 또는 "게놈"을 내포)

유전자

(DNA의 일부로서
한 유기체의 특성을 결정한다)

염기쌍

(유전자 코드를 이루는
각각의 알파벳 암호)

위 그림은 예시로서 인간의 DNA 분자는 대략
30억 개의 염기쌍과 약 20,000~25,000개의
유전자를 포함하고 있다.

〈그림 8-1〉 DNA, 유전자, 염기쌍

'염기'라고 명명한다. 염기는 한 쌍을 이루어 연결고리 또는 '염기쌍'을
형성한다. 염기쌍은 두 개의 소용돌이 모양이 짝을 이루는 형태를 취하
는데, 이는 모든 DNA 분자 속에서 발견된다.

유전공학자들은 유전자라고 불리는 염기쌍 배열의 특정 부분에 변화
를 가하는 방식으로 DNA를 연구 및 조작한다. 인간의 DNA 분자는 약
30억 개의 염기쌍으로 이루어져 있으며, 이는 대략 2만에서 2만 5,000개
의 유전자로 세분화할 수 있다. 〈그림 8-1〉은 DNA 분자 및 이와 연관된

유전자와 염기쌍 사이의 관계를 보여준다.

DNA는 1869년에 처음 발견됐다. 스위스 화학자 요한 프리드리히 미셰르Johann Friedrich Miescher가 당시 '누클레인'이라고 불리던 물질을 백혈구에서 추출하면서 그 모습을 드러내기 시작했다. 1900년대 초에 이르러, 누클레인은 식별 가능한 네 가지의 각기 다른 염기를 가진 DNA로 불리게 됐다. 1944년, 오즈월드 에이브리Oswald Avery가 이끄는 록펠러 대학 연구진은 유전자가 DNA의 특정 부분으로 구성돼 있다는 사실을 최초로 증명해냈다. 그 후 DNA의 이중나선 구조가 1953년, 제임스 왓슨James Watson과 프랜시스 크릭Francis Crick에 의해 밝혀졌다.

유전자 변형GM이란, 어느 한 종의 유전자를 다른 종의 DNA에 이식하는 것을 말한다. 최초의 유전자 변형 유기체는 1973년, 스탠리 코헨Stanley Cohen과 허버트 보이어Herbert Boyer가 만들어낸 이콜라이 박테리아다. 이들의 업적은 유전자 변형이라는 새로운 과학 분야를 열게 된다.

코헨과 보이어는 서로 다른 두 개의 박테리아로 연구를 시작했다. 이들 중 하나는 테트라시클린이라는 항생물질에 대해, 다른 하나는 카나마이신이라는 항생물질에 대한 내성이 있었다. 코헨과 보이어는 이들 박테리아에서 각각 플라스미드라는 DNA 분자를 추출하는 획기적인 실험에 성공했다. 그들은 화학효소를 이용해 한 플라스미드에서 테트라시클린 내성을 유발하는 유전자를 절개해 다른 플라스미드에 덧붙였다. 그런 다음 새로운 융합물인 '재조합 DNA'를 카나마이신 내성을 지닌 박테리아에 재이식했던 것이다. 이러한 과정을 거친 후 박테리아는 테트라시클린과 카나마이신 모두에 대한 내성을 지니게 되었다. 변형된 박테리아가 자기복제를 하자, 항생제에 대한 이중 내성은 그다음 세대의 박테리아에게 대물림되었다.

종들 간에 유전자 물질을 옮기는 것을 유전자 이식이라고 부른다. 코헨과 보이어의 선구적인 연구는 그 후 여러 다양한 유전자 이식기술의 혁신을 이룰 수 있는 길을 열었다. 곧 다른 종의 유전자를 이식한 유전자 변형생물GMO을 생산해낼 수 있는 방법이 과학자들 사이에 급속히 퍼져나갔다. 예를 들어, 1974년 생물학자 루돌프 예니쉬Rudolf Jaenisch는 백혈병 유전자를 쥐의 배아에 이식함으로써 최초의 유전자 이식 동물을 만들어내기에 이른다.

1976년, 허브 보이어는 GM을 이용한 새로운 약물 개발을 목표로 제넨테크Genentech라는 회사를 공동 창립한다. 제넨테크는 단 2년 만에 이콜라이E. coli에 적절한 유전자를 이식하는 방식으로 휴먼 인슐린을 생산해내기에 이른다. 1982년에는 유전자공학에 의해 생성된 약물로서는 최초로 미국 식품의약국FDA의 승인을 받아 의료용으로 판매하는 기록을 세웠다.

유전자 변형은 오늘날 다양한 형질전환 동식물을 생산하는 데 널리 사용되고 있다. 오늘날 유전자 변형 박테리아는 인슐린과 같은 약물 생산뿐 아니라, 바이오연료 및 바이오플라스틱 제작에도 적용되고 있다. 고로 향후 수십 년 안에 DNA 변형은 농업 및 제조업에 혁명을 일으킬 수 있는 잠재력을 지녔다 해도 과언이 아니다.

유전자 변형식물

최초이자 가장 유명세를 타는 유전자 변형식물 중 하나가 1986년 미국 캘리포니아 대학에서 탄생했다. 과학자들이 반딧불이로부터 루시페라아제(발광효소)를 추출해 잎담배 DNA에 이식시켰던 것이다. 그 결과 은은한 빛을 발하는 유전자 변형 담배가 나왔다. 이 실험의 의도는 종들 간에 그리고 그다음 세대들 간에 걸쳐 일어난 성공적인 유전자 형질전환을 과학자들로 하여금 수월하게 추적할 수 있도록 돕기 위해서였다. 빛을 발하는 담배는 절대 시장성을 염두에 두고 만든 것이 아니다. 하지만 당시에 형질전환 담배/반딧불이 교배종은 유전자 변형이 앞으로 가져올 가능성과 위험성을 동시에 드러내 보임으로써 대중의 흥미를 유발하는 고무적인 역할을 해냈다.

최초의 상업용 유전자 변형식물은 플레이버 세이버 토마토Flavr Savr tomato였다. 칼진Calgene이라는 회사에서 생산한 이 토마토는 1994년, FDA로부터 식용 적합 판정을 받게 된다. 플레이버 세이버는 수확 후에도 물러지지 않도록 유전자 변형을 가했다. 그리하여 시장에 출하되는 과정에서 과일이 상할 위험 없이 아주 장기간 동안 숙성 상태를 유지할 수 있었다. 칼진은 '유전자 침묵' 또는 '안티센스'라 명명된 기술을 도입해 토마토가 부패해 씨를 뿌리도록 하는 유전자를 봉쇄함으로써 이와 같은 성과를 얻을 수 있었다.

1995년부터 몬산토Monsanto는 논란이 일고 있는 칼진의 선례를 좇아 최초로 옥수수를 비롯한 다양한 유전자 변형작물을 시장에 내놓았다. 초기에는 특정한 살충제에 대한 저항력을 강화시키기기 위해 식물에 유전자 조작을 가했다. 이로써 농부는 작물에는 피해가 안 가면서 잡초를 더 수월하게 제거할 수 있게 됐다. 그 결과 기존보다 훨씬 다양한 살충제의 선택권이 주어진 가운데, 더 적은 양을 보다 적은 횟수로 살포하게 되어

비용 절감의 효과를 볼 수 있었다.

옥수수, 목화, 대두, 사탕무, 유채, 쌀 등 몇몇 주요 작물이 이미 유전자 변형을 마친 상태다. 유전자 변형은 이들 작물이 살충제에 강하도록 했을 뿐 아니라, 병해충 및 바이러스에 대한 저항력도 높였다. 유전자 변형은 또한 수크로오스(자당) 함유량 등에 변화를 가하여 작물의 품질을 높이는 데에도 사용됐다.

오늘날 미국에서 재배되는 옥수수, 목화, 대두의 약 90퍼센트가 유전자 변형작물이다. 중국 역시 유전자 변형 옥수수, 쌀, 토마토, 담배, 목화 등을 대량생산하고 있으며, 유전자 변형 개발을 위해 수십억을 쏟아 붓고 있다. 브라질, 아르헨티나, 캐나다, 파라과이, 남아프리카 등지도 상당한 양의 유전자 변형작물을 생산하고 있다. 이들 나라의 농작물 수확량은 전반적으로 증가했다. 유전자 변형 목화의 경우 목화다래벌레 감염에 대한 저항력 강화로 인해 수확량이 80퍼센트까지 증가했다. 한편, 유전자 변형작물에 반대하는 시위의 여파로 유럽 국가 전역은 아직 유전자 변형 농산물 재배 허가를 보류하고 있다.

유전자 변형작물에 대해 여전히 의견이 분분하지만, 피크오일을 비롯해 기후변화와 피크워터에 직면하고 있는 현시점에서 대규모 식량 부족 사태에 대비한 유일한 대안이 될 수도 있다. 몬산토의 경우 내건성 유전자 변형 옥수수 출시를 앞두고 있다고 밝힌 바 있다. 또한 영국 노리치의 존 이네스센터 소속 과학자들은, 식물이 온도를 감지하고 온도변화에 적응할 수 있도록 하는 기관을 통제하는 유전자를 밝혀냈다고 주장했다. 이러한 성과로 인해 미래에는 어떤 기후조건에서도 재배 가능한 유전자 변형작물의 탄생을 보게 될지 모른다. 즉, 온실효과의 영향에도 잘 견디는 유전자 변형작물의 출현이 점차 가까워오고 있는 것이다.

유전자 변형작물은 건강 및 의료혜택 제공을 위해 고안되기도 한다. 이러한 기능성 작물 중 하나가 바로 황금쌀이다. 이 쌀은 유전자 조작을 통해 낱알에 비타민A의 공급원인 베타카로틴을 생성하게끔 되어 있다. 세계보건기구WHO에 따르면, 비타민A 결핍증으로 인해 매년 25만에서 50만 명 사이의 어린이가 시력을 잃고 있다고 한다. 비타민A 결핍증은 또한 면역체계를 손상시키는 것으로도 알려져 있는데, 개발도상국의 5세 이하 어린이 중 약 40퍼센트가 이런 영향을 받고 있으며 치명적인 결과에 이르는 경우도 많다.

황금쌀 프로젝트가 지니고 있는 미래의 인도주의적인 잠재력은 매우 지대하다. 최초의 황금쌀은 지난 2004년에 수확됐다. 그러나 과다한 규제들이 장애가 되고, 환경단체들은 유전자 변형작물에 반기를 들고 있는 형국이라 아직 공급되지 못하고 있다. 사람들이 실제로 황금쌀을 섭취하고 그로부터 혜택을 얻게 되는 시점은 2012년 정도가 되지 않을까 싶다. 그때에 이르러 공급이 실현된다면, 유전자 변형작물에 대한 사람들의 시각도 변화하기 시작할 것이다.

먼 훗날 약효 성분을 포함한 건강 기능성 유전자 변형작물에 힘입어 현재 수많은 사상자를 야기하는 질병에 대해 국민 전체가 면역력을 갖도록 할 수도 있을 것이다. 개발도상국의 경우 이러한 방법이 대규모의 면역 조치를 실현할 수 있는 유일한 현실적 대안이 될 수도 있다. 쌀, 대두, 옥수수 등이 유전자 변형을 통해 미래에 에이즈나 말라리아 등의 질병에 대한 백신이 된다고 상상해보라. 이러한 가능성은 장차 수십여 년은 더 흘러야 실현될 수 있을 것이다. 이러한 '면역작물'을 집단적으로 사용할 경우, 광범위한 윤리적 논란을 야기할 것임에는 틀림없다. 그러나 여러 선진 국가가 치아 건강을 장려하기 위해 식수에 불소를 첨가한다는 사실을 놓고 보면, 일부 반대 의견이 있더라도 미래의 정부가 식량 속에 첨가될 기능성 백신을 선뜻 인가할 확률도 적지는 않다.

유전자 변형동물

유전자 변형식물보다 더 큰 논란이 될 문제는 유전자 변형동물이다. 최초의 유전자 변형동물은 DNA에 백혈병 유전자를 덧붙였던 형질전환 쥐였다. 이 실험이 진행되었던 1974년 이후 쥐가 유전자 변형의 단골 대상이 되어왔다. 아마도 가장 이목을 끌었던 실험은 1980년대에 하버드 대학의 연구진이 종양을 유발할 수 있는 외래 종양 유전자를 이식한 형질전환 쥐를 만들었던 사건이었을 것이다. 그 결과 이 종양쥐는 암에 매우 취약한 상태가 됨으로써 연구에 유용한 대상이 됐다. 종양쥐는 또한 DNA에 암호화된 지적재산이 법률적으로 보호받는 최초의 쥐로 기록됐다. 1988년, 미국 특허청은 "재조합 활성화 종양 유전자 배열을 함유한 생식세포 및 체세포를 지닌 형질전환 비인간 포유동물"에 대한 특허를 인가했던 것이다.

좋든 싫든 맞춤형 형질전환 동물은 이미 현실로 다가왔다. 오늘날 의학 연구를 위한 형질전환 쥐의 생산은 이미 일반화돼버렸다. 호주 퍼스시 벤틀리에 본사를 둔 오즈진Ozgene이라 불리는 회사의 경우, 20년 가까이 다양한 고객층을 위해 유전자 변형 쥐 또는 생쥐를 생산해왔다. 이 회사 웹사이트인 www.ozgene.com에 접속하면 만화 캐릭터 쥐가 등장해 전 세계의 연구에 쥐가 어떤 식으로 일조하는지 설명해주는 유쾌한 화면이 펼쳐진다. 오즈진은 고객을 위해 유전자 변형 쥐에 대한 '디자인 및 유전적 구성 서비스' 일체를 제공한다고 광고한다. 여기에는 기능성 인간 유전자를 가진 '인간화'된 쥐도 포함된다.

과학적 연구를 위해 유전자 변형 쥐를 만드는 것은 그렇다 처도 우리가 사육하고 직접 먹을 수도 있는 종에 유전자 조작을 가한다는 것은 또 다른 문제다. 유전자 변형 가축과 관련해 언론매체에서 대대적으로 보도했던 첫 번째 사례는, 1996년 스코틀랜드 로즐린 연구소의 '돌리'라 불리는 양의 성공적인 복제였다. 돌리가 유전자 변형동물이기는 하지만 유전정보가 종의 장벽을 뛰어넘은 경우는 아니었기 때문에 형질전환 생물이라고는 할 수 없다. 사실 로즐린 연구소의 과학자들이 의도한 바는 세포 하나만 가지고도 정밀한 복제생물을 만들어낼 수 있다는 잠재력을 입증하기 위함이었다.

클로닝을 정의하자면 유전자나 세포, 온전한 유기체 등의 복제물을 하나 또는 그 이상 만들어냄을 의미한다. 돌리의 탄생 이전에는 재조합 DNA 기술이 박테리아의 유전자를 복제하는 데 사용되었다. 미국 캘리포니아에 본사를 둔 제넨테크Genentech는 최초의 유전공학 회사로서, 바로 이와 같은 방식을 상업적 용도로 사용해 인슐린이라든지 기타 단백질 등을 생산해낸다. 어찌 됐든 로즐린 연구소의 과학자들이 살아 숨 쉬는 동물을 최초로 복제해냈다는 사실은 틀림없다.

〈그림 8-2〉에서 볼 수 있듯이 돌리는 복제될 양으로부터 젖샘세포를 떼어내 탄생시켰다. 기증 양으로부터는 난세포를 분리해내 내핵을 제거했다. 그다음 복제될 양의 젖샘세포의 핵이 기증 양의 비어 있는 난세포

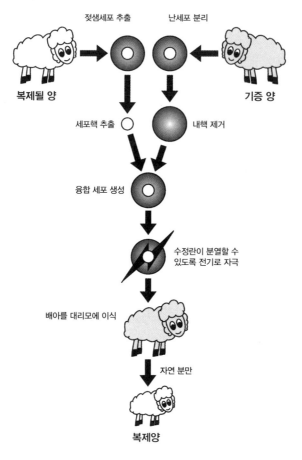

〈그림 8-2〉 복제양을 만드는 방법

로 이식되었다. 그 결과로 생긴 융합세포에 전기충격을 가해 세포분열이 일어날 수 있도록 자극을 주었다. 마침내 이러한 과정을 거쳐 나온 배아는 대리모 노릇을 하는 세 번째 양에 이식되며 돌리를 자궁 안에서 키우게 된다.

돌리의 탄생 과정은 쉽지 않았다. 로즐린 연구소의 과학자들은 생육 가능한 배아를 얻기 위해 277회의 시도를 거듭해야 했다. 돌리의 탄생을 계기로 생식 복제기술은 돼지나 말, 개 등을 복제하는 데 사용되고 있다. 앞으로 점점 더 복제기술이 정교해지기는 하겠지만, 복제동물이 식용을 목적으로 개발되는 경우는 없을 것이다. 그럼에도 불구하고, 현재 인간이 소비하기 위한 형질전환 동물의 생산 가능성이 조심스럽게 점쳐지고 있다.

이 글을 쓰고 있는 현재, 전 세계의 많은 동물이 유전자 변형사료를 먹고는 있지만 음식 유통 과정에 유전자 변형동물은 전무한 상태다. 그러나 FDA는 아쿠어드밴티지AquAdvantage라는 새로운 형질전환 연어의 판매 가능성을 모색하고 있다. 아쿠아바운티 테크놀로지AquaBounty Technologies에 의해 개발된 이 아쿠어드밴티지는 등가시치와 치누크 연어의 유전자를 형질전환 연어의 DNA에 접합시켜 성어로 성장하는 기간을 36개월에서 18개월로 단축시켰다.

식용 후보 물망에 오른 또 다른 유전자 변형동물은 엔바이로피그Enviropig다. 캐나다 궬프 대학 연구진에 의해 개발된 이 동물은 요크셔 돼지의 일종으로 기존 돼지보다 식물의 인 성분을 훨씬 잘 소화해내도록 유전자를 변형했다. 이로써 돼지의 분뇨에 인 함유량이 더 적어져, 더욱 환경 친화적인 동물이 되었다. 또한 엔바이로피그를 기를 경우, 먹이에 화학첨가제를 사용하지 않아도 되기 때문에 사육비 절감 효과까지 볼 수 있다.

유전공학자들은 또한 유전자 변형기술이 질병을 퇴치하는 데 쓰이길 기대한다. 미국 애리조나 대학 연구진은 내장에 작용하는 유전자를 하나 더 추가한 모기를 개발했다. 이 유전자는 말라리아 기생균의 번식을 방지하는 작용을 함으로써 말라리아 안심 유전자 변형 모기가 탄생하게 되었다.

연구진은 이 새로운 모기를 쉽게 식별할 수 있도록 형광 인식표를 추가하기도 했다. 또한, 이 모기의 DNA를 앞으로 더욱 보완해 말라리아 모기종에 대해 경쟁적 우위를 점할 수 있도록 할 계획이다. 이들이 의도하는 바는 새로운 유전자 변형 모기를 야생에 방사해 질병을 퍼뜨리던 기존의 모기들을 몰아내는 것이다. 만약 이것이 가능하다면 말라리아가 박멸되는 날이 도래할지도 모른다.

만약 과학자들의 계획이 의도대로 실현된다면 이들이 만든 유전자 변형 모기는 수백만 명의 생명을 구할 수 있게 된다. 하지만 그 모기들을 야생에 풀어놓는다는 것은 지구의 자연생태계를 인간의 손으로 개량시키는 중대 사건으로 기록될 것이다. 만약 이러한 기술이 나쁜 의도를 가진 자들에 의해 곤충들로 하여금 어떤 질병은 옮기고, 어떤 질병은 옮기지 못하게 하는 일이 벌어진다면 끔찍한 재앙을 초래할 수도 있다.

앞으로 10년 안에 유전자 변형동물은 극도로 민감한 문제로 대두됨과 동시에 경쟁력 있는 사업으로 부상할 가능성이 크다. 임박한 식량 부족 문제와 육류 소비의 증가에 직면한 세계가 기근 감소와 식단 개선 효과에다 건강에까지 기여할 수 있는 기술적인 발전을 거부하긴 어려울 것이다.

일부 사람들은 심지어 유전자 변형동물을 애완동물로 삼는 것을 반길 날이 올지도 모르겠다. 이미 '글로피쉬Glofish'라 불리는 다양한 유전자 변형 애완동물이 판매되고 있다. '형광 초록' '스타파이어 레드' '눈부신 오렌지' 등의 색상을 선택할 수 있는 글로피쉬는 형광성 유전자를 내장하고 있다. 앞으로는 축제마당에서 물고기를 상품으로 받은 아이들이 야광이 아니라고 불평할 날이 올 것이다. 머지않아 우리는 형광색 고양이라든지 온순하게 또는 지능이 향상되도록 조작된 유전자 변형 강아지에게 마음을 빼앗길지도 모른다.

유전자 변형 생명공학 공장

유전공학은 하찮은 박테리아 몇 개를 조작하는 데서부터 출발했다. 그 후로 줄곧 유전자 변형동물과 식물들의 등장이 많은 사람의 이목을 끌어왔다. 하지만 유전자 변형에 있어 가장 중요한 진보 및 응용의 사례는 끊임없이 미생물 분야에서 쏟아져 나오고 있다.

생명공학은 생명체를 이용해 생산품을 만들어내는 것을 일컫는 말이다. 이미 세계적인 산업으로 발돋움한 생명공학은 연간 2,000억 달러 이상의 규모로 성장했다. 사람들은 수세기 동안 치즈나 맥주, 요구르트 등의 음식을 만들기 위해 천연발효 과정을 이용해왔다. 그러나 제넨테크가 이콜라이 박테리아를 이용해 휴먼 인슐린을 상업적으로 생산하기 시작함으로써 첨단 생명공학이 유전자 변형기술을 적극적으로 수용하고 있다.

또 다른 초기 유전자 변형상품으로 카이모신chymosin이라 불리는 일종의 인공효소를 들 수 있다. 카이모신은 치즈를 만드는 데 사용되었는데, 1988년 유전자 변형으로 생산된 효소로는 최초로 식품 생산용 인가를 받았다. 카이모신과 유사한 방식으로 이스트 또는 박테리아를 조작해 만든 세 가지의 유전자 변형효소 또한 미국을 비롯한 유럽 대부분의 나라로부터 사용 허가를 받았다. 영국에서조차도 경질치즈 대다수가 송아지 또는 다른 동물에서 추출한 천연 단백질을 사용하기보다 유전자 변형 카이모신을 이용해 생산되고 있는 추세다.

미래의 생명공학 공장은 유전자 변형을 거친 미생물을 이용해 생산된 다양한 생산품을 취급하게 될 것이다. 인슐린, 카이모신과 더불어 인간의 성장호르몬, 바이오연료, 일부 바이오플라스틱, 기름 유출이나 여타 오염에 사용되는 화학약품 등이 이미 생명공학 공장을 통해 생산되고 있다.

2008년, 미국 캘리포니아 대학의 과학자들은 이콜라이 박테리아를 조작해 글루코오스로부터 나온 몇 가지의 바이오연료를 혼합 제조해 생산량을 늘리는 데 사용하기도 했다. 미래에는 이와 같은 맥락의 개발로 인해 대량의 대체석유를 곡물에서뿐 아니라 잡초 또는 해양생물을 통해서도 추출할 수 있을 것이다.

미래의 유전자 변형 생명공학은 새로운 직물 생산까지도 도맡을 것으로 예견된다. 2002년, 캐나다의 첨단기업인 넥시아 바이오테크놀로지 Nexia Biotechnologies의 경우, 거미의 유전자를 이용해 염소에 유전자 변형을 가함으로써 인공적인 거미 명주를 생산해낼 수 있었다. 유감스럽게도 넥시아는 이를 대량생산을 하는 데 실패했다. 그러나 2010년, 미국 노트르담 대학 연구진을 비롯해 와이오밍 대학, 미시건의 크레그 바이오크래프트 연구소는 유전자 변형 누에를 이용해 거미 명주를 생산하는 데 성공했다. 거미 명주가 천연 명주실이나 여타 다른 실보다 더 강하고 신축성이 더 높기 때문에 이 '천연 나일론'이 앞으로 의료 또는 섬유산업 계통에 다방면으로 응용될 것으로 전망된다.

이미 유전자 변형 생명공학 생산품들이 널리 보편화된 반면에 유전자 변형 바이오연료나 바이오플라스틱은 현재 기존 제품에 비해 가격이 높고 화학적 성질도 떨어지는 실정이다. 그러나 합성생물학이라는 신출내기 과학의 발달이 생물공학 산업을 한 단계 더 끌어올릴 태세다. 미래에는 생명공학 공장의 비율이 훨씬 더 높아질 것으로 예상된다. 이는 산업 생산의 참으로 광범위한 부분에서 무기재료보다 유기재료에 대한 의존도가 높아지고 있기 때문이다.

유전자 변형은 안전한가?

유전자 변형작물의 재배라든지 기타 유전자 변형물질에 대한 생명공학 차원의 생산은 이미 보편화되었다. 유전자 변형동물도 조만간 인간의 먹이사슬의 일부로 편입될 것이다. 미래에 유전자 변형의 지속적인 발달은 식량 생산을 상당량 증식시키며, 질병 및 영양실조를 퇴치하고, 우리를 석유 의존에서 벗어나게 할 수 있는 잠재력을 지니고 있다. 그렇다 해도, DNA 조작이 장기적으로 미칠 수 있는 영향에 대한 우려가 끊이지 않고 있다. 시행 초기에는 모든 형태의 유전자 변형을 무조건 명백한 잘못으로 간주하는 사람들이 존재하기 마련이다.

유전자 변형의 대표적인 반대론자는 그린피스다. 이들은 유전자 변형이 인간의 건강과 환경을 심각하게 위협할 것이라고 경고한다. 그린피스는 "유전자 변형을 거친 유기체가 환경에 미치는 장기적인 영향에 대한 적절한 과학적 근거 없이는 자연생태계를 오염시키도록 이들을 풀어놓아서는 안 될 것"이라고 주장한다. 과연 '적절한 과학적 근거'가 무슨 의미인지에 대해서는 논란의 여지가 많다.

유전자 변형작물이 상업적으로 재배되기 시작하면 비유전자 변형품종에 대한 교차오염을 방지하기가 무척 어려워진다. 이러한 우려는 2010년, 미국 아칸소 대학의 연구진이 노스다코타 주 전역에 재배되는 유채를 조사하는 과정에서 현실로 드러났다. 연구진의 조사 결과 야생식물의 80퍼센트에서 유전자 변형 이식 유전자가 발견되었던 것이다. 따라서 그린피스의 주장이 틀리지 않았음을 보여준다. 즉, 유전자 변형이라는 뚜껑이 한 번이라도 열리게 되면 다시 닫는 건 사실상 거의 불가능하다.

유전자 변형작물이 동물의 건강에도 해를 끼친다는 주장을 뒷받침할 만한 증거는 별로 없다. 2010년 1월, 몬산토는 자사의 일부 유전자 변형 옥수수에 실시했던 독성 연구자료를 공개해야 했다. 조사 내용에는 "석 달 동안 자사의 옥수수를 섭취한 쥐의 혈액과 소변의 호르몬을 비롯한 여타 화합물의 농도가 비정상적"인 것으로 나타났다. 실험 기간이 끝날 무렵 몇몇 암컷의 혈당치가 크게 상승한 사실이 발견되기도 했다. 이러한 결과가 유전자 변형작물에 의한 급성 독성의 증거라고 단정할 수는 없다. 하지만 유전자 변형작물의 안정성에 대해 우려하는 쪽은 이러한 결과가 나왔다고 해서 장기적인 관점에서 잠재적으로 건강에 미칠 수도 있는 부정적인 영향을 간과해서는 안 된다고 주장한다.

누구도 유전자 변형 생산물이 절대적으로 안전하다고는 말하지 못한다. 하지만 미국인들은 유전자 변형작물을 10년 이상 대량으로 섭취해왔고, 아직까지 뚜렷한 부작용이 발견된 적도 없다. 유전자 변형식량이 없다면 미래에 수백만이 아니라 수십억의 인구가 기아로 죽어갈 것이다. 유전자의 지속적인 개량도 자연적인 진화 과정이라는 사실 또한 우리는 잊지 말아야 한다. DNA는 종 내에서나 서로 다른 종간에 끊임없이 교류되고 있다. 진화가 바로 이런 방식으로 이루어지는 것이며, 모든 종이 유전적 퇴보의 나락으로 떨어지는 것을 피하기 위해 선택하는 방법이라는 사실을 알아야 한다.

유전자 변형을 반대하는 사람들의 우려를 약소한 것으로 폄훼힐 마음은 추호도 없다. 유전학적 스크리닝(질병, 결격 사유 등을 찾기 위한 검사)이라든지 유전의학 등을 둘러싼 윤리적인 문제들이나 과학기술을 이용해 인류를 개량하는 문제가 초래할 수 있는 결과 등이 이 책의 5부에서 좀 더 심도 있게 다뤄질 것이다. 그러나 바야흐로 비인간 유전자 변형에 대한 시각이 변화하기 시작했다는 점은 고무적이라고 생각한다.

2010년에 출간된 《전 지구학: 생태실용주의자의 선언》의 저자이자 베테랑 환경운동가인 스튜어트 브랜드Stewart Brand는 환경운동이 유전공학을 반대하면서 상당한 폐해를 끼쳤다고 주장한다. 브랜드는 환경운동가들의 활동이 "사람들을 굶주리게 했으며 과학의 발전을 방해하고 자연환경에 피해를 입힌 데다 의사들로부터 중요한 도구를 빼앗는 결과를 초래했다"고 비난했다.

차세대 정보혁명

1980년대에 우리는 새로운 컴퓨터 및 정보통신기술을 주축으로 하는 정보혁명의 태동을 지켜보았다. 지금도 그 혁명이 완전히 끝났다고 보기는 어렵다. 그러나 지금 이와 나란히 또 다른 정보혁명이 일고 있다. 이는 밀려오는 생명과학 혁명으로서 모든 생명체의 DNA에 저장돼 있는 유전정보 또는 '게놈'을 이해하고 조작하는 데 기반을 두고 있다.

최초의 완전한 게놈지도는 인플루엔자균을 대상으로 한 것이었다. 1995년 인플루엔자균의 해독 이후로 100종 이상의 유기체 게놈지도가 작성되었다. 여기에는 인간 자신의 유전정보도 포함되는데, 이는 1990년에서 2003년 사이에 진행되었던 게놈프로젝트(인간 유전체 규명 계획)에 의해 수행되었다.

게놈지도를 작성하는 것이 복잡한 과정임에는 틀림없다. 더욱 힘든 일은 한 유기체의 특성을 규정짓는 개별 유전자의 역할을 밝혀내는 것이다. 지난 수십 년간 과학자들은 일부 종의 DNA 내에 있는 몇몇 유전자의 역할을 규명해내기 시작했다. 이러한 지식은 이미 유용한 특성을 지닌 형질전환 미생물을 비롯한 동식물을 탄생시킬 수 있게끔 하였다. 그렇다 해도 오늘날 유전자 정보에 대한 우리의 지식은 지극히 미천한 수준이다. 생명과학은 아직 걸음마 단계이며, 아마도 개인용 컴퓨터가 발명되기 이전 첫 번째 정보혁명의 상황과 비슷한 자리에 있는 것이 아닐까 싶다.

현재 한창 성장가도를 달리고 있는 생명공학 혁명은 흥미로운 동시에 두렵기조차 하다. 다가오는 수십 년 내에 우리가 폭발적으로 증가하는 새로운 기회들을 목격하게 되는 것은 흥미진진하겠지만, 유전자 변형 기술로 인한 실수를 범해 돌이킬 수 없는 재앙으로 치닫는 끔찍한 상황에 처할 가능성 앞에서는 아찔할 수밖에 없다.

장기적인 관점에서 볼 때 유전자 변형작물이 인간의 건강에 위험 요소로 작용할 것이라는 그린피스의 주장은 아마도 잘못된 것으로 판명날 것이다. 하지만 몇몇 대기업이 유전자 변형 문제에 관한 한 과도한 권리를 행사한다는 주장은 분명히 옳다고 생각한다. 수십 년 전까지만 해도 유기물의 세계에 변화를 가하면서도 큰 문제없이 살아왔으며, 대기업들은 새로운 무기물을 만드는 기술에만 전념했다. 하지만 유전자 변형기술이 성장함에 따라 기업 자본이 무기물, 유기물의 두 영역을 지배하게 될 가능성도 있다. 개인적으로는 황금쌀의 개발과 같은 고결한 목표를 세운 과학자들이 생명에 조작을 가하는 행위에 대해서는 그다지 염려하지 않는다. 그러나 영리를 추구하는 대규모의 단체가 유기물 전반에 대한 유전적 권한을 행사하게 되는 추세에 대해 우려를 표한다. 이미 여러 바이오업체가 인간의 유전자를 비롯해 유전자 변형동식물 전반에 대한 특허를 인가받고 있다. 현재 영리를 추구하는 업체들이 적어도 몇 개의 인간 세포 속에 저장된 정보의 일부를 소유하고 있다는 점은 진실로 우려를 자아내는 상황의 전개가 아닐 수 없다.

생명에 대한 권한을 시장경제의 광기에 통째로 내맡기는 행위를 놓고 더 많은 격론이 벌어질 수 있도록 유도해야 한다고 생각한다. 경제학자들과 그들의 결함투성이인 의사결정 시스템은 자연계의 수호자 역할을 훌륭히 수행해낼 리 만무하다. 인류가 인공 생명체의 탄생을 목도하게 된 최근의 상황을 고려해볼 때, 이 문제는 신속히 다루어져야 할 사안이다.

Chapter 09

합성생물학

첨단기술인 생명공학은 머지않아 기존의 유기체에 유전자를 한두 개 접합시키던 단계를 훌쩍 뛰어넘을 것이다. 때문에 '합성생물학'이라는 새로운 분야가 이미 등장했다. '생명공학'이라고도 불리는 이 분야는 생명의 구성요소를 새로운 방식으로 배열하는 기술로서, 유전공학을 한 단계 업그레이드시킬 것이다.

웹사이트 Syntheticbiology.org의 표현에 따르면 합성생물학은 "새로운 생물학 부품이나 장치 또는 체계를 설계 및 구성"하는 것으로, "기존의 자연적 생체체계를 유익한 목적에 맞게 재설계"하는 학문이다. 이러한 표현에서 합성생물학은 생물학에 공학적인 사고방식을 적용한 것임을 알 수 있다. 전통적인 유전자 변형방식은 기존의 생물종들 간에 개별 유전자를 이식하는 과정이 전부였다. 이와는 달리 합성생물학은 표준화된, 그러나 꼭 자연적 유전자의 일부라고는 할 수 없는 일련의 구성요소들로 새로운 생명체계를 조합하는 데 중점을 두고 있다.

좀 더 실감나는 비교를 위해 개량된 목조 건축물을 세우는 데 유전자 변형 또는 합성생물학이 어떤 역할들을 할 수 있는지 상상해보자. 우선 유전공학자가 도토리에 유전자 조작을 가해 한층 우수한 품질의 떡갈나무로 자랄 수 있도록 할 수 있을 것이다. 그리고 이 나무를 베어내 판재로 가공하여 집을 짓게 될 것이다. 한편 미래의 합성생물학의 경우, 인위적으로 도토리의 유전정보를 재프로그래밍해서 짓고자 하는 바이오 건축물로 바로 자라나게끔 할 수도 있다. 이들 중 훨씬 혁신적인 접근 방식, 즉 자연 유기체인 도토리에 생물학적인 변화를 가해 다른 기능을 수행하도록 하는 방식을 채택할 경우, 나무를 벌목하여 톱질하는 등 기존의 건축 방식이 수반하는 번거로움을 덜 수 있다.

도토리가 싹 터 나무가 된다는 점을 고려해볼 때, 목조 건물로 자라나게끔 인위적으로 재프로그래밍한다는 것은 적어도 이론적으로는 그럴듯하지만, 도토리에서 나무집의 형태로 자라나려면 상당히 많은 시간이 흘러야 할 것이다. 따라서 이것이 건축에 대한 실용적인 해법은 되지 못한다. 하지만 이 가상의 사례는 유전자 변형과 합성생물학의 차이점을 극명하게 보여준다. 전자는 기존의 생명체를 변환시키는 데 반해 후자는 생명체의 구성요소를 그 자신만의 완전히 새로운 목적을 위해 재편성하는 것이다.

새로운 과학의 이정표

이번 장을 읽다 보면 순전히 공상과학물이 아닌가 하는 생각이 들지도 모른다. 그러니 재빨리 현실로 돌아가 초기 합성생물학의 성과를 잠깐 훑어보자. 합성생물학은 그 역사가 짧은 새로운 분야로서, 합성생물학 국제회의가 2011년에 겨우 5회를 맞이했다. 그럼에도 합성생물학이 의존하고 있는 유전자 변형기술은 1970년대부터 발전해왔다.

크레이그벤터연구소JCVI는 합성생물학의 개척에 지대한 공헌을 해왔다. 2003년, 이 민간 비영리 연구단체는 세계 최초로 합성 염색체를 만드는 데 성공한다. 2007년, JCVI는 한 종의 박테리아를 다른 종으로 바꾸는 데 사용하는 DNA 이식기술을 개발해낸다. 그 이듬해인 2008년에는 최초의 합성 박테리아 게놈을 만들어낸다. JCVI는 이를 마이코플라스마 제니탈리움 JCVI-1.0이라고 명명했다.

위의 단계별 과정을 거치면서 JCVI는 완전하게 합성된 살아 있는 세포를 개발하기 위해 유전자 이식, 합성, 배열 등의 과정을 완벽하게 다듬어왔다. 2010년 5월, JCVI는 그동안의 모든 지식과 경험을 쏟아 부어 세계 최초로 완전한 합성생명체를 개발해낸다. 공식 명칭은 'JCVI-syn1.0'이며 별명은 신시아Synthia인 이 자기재생 단세포 유기체는 기존의 마이코플라스마 카프리콜룸 박테리아를 모태로 만들어졌다. 그러나 신시아의 핵심부는 JCVI 연구실에서 만들어진 108만 염기쌍의 게놈으로 구성된 완전한 인조 합성물이다.

그 성과를 강조하기 위해 JCVI는 DNA 염기쌍을 나타내는 네 개의 철자 A, C, G, T를 바탕으로 자신만의 알파벳 암호를 만들어내기도 했다. 그런 다음 그 암호를 이용해 JCVI-syn1.0의 DNA에 투명무늬를 새겨 넣기도 했다. JCVI의 과학자들은 그 암호를 풀어낼 수 있는 사람은 누구든지 이메일을 통해 접속하라고 초청했다. 그들은 이메일 주소를 새 생명체의 DNA에 새겨 놓았던 것이다.

JCVI-syn1.0 개발을 위해 스무 명의 과학자가 10년 이상의 세월을 바쳤으며 투자비용만 해도 4,000만 달러 이상이 소요됐다. 합성생명체의 개발은 많은 논란을 불러일으키기도 했다. 합성생명체에 대한 연구가 발표되자마자 미국의 오바마 대통령은 급히 생명윤리위원회를 소집해 사건을 조사하도록 지시했다. 위원회는 합성생물학 연구를 중단시킬 필요가 없으며 합성생물학자들은 지금과 동일하게 자신들의 활동을 자율적으로 규제한다는 내용을 작성해 대통령에게 신속히 보고했다. 그래도 일각에서는 JCVI의 연구가 인간에게 신과 같은 권한을 주는 결과로 이어져서는 안 된다는 주장이 지속될 것이다. 그러나 무한 확장되는 살아 있는 레고 세트에서 매우 광범위한 물건을 만들어내기 위한 발판이 이미 마련되었다는 사실은 명백하다.

바이오브릭스

이미 공학적 용어와 사고방식이 생물학적 영역을 침투하고 있다. 합성생물학자들은 흔히 세포를 '부팅'한다는 표현을 쓰거나 특정한 기능을 수행하도록 배열된 유전자 '모듈'에 대해 이야기한다. 합성생물학의 기본을 이루는 것은 표준화된 도구 및 인터페이스를 이용해 지속적으로 배열 가능한 생물학적 부속품의 판별과 개발에 있다.

합성생물학에 사용되는 부품의 일부는 '바이오브릭스BioBricks'라는 용어로 불린다. 바이오브릭스란 바이오브릭스재단BBF이 제정한 기술 및 법적 규정에 근거한 생물학적 부속품을 비롯하여 그와 관련된 사용 정보를 뜻한다. MIT, 하버드 및 캘리포니아 대학의 연구진에 의해 설립된

BBF는 비영리단체로서 합성생물학에 있어 공개 표준을 장려하는 데 뜻을 같이한다. BBF는 특히 바이오브릭스 법적 표준 및 교육적 자원을 개발하는 데 전념하고 있다. 더 자세한 내용은 웹사이트 www.BioBricks.org를 참고하기 바란다.

공인화 및 표준화된 부품뿐 아니라 합성생물학 툴키트까지도 온라인에서 구할 수 있다. www.openwetwar.org에서는 누구든지 '바이오 제작 기초: 합성생물학에 대한 개념적 사용설명서Bio Building Basics: A Conceptual Instruction Manual for Synthetic Biology'를 내려받을 수 있다. 심지어 뉴잉글랜드 바이오랩은 '50-반응 바이오브릭 조립 용구세트50-reaction BioBrick Assembly Kit'를 235달러에 판매하기도 한다. 이 회사는 또한 온라인 상점을 통해 매우 광범위한 종류의 유전자 부속을 팔기도 한다. 혹시 Tma 엔도뉴클레아제 III DNA 수리용 단백질이 필요한 사람이 있던가? 그렇다면 www.neb.com에 들려보시길. 64달러에 500개나 구입할 수 있다.

JCVI가 합성생명체를 개발할 당시 연구진이 필요로 했던 일부 DNA 염기서열을 인터넷에서 구해다가 사용함으로써 여러 사람들을 놀라게 했다. 이미 숙련된 합성생물학자는 새로운 생명체의 체계를 컴퓨터 자판으로 디자인할 수 있고, 우리 같은 일반인은 온라인상에서 식재료를 구입하듯이 필요한 생물학 부속을 인터넷을 통하여 구할 수 있다. 합성생물학이 지속적인 성장을 계속함에 따라 맞춤형 생명체를 개발하는 것이 웹에서 제공하는 정보와 서비스를 이용하거나 페이스북 앱을 설치하는 것처럼 쉬워질지도 모른다.

미래의 바이오의료 서비스

나노기술과 마찬가지로 합성생물학은 광범위한 분야의 산업과 접목될 것이다. 이미 수많은 연구 프로젝트들이 활발히 진행 중이다. 지금부터 이들 중 가장 중요한 연구 몇 가지를 소개해보겠다.

합성생물학은 살아 있는 조직과 관련이 깊기 때문에 필연적으로 수많은 의료 분야에 적용될 것이다. 한 가지 예로, 합성생물학은 미래에 말라리아 치료에 많은 도움이 될 전망이다. 오늘날 말라리아는 1960년대에 도입된 초기 치료제에 내성이 생긴 상태다. 그러나 아르테미시닌 유도체라 불리는 서로 다른 몇 가지 약물을 활용한 병용요법을 사용하면, 거의 100퍼센트에 이르는 치료효과를 보게 된다.

아르테미시닌 유도체는 '개똥쑥'이라는 잡초에서 얻는다. 불행히도 이러한 천연원료에서 아르테미시닌을 얻기 위해 개똥쑥을 재배하고 수확하는 일은 고비용에 노동 집약적이다. 이는 개똥쑥의 성장 속도가 너무 더디고 수확량도 소량에 불과하기 때문이다. 따라서 생사가 달린 아르테미시닌 치료의 경우, 말라리아에 가장 취약한 사람들 대부분이 그 비용을 감당해내지 못한다.

이러한 문제를 타개하기 위해 현재 추진 단계에 있는 아르테미시닌 프로젝트에서는 합성생물학을 이용해 값싼 아르테미시닌의 준합성 모델을 제조하려는 구상을 하고 있다. 연구진은 개똥쑥을 비롯한 다른 원료를 통해 얻은 유전자를 이용해 유전자 경로를 배열하고 있다. 이 인공적인 유전자 염기서열은 미생물의 DNA에 접합될 것이다. 이렇게 함으로써 이미 생명공학 업계에서 사용이 일반화된 인공 발효 과정을 통해 질 좋은 아르테미시닌을 저렴하게 공급할 것이 기대된다. 이러한 목표를 달성한다면 수많은 생명을 구할 수 있을 것이다.

아르테미시닌 프로젝트는 필수불가결한 약물을 널리 보급하는 데 있어 합성생물학이 수행할 수 있는 역할을 잘 보여주는 사례라고 할 수 있다. 네덜란드에서는 DSM이라는 회사가 이와 유사한 목표를 향해 매진하고 있다. DSM은 이미 합성생물학 기술을 활용해 합성항생제인 세팔레시킨의 저렴한 버전을 생산하고 있다. DSM은 또 합성생물학을 응용해 비타민 보조제를 제조하기도 한다. 미래에 합성생물학은 영양실조를 겪고 있는 수억의 인구가 주식으로 섭취하는 음식의 영양성분을 강화시키는 데 응용될 수도 있을 것이다.

바이오건강 분야를 개척하고 있는 또 하나의 사례를 통해 합성생물학을 이용한 새로운 바이오화장품의 개발 가능성을 엿볼 수 있다. 이미 일부 화장품에는 식물에서 추출한 줄기세포가 함유되어 있기도 한데, 이는 피부를 회생시키는 효능이 있다고 한다. 인도의 피부미용사 샤나즈 후세인Shahnaz Husain의 아유르베다 뷰티케어 제품들이 이러한 기술을 채택하고 있다. 아르테미시닌 유도체의 경우와 마찬가지로 이러한 미용 제품 역시 매우 고가다. 하지만 합성생물학의 힘을 빌려 언젠가는 이들과 유사한 합성 바이오화장품을 훨씬 저렴한 가격에 대량생산하는 날이 올 수 있다. 앞으로 대략 10년 후면 합성생물학의 도움으로 수많은 사람이 주름살 걱정에서 해방될 수 있다.

미래의 생화학 기술

합성생물학은 건강관리에 이바지할 뿐만 아니라 여러 다양한 화합물과 원자재 생산에도 일조하게 될 것이다. 이 중 가장 비중이 큰 부문은 개량 바이오플라스틱이다. 현재 석유로 만드는 플라스틱을 대체할 가장 각광받는 대안은 폴리유산PLA이다. 옥수수 또는 사탕수수를 이용해 만드는 폴리유산은 기존의 열가소성 수지와 같은 산업 공정을 통해 제조할 수 있으며, 식품 포장재로 사용할 수 있을 만큼 안전하다. 게다가 폴리유산은 자연 분해가 가능하다.

현재 폴리유산은 두 단계의 공정을 거쳐 생산되고 있다. 먼저 재료로 쓰일 농산물을 박테리아로 발효시킨 다음 젖산을 추출해낸다. 두 번째 단계는 화학적인 후처리 가공 단계로 짧은 젖산 분자를 서로 이어서 긴 중합체 사슬을 만들어내는 것이다. 그런데 한국과학기술원의 연구진은 폴리유산을 단일처리 공정만으로 직접 생산해내는 데 성공했다. 한국 연구진은 이콜라이 박테리아를 재설계해서 자연계에는 존재하지 않는 일련의 합성 유전적 경로를 취하도록 만들었다. 만일 이러한 공정 과정이 상용화된다면, 대량의 폴리유산을 생산해낼 수 있어 석유로 만든 플라스틱에 대한 저렴한 대용품으로 사용할 수 있을 것이다.

이와 유사한 맥락에서 OPX 바이오테크놀로지스OPX Biotechnololgies는 합성생물학 기술을 적용해 바이오아크릴을 개발해냈다. 페인트, 접착제, 세제, 의류 등 여러 제품에 널리 쓰이는 기존의 아크릴 소재 또한 석유를 기반으로 생산되기 때문에 바이오아크릴의 개발은 반가운 소식이 아닐 수 없다.

OPX 바이오테크놀로지스는 자사의 'EDGE(직접 유전자 엔지니어링)'라는 기술을 도입하여 옥수수 또는 사탕수수를 비롯한 여타 셀룰로오스 형태로부터 새로운 바이오아크릴를 생산해낼 수 있도록 미생물을 설계하는 작업에 착수했다. 이미 OPX 바이오테크놀로지스는 시험 공장 가동에 들어갔으며, 2013년까지 전면적인 생산 시설 구축을 목표로 하고 있다. OPX 바이오테크놀로지스의 장기적인 전략은 석유로 만들어낸 아크릴과 동일한 수준의 가격대로 바이오아크릴을 생산하는 것이다.

미래의 생화학 생산에 합성생물학 기술 투입을 목표로 하는 또 다른 회사는 제네코어Genencor와 굿이어Goodyear다. 이 두 기업은 고무나무 이외의 다른 작물을 원료로 이소프렌을 얻기 위한 인공 유전자 염기서열 개발을 위해 서로 협력하고 있다. 이는 석유화학재가 아닌 다른 원자재를 사용한 합성고무 생산의 길을 열어줄 것이다. 피크오일이라는 난제를 맞아 합성생물학으로 맞서는 전략에는 상당한 잠재력이 존재한다.

미래의 바이오에너지

합성 DNA 염기서열로 조작된 미생물들은 개량 및 신생 바이오연료를 만들어내는 데도 사용될 것이다. JCVI 연구소가 최초로 개발한 합성 박테리아의 성과를 쫓아 JCVI의 상업적 자매회사 중 하나인 신세틱게노믹스Synthetic Genomics는 이와 맥락을 같이하는 여러 개의 특허를 출원했다. 탄화수소를 배출하는 새로운 형태의 합성 조류藻類를 개발하여, 그 탄화수소를 가지고 석유 대체연료를 만들겠다는 청사진을 내걸었다.

현재 가장 널리 사용되고 있는 액체연료는 단연 디젤이다. 현재 거의 모든 디젤연료는 석유로부터 생산된다. 핀란드의 네스트오일Neste Oil이 생산하는 'NExBTL'과 같은 바이오디젤이 있긴 하다. 하지만 이는 야자유 또는 기타 천연오일로 만들기 때문에 화석연료를 대체할 수 있을 정도로 충분한 양을 확보할 가능성이 희박하다.

미국 캘리포니아에 본사를 둔 LS9이라는 바이오테크놀로지 회사는 합성생물학 기술을 활용해 천연 탄수화물을 두 가지 디젤 대체연료 중 하나로 변환시키는 합성 이콜라이 박테리아의 개발에 나섰다. 미래에 이 러한 방식을 활용한다면 나뭇조각이나 옥수수대, 심지어는 인분을 포함한 기타 농산 폐기물을 발효시켜 디젤을 생산해낼 수 있을지도 모른다.

합성생물학 기술을 이용해 2세대 및 3세대 바이오에탄올을 개발하는 여러 가지 프로젝트도 존재한다. 이미 몇몇 승용차를 비롯한 영업용 자동차가 옥수수나 사탕수수와 같은 곡물을 발효시켜 생산한 1세대 바이오에탄올 연료를 사용하고 있다. 그러나 비식량 농업이 기존의 농경지를 상당량 잠식해 들어가고 있다. 따라서 현실적으로 기존의 바이오에탄올 연료에 화석연료를 대체할 만큼의 대규모 생산을 기대할 수는 없다.

이제 2세대 바이오에탄올이 잡초 또는 나무를 원료로 하여 생산되기 시작했다. 그러나 한 걸음 더 나아가 합성생물학 기술을 적용해 3세대 바이오에탄올, 즉 '첨단 바이오에탄올'을 기존의 농지에서 재배한 작물이 아닌 조류를 이용해 생산해낼 수 있다는 점에 주목하지 않을 수 없다.

이에 적합한 조류는 햇빛(광합성 작용)만을 가지고 에탄올을 생산해낼 수 있다는 놀라운 이점을 가지고 있다. 게다가 그 과정에서 대기 중의 이산화탄소를 추출해낼 수도 있다. 미세조류를 연못이나 걸개용 화분, 심지어는 가정의 라디에이터에서도 키울 수 있다. 바이오필드BioFields라는 멕시코 회사는 2014년에 조류를 기반으로 한 바이오연료의 상업적 생산에 돌입할 계획이다.

3세대 바이오에탄올은 또한 해초(과학자들은 이를 대형조류라고 지칭한다)로부터도 생산이 가능하다. 이미 도쿄 대학 연구진과 미츠비시를 비롯한 여러 민간 기업이 동해 중부에 위치한 야마토타이의 얕은 조업구역에 바이오연료 생산을 위한 1만 세제곱킬로미터 규모의 해초 농장 조성을 계획하고 있다.

합성생물학의 미래

유전자 변형 전문가를 포함한 대부분의 과학자들은 기존에 존재하던 것들을 발굴하여 연구한다. 이와 대조적으로 엔지니어는 보통 자신이 발명한 요소를 가지고 새로운 무엇을 만들어낸다. 전기공학은 한 세기 전 물리학으로부터 독립한 분야다. 이와 동일하게 합성생물학이 전통적인 생명과학으로부터 분화되어 나오려는 형국이다. 이 새로운 분야가 무르익어가게 되면서 이제는 인공 DNA 염기서열을 선보이던 단계를 훌쩍 넘어서 기존의 의학, 플라스틱, 연료 등의 대체물을 생산해낼 수 있는 미생물들이 개발되는 단계를 기대해야 할 것이다.

조만간 우리는 바이오플라스틱으로 제작된 병으로 음료수를 마시게 될 것이다. 그런데 과연 그 선에서 멈추어야 하는 이유가 있을까? 미생물을 만들어 바이오플라스틱을 생산하게 한 다음 에너지를 마구 소비하는 기존의 공장에서 그것을 병으로 만들어내는 방식에 과연 안주해야만 할 것인가? 장기적인 안목으로 볼 때, 합성생물학 기술을 이용해 줄기에 완성된 병을 열매로 맺을 수 있는 기능을 가진 합성식물을 설계하는 편이 훨씬 더 합리적이라고 생각한다. 그럼 이 선에서 멈추면 될까? 만약 미래의 합성식물이 바이오플라스틱 병을 열매로 맺는 것이 가능하다면, 차라리 그럴 바에야 내친김에 음료수가 이미 담겨 있는 병을 열매 맺는 식물을 만들어내는 게 낫지 않은가? 이와 같은 맥락에서 이소프렌을 생산할 수 있는 식물에서 멈출 이유가 어디 있겠는가? 곧장 자동차 타이어를 수확할 수 있는 식물, 또는 속옷 고무줄, 합성 고무줄 등이 열리는 식물을 만들어낼 수도 있지 않겠는가?

완성품을 열매 맺는 합성식물은 미래의 입체 프린터나 나노테크 공장에 매우 훌륭한 보완이 될 것이다. 앞으로 수십 년 내에 합성식물을 개발하되 입체 프린팅 및 나노테크 제조 용도의 원료를 생산하도록 하여 이를 저렴한 가격에 널리 보급할 수도 있을 것이다. 미래의 입체 프린터는 고도의 맞춤형 소비재나 부속품 제조에 최적의 기술이 될 확률이 매우 높다. 미래에 나노기술은 의료기술 분야와 같은 가장 고가의 정밀한 제품들을 만드는 데 사용될 가능성이 높다. 그러나 입체 프린팅 및 나노테크와 더불어 합성식물은 사전 포장된 음식과 같은 기본용품이나 생활용품 등을 대량생산하는 데 있어 우위를 점할 것으로 생각된다. 바나나와 같은 경우는 이미 스스로 자라나는 유기 포장지에 포장되어 출하된다. 따라서 합성생물학 기술을 적용해 더 많은 식물로 하여금 자신만의 보호용 겉포장지를 생산하게끔 하는 것도 타당하다는 생각이 든다.

합성생물학은 또한 생체전자공학의 개발도 가능하게 한다. 모든 생물학적 유기체는 다양한 금속 및 광물질을 흡수해 소화한다. 이에 따라 합성생물학 기술을 이용해 전자부품 생산에 대변혁을 일으킬 수 있는 미생물 내지 식물을 만들어낼 수 있는 기회도 열려 있다. 미래의 합성동물은 살아 있는 마이크로프로세서의 기능을 하도록 설계할 수도 있을 것이다.

나고야 대학의 연구진은 액정 디스플레이 화면에 쓰이는 박막 트랜지스터를 생산하는 데 활용되는 DNA를 이미 시연해 보이기도 했다. 'DNA 나노광학'이라는 용어로 불리는 이 기술은 유기발광다이오드OLED 디스플레이의 밝기를 향상시키는 용도로 개발될 예정이다.

합성생물학과 전자공학의 결합은 미각과 후각의 인공 감각기능을 지닌 바이오센서의 개발에 도움을 주게 될 전망이다. 프리서치Presearch라고 불리는 영국 기업은 이미 'e-Tongue'과 'e-Nose'라는 센서를 개발 중이며, 미국의 나노젠Nanogen도 '나노칩NanoChip'이라는 독극물 탐지기를 개발했다. 언젠가는 미래의 합성 바이오센서를 이용하여 식품 내용 표시 라벨 또는 슈퍼마켓 진열대에서 농산물의 냄새나 향을 감지하여 소비에 적합한지를 점검할 수 있게 될지도 모른다. 따라서 '유통기한'이라는 표현은 앞으로 과거지사가 될지도 모른다. 그렇게 되면 음식물 쓰레기를 줄이는 효과도 보게 될 것이다. 합성 바이오센서 기술을 미래에 항공기 제작에 적용한다면, 폭발물을 냄새로 탐지하고 양성반응 시 빛을 발하는 리벳을 도입하게 될 수도 있다.

향후 개발 가능성이 있는 기술들의 나열이 그저 공상에 지나지 않는다고 생각될지도 모른다. 도대체 식물이 콜라가 가득 담긴 병을 열매로 맺고 자동차 타이어를 열매로 맺는다는 게 말이나 되는 소리인가? 하지만 조금만 더 깊이 생각해본다면 단지 몇 개의 세포가 분열해 지렁이가 되고, 젖소가 되며, 새로운 사람으로 변하는 기적보다는 훨씬 못 미치는 현상이라는 사실을 깨닫게 될 것이다. 생물학적 체계들은 정보를 저장하고 그 정보를 이용해 아주 기본적인 원자재로부터 온갖 종류의 것을 만들어낼 수 있는 기능에 충실하도록 진화해왔다. 이와 마찬가지로 인간으로 하여금 툴키트와 지식을 개발하여 어떤 것들을 만들 수 있게끔 하는 것이 다름 아닌, 바로 합성생물학인 것이다.

변형하는 자재로 쌓아올리기

자연 상태로 살아가는 모든 것들은 지속적인 변이의 과정과 이른바 진화라 불리는 유전적인 교류를 통해 끊임없이 스스로를 개량한다. 합성 생물학에 있어서 이는 난제로 작용할 수 있다. 인텔이 새로운 마이크로 프로세서를 개발할 경우, 생산라인에서 100만 번째 조립되는 제품도 첫 번째 제품과 동일한 품질을 유지할 것을 기대한다. 오늘날 엔지니어들은 사전에 설정된 허용 범위 내에서 디자인 및 품질의 안정성을 당연시하고 있다. 그러나 합성생물학에서는 그렇지 못한 경우가 많을 것이다.

생물학적 시스템은 완전하게 안정화되지 않았기에 살아남을 수 있었다. 같은 종 내에서도 조금 다른 구성원이 존재함은 충분히 그럴 만한 이유가 있기 때문이다. 따라서 우리는 이웃이 소유한 것과 동일한 물건이 아닌, 어느 특정한 종의 컴퓨터 프로세서나 신발을 구입하게 되는 세계로 막 진입하려는 찰나일지 모른다. 미래의 일부 생산물은 서서히 다음 모델로 진화해갈지도 모른다. 때로는 산업디자이너가 의도한 대로 진화가 진행되겠지만, 생명체로부터 생산되거나 생명체 자체인 제품의 성질에 내재된 진화의 결과이기도 하다.

이번 장에서 드러난 것처럼 합성생물학은 장차 우리의 손안에 여러 가지 다양한 가능성과 더불어 수많은 과제를 쥐어줄 것이다. 결국 상업적인 목적을 위해 새로운 생명을 기계적으로 생산해내는 일에 대해서는 모두가 불편한 심기를 드러낼 수밖에 없다.

윤리적인 딜레마와 더불어, 합성생물학을 주류에 편입시키는 문제는 훨씬 더 실질적인 난제로 떠오른다. 미생물을 이용해 기존의 농작물을 의약품이나 연료, 또는 화학물질로 변환시키는 작업은 합성생물학의 상당 부분을 차지하며, 그 중단기적 발전에 견인차 역할을 수행하게 될 것이다. 그 외에 더 많은 상당 부분을 비식량적 목적을 위한 새로운 식물 재배가 차지하게 될 것이다.

농경지가 전례 없이 심각한 압박에 직면하지만 않았더라면 이 모든 것이 별 무리 없이 진행됐을지도 모른다. 윤리적 문제를 배제하고라도, 합성생물학의 발전에 가장 큰 족쇄로 작용하는 것은 쓸모 있는 토지가 부족하다는 점이다. 그나마 다행스럽게도 선견지명이 있는 몇몇 사람이 수직농장을 건설해 농경지 면적을 확대해보려는 계획에 착수하고 있다.

Chapter 10

수직농업

건축 자재나 의류, 전자제품, 의료기기 등을 생산하는 새로운 방식을 모색한다니 다 좋은 이야기다. 하지만 우리가 생산해야 할 가장 중요한 것을 꼽으라면 단연코 식량이다. 불행히도 피크오일, 피크워터, 기후변화, 인구 증가 등의 문제에 직면한 현시점에서 오늘날의 농업 방식으로는 도저히 전 세계 인구를 먹여 살릴 수가 없다. 따라서 식량 생산 문제를 해결할 수 있는 어떤 획기적인 해결책이 나와야 한다.

동식물을 대상으로 한 유전자 변형은 농축산물 수확량을 현저히 향상시킬 것이다. 하지만 예전과 같은 장소에서 수확량만 증대시킨다고 해서 식량 부족 문제가 해결되는 것이 아니다. 즉, 식량을 필요로 하는 곳에 공급할 수 있어야 한다는 이야기다. 우리가 섭취하는 식량 1칼로리당 석유 10칼로리를 소비하고 있다는 사실을 기억할 것이다. 미래에 식량 부족 현상을 겪지 않으려면 좀 더 많은 식량이 대부분의 사람이 거주하는 장소에서 비교적 근거리에서 생산되어야 한다. 이러한 성과를 얻기 위해서는 대량의 식량을 도심지에서 재배해야만 한다. 때문에 들판이 아닌 마천루가 미래 농장의 일부를 형성하게 될 것이다.

공중에서 농사짓기

수직농장은 작물 재배나 가축 사육 용도로 사용되는 고층건물을 말한다. 수직농장은 특별 설계된 고층건물에서 흙 없이 식량을 생산함을 기본 취지로 한다. 이로 인해 다방면에서 도시가 자급자족할 수 있는 길이 열리게 될 것이다. 이렇듯 수직농장은 21세기의 가장 위대한 발명 중 하나로 기록될 수 있는 잠재력을 지니고 있다.

이 책에서 다루고 있는 모든 미래지향적 해법들은 위대한 과학자 및 선각자들의 노고에 의해 개발되고 있다. 그러나 이 책을 작성하는 시점에 수직농장에 관한 가장 영향력 있는 옹호론자 한 명을 떠올리게 된다. 그는 바로 딕슨 데스포미어Dickson Despommier 박사로서, 1980년대부터 수직농장의 씨앗을 뿌려왔다.

이번 장의 내용은 데스포미어 박사의 아이디어에만 국한되지 않는다. 그렇다고 해도 그의 선구적인 업적은 주목할 만하다. 데스포미어 박사는 verticalfarm.com이라는 훌륭한 웹사이트를 운영하고 있다. 2010년에 그는 《수직농장The Vertical Farm》이라는 경이로운 책을 출간하기도 했다. 이미 현대의 고전으로 간주되는 이 저서를 나는 진심으로 추천하는 바다. 이 책을 읽고 나서 또 하나의 미래 연구서를 읽고 싶은 마음이 든다면 발상의 전환을 가져다줄 데스포미어 박사의 저서를 꼭 읽어보기 바란다.

이론상으로는 어떤 종류의 작물도 수직농장에서 재배가 가능하다. 오늘날 일반적으로 실내에서 재배되는 농작물에는 토마토, 양상추, 시금치, 고추, 딸기, 청대콩 등이 있다. 그러나 밀이나 쌀, 옥수수, 감자 등과 같이 주식이 되는 작물을 도심 속 고층건물의 다층 공간을 이용해 키우지 말라는 법은 없다. 가금류나 어류도 키울 수 있다. 그런데 데스포미어 박사는 소, 돼지, 양 등 기타 네발 달린 동물을 실내에서 사육하는 것은 옳지 않다는 견해를 가지고 있다. 식량 이외에도 미래에는 수직농장에서 바이오플라스틱이나 바이오약물 등 열매를 수확할 수 있는 바이오생산물까지도 재배 가능할 것이다.

수직농장의 장점

수직농장이 주는 혜택 하면 가장 먼저 떠오르는 것은 계절이 주는 제약으로부터 농민들을 해방시켜준다는 점이다. 어떤 작물이든 언제, 어디서나 재배가 가능하다. 또한 식량을 저장하거나 냉동해야 하는 필요성도 크게 줄어든다. 즉, 작물을 주문생산 방식으로 재배함에 따라 '농사 현장형 재고 관리'가 현실적으로 가능해지기 때문이다. 또한 수직농업 종사자들은 햇빛이 비추기를 바라거나 비가 오기만을 학수고대하지 않아도 된다. 더욱이 허리케인이라든지 홍수 또는 가뭄에 대한 두려움에서 벗어날 수 있다. 기후변화에 따라 악천후나 가뭄에 의한 농작물 피해가 점점 더 늘어나고 있는 실정이다. 그러나 실내에서 경작하면 이러한 위협 요소들로부터 완전히 자유로워질 수 있다.

병원의 중환자실이나 마이크로칩 제조공장 건축을 위해 개발된 과학기술 및 건설기법들을 적용한 수직농장은 잡초나 곤충, 질병 등이 실내에 발붙이지 못하도록 건설될 것이다. 이렇게 안전하고 철저히 통제된 환경에서는 살충제를 사용할 필요가 없다. 기존의 비료 또한 필요가 없다. 수직농장의 작물들은 아주 정확하게 균형을 맞춘 영양분이 첨가된 정수된 물을 공급받으며 재배될 것이기 때문이다.

수직농장에 필요한 급수량 또한 기존의 농장에서 소비하던 양보다 훨씬 적을 것이다. 피크워터 시점이 다가오고, 기존 농업이 담수의 70퍼센트를 소비하고 있는 현 상황으로 볼 때 이는 아주 반가운 소식이다.

수직농장은 수경재배 또는 수기경재배 방식을 도입함으로써 물에 대한 의존도를 낮출 전망이다. 수경재배란, 흙 없이 작물을 재배하는 방식으로 영양분이 섞인 물을 식물에 직접 공급하는 농법이다. 이때 공급된 물은 파이프를 통해 천천히 순환하게 된다. 이러한 방식은 기존의 경작 방식과 비교했을 때 물을 대략 70퍼센트가량 절약할 수 있게 해준다. 그런데 수기경재배는 여기서 진일보해 물 사용을 95퍼센트까지 절감해준다. 수기경재배를 할 경우, 작은 분사구들이 영양분이 첨가된 분무를 식물의 뿌리에 분사해준다. 이 기술은 1982년에 개발되었으며 국제우주정거장에서 성공적으로 활용한 바 있다.

수직농장이 가져다주는 또 하나의 귀중한 혜택은 농업 비점오염원을 발생시키지 않는다는 점이다. 오늘날의 관개 시스템은 경작지에서 넘치는 물이 바로 배수되도록 설계되어 있는데, 이때 배수되는 물은 토사와 비료, 살충제가 뒤섞인 높은 수치의 오염물질들을 포함한다. 이렇게 유출된 물은 강이나 강어귀 등으로 유입되어 먹이사슬을 오염시킨다.

미국의 경우 현재 농업 비점오염이 주요 오염원으로 지목되고 있다.

미국은 강을 비롯한 연안 해역에 수많은 '데드존(물속에서 산소가 충분하지 않아 생물이 살 수 없는 지역)'이 생겨 수산물의 80퍼센트가량을 수입에 의존하고 있다. 수직농장의 경우 물을 재순환하고, 정확한 수치의 영양분만을 물에 첨가하기 때문에, 이로 인한 혜택은 이루 말할 수 없다.

도심에서 식량을 생산하게 되면 수백 또는 수천 킬로미터에 달하는 운송의 수고를 덜 수 있다. 데스포미어 박사는 "미래에는 토마토가 당신의 식탁 위에 도달하기까지의 거리를 더 이상 마일이 아닌 몇 구역으로 셈하게 될 것"이라고 말한다. 그렇게 된다면 막대한 양의 석유 및 기타 운송자원이 절약될 수 있고, 이는 곧 기후변화를 억제하는 데 기여하게 될 것이다. 음식이 우리 식탁에 도달하기까지 몇 주 또는 몇 달이 걸리지 않아도 돼 전혀 짓무르거나 상하지 않은 훨씬 신선하고 맛이 좋은 음식을 먹는 혜택을 누리게 된다.

수직농업은 또한 식품 안전성을 향상시킬 수도 있다. 특히 아프리카의 경우는 오염된 음식이 질병의 주원인이다. 수직농장은 식물에 해가 되는 해충이나 미생물이 침입하지 못하도록 설계되기 때문에 인간에게 해로운 것들로부터 먹거리가 오염되는 것을 미연에 방지할 수 있다.

마지막으로, 수직농장이 주는 중요한 혜택은 정수 기능이다. 모든 도시는 많은 양의 이른바 '검은 물', 즉 인분과 소변, 목욕물, 폭풍 후의 유거수 및 기타 오염원으로 오염된 물을 양산해내기 마련이다. 일단 고형물이 걸러진다 해도, 그 뒤에 남은 '갈색 물'도 처리 과정을 거쳐야 한다. 뉴욕 같은 경우는 매일같이 대략 10억 갤런에 달하는 갈색 물을 정화 처리한다.

미래지향적 해법 중 하나는 이 갈색 물을 일부 수직농장의 작물에 주는 것이다. 이때 식물들은 자연적인 증산작용을 통해 인간의 또는 기타 불순물로부터 영양분을 빼내게 되는데, 이 과정을 거치면 식수로 사용할 수 있을 정도의 정수 효과를 거둘 수 있다. 이렇게 정수에 사용된 식물은 건강상 위험이 따르기 때문에 식용으로는 부적합하다. 그러나 이들은 바이오연료나 바이오플라스틱 등의 제조에 쓸 수 있다. 또는 바로 옆 건물에 입주한 디지털 제조회사에 설치된 입체 프린팅 기기에 필요한 유기물 원자재로 공급할 수도 있다.

수직농업 실행 계획

하지만 고층건물에서 농사를 지을 수 있도록 하는 일은 그리 수월하지 않다. 필자는 얼마 전 어느 라디오 인터뷰에서 이런 질문을 받았다.

"새로 지은 웸블리 경기장의 잔디 관리도 잘 못하는 마당에 무슨 재주로 제대로 된 수직농장을 짓는다는 건지요?"

수직농장을 지을 건축설계사와 엔지니어들은 어떤 방법으로 식물에 충분한 빛을 공급할 수 있을지를 해결해야 한다. 이들은 또한 난방 및 송수 시스템을 구축하고 여기에 필요한 전력을 어떻게 공급할지 고민해야 한다. 온갖 생물학적 위험 요소로부터 식물을 보호하기 위한 효과적인 방벽도 고안해내야 한다. 이와 더불어 미래의 수직농업 종사자는 도심에서 작물 재배와 가축 사육에 쓰이는 부지로부터 적절한 수익을 창출해야 하는 난감한 문제에 봉착하기도 할 것이다.

식물이 탈 없이 자라기 위해서는 물과 영양분, 충분한 빛의 조건만 충족되면 된다. 수직농장의 환경에서 빛은 햇빛이 될 수도 있고 인공 광원이 될 수도 있다. 전자의 경우가 물론 더 바람직하긴 하다. 하지만 햇빛을 건물 층층이 쌓여 있는 작물에 비춘다는 것이 쉽지는 않다. 이 문제는 혁신적인 건축 설계 또는 투명한 건축 자재를 통해 일부 해소할 수도 있다. 그 밖에 포물면 거울이라든가 광섬유를 활용해 햇빛을 포착한 다음 필요한 곳에 비추는 방법도 있다. 이러한 기술은 이미 활용 단계에 있다. 예를 들어, 선라이트 디렉트Sunlight Direct라는 회사는 햇빛을 추적할 수 있는 다양한 상품들을 출시하고 있다. 이 회사는 햇빛을 포착하거나 빛을 한데 모은 다음 광학섬유로 만든 연결장치를 통해 햇빛을 '복합발광체'에 분배해 내부에 확산시키는 기술 등을 보유하고 있다.

앞서 나열한 기술들이 있기는 하지만 일부 수직농장은 인공 광원을 써야 한다. 얼핏 보면 터무니없다고 생각할지도 모르지만, 식물은 태양에너지의 비교적 한정된 영역만을 사용한다는 사실을 상기해야 할 것이다. 기존의 백열전구는 에너지 소비량의 95퍼센트를 방출하는데, 이는 열기로 빠져나가거나 식물이 필요로 하는 것보다 훨씬 광범위한 발광 스펙트럼을 분출한다. 따라서 수직농장의 인공조명 시설은 기존의 백열전구로 가득 메우는 것과는 전혀 다른 형태가 되어야만 한다. 식물의 광합성에 필요한 정도의 협소한 스펙트럼만을 발광할 수 있는 인공 광원을 개발해낼 수만 있다면 인공조명 설비를 갖춘 수직농장의 실현이 가능할 것이다.

바로 그러한 조명을 개발하기 위한 연구가 성과를 거두고 있다. 이미 식물 재배 전용 LED가 개발되었다. 납품업체인 엘이디그로우램프스LedGrowLamps.co.uk에 의하면 이들 LED가 식물이 엽록소를 생성하는 데 필요한 빛의 거의 98퍼센트 정도를 공급하는 효율을 보인다고 한다. 미래의 신축성 있는 박막으로 된 유기 LED 또는 OLED는 오늘날의 LED 보다 에너지 효율이 10배 이상에 달하며, 개별 식물을 감쌀 수도 있을 것으로 전망된다.

에너지, 보안 그리고 생산성

어떤 방식의 빛 공급을 채택하든, 수직농장은 그 지역의 전기 시설망으로부터 전기를 공급받지 않는 것을 원칙으로 한다. 따라서 수경재배 또는 수기경재배를 하기 위한 에너지 및 필요에 따른 난방과 조명에 소요되는 에너지 등은 자가발전으로 조달해야 한다. 여기에 몇 가지 방안이 있는데, 옥상에 풍력발전용 터빈을 설치하는 방안과 태양에너지를 쓰는 방안 등이다.

땅속 깊숙이 매장된 파이프를 통해 액체를 순환시키는 지열 히트펌프 시스템을 이용해 지하에서 열을 추출하는 방법도 있다. 또 다른 방안으로 데스포미어 박사는 "뿌리, 줄기, 작물의 잎, 또는 조류와 어류의 내장 등이 모두 전력망으로 다시 돌아가야 할 것"이라고 제안한다. 바로 식량 생산에 따른 비식용 부산물들이 소각되어야 한다는 말이다. 이런 식으로 처리하는 것이 부패시켜 메탄을 얻는 것보다 훨씬 더 에너지 효율적이다. 데스포미어 박사는 수직농장에 플라즈마 아크 가스화PAG 공정 도입을 제안한다. 전기를 이용해 고온의 플라즈마 아크를 형성하여 여기에 분말 형태로 변환된 폐기물을 투입하게 된다. 이렇게 만들어진 열로 증기터빈을 가동시켜 전기를 얻게 되는데, 최초의 플라즈마 아크에 소비된 전력의 6배에 달하는 전력을 생산해낼 수 있다.

조명과 에너지 문제가 해결된다고 해도 통제된 환경 내부로 작물에 피해를 줄 수 있는 요인들이 침입하지 못하게 하는 중대한 과제가 또 기다리고 있다. 수직농장 건물은 밀폐되어야 하며, 실내 공기는 양압을 유지해 출입구나 환기구로부터 해충이나 미생물들이 빨려 들어오지 못하도록 방어해야 한다. 실내로 유입되는 공기는 정화돼야 할 것이며, 오늘날 마이크로칩 제조공장에 들어가듯이 모든 관계자는 출입 시에 옷을 갈아입고 철저한 살균 절차를 따라야 한다. 또한 살모넬라균이라든지 지아디아균, 사이클로스포라 등의 감염원이 건물 안으로 유입되는 일이 없도록 관계자들을 대상으로 정기적인 건강검진이 실시되어야 한다.

데스포미어 박사는 해충과 질병에 대한 조기 경보 시스템 역할을 수행할 "카나리아 식물"을 만드는 것도 고려해볼 수 있다고 언급한다. 유전자 변형을 거친 카나리아 식물이 위험을 감지할 경우에 빛을 발하는 방식이다. 이러한 목적에 맞게 기존의 식물에 약간의 조작을 가하거나 아예 처음부터 새로운 유기체를 만드는 작업은 앞으로 현실화될 가능성이 매우 크다. 다른 몇 가지 사례에서와 마찬가지로 이 책에 소개되는 다양한 기술혁신들은 동반 성장하면서 서로 보강하는 역할들을 수행하게 될 것이다.

기술적인 어려움을 제외하더라도 수직농장이 도심에서 상업성을 갖기 위해선 농업 산출량이 그만큼 많아야 한다. 적어도 초기에는 이런 문제가 수직농장 건설의 발목을 잡을 가능성도 있었다. 현재 대부분의 도심지에 존재하는 황폐한 지역에 수직농장을 설립하는 방안도 있다. 수직농장 프로젝트는 낙후지역 재개발의 원천 역할을 해낼 수도 있다. 수직농장이 들어서면 먹거리를 비롯한 다양한 바이오생산물을 지역에 공급해줄 뿐만 아니라 식당가와 정수 처리시설, 또는 실내 정원들도 뒤이어 들어서게 되는 기회를 열어줄 것이다. 데스포미어 박사는 "수직농장 자체가 본질적으로 아름다운 경관을 자랑하게끔 되어 있어 지역 주민들은 이를 기꺼이 받아들여 그 지역을 멋지게 육성시키는 매개로 반기며 큰 자부심을 가지게 될 것"이라고 주장한다.

수직농장은 도시의 어느 지역에 건설되더라도 높은 생산성을 발휘할 수 있는 잠재력을 지니고 있기에 금싸라기 땅 위에 세워진다 해도 나름대로 자리값은 해낼 정도의 가치를 증명하게 될 것이다. 오늘날 상용화된 작물 쌓기 기법은 이미 실내 작물 생산이 지닌 잠재력을 충분히 증명해보였다. 예를 들어, 일부 딸기 농가는 하이드로스태커Hydro-Stackers라 불리는 플라스틱 용기를 사용해 온실 1에이커에서 경작지 29에이커에 맞먹는 양의 딸기를 생산해내고 있다. 이 하이드로스태커는 수경재배법을 활용해 기른 작물을 여러 층으로 쌓아올릴 수 있게 한다. 이 외에도 수직농법은 주년생산, 기상재해의 해소, 살충제 비용 절감, 운송 및 보관료 절감 등에 힘입어 기존의 경작 방식보다 생산량 증가의 효과를 낳을 것이다. 수직농법에 할애된 도심의 땅을 투자 수익률 측면에서 보자면, 적어도 장기 투자가에게는 시간이 갈수록 매력적인 투자임이 자명하다.

생태계 복원

요컨대 수직농장은 고도로 통제된 환경하에 오늘날 안정적으로 수확 가능한 산출량보다 월등히 많은 양의 식량과 바이오생산물을 생산할 수 있도록 해준다. 또한 최종 소비지에 더욱 근접한 식품 생산을 통해 고갈되어가는 석유 및 담수 자원에 대한 농업 의존도를 대폭 축소하는 효과를 기대할 수 있다. 게다가 수직농장의 대대적인 보급은 광범위한 환경 차원의 이익도 이끌어낼 수 있을 것이다.

인류 문명이 꽃피울 수 있었던 것은 환경을 희생양으로 삼아왔기 때문이다. 생물의 다양성이 인간의 행위로 인해 끊임없이 위협받고 있으며 매년 점점 더 많은 종이 멸종되어가고 있다. 하지만 수직농장의 보급으로 인해 농업의 상당 부분이 도시로 이전한다면, 생태계 복원의 가능성까지 기대해볼 수 있다.

데스포미어 박사는 수직농장 도입을 통해 광대한 전 세계 경작지로 인한 생태발자국을 실질적으로 감소시킬 수 있다고 강조한다. 그의 계산에 따르면, 수직농장에서 재배된 농산물 1에이커당 10에서 20배가량의 에이커가 다시 활엽수림이나 기타 야생의 상태로 되돌려질 수 있다는 것이다. 삼림지역 증가에 따른 이산화탄소 흡수로 기후변화의 충격이 감소 또는 반전될 수 있게 된다는 점에서 가장 직접적인 수혜를 보게 된다. 더 넓게 인류는 생물다양성 회복을 통해 혜택을 받게 된다. 오늘날 인간은 동식물의 독특한 DNA를 이용해 유용한 것들을 만들어낼 수 있는 기술을 막 개발하려는 찰나에 너무도 많은 수의 동식물이 멸종해가는 모습을 지켜봐야 하는 슬프고도 아이러니한 상황에 처해 있다.

지구의 생물권은 우리의 생명을 유지하게 해준다. 또한 우리가 기회만 준다면 자연 스스로도 어느 정도 복원이 가능하다. 인류가 오늘날 농업에 활용되는 땅의 일부를 포기한다면 자연은 그 장소에서 또 다시 번창할 것이다. 인간이 떠나고 난 후 체르노빌은 이미 야생동물들의 안식처로 탈바꿈했다. 코스타리카의 경우 농경지로 개간되었던 일부 열대우림지역이 방치된 채 버려지자 이미 스스로 복원될 조짐을 보이고 있다. 따라서 미래에 수직농업 혁명이 일게 되면 자연계가 일부나마 회복할 수 있도록 돕는 추가 이득을 보게 될 것이다.

수직농장의 새로운 추세

수직농장이 하루아침에 이루어질리 만무하다. 그러한 미래의 농업환경건설은 기술 및 재원 부족보다는 보수적인 사고방식에 막혀 지체 될 공산이 더 크다. 사실 수직농장이 급진적인 발상이긴 하다. 하지만 이제 겨우 걸음마를 시작한 것이나 다름없다. 마조라 카터Majora Carter가 저서 《수직농장》의 서문에서 밝히고 있듯이, "마천루식 농장은 747 항공기에 비유할 수 있다. 우리는 현재 라이트 형제의 단계에 와 있는 것이다".

아직까지 수직농장을 건설한 사람은 아무도 없다. 데스포미어 박사조차도 수년간의 원형 개발 단계부터 거쳐야 본격적인 도심 농업 시설물 전용 건축이 이루어질 수 있을 것이라고 시인한다. 그러나 소규모 실내 재배단지 개발과 도시농업의 활성화는 분명 앞으로 나가야 할 방향을 제시해주고 있다.

영국의 바이오텍처BioTecture는 이른바 '그린 월green walls'이라고 명명한 아이템으로 사업을 펼치고 있다. 그린 월이란, 건물의 실내 또는 외벽을 덮어주는 식물을 지칭한다. 바이오텍처는 "식물은 수직으로 자라게 되는데 특허를 받은 모듈러 수경재배 시스템을 통해 사용 수량 및 유지비를 적게 들이고도 키울 수 있다"고 설명했다. 바이오텍처는 이미 전 세계 여러 곳에 그린 월을 설치했다. 이들 중 일부는 높이가 수십 층에 달하기도 한다. 영국 게이츠헤드 시에 위치한 지지 레스토랑 안에도 그린 월이 설치되어 있다.

다른 선구적인 기업인 밸센트Valcent는 버티크롭VertiCrop이라 불리는 수직작물 재배기술을 개발해냈다. 버티크롭은 실내 다층 수경재배 시스템으로서 기존의 경작 방식과 비교했을 때 1세제곱피트당 20배가량 더 많은 생산량을 수확할 수 있다.

버티크롭의 10피트 크기의 동력식 재배 트레이는 페인턴 동물원에 최초로 설치됐다. 이곳 395세제곱피트 크기의 온실에서 동물 사료용으로 매주 800여 개의 양배추를 생산해낸다. 이러한 재배 방식은 채소를 생산하는 데 기존의 경작 방식에 비해 물을 20퍼센트 정도밖에 소비하지 않는다.

이와 같은 새로운 추세를 적극적으로 도입하고자 하는 사람들을 위해 윈도우팜스 프로젝트Windowfarms Project는 개인을 위한 수직·수경재배 시스템을 개발하였다. 이 모듈식의 저에너지 다수확 시스템을 이용하면 누구든지 창가의 공간을 활용해 먹거리를 재배할 수 있다. 게다가 재활용한 자재를 이용할 수 있도록 되어 있다. 윈도우팜스 프로젝트는 "도시 거주민들이 실내에서 스스로 먹거리를 연중 지속적으로 생산할 수 있도록 장려하는 것"을 목표로 하고 있다. 윈도우팜스 재배 키트 판매 외에도 이 프로젝트는 수직 실내 재배법에 대한 협동 혁신 커뮤니티의 장이 되고 있다.

지속 가능한 도시로 가는 길

전 세계에 걸쳐 산업화가 진행되어감에 따라, 우리의 도시들은 문명을 지속시키는 정교한 메커니즘으로 진화해왔다. 그러나 그 결과 모든 도시는 식량, 물, 에너지 및 장기적 관점에서 볼 때 지속 가능성이 거의 없는 자원들의 공급에 의존하게 되었다. 지역에서 구할 수 있는 것 이상으로 소비하는 데 길들여진 지 오래된 도시들은 오늘날 자급자족하기 위한 어떤 시도조차 하지 않고 있다.

피크오일, 피크워터와 전반적인 자원 고갈을 직면하고 있는 현 상황에서 앞으로 수십 년 내에 우리의 도시들은 최소한 부분적이나마 자급자족할 수 있는 길을 모색해야 한다. 수직농업을 도입한다면 도시는 자가 소비를 위한 식량 생산이 가능해질 뿐만 아니라 도시에서 나온 폐수 처리능력까지도 갖출 수 있게 된다. 따라서 수직농장은 도시가 환경에 미치는 영향을 감소시켜줄 하나의 해결책이 될 수도 있다. 그뿐 아니라 수직농장은 도시의 경관과 생활방식을 자연과 다시 이어주는 가교 역할을 하게 될 것이다.

오늘날 도시의 삶은 생물권 희생의 대가로 유지된다. 하지만 이제 더 이상 그럴 필요가 없다. 데스포미어 박사는 다음과 같이 강조한다.

"수직농장은 도시 기반 생태계를 수립하기 위한 핵심 사업이다. 수직농장을 대규모로 조성한다면, 이는 환경을 해치지 않는다는 이념을 근본으로 삼아 도시적 행동양식을 완전히 개조하는 시발점이 될 것이다. 궁극적으로는 도시에 거주하는 사람들에게 더욱 건강한 라이프스타일을 조성해주고, 자녀 양육에 이상적인 환경을 제공하며, 지구의 전반적인 환경을 개선하는 일이 될 것이다."

지금쯤 몇몇 독자는 데스포미어 박사를 한낱 이상주의자로 치부해버릴지도 모른다. 우리 머릿속에서 먼저 미래의 모습을 그릴 수 있어야만 실제로 일손을 모아 미래를 만들어갈 수 있는 법이다. 앞서 1부에서 서술한 난제에 직면하고 있는 오늘날, 데스포미어 박사처럼 기술적인 측면에서도 박식한 비전의 소유자가 넘쳐나야 한다. 우리의 삶과 도시를 좀 더 지속 가능하게 만들기 위해서는, 또한 오늘날 우리 삶의 방식 중 훌륭한 면들이 후대로 이어지도록 하기 위해서는 비록 그들의 비전이 지금의 시각에서는 비현실적으로 보이더라도 데스포미어 박사와 같은 사람들을 장려하고 지원해야 할 것이다.

3부

미래의 에너지를 찾아서

머지않은 장래에 취할 수 있는 에너지는 어떤 형태를 막론하고 가능한 한 모두 취하려 해야 하는 때가 도래한다. 몇 안 되는 대규모 발전시설을 운용하는 방식으로는 더 이상 세계의 에너지 수요를 감당해내지 못하게 된다. 따라서 우리가 필요로 하는 에너지를 몇 퍼센트만이라도 생성해낼 수 있는 기술이 있다면, 이를 적극적으로 수용할 자세가 되어 있어야만 한다.

Chapter **11**

전기|자동차

모든 형태의 생명체와 기계장치는 에너지를 소비한다. 그 누구도 어떤 형태로든 에너지를 쓰지 않고는 일도 놀이도 할 수 없다. 지난 2세기 동안 인공 기계장치를 가동하기 위한 대부분의 에너지는 화석연료를 연소하는 방법으로 공급해왔다. 그러나 화석연료에 기반을 둔 경제는 더 이상 지속되기 어려운 상태다.

태양열이나 지열을 이용한 난방 시스템을 제외한다면 50년 안에 사실상 거의 모든 기기가 전기나 유기재를 소모하게 될 것이다. 미래의 유기화학 기술과 이를 뒷받침하기 위한 새로운 경작 방식이 어떤 방향으로 발전해가는가를 우리는 이미 살펴보았다. 지금부터는 미래 전기의 원천과 사용을 집중 조명하고자 한다.

전기자동차의 부상

헨리 포드가 첫 생산라인을 갖추고 모델 T의 대량생산에 돌입한 지 1세기 정도가 흘렀다. 그 후 100년 동안 석유를 연료로 하는 자동차는 인간과 화물을 A지점에서 B지점까지 수송하는 운송 수단으로 자리매김해 왔다. 향후 수십 년에 걸친 전기자동차로의 점진적인 이행은 우리 모두가 겪게 될 가장 생생한 변화 중 하나가 될 것이다.

기존의 자동차에서 엔진과 연료탱크를 떼어내고 전기모터와 배터리를 대신 장착하면 전기자동차로 변신하게 된다. 물론 지금 묘사한 것보다는 좀 더 복잡한 단계를 거칠 것이다. 또한 애초에 전기 동력용으로 디자인하는 편이 제일 이상적일 것이다. 근본적으로 전기자동차는 그리 혁신적인 기술 변화라고 볼 수 없다. 하지만 그럼에도 불구하고 석유 동력에서 전동 차량으로 전환하는 데서 오는 이익은 대단히 클 것이다.

전기자동차의 가장 큰 장점은 석유를 사용하지 않는다는 것이다. 따라서 조만간 석유의 고갈과 가격 상승이 심화되기 시작한다면 전기자동차의 개발은 필연적이자 불가피한 것이 된다. 전기자동차는 석유로 움직이지 않기 때문에 온실가스나 기타 여러 가지 배기가스를 배출하지 않는 장점도 있다. 그렇지만 전기자동차가 진정으로 탄소 배출을 하지 않는 교통수단으로 거듭나기 위해서는 화석연료를 연소해 전기를 생산, 조달하는 방식에서 탈피할 수 있어야 함을 간과해서는 안 된다.

전기자동차로의 전환에 따른 주요 이점을 하나 더 들자면 에너지 효율성을 꼽을 수 있다. 기존의 내연기관은 연소하는 연료의 약 15퍼센트가량만을 동력으로 전환시킬 수 있다. 나머지 85퍼센트는 엔진 블록만 덥힐 뿐 그야말로 낭비되는 것이다. 이와 비교해 전기모터는 95퍼센트의 효율성을 보인다. 전기 발전 및 송전, 배터리 재충전 등에 따른 에너지 손실을 감안하더라도 전기자동차는 우리에게 주어진 에너지 자원을 훨씬 효율적으로 사용할 수 있게끔 해준다.

전기자동차는 또한 실제로 움직이는 경우에만 에너지를 소비하기 때문에 교통체증 시에도 석유연료를 사용하는 차보다 에너지면에서 훨씬 효율적이다. 전기자동차의 장점을 한 가지 더 들자면, 기존의 자동차보다 작동하는 데 드는 부품이 훨씬 적다. 따라서 더욱 안정적이고 수명도 길며, 정비할 필요가 별로 없다.

칭찬이 너무 과하다는 생각이 들기 전에 전기자동차의 단점도 거론할 필요가 있다. 제일 먼저 눈에 띄는 단점은 1회 배터리 충전으로 주행할 수 있는 거리다.

전기자동차는 이제야 본격적으로 시판되기 시작했다. 사람들이 전기자동차로 대거 옮겨 타도록 하려면 이를 뒷받침할 사회 기반시설이 대대적으로 확충되어야 한다. 손익계산을 해보면, 전기충전소 간의 충전망을 구축하는 것이 액체 및 기체연료를 운송, 보관, 분배하는 것보다 훨씬 용이할 듯하다.

하이브리드에서 플러그인 방식까지

지난 수년간 하이브리드 전기자동차들이 언론의 집중적인 플래시 세례를 받았다. 여기에는 도요타 프리우스, 쉐보레 볼트 등이 포함된다. 이들 차량에는 각각 전기모터와 내연엔진이 모두 장착되어 있다. 하지만 각기 적용된 기술이나 접근 방식에서 현저한 차이를 보인다.

도요타 프리우스는 '동력 배분장치'를 사용하여 내연엔진과 전기모터, 전기발전기를 연결시킨다. 이렇게 연결된 요소들로 인해 운행 중에도 전기에서 석유동력으로 전환이 가능하다. 프리우스의 경우, 항상 전기에너지를 사용해 가동하기 시작하여, 점차 가속이 붙으면 내연엔진으로 전환되는 방식을 채택하고 있다.

프리우스는 탄소 배출량이 적고 기존 자동차보다 에너지 효율이 월등히 높다. 그러나 현재 프리우스 모델은 오직 석유로 운행할 시에만 내연엔진으로부터 배터리를 충전할 수 있도록 되어 있다. 따라서 현재는 플러그인 전기자동차 방식이 아닌 셈이다. 바로 이러한 지적을 염두에 두고 2010년 1월 도요타는 플러그인 하이브리드 차량PHV의 프로토타입 100대를 제작 중에 있다고 발표했다. 이들은 현재 테스트를 거치고 있는 중이며, 2012년 후반 즈음 생산 모델을 선보일 예정이다.

현재의 프리우스 모델과는 대조적으로 제너럴모터스의 쉐보레 볼트는 플러그인 하이브리드형 차량이다. 전기모터와 가솔린엔진이 함께 부착되어 있기는 하지만, 바퀴의 동력은 전기로만 전달된다. 내장용 배터리는 직접 콘센트를 통해 충전하도록 되어 있다. 볼트를 완전히 충전시키는 데 걸리는 시간은 4~10시간 정도인데, 이는 전압과 충전소의 형태에 따라 차이가 있을 수 있다. 차량의 주행 가능 거리는 40~80킬로미터 정도다. 이 범위를 초과하면 가솔린엔진이 작동해 전기를 일으켜 전기모터를 돌린다. 사실상 이는 볼트가 통근용으로 쓰거나 단거리 주행을 할 경우 순수 전기자동차의 역할을 하지만, 장거리 주행 시에는 하이브리드 차량과 같은 기능을 한다는 것을 의미한다.

볼트가 비약적인 발전을 이룬 것은 사실이지만, 순수 플러그인 전기자동차의 경우, 이제야 주요 자동차 제조사들이 출시에 나서기 시작했다. 이 책을 집필하고 있는 현재 가장 돋보이는 모델은 닛산의 리프LEAF다. 이 모델은 배터리로 에너지를 공급받는 전기모터만으로 달린다. 리프도 마찬가지로 콘센트를 통해 충전할 수 있다. 최적의 운전 조건에서 시속 38마일로 정속 주행할 경우, 1회 충전으로 최고 138마일까지 주행이 가능하다. 에어컨을 켠 채로 시내를 주행할 경우에는 62마일 정도로 급감한다. 충전소에서 급속충전을 하면 약 30분에 배터리 용량의 80퍼센트까지 충전이 가능하다. 그러나 이렇게 정기적으로 급속충전을 이용할 경우 배터리 수명을 단축시키게 된다. 따라서 권장하는 충전 방식은 표준 콘센트를 이용해 여덟 시간 동안 완전 충전하는 것이다. 리프는 목적지까지 주행이 가능한지를 산정해주는 스마트 네비게이션 시스템을 탑재하고 있는데, 만약 1회 충전으로 목적지까지 주행이 불가능할 때를 대비해 충전소의 위치를 미리 파악해주기도 한다. 그리고 아마도 당연하게 들리겠지만, 3년간 무료 긴급출동 서비스 보증을 제공하고 있다.

볼트와 리프 모두 배터리 충전 용량이 제한적이라는 한계를 안고 있는 반면, 이들보다 오랜 시간 장거리 주행이 가능한 전기자동차를 비주류 자동차 제조사들이 생산해내고 있다. 이 중 가장 각광받고 있는 모델은 2008년 출시된 테슬라 로드스터Tesla Roadster 스포츠카다. 미국 캘리포니아 주의 신생기업인 테슬라 모터스Tesla Motors가 출시한 이 모델은 200마일 이상의 주행 가능 거리와 8만 파운드를 호가하는 가격을 자랑한다. 이미 30여 개국에서 1,200대의 로드스터가 판매되었다. 테슬라 모터스는 2012년 모델 S라는 새로운 가족용 전기자동차를 출시할 계획이다. 이 모델은 각각 160, 230, 300마일용 배터리팩을 장착하게 되는데, 45

분 만에 급속충전이 가능하다고 한다.

앞으로 수년간 대부분의 주요 자동차 제조사들이 플러그인 전기자동차를 생산할 것이다. 심지어는 롤스로이스조차도 전기자동차 프로토타입을 선보인 바 있다. BMW는 2013년에 메가시티Megacity라는 전기자동차를 출시할 계획이며, 현재는 순수 전기자동차인 미니 E를 대상으로 영국에서 현장 테스트를 실시하고 있다. 2012년에는 주행거리가 확대된 영국 복스홀Vauxhall의 앰페라Ampera라는 전기자동차가 시판될 예정이다. 앰페라는 쉐보레 볼트와 유사한 형식의 플러그인 차량으로서 배터리 범위인 40마일을 초과 주행하게 되면 내연엔진이 전기를 공급하는 방식을 채택하고 있다.

르노 또한 제로이미션ZE(무공해) 계열의 새로운 전기자동차를 개발 중이다. 이들은 플루엔스 ZE 페밀리 살룬Fluence ZE family saloon, 캉구 ZE 밴Kangoo ZE van, 조Zoe 등과 더불어 트위지Twizzy라 불리는 다소 우스꽝스럽게 보이는 일인용 사륜차를 개발하고 있다. 포드도 2012년 후반기에 순수 전기자동차 및 하이브리드 모델 다섯 종을 선보일 예정인데, 여기에는 트랜싯 커넥트Transit Connect라 불리는 영업용 전기밴 모델도 포함된다. 혼다와 미쓰비시도 전기자동차 개발에 박차를 가하고 있다. 따라서 앞으로 수년 내에 전기자동차가 상당수 시판될 것으로 보이며, 업체 간의 경쟁도 그만큼 더 치열해질 전망이다.

주행거리의 확대

전기자동차 하면 많은 사람이 골프 카트나 우유 배달용 차량을 떠올린다. 그러나 전기자동차가 느리고 볼품없다는 인식에 도전장을 던지는 차량이 속속 출시되고 있다. 쉐보레 볼트와 닛산 리프, 테슬라 로드스터 등이 이미 입증한 것처럼 전기자동차도 멋스럽게 보일 수 있으며 석유연료 차량만큼 성능도 좋아졌다. 따라서 가장 큰 걸림돌로 작용하는 사항은 주행가능거리 문제가 유일하다.

점차 경량 복합재를 사용해 미래의 전기자동차를 제작하는 사례가 늘어날 것이다. 이렇게 차체가 가벼워지면 주행거리 또한 그만큼 늘어나게 된다. BMW의 메가시티 모델의 경우 탄소섬유보강 플라스틱으로 제작한 승객칸을 적용하게 되는 최초의 대량생산 차량이 될 전망이다. 이와 같이 미래지향적인 나노기술을 도입한다고 하지만, 차량을 무한정 가볍게만 만들 수는 없다. 어찌 됐든 승객과 화물을 합친 무게보다 차체가 가벼워질 수는 없기 때문이다. 따라서 진정 장거리 주행에 적합한 전기자동차를 시장에 내놓으려면 배터리 기술이나 대안적인 충전 대책이 선행되어야 한다.

이번 장에 소개된 모든 전기자동차는 리튬이온 전지를 사용하고 있거나 앞으로 사용할 예정이다. 테슬라 로드스터와 같은 모델이 장거리 주행이 가능한 이유는 단지 더 많은 수의 배터리 셀을 장착한데다, 가정용 차량의 구조가 아니기 때문이다. 따라서 현재 좀 더 뛰어난 성능의 리튬이온 전지 개발을 위한 경쟁이 진행 중이다.

일부 배터리 개발 연구는 나노기술을 응용하고 있다. 미국 에너지부 산하 퍼시픽 노스웨스트 국립연구소는 보벅 머티리얼Vorbeck Materials과 공동으로 리튬이온 전지의 전극에 그라핀을 사용하는 방안을 연구 중이다. 그라핀은 원자 한 개 두께의 탄소판을 가리킨다. 전극에 이 재료를 사용할 수 있다면 잠재적으로 몇 시간이 아닌 불과 몇 분 안에 리튬이온 전지 재충전이 가능해질 수도 있다. 이 기술이 전기자동차의 주행거리 증가에 직접적인 영향을 미치지는 않겠지만, 배터리 수명이 다했을 때 충전소에 머무는 시간을 획기적으로 줄여줄 것이다.

이외에도 리튬이온 셀의 용량을 개선하기 위해 나노소재를 사용하고자 하는 연구팀들이 있다. 조지아 공과대학의 연구진은 '자기조합 나노복합기술self-assembling nano-composite technique'을 개발 중인데, 이는 리튬이온 전지의 전극을 고성능 실리콘 구조로 제조할 수 있게 해준다고 한다. 이 기술을 적용하면 이론상으로 배터리의 수명을 다섯 배나 끌어올릴 수 있다. 한편 MIT의 연구진은 리튬이온 전지의 전극을 탄소나노튜브로 만들어 성능을 향상시켜보려는 연구를 진행 중이다.

대안적인 전력 저장기술 또한 그 잠재력을 인정받고 있다. 이 중에도 울트라커패시터(고용량 축전기)를 응용하는 연구가 주목받고 있다. 기존의 배터리는 전력을 전기화학적으로 저장한다. 이와 반대로 커패시터는 일반적으로 사용되는 전기 저장장치로서, 두 개의 도체판 사이에 정전기장을 저장한다. 이 도체판의 크기가 클수록 전기 저장용량도 커지는 것이다. 기존 커패시터의 경우, 도체판이 밀리미터 분의 1 간격으로 소용돌이 형태로 감겨 있다. 그러나 나노기술의 발달로 도체판의 간격이 몇 나노미터에 불과한 울트라커패시터의 제작이 가능하게 되었다. 이 기술로 인해 특정 크기의 커패시터에 수용될 수 있는 도체판의 범위가 현저히 증가해, 전기 저장용량이 늘어나게 됐다. 언젠가는 기존 배터리의 역할을 이 울트라커패시터가 대신하는 날이 올 것이다.

울트라커패시터의 또 다른 장점으로는 초고속충전이 가능하다는 것이다. 기존의 배터리가 아닌 울트라커패시터를 장착한 미래의 전기자동차는 단 몇 분 안에 충전을 완료할 수 있다. 그러나 현시점에서는 용량이 리튬이온 셀에 훨씬 못 미친다. 인텔을 비롯한 여러 기업이 기존 배터리에 대항할 만한 저장력을 갖춘 울트라커패시터를 개발하기 위해 고군분투하고 있다.

고속충전이 가능하긴 하지만 현재의 울트라커패시터는 빠르게 방전되며 우려할 정도의 누전 현상이 발생한다. 이는 충전 상태를 장기간 지속하지 못함을 의미하는데, 보통 지속시간이 불과 몇 시간에 지나지 않는다. 따라서 울트라커패시터가 리튬이온 전지를 대체하기까지는 상당한 시일이 걸릴 것이다. 그러나 단기적으로 볼 때 전기자동차에 리튬이온 전지와 울트라커패시터를 함께 사용할 수 있는 가능성이 매우 크다. 울트라커패시터가 적용될 경우, 브레이크를 밟았을 때 엔진이 빠르게 회복할 수 있도록 돕는 효과를 낼 수 있다. 또한 장거리 주행 시 급속충전을 요하는 상황에 처했을 경우, 훌륭한 보조배터리 역할을 수행할 수 있다.

미래에 급속충전이 가능한 전기자동차의 등장과 함께 무선충전의 길이 열릴 가능성도 있다. 예를 들어, 주차장이나 일부 도로 표면에 전기 유도성 판을 깔아놓을 수도 있는 것이다. 그러면 이 판을 통과하거나 주차 중일 때 전기자동차의 배터리나 울트라커패시터에 충전을 하게 되는 것이다. 장차 유료도로 통과 시 통행세 대신 전기세를 내게 될지도 모를 일이다.

또한 지속적인 충전이 가능한 태양전지를 장착한 전기자동차 종류가 더 늘어날 가능성도 있다. 이미 닛산 리프 모델은 후면 스포일러에 태양전지판이 장착되어 핵심적인 시스템에 약간의 추가 에너지를 보충할 수

있도록 설계되어 있다. 미래에 나노페인트 개발에 힘입어 차체 자체가
태양 전지판 역할을 할 수 있도록 설계될지도 모른다.

더 좋은 곳을 향하여?

전기자동차의 주행가능거리를 연장하는 또 다른 방법은 신속하게 교
체용 배터리를 장착하는 것이다. 단거리 주행을 위주로 하는 운전자는
전기자동차를 주로 집이나 충전소에서 충전할 것이다. 하지만 장거리 주
행을 하는 사람은 주유소나 휴게소에 들러 방전된 배터리를 신속히 미리
충전한 것으로 교체할 수 있게 하는 것이다. 이렇게 된다면 전기자동차
도 무한한 주행가능거리를 확보할 수 있다. 마치 석유연료 차량이 주유
소에 들러 정기적으로 재급유하듯이 말이다.

현재 배터리 스위칭 기술에 가장 앞장서고 있는 기업은 베터 플레이
스Better Place다. 이 분야의 선구자격인 이 회사의 목표는 "전기자동차를
알맞은 가격에 구입해, 편리하게 이용하고, 놀라운 경험을 할 수 있도록
네트워크 및 서비스 망을 구축"하는 것이다.

2010년 4월, 베터 플레이스는 첫 전기자동차 배터리 교환 시범운영
소를 도쿄에 개장했다. 시범운영을 시작한 지 90일 만에 전기택시 3대가
2만 5,000마일 주행거리를 돌파했다. 이들은 배터리 교환소에서 석유를
연료탱크에 채우는 데 소요되는 시간보다 빨리 배터리를 교체할 수 있었
다. 현재 미국 샌프란시스코에서는 이보다 더 큰 규모의 시범사업이 진
행되고 있는데, 무려 61대의 택시가 네 개의 배터리교환소의 지원을 받
아 운영되고 있다. 다른 기업들도 이러한 배터리 스왑 시스템에 지대한

관심을 표명하고 있다. 이 중 테슬라 모터스가 출시를 준비 중인 모델 S의 경우, 1분 교환 퀵스왑 배터리를 장착하게 될 전망이다.

베터 플레이스 외에도, 몇몇 회사와 연구소들이 친환경적이며 자연 지향적인 미래를 만들기 위한 수단으로 전기자동차를 비롯한 기반시설 개발에 여념이 없다. 어비Urbee라 불리는 하이브리드 전기자동차가 urbee.net 소속 자원봉사자로 구성된 연구진에 의해 개발되고 있다. 환경적으로 지속 가능한 차량 제작이라는 이들의 비전이 실현되려면 한 대 크기의 차고에서 하루 동안 확보할 수 있는 태양 및 풍력에너지를 효과적으로 저장하고 사용할 수 있도록 해야 한다. 이 에너지 공급량 이상으로 장거리를 주행할 경우를 대비해 어비에는 에탄올엔진도 장착되어 있다.

MIT의 연구진은 새로운 전기자동차 디자인이 미래 도시의 환경 조성에 기여할 수 있어야 한다는 비전까지 품고 있다. 이들은 오늘날의 자동차는 매우 무거운데다(보통 운전자 한 명의 20배) 주차 시에 큰 면적을 차지한다고 지적한다. 이에 따라 MIT 연구진은 훨씬 가볍고 차체가 작으며, 에너지 효율성이 뛰어난 전기자동차를 기획했다. 그 결과 이들은 시티카CityCar라고 명명된 2인승 전기자동차를 디자인했다. 시티카는 바퀴에 내장된 전기모터 또는 '휠로봇Wheel Robots'을 선보였는데, 이는 운전과 서스펜션, 브레이크 기능을 한 장치에 통합해놓은 것이다. 시티카는 주차 시 차량 전장을 100에서 60인치로 접을 수 있으며, 제자리 회전 기능을 이용해 길옆에 직각으로 주차할 수도 있다. 이 기능 덕분에 한 대의 차량이 주차하던 자리에 세 대의 시티카를 주차할 수 있게 되었다. 혹시라도 궁금해하는 사람이 있을까봐 부연하자면, 차량 전장이 접힌 상태에서 차 안의 승객은 커다란 앞 유리를 열고 하차하도록 설계돼 있다.

MIT 연구진은 시티카 디자인을 통해 오늘날의 차량이 "시내 운행에 적합한 가장 본질적인 용도에 비해 너무 과도하게 설계되었다"는 사실을 상기시킨다. 대부분의 운행 습성을 보면 한두 사람이 승차해 약간의 짐을 싣고 보통 왕복 40마일 이하의 주행을 하게 되는데, 주행가능거리가 수백 마일에 달하는 대형승용차가 굳이 필요하냐는 것이다. 만약 그렇다면 전기자동차를 굳이 개인 소유로 할 필요가 있을까? 시티카 여러 대를 공동사용 방식으로 운영하면 훨씬 더 효율적이지 않을까?

MIT의 일부 연구진을 비롯한 타처의 연구진들도 미래의 전기자동차는 대부분 자율주행 방식으로 발전해갈 것이라고 입을 모은다. 다시 말하자면 미래에는 자동차가 스스로 알아서 운전한다는 것이다! 자율주행 차량은 에너지 효율성과 도로 안전성을 극대화한다는 논리다. 아마 모든 전기자동차를 컴퓨터 네트워크와 연결해 전반적인 주행을 일제히 최적화하는 방식으로 운영될 가능성도 있다. 이것이 좀 터무니없는 소리처럼 들리기도 하겠지만, 2010년 10월에 구글이 자동으로 운전하는 로봇 차량을 비밀리에 제조하여 실험 중에 있다고 밝혔던 사건을 주목할 필요가 있다.

구글의 자율주행 차량은 교통상황을 파악하기 위해 비디오카메라와 레이더 센서, 레이저 거리측정기 등을 사용한다. 또한 구글맵을 활용하기도 한다. 이 차량은 안전을 위해 운전자를 탑승시킨 채 일반도로에서 이미 14만 마일 이상의 주행거리를 완파했다. 할리우드 대로를 따라 주행하고, 금문교를 건넜으며, 태평양 연안 국도를 따라서 달리기도 했다. 앞으로 대부분의 차량이 전기모터와 배터리, 또는 울트라커패시터로 달리는 날이 오게 되면, 사람이 항상 운전대를 잡고 있을 필요가 없어진다.

미래의 운송수단

내가 성장기를 보냈던 1970년대와 1980년대에는 전기로 작동하는 것은 절대로 날 수 없다는 것이 일반 통념이었다. 그래서 장난감 가게에서 파는 날아다니는 전기 헬리콥터를 처음 본 순간 미소를 짓지 않을 수 없었다. 사회적인 통념이 틀렸다는 사실을 입증했기 때문이다. 2010년 7월에 필자를 다시 한 번 미소 짓게 만든 일이 일어났다. 광전지로 작동하는 실제 크기의 전기비행기가 26시간 이상 무착륙비행에 성공했던 것이다. 이 실험을 주관했던 연구진은 이 솔라 임펄스 비행기를 "미래의 사절단"이라고 치켜세웠다. 이들은 전기비행기로 무착륙 세계일주에 도전할 계획이다.

배터리 및 태양열 기술에 있어 획기적인 혁신이 있어야 기존의 여객기라든지 화물 수송기가 전기자동차화될 수 있을 것이다. 그런 난점이 있긴 해도, 수십 년 내에 전기점보제트기가 현실화될 가능성도 배제할 수는 없다. 이러한 미래의 비행기는 날개가 차세대 울트라커패시터로 제작된다든지, 동체가 나노솔라 광전지 페인트로 코팅될 수도 있다. 그러나 그런 날이 도래하기 전에라도 전기모터로 추진되고 헬륨가스로 채운 안전한 비행선 정도는 제작 가능할 것이다.

선도적인 비행선 제작업체인 에어로스Aeros는 이미 에어로스크래프트 ML866 Aeroscraft ML866이라 명명된 차세대 비행선 개발에 착수했다. 비행가능거리가 3,100마일에 5,000세제곱피트의 선실 공간을 갖춘 이

"항공수송의 새 패러다임"은 전기로 작동될 예정이며, 하늘을 떠다니는 개인 요트로서의 용도뿐만 아니라 화물 수송기 및 날아다니는 회담장 등의 역할을 수행할 것이다.

다시 지상으로 돌아와, 전혀 새로울 것이라곤 없긴 하지만 전기기차의 경우 석유자원 감소에 따라 앞으로 훨씬 보편화될 것이다. 미래의 전기기차 대부분이 철로 위로 운행되기는 매한가지겠지만, 이른바 매글레브 트레인maglev trains 라고도 불리는 자기부상열차의 개발이 탄력을 받을 수도 있다. 자기부상열차는 초전도 자석으로 된 궤도 위에 떠서 달리게 되어 있는데, 시간당 100마일의 속력을 낼 수 있다.

세계 최초의 상업용 고속 자기부상열차는 2004년 1월부터 중국에서 운행되고 있다. 이 열차는 상하이 푸둥 국제공항에서 상하이 중심지까지를 연결한다. 시속 268마일의 속도를 자랑하며, 시운전 당시 시속 311마일까지도 기록한 바 있다. 여러 나라가 고속 자기부상열차 철도망을 고려하거나 이미 기획 단계에 들어갔다. 미국의 경우 캘리포니아 주와 네바다 주를 잇는 269마일 구간을 자기부상열차로 연결하는 방안을 고려했지만, 20년 동안 여러 단계를 거치던 중 2010년 최종적으로 예산이 다른 분야로 전환되면서 사업이 중단된 사례가 있다. 하지만 대중항공의 경쟁력이 점차 떨어지고 가격은 점점 상승하는 상황에서 갑자기 자기부상열차로 대표되는 전기자동차 기술의 시대로 진입하게 될지 모른다. 향후 언제인가 재래식 기차 또는 자기부상열차가 유럽과 미국을 잇는 대서양 횡단 지하터널을 오가게 될지도 모를 일이다.

마지막으로 미래의 일부 전기자동차는 물 위로 다니게 될 것이다. 업체들이 전기보트를 출시한 지는 이미 10여 년이 넘었다. 더피 일렉트릭

보트 컴퍼니Duffy Electric Boat Company가 그중에서도 대표주자다. 그린피스의 새 기함이 길이 58피트의 레인보우 워리어 3호인데, 동력의 일부를 광기전 태양전지를 통해 공급받을 수 있는 전기 추진시스템을 갖추고 있다.

현재로서는 전기보트 시장이 보잘것없기는 하지만, 다시 강조하건대 피크오일 사태에 직면하면, 업계에서 전기에너지를 심각하게 고려하기 시작할 확률이 높다. 또한 전기보트는 전기자동차나 전기기차, 전기항공기보다 태양전지판으로부터 동력을 얻을 수 있는 기회가 더 크다. 예를 들어, 장래에는 전력 발전용 광전지 나노코팅을 돛에 적용한 풍력 및 전력 하이브리드 선의 출범을 보게 될 날이 올지도 모른다.

과감하게 변화하라

오늘날 전 세계에 8억 대의 자동차가 있는 것으로 추산된다. 이 중 미국에만 2억 5,000만 대 이상이 분포한다. 선진국에 사는 성인의 약 70퍼센트가량이 자가용을 소유하고 있는 반면에 그 외 지역의 경우 성인의 자동차 보유 비율은 20퍼센트에 불과하다. 중국, 인도, 러시아, 브라질 등의 경제발전으로 인해 세계의 자동차 수는 2020년까지 무려 10억 대 이상에 이를 것으로 예상된다. 피크오일과 기후변화에 봉착한 오늘날, 개인용 전기자동차로의 전환은 필연적이며 신속히 이루어져야 할 당면과제다. 가솔린 차량에 의존하는 지구촌은 미래에 일말의 존립 가망성이 없다.

2010년 11월, 브라이튼에서 제1회 퓨처카 챌린지 대회가 개최되었다.

60대가 넘는 친환경 차량이 이 대회에 참가했는데, 이 중 상당수가 순수 전기자동차이거나 전기 하이브리드형 모델이었다. 대부분의 자동차 제조 업체들이 차를 선보였는데, 대부분 제작 준비 단계의 모델이었음에도 불구하고, 이 대회는 전기자동차 시대의 도래를 선언하는 신호탄이 되었다.

이번 장을 통해 전기자동차가 더 이상 허무맹랑한 몽상이 아니라는 것을 깨닫는 계기가 되었으면 한다. 2015년경이면 주요 자동차 제조업체들이 다양한 전기자동차들을 출시할 것이다. 따라서 전기자동차 혁명에 동참하고 싶은 사람들은 더 이상 휘발유로 달리는 차량을 개조하거나 무명의 벤처 회사가 디자인한 최신형 모델을 위험을 무릅쓰고 구입하지 않아도 된다.

미래에 전기자동차가 어떤 식으로 보편화될지에 대해서는 두 개의 시나리오를 생각해볼 수 있다. 첫째, 향후 10여 년 동안은 전기자동차의 수요가 그다지 신통치 않다가 대다수의 사람이나 단체가 더 이상 휘발유 차를 유지하지 못할 지경에 이르렀을 때 전향하는 것이다. 다시 말해, 사람들에게 선택의 여지가 없을 때 비로소 전기자동차 혁명이 일어난다는 뜻이다. 이보다 훨씬 희망적인 두 번째 시나리오는 근 10년 내에 전기자동차의 인기가 치솟아 대중화되는 것이다. 하지만 두 번째 시나리오가 현실화되기 위해서는 먼저 몇 가지 사항들이 시급히 선행되어야만 한다.

전기자동차로의 신속한 전환을 유도하기 위해 공공 충전소나 배터리 교체시설 등의 적절한 기반시설이 최우선적으로 구축되어야 한다. 또한, 고출력 충전장치들이 일반 가정을 비롯해 직장에도 설치될 필요가 있다. 이러한 점을 감안하여 영국 로열자동차클럽RAC의 2010년 보고서는 모든 새 건축물에 전기자동차 충전설비를 의무적으로 설치하도록 권고하고 있다. 그러나 관련 법규를 제정하기 전에 업계 전반에 걸쳐 전기자동차의 접속 단자, 충전 조절기, 배터리 방식 등의 표준 마련에 관한 합의가 있어야 한다. 정말이지 더 이상 VHS 방식이냐, 베타 방식이냐와 같은 시시콜콜한 논쟁에 허비할 시간이 없다.

기반시설에 적절한 투자가 이루어졌다고 해도 전기자동차로의 대대적인 전환이 신속하게 이루어지기 위해서는 자동차 제조업체와 정부가 발 벗고 나서 전기자동차가 기존의 자동차와 동일한 만족감을 준다는 확신을 대중에게 심어주어야 한다. 운전자 또한 새로운 운행 방식에 적응을 해야 한다. 벌써부터 전기자동차의 운전자들은 배터리 소모에 대한 걱정에서 오는 '주행가능거리 불안장애' 증상을 겪고 있다는 보고가 나오고 있다. 또한 운전자들은 변속기가 장착되어 있지 않아 기존의 가솔린 차량들과는 조작법이 다른 전기자동차에 적응해야만 한다.

얼마나 조속한 시일 안에 전기자동차로 전향하는가의 문제는 석유연료 차량에 대한 다른 대안들이 얼마나 더 개발 및 홍보되는가에 달려 있기도 하다. 근래에 일각에서는 수소연료 자동차를 대대적으로 장려하고 있다. 이들은 내연엔진에서 수소를 연소하는 방식이나 연료전지를 사용해 수소와 산소를 전기로 변환한 다음 전기모터를 돌리게 하는 방식을 채택한다. 이 두 기술 모두 탄소 배출량이 거의 없고, 석유보다 친환경적이다.

불행히도 수소연료 자동차를 옹호하는 사람들이 간과하고 있는 사항(고의적으로 무시하는 것일 수도 있지만)이 있다. 즉, 지구상에 수소라는 천연자원이 존재하지 않는다는 사실이다. 연료전지 방식이 되었든, 직접 수소를 때든 간에 여기에 소요되는 수소는 메탄 및 기타 화석연료로부터 공급받아야 하는 것이다. 아니면 물을 전기분해하여 추출해야 한다. 전기분해 방식 자체가 전기를 소모하기 때문에 그 전력을 직접 전기자동차에 투입하는 편이 훨씬 효과적일 것이다. 더군다나 수소 공급을 위한 기반시설 구축이 전기자동차 충전 및 배터리 교체망을 구축하는 것보다 훨씬 더 번거롭고 위험성이 크다는 점을 감안할 때 수소연료 자동차 제작의 당위성이 훼손될 수밖에 없다. 이와 같은 맥락에서 화석연료나 천연가스를 자동차 연료로 쓰기 위한 기반시설 구축을 옹호하는 것 또한 매우 편협한 선택임에 틀림없다. 하지만 우리 모두 잘 알다시피, 불행히도 인류는 장구한 역사에 걸쳐 곧잘 어리석은 행위를 일삼아왔다. 따라서 지속 불가능한 기체연료 공급을 위한 대규모 기반시설들이 구축되기 전에 전기자동차에 대한 제반 논거가 정립될 수 있기를 바란다.

단기적 관점에서 볼 때 주행가능거리를 연장해주는 가솔린 발전기를 장착한 전기자동차(시보레 볼트 또는 복스홀 앰페라 등)가 전기자동차 혁명을 주도해갈 확률이 높다. 이러한 차량은 사람들로 하여금 좀 더 자연친화적인 자동차를 운행할 수 있는 기회를 제공해줄 것이다. 즉, 석유를 거의 소모하지 않고도 장거리 주행이 가능해지고, 어디 가서든 연료를 보충할 수 있게 된다. 장기적으로는 배터리와 울트라커패시터 기술이 발달하고, 민간투자 기반시설들이 구축되면 순수 전기자동차가 일반화될 것이다. 그다음 해결해야 할 문제는 미래의 전기자동차와 기타 전자기기를 가동시킬 전력을 과연 어디에서 얻느냐는 것이다. 하지만, 두려워 마라! 지금부터 이 책이 그 사안들을 정면으로 돌파해나갈 것이다.

Chapter **12**

풍력, 파력, 운동에너지

문명의 발상 이래로 사람들은 바람과 파도, 물의 흐름 등을 활용해왔다. 농경문화가 생겨난 이후로 땅을 일구기 위해 소, 말 등과 더불어 사람의 근육 등도 동력으로 사용되기 시작했다. 이 또한 자연적으로 움직이는 것으로부터 에너지를 얻는 행위라는 점에서 전혀 새로울 것이 없다. 그러나 지난 200여 년에 걸쳐 인류가 필요로 하는 에너지 중 자연발생적인 동력원이 차지한 비율은 점차 감소해왔다.

산업혁명 이래로 인간은 산업설비에 동력을 공급하기 위해 화석연료에 지나칠 정도로 의지해왔다. 수십 년간 선진국들은 가장 오래된 양식의 동력을 다음 단계로 이행하기 위한 새로운 공학기술 개발을 등한시해왔다. 하지만 피크오일과 기후변화에 직면한 오늘날, 다시금 '재생 가능한' 또는 '대안적인' 에너지원을 선호하는 쪽으로 돌아서기 시작했다. 이에 이번 장에서는 어떻게 자연적 동력원의 개발이 다시금 전면으로 부상하게 되었는지를 살펴보자.

신생 에너지 조망

오늘날 우리에게 새로운 에너지 공급 방법이 절박한 만큼이나 에너지를 대하는 새로운 자세가 요구되고 있다. 우리 모두가 좀 더 에너지 절약에 관심을 가져야 하며, 좀 더 에너지 효율적인 생활방식을 수용해나가야 할 것이다. 그러나 이와 함께 미래의 에너지 환경은 크고 작은 규모의 발전시설들이 다양하게 공존하는 콜라주 형태가 되리라는 사실 또한 명심해야 한다.

선진국에 사는 사람 대부분은 오로지 대규모의, '거시적인' 국가기반시설밖에 모른다. 수십 년 동안 석탄, 석유, 가스, 또는 원자력 등을 기반으로 한 거대한 발전소들이 수백만에 이르는 전기 수요를 성공적으로 감당해왔다. 대부분의 사람에게 전력 발전이란 언제나 강 건너 불구경하듯 남의 일로만 보이기 일쑤였다.

미래에도 국가기반시설 차원의 전력 발전소는 존속할 것이다. 우리가 전기자동차로 전향해감으로 인해 국가기반시설의 중요성은 어떻게 보면 이전보다 더욱 강조될 전망이다. 대규모 전력망은 점차적으로 지역 및 개인 방식의 이른바 '마이크로' 전력 발전으로부터도 전력을 보충받게 될 것이다.

오늘날 많은 사람이 지역의 소규모 대안 발전시설을 경시하는 경향이 있다. 예를 들어, '그다지 많은 에너지를 생산해내지 못한다'는 이유로 가정용 풍력발전 터빈이 각광을 받지 못하고 있다. 소형 풍력발전기 한 대로 온 집안에 전력을 공급할 수 있기를 기대한다면 실망이 매우 클 것이다. 그러나 지역 및 가정의 에너지 발전을 대하는 '모 아니면 도'식의 태도 변화가 무엇보다도 선행되어야 한다.

머지않은 장래에 취할 수 있는 에너지는 어떤 형태를 막론하고 가능한 한 모두 취하려 해야 하는 때가 도래한다. 몇 안 되는 대규모 발전시설을 운용하는 방식으로는 더 이상 세계의 에너지 수요를 감당해내지 못하게 된다. 따라서 우리가 필요로 하는 에너지를 몇 퍼센트만이라도 생성해낼 수 있는 기술이 있다면, 이를 적극적으로 수용할 자세가 되어 있어야만 한다.

이미 지능형 전력망 서비스가 일부 회사 및 개인이 에너지 소비자인 동시에 공급자로서 역할을 할 수 있도록 허용하기 시작했다. 이에 따라 가정용 풍력발전 터빈이나 태양전지와 같은 국지적 자가전력 생산기술이 점차 타당성을 인정받기 시작했다. 머지않은 장래에 들쭉날쭉한 규모의 무수한 발전설비들로부터 전력이 송배전되는, 분산된 쌍방향 전력망이 일반화될 것이다. 개인, 가정, 사업체 대부분이 국가기반시설 전력망에 연결하지 않고도 전기기구에 소요되는 전기의 일부나마 자신이 직접 생산 조달하게 될 것이다.

이번과 다음 장에서는 전력 발전 방식의 대안을 살펴볼 것이다. 이러한 에너지 추세 변화를 시종일관 염두에 두고 읽어 내려갈 것을 당부하고 싶다.

움직이는 공기의 힘

사람들은 아주 먼 옛날부터 바람의 힘을 활용해왔다. 5,000년 전 고대 이집트인은 풍력에 의존한 배에 몸을 싣고 나일 강을 오르내렸다. 이집트 도자기에 묘사된 범선 중 가장 오래된 것은 최고 기원전 3200년까지 거슬러 올라간다. 기원전 200년 무렵에 이르러서는 중국에서 풍차가 개발되어 물을 길어 올리는 데 사용되기 시작했다.

중세에는 풍차가 중동지역에서 밀을 빻고 기계장치를 돌리는 수단으로 자리를 잡게 된다. 그 후 11세기에 상인들을 비롯한 십자군 전사들이 풍차 설계법을 유럽에 전파하게 된다. 14세기 무렵에는 네덜란드 사람들이 풍차를 한층 더 개량하여 라인 강 삼각주 지역을 배수하는 데 사용하였다. 최초의 전기발전용 풍차는 일찍이 1890년에 덴마크에서 제작되었다.

1970년대 유가 폭등사태 이후로 풍력에 대한 관심이 부쩍 고조되었다. 2010년 후반에 이르러서는 전 세계 에너지 생산의 2퍼센트가량을 풍력이 차지하게 되었다. 2007년경에 오직 1퍼센트에 불과했던 것과 비교되는 수치다. 태양력과 더불어 풍력은 세계 에너지 부문에서 가장 가파른 성장세를 보이고 있다. 바람의 흐름이 간헐적인 특성을 띠고 밤에 더 강하게 부는 경향이 있기 때문에, 안심하고 의지하기에는 까다로운 에너지원이기는 하다. 그렇지만 풍력으로 생성된 전력을 축적하는 배터리기술이 나날이 발전하고 있다. 몇몇 연구 보고에 의하면 현재의 국제 에너지 수요량을 몇 번이고 다시 충족시킬 만큼의 풍부한 잠재적 풍력자원이 대기 중에 존재한다고 한다.

풍력발전 터빈을 사용하여 바람으로부터 전기를 생산해낼 수 있다. 상업적 용도로 시판되는 대부분의 터빈이 최고 직경 80미터에 이르는 회전날개를 세 개 이상 장착하고 있다. 바람이 불면 회전날개는 수평축을 중심으로 돌기 시작한다. 이때 수평축은 탑 꼭대기 엔진실에 설치된 변속기 및 발전기에 연동되어 있다. 일반적으로 분당 10회에서 30회 회전하는 축이 고속발전기를 돌릴 수 있도록 하기 위해 변속기가 필요하다. 그러나 지멘스와 GE 같은 주요 제조업체들은 변속기가 불필요한 대규모 저속발전기를 장착한 고효율의 풍력발전 터빈 개발에 나섰다. 오늘날 대부분의 풍력발전 터빈은 보통 25에서 85미터 사이의 높이로 설치된다. 상업적 풍력발전 터빈의 출력은 수백 킬로와트에서 수십 메가와트에 이른다.

바람을 경작하다

여러 대의 터빈이 돌아가는 전력 생산용 풍력발전 단지는 오늘날 세계 어디서나 흔히 볼 수 있는 광경이 되었다. 풍력산업은 연간 25퍼센트의 성장률을 기록하며 지속적인 성장을 거듭하고 있다. 2007년 월드워치 연구소의 보고서는 신규 구축된 전력 생산시설 중 풍력이 차지하는 비율이 유럽의 경우 40퍼센트, 미국의 경우는 35퍼센트에 달한다고 밝혔다. 세계풍력에너지협회에 따르면 2010년 중반, 세계의 풍력 터빈의 총용량은 175기가와트였는데, 이 수치가 2012년이면 240기가와트에 이를 것이라고 한다. 생산 능력이 그 정도에 이른다면, 세계 에너지 수요량의 3퍼센트가량을 풍력이 감당할 수 있다는 계산이 나온다.

최초의 주요 내륙 풍력발전 단지는 미국 캘리포니아 주에서 1980년대와 1990년대에 각각 조성되었다. 미국은 그 이후로도 대규모 신규 풍력발전 단지들을 조성하고 있다. 테라젠파워Terra-Gen Power는 사업 규모가 12억 달러에 이르는 프로젝트의 일환으로 캘리포니아에 네 개의 풍력발전 단지를 추가로 건설할 계획이다. 이들 단지의 총 용량은 3기가와트에 육박할 것으로 보인다. 또한 2010년 10월, 미국 정부는 130개의 터빈이 들어서게 될 케이프 윈드 프로젝트Cape Wind Project를 승인한 바 있는데, 이는 미국의 첫 해상 풍력발전 단지로 기록될 전망이다.

수년간 미국이 풍력발전에 있어 독보적인 위치를 점유해왔지만, 2010년 후반부터 중국이 앞지르기 시작했다. 중국의 풍력발전 성장은 가히 놀랄 만하다. 2010년 중반, 중국의 풍력발전 용량은 34기가와트였으나 매달 1.2기가와트를 추가로 늘려왔다. 일부 보고서에 의하면 중국의 풍력발전 용량이 2020년에 이르면 230기가와트에 달할 것이라고 한다. 이는 석탄 기반의 화력발전소 200개에 해당하는 수치다. 전 세계 15위 안에 꼽히는 풍력발전 터빈 업체 중 다섯 개가 중국 기업이다.

대부분의 유럽 국가들은 해상 풍력발전을 가장 선호한다. 세계에서 가장 규모가 큰 해상 풍력발전 단지가 현재 영국 새닛 연안 근방의 북해에서 가동 중인데, 대략 20만 가구에 전력을 공급할 수 있는 규모를 자랑한다. 스페인의 11개 기업과 두 개의 연구소가 컨소시엄을 구성하여 세계 최대 해상 풍력발전 터빈 제작을 추진하고 있다. 홀로 우뚝 세워지게 될 15메가와트 용량의 이 거물은 2020년까지 제작이 완료될 예정이다.

현재의 해상 풍력발전 터빈은 해저에 고정시킨 높은 타워 위에 건설된다. 이러한 방식은 터빈을 움직이지 못하도록 고정해야 하기 때문에 수심이 50미터를 넘지 않는 장소에 세워야 하는 단점이 있다. 그러나 앞으로는 수면 위에 뜨거나, 절반 정도가 잠수된 플랫폼 등이 일부 해양 풍력발전 터빈의 받침대로 설계될 것이다. 즉, 석유 굴착장치들처럼 해저에 고정되기보다 묶여 있는 방식을 취하게 된다. 따라서 이동이 가능해져 강풍이 지속적으로 부는, 육지에서 보이지 않을 정도로 먼 바다에 배치될 수도 있다.

향후 대대적으로 대규모 내륙 및 해상 풍력발전 단지 조성이 붐을 이룰 것이라는 전망은 이 책이 내놓는 가장 확실하고 부담 없는 예측이 아닐까 싶다. 이제는 에너지와 관련 없는 기업들조차도 풍력발전 사업 투자에 발 벗고 나서는 실정이다. 예를 들어, 2010년 10월 구글은 50억 달러 규모의 애틀랜틱 윈드 커넥션Atlantic Wind Connection 사업에 2억 달러를 투자하기로 결정했다. 이 프로젝트는 대서양 연안 중부지역의 해상 풍력 단지로부터 미국의 가정까지 전력을 공급할 수 있는 수중 네트워크 구축을 목표로 한다.

작은 바람으로 보충하기

앞으로 대규모 상업용 풍력발전 단지와 함께 소규모 가정용 풍력발전 터빈도 대중화될 것이다. 이러한 소형 풍력발전 시스템은 일반적으로 최대 15킬로와트의 저압전력을 생산할 수 있으며, 변압기나 인버터시스템을 동원하여 전력망과 연결해 쓰는 방법도 가능하다. 그렇지 않으면, 소형 풍력발전 시스템으로 전기기구용 배터리를 충전하는 등 전력망 연결이 불필요한 용도로도 활용 가능하다.

어떤 연결 방식을 채택하든 간에 소형 풍력발전 터빈은 주요 전력 공급망이 송전하는 전기에 대한 보조적 역할에 머물 뿐, 전적으로 그것을 대체하기는 어려울 전망이다. 예를 들어, 저전력 LED 조명이 향후 10년 동안 더욱 보편화되면, 일반 가정에서는 지붕 위에 설치된 소형 풍력발전 터빈을 이용해 바람이 불 때마다 배터리를 충전하는 방식으로 집안의 모든 조명에 필요한 전기를 공급할 수 있게 된다. 이미 가정용 풍력 발전 터빈을 이용해 온수를 데워 공급할 수 있는 48볼트짜리 투입히터 immersion heater가 출시되어 있다. 이 투입히터는 배터리가 완전히 충전 되면 소형 풍력발전 터빈의 전력 여분을 낭비하지 않고 전열 온수탱크로 송전하는 기능도 갖추고 있다.

풍력발전 터빈은 어디에 설치되든 흉물스럽고 시끄럽다는 평판이다. 풍력발전 터빈의 미적인 선택의 폭은 지극히 제한적인 것이 현실이다. 본래 높은 위치에 설치되어야 하는데다 회전날개가 어느 정도의 규모를 갖추어야 하기 때문이다. 근래에 상당히 크기가 작은 소형 풍력발전 터 빈이 몇 가지 출시되기 시작했다. 콰이어트레볼루션QuietRevolution의 경우 저소음 풍력발전 터빈을 시판하고 있다. 이 제품은 5미터 길이의 세로로 된 세 개의 날개를 장착하고 있는데, 그 모습은 마치 회전하는 DNA 분 자를 연상시킨다. 9미터 높이의 탑에 장착되는 이 시스템의 가격은 설치 비를 포함해 2만 파운드 수준이며, 바람이 잘 부는 장소에 설치한다면, 소음 없이 약 7킬로와트의 전력을 생산해낼 수 있다.

바다에서 전력을 낚다

지난 수천 년간 제분소나 기타 작업장 등은 일반적으로 강가에 세워 졌다. 수차를 이용해 얻은 동력으로 기계장치를 돌렸기 때문이다. 산업 혁명 이래로 선진국에서는 이러한 모습이 거의 자취를 감췄다. 하지만 강을 막아 물의 낙차를 이용해 전기를 발전시키는 기술은 완벽한 수준 으로, 지금도 수많은 곳에 적용되고 있다. 그 한 예로, 2011년 완공된 중국의 삼협댐은 세계에서 가장 큰 규모의 수력발전사업으로 80테라와트 이상의 전력을 생산해낼 수 있다. 이와 유사한 규모의 수력발전시설로는 브라질과 파라과이 국경에 있는 이타이푸댐, 캐나다의 처칠폴스발전소, 미국의 치프조지프댐, 웨일스의 디노위그 수력발전소 등을 꼽을 수 있다.

수력발전댐은 그야말로 청정에너지를 공급해줄 수 있는 원천이기는 하지만 지리적인 제약으로 인해 더 이상의 개발은 쉽지 않다. 반면에 해수를 이용한 전력발전은 어마어마한 미개척 자원에 눈을 뜨는 것이다. 파력발전 기술은 아직 걸음마 단계이기는 하지만 현재 여러 프로젝트가 기획 단계를 넘어 바다로 진출, 실전에 투입되고 있다. 따라서 파력은 미래 전력 발전의 주요한 에너지원으로 부상할 잠재력을 지니고 있다.

바다로부터 에너지를 생성하기 위하여 몇 가지 서로 다른 기술들이 적용될 수 있다. 가장 단순한 방법은 조수댐을 건조하는 것이다. 즉, 자연적으로 형성된 강어귀를 막아 만조 때 물을 가두었다가 썰물 때 수문을 통해 물을 방출하여 에너지를 발전시키는 방식이다. 이러한 방식의 발전소는 프랑스의 랑스 강 어귀에 최초로 건설되어 1966년 가동을 시작했다. 이 시설에서 조수를 이용해 24개의 터빈을 돌려, 최대 240메가와트에 달하는 전력을 생산한다. 현재 그 밖의 여러 조력발전소들이 건설되고 있는데, 그중 하나가 한국의 시화호에 건립되고 있다. 한편 영국의 세번 강어귀에 대규모 조수댐을 건설하는 방안은 수십 년째 큰 진전 없이 답보 상태에 있다.

수력발전댐과 마찬가지로 조력발전소 또한 적정 위치에 한정된 수만큼만 건설할 수 있다. 이보다 더 폭넓은 적용이 가능한 파력발전 기술은 터빈을 돌려 해류로부터 에너지를 추출하거나 파력에너지 전환장치를 통해 개별 파도의 운동으로부터 에너지를 얻는 방식을 활용한다.

애틀란티스 리소시스Atlantis Resources라는 업체가 현재 해류 조수 발전장치submerged ocean current tidal generator를 개발하고 있다. 이들 중 몇 가지는 세 갈래의 회전날개를 장착한 프로펠러가 철탑 위에 설치된 형태를 하고 있으며, 해저에 닻을 내려 고정되어 있다. 이 밖에 다른 장치 중에는 회전하는 컨베이어 고리에 여러 개의 '아쿠아포일Aquafoil' 날개를 장착한 형태도 있는데, 이는 얕은 바다에 적합하다. 이러한 개별 해류 발전기들은 그 규모에 따라 100킬로와트에서 2메가와트에 이르는 전력을 생산해 낼 수 있을 것으로 예상된다.

현재 인도 서부 구자라트 주는 애틀란티스 리소시스의 조류발전기를 도입해 새로운 조력발전 단지를 조성하고 있다. 2013년 완공을 앞둔 이 시설은 애초에 해저에 50여 개의 터빈을 설치해 50메가와트가량의 전력 생산을 목표로 했다. 그러나 벌써부터 터빈을 증축해 총 용량을 250메가와트 이상으로 늘리는 방안을 검토 중이다.

조류발전기는 댐이나 조력발전용 댐의 경우보다 더 많은 곳에 설치가 가능하기는 해도 여전히 적합한 해저 위치에 세워져야 하는 제약을 받는다. 그런 까닭에 개별 파도의 운동으로부터 에너지를 얻을 수 있어 바다의 수면이라면 어디든지 전력 생성이 가능한 파력에너지 변환장치 개발에 대한 많은 연구가 활발하게 이루어지고 있다. 파력에너지 변환장치는 아직 개발 단계에 머물러 있기에 그 구체적인 기술 구조는 향후 여러 가지 형태로 나올 수 있다. 그러나 이미 몇몇 유망한 기술들이 상용화 단계에 접근하고 있다.

또 다른 미래의 파력발전 장치에 '진동수주oscillating water columns'를 도입하여 전력을 생산할 수도 있을 것이다. 이는 속이 빈 실린더 장치로서 뚜껑이 덮인 윗부분은 공중에 노출되어 있고 나머지 부분은 바닷속에 잠겨 있다. 파도가 밑쪽에 난 구멍을 통해 들어와 실린더를 타고 위로 올라가게 된다. 그렇게 되면 실린더 윗부분의 공기에 압력을 가하게 되는데 이를 방출해 터빈을 돌리게끔 하는 방식이다.

또 다른 형태의 파력발전기는 고무로 만든 거대한 수중 '뱀'의 형태를 띠게 될 수도 있다. 물이 채워진 상태의 이 뱀에 파도가 밀려와 내부의 물이 압착되면 그 압력이 뱀의 몸통을 타고 전달되어 끝에 있는 전기 터빈을 가동시키는 형태다. 이미 이러한 장치의 축척 모형이 제작되어 사우샘프턴 대학에서 실험 진행되고 있다.

대체에너지 혁명

미래에는 자신이 필요로 하는 에너지의 일부를 자가생산하는 가정이나 직장이 점점 더 늘어날 전망이다. 여분의 전력을 다시 전국 송전선망에 공급하는 경우도 대폭 증가할 것이다. 다른 한편으로는 개인이 전력을 발전해 휴대전화나 미디어 플레이어, 또는 카메라나 태블릿 PC 같은 전자기기를 충전할 수도 있다. 또한 콘센트에 꽂지 않아도 되는 무선 전자기기들이 점차 늘어날 전망이다. 조명, 냉장고, 난방과 컴퓨터 등을 쉴 새 없이 가동하는 우리 문명이 지속되려면 태양력발전과 원자력발전은 말할 것도 없이 대규모 풍력 및 파력발전 단지의 필요성은 더욱 절박해질 수밖에 없다. 그러나 점차 콘센트가 필요 없는 무선이 대세를 이룰 것이며 가정 및 개개인이 생성한 전기가 인간 활동 전역에 걸쳐 에너지를 보충하는 데 기여할 것이다.

우리가 가정 및 개인에너지 발전을 수용하면 할수록 그것은 일반전기 사용에 대해 점점 더 깊이 성찰할 수 있는 계기가 될 것이다. 피크오일과 탄소 배출 세금 부과 등으로 인해 에너지 비용이 점차 높아지면서, 사람들은 전기세에 대한 걱정에 전기기기의 사용을 주저하게 될 것이다. 미래에는 모든 형태의 에너지에 대한 문제가 일반 가정이나 사업체에 있어 가장 중요한 관심사로 부상할 것이 자명하다. 이는 급속한 에너지 생산기술 혁신의 물꼬를 트는 견인차 역할을 할 것이다. 따라서 우리는 이제 겨우 금세기 대체에너지 혁명의 문턱에 선 것에 불과하다.

Chapter 13

태양에너지

태양에너지가 없다면 지구상의 모든 생명은 사라질 것이다. 따라서 우리의 선조가 태양을 숭배했다는 사실은 전혀 놀라울 것이 없다. 고대 이집트에서 그리스, 멕시코, 메소포타미아에 이르기까지 하늘 위에 떠서 세상을 비추며 생명을 주는 해는 신과 동일시되어 다른 어떤 것보다도 경외의 대상이 됐다. 우리 선조들은 9,300만 마일 떨어진 우주 공간에서 핵융합 반응으로 인해 끊임없이 타고 있는 거대한 공 모양의 물체에 대해 충분히 이해하지 못했을 것이다. 그러나 매일 아침 해가 뜨지 않는다면 심각한 사태에 봉착할 것이라는 중요한 사실만은 깨달았다.

오늘날 라, 아폴로, 토나티우, 우투 등 고대의 태양신을 추앙하는 신도들은 더 이상 찾아볼 수 없다. 그럼에도 태양은 여전히 우리 모두의 생명과 직결되어 있다. 햇빛은 어떤 형태로든, 우리가 쓰는 모든 에너지의 실질적인 공급원이다. 식물은 광합성을 통해 태양광선으로부터 얻은 영양분을 우리에게 전달한다. 모든 육류도 먹이사슬의 어느 단계에서인가 식물군이 변환한 태양에너지를 내포하고 있다. 화석연료는 오래전에 죽은 동식물에 축적된 고대의 태양광선으로부터 에너지를 공급해준다. 심지어 바람마저도 태양에 의해 발생되는 것이다.

해일과 원자력만이 온전히 태양에 의존하지 않는 에너지 형태다. 곰곰이 헤아려보면, 바다를 움직이게 하는 힘 또한 태양이 관여한다. 물론 달에 의한 인력의 작용보다는 그 영향력이 훨씬 덜하지만 말이다. 미래의 원자력발전소는 태양으로부터 방출되어 월석에 묻혀 있는 희귀한 가스를 원료로 할 가능성도 있다.

화석연료 공급이 점차 줄어감에 따라 차츰 우리는 일련의 신기술을 도입하여 태양에서 직접 대량의 에너지를 취하려 할 것이다. 우선 태양복사열을 투과시켜 포착하는 방식으로 건물의 조명과 난방을 해결하는 경우가 많이 늘어날 것이다. 두 번째로 태양에너지를 전력으로 전환하기 위해 광전지를 사용하게 될 것이다. 세 번째로 밀집된 태양열발전소에서 태양광선을 흡수장치로 유도한 다음, 증기터빈이나 열기관을 사용해 전력을 생산하는 방법이 있다. 마지막으로 우주 공간에 태양열발전 위성을 제작해 지구로 에너지를 쏘아 내리게 할 수도 있다.

태양복사열을 추출하다

태양에너지의 가장 효율적인 활용 방법은 조명이나 난방에 직접적으로 사용하는 것이다. 우선 단열이 잘된 건물에 이중 또는 삼중의 유리창을 설치하여 태양에너지를 활용하는 소극적인 방법이 있다. 자연 태양에너지의 효율성을 극대화하도록 설계된 주택이나 작업장은 매우 두꺼운

벽체에, 오랫동안 난방열을 잡아주고 열이 서서히 식도록 시공되는 것이 일반적이다. 좀 더 적극적으로는, 다양한 태양광 채광 및 난방기술 등이 꾸준히 개발되고 있으며, 앞으로 많은 인기를 끌게 될 것으로 보인다.

섬유광학과 포물면 거울을 사용해 채광을 한 다음 건물 전체에 햇빛을 재분배하는 방식도 있다. 예를 들어, 미국 캘리포니아 주에 본사를 둔 선라이트 디렉트Sunlight Direct는 솔라포인트SolarPoint라는 조명 시스템을 개발했는데, 이 시스템은 지붕 장착 플랫폼과 45피트짜리 플라스틱 광학 섬유 전선 다발, 여러 개의 특수 '하이브리드 루미네어hybrid luminaires' 등으로 구성되어 있다.

대안적인 자연조명 시스템은 매우 광택이 나는 거울로 된 도관이나 '광 파이프'를 이용해 빛을 돔형 지붕에서 천장의 산광기로 이동시킨다. 이와 같은 조명 전송기술을 도입하기 위해 기존 건물에 보강설비를 하려면 현재로서는 매우 고가의 비용을 감수해야 한다. 또한 이 기술은 밤에는 전혀 쓸모가 없다. 그렇지만 비용을 절감할 수 있는 길이 열린다면 이와 같은 채광 및 재전송 시스템이 더 많은 건물에 도입되어, 주간에는 최대한 인공조명을 사용하지 않을 수 있도록 해줄 것이다.

태양열을 직접적으로 활용하는 방법은 햇빛을 채광해 재전송하는 일보다 쉽다. 태양열에너지STE 난방 시스템은 시험을 통해 검증받은 기술로서 수년 동안 제한적으로 사용되어왔다. 예를 들어, 〈그림 13-1〉을 보면 일반 가정의 옥상에 태양열 수집 패널을 설치해 온수를 덥힐 수 있도록 한 것이다. 이 시스템은 유리 밑에 여러 개의 파이프가 지나가는 방식인데, 파이프에 액체가 주입되고, 그 액체는 폐회로를 순환하면서 태양으로부터 얻은 열을 온수탱크에 옮기는 역할을 한다.

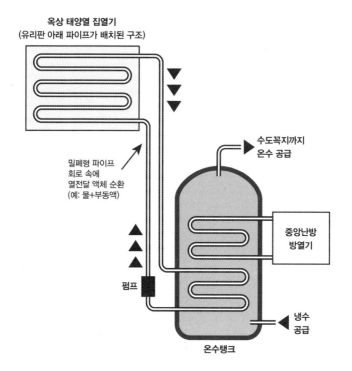

옥상 태양열 집열기
(유리판 아래 파이프가 배치된 구조)

밀폐형 파이프
회로 속에
열전달 액체 순환
(예: 물+부동액)

수도꼭지까지
온수 공급

중앙난방
방열기

펌프

냉수
공급

온수탱크

〈그림 13-1〉 가정용 태양열 급탕 시스템

가정에서 소비하는 에너지의 15~30퍼센트가량은 온수를 덥히는 데
쓰인다. 기존의 난방법을 보조적으로 병행한다 할지라도, 태양열 급탕
시스템은 가정의 에너지 소비와 고지서의 부담을 어느 정도 해소해줄 것
이다. 브리티시 가스British Gas의 추산에 따르면 영국 내에서 태양열 급탕
시스템을 사용하는 경우 가정용 온수의 50~70퍼센트 정도를 감당할 수
있는 것으로 나타났다. 이에 따라 앞으로는 태양열 급탕 시스템을 설치
한 건물들이 더 많이 눈에 띄게 될 것이다.

광발전 태양에너지

광발전PV 태양전지는 태양으로부터 바로 전기를 생산한다. 이 기술에 쓰이는 물리학적 배경은 매우 복잡하지만, 간단히 풀어보자면 빛을 이용해 두 겹의 반도체 사이에 전자의 흐름을 발생시키는 것이다. 수년 동안 광발전 태양전지는 소량의 전력을 소비하는 일부 계산기나 손목시계, 기타 저전력 기기에 사용되어왔다. 또한 대다수의 인공위성들도 광발전 태양전지로 작동되고 있으며, 자가 전기 공급을 위해 건물에 설치된 사례도 다소 있다. 이렇게 볼 때, 광발전 태양전지는 연료비가 전혀 안 드는 전력 생산 도구이기는 하나 고가의 패널 가격 대비 전력 생산성은 상대적으로 떨어지기 때문에 아직까지는 전력을 대량생산하기에는 고비용 방식으로 인식되고 있다.

피크오일과 기후변화라는 당면과제를 안고 있는 오늘날, 적절한 비용으로 전력 생산이 가능한 광발전 태양전지에 대한 수요가 늘기 시작했다. 이를 반영하여, 미국 에너지부는 태양에너지기술프로그램SETP을 운영하고 있다. 이 프로그램의 목표 중 하나가 2015년까지 전력 생산에 있어 화석연료만큼 비용대비 효과가 높은 광발전 태양전지를 개발해내는 것이다. 이를 위해 SETP는 광전지의 기반기술 개선과 광전지의 수명 연장, 광전지의 제조원가 절감 등을 위해 노력하고 있다. SETP가 성공하게 되면, 광발전 태양에너지는 개인 및 공공기관의 주요 전력 생산수단이 될 전망이다.

개별 광전지는 몇 와트에 불과한 저전압 전기만을 생산해낼 수 있다. 한편, 〈그림 13-2〉에서 보듯이 개별 광전지를 모아서 태양 집열판 모듈 형태로 조립 제작하는 것이 가능하다. 이러한 모듈은 적정량의 전력을

태양전지
또는
광전지

태양전지 패널
(집열판) 모듈

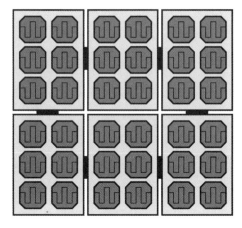

태양 전지판

〈그림 13-2〉 광발전 태양전지와 모듈, 전지판

생산하기 위해 더 큰 규모의 구조체로 배열된다. 결과적으로 이들 구조체는 완전한 광발전 태양전지 시스템의 일부를 이루게 되는 것이다. 대규모의 광발전 시스템은 생산된 DC전력을 전국 송전선망에 맞도록 AC로 변환해주는 전력 변환장치를 내장하고 있다. 그러나 전력을 수요자에게 분배 공급할 필요가 없는 소규모의 광발전 시스템은 변화하는 채광량과 무관하게 지속적인 출력을 해주기 위해 배터리를 장착한다.

광발전 태양전지는 실리콘 웨이퍼 또는 박막기술을 기저로 하고 있다. 웨이퍼형 전지는 순수 실리콘 결정의 얇은 조각으로 만들어지거나, 액화 처리된 실리콘으로부터 조각을 잘라내 틀에 부어 여러 작은 결정을 뜨는 방식으로 만들어진다. 단일 광전지 결정이 가장 효율적인데 반해, 이른바 멀티 또는 다결정 전지는 저렴하긴 하지만 전력 생산량이 낮은 것이 흠이다. 일반적으로 웨이퍼형 광전지의 크기는 10×10 또는 15×15 정도다. 이들은 또한 파손되기 쉽기도 해 단단하고 견고한 틀에 설치해야 한다.

박막 광전지는 웨이퍼형보다 전력 생산량은 적은 편이지만 훨씬 가벼운데다가 제조 단가가 저렴하기 때문에 점점 더 인기를 끌고 있다. 이는 반도체 물질로 이루어진 아주 작은 결정입자들로 담체를 코팅하는 식인데, 휘어지도록 유연하게 제작하는 것도 가능하다. 미래에는 분무식 광전지 박막이 개발되어 옷감에 직접 뿌리는 것도 가능할 것이다. 즉, 해가 뜬 화창한 날이면 옷에 광전지를 뿌린 다음 산책하면서 전력을 생산하게 되는 것이다.

광전지의 효율 높이기

현재 박막 광전지 제조에 여러 가지 다양한 반도체 물질이 사용된다. 이들 반도체 물질에는 실리콘을 비롯해 구리, 인듐, 디세레나이드, 텔루르화 카드뮴, 비화 갈륨 등이 포함된다. 미래의 광전지는 그라핀이라 불리는 원자 두께의 탄소시트로도 제조할 수 있는 잠재성이 있다.

그라핀은 다루기가 매우 힘든 물질이기 때문에 이를 이용해 태양전지를 만들어낸다는 것이 쉽지만은 않을 것이다. 그라핀 태양전지의 개발은 아직 걸음마 단계에 불과하다. 하지만 여러 연구팀이 다양한 접근방식으로 제3세대 박막 광전지 개발을 위해 고군분투하고 있다. 그중 3G솔라3GSolar라고 불리는 회사는 염색에 기반을 둔 박막기술을 개발 중이다. 이 기술은 염료 속에 삽입된 나노 크기의 이산화티탄 입자를 이용해 광전지를 제조하는 방식이다. 염료 태양전지는 진공 제조 공정이 아닌 스크린 인쇄 장비에 의해 생산된다. 게다가 실리콘을 사용할 필요도 없다. 3G솔라는 염료 기반 태양전지의 대량생산 원가를 실리콘 기반 전지보다 40퍼센트가량 낮출 수 있을 것으로 기대하고 있다.

생산단가 절감 문제 외에도 광발전 태양전지 기술개발을 가로막는 가장 큰 장애물은 광선 흡수력을 끌어올리는 문제다. 보통 기존의 광전지는 기껏해야 본체에 와 닿는 햇빛의 67퍼센트가량을 가지고 전력을 생산한다. 그 이유는 전지를 90도 각도로 내리쬐는 햇빛에 대해서만 전력을 생산할 수 있도록 설계되어 있기 때문이다. 고정된 광전지인 경우, 태양의 움직임에 따라 에너지 출력이 변할 수밖에 없다. 최근까지만 해도 이러한 단점의 유일한 보완책은 태양전지판을 기계장치 위에 설치해, 그 기계장치의 움직임에 의하여 태양과 나란히 움직일 수 있도록 하는 것이었다.

다행스럽게도 나노기술 기반 코팅이 개발되어 흡수력 문제를 해결해줄 듯하다. 이 기술은 다층으로 이루어진 매우 작은 '나노로드nanorod'를 기반으로 하는데, 이는 광전지가 어느 각도에서나 빛을 흡수할 수 있도록 해준다. 나노로드는 일련의 매우 작은 깔때기와 같은 역할을 한다. 즉, 각각의 층이 빛을 약간씩 굴절시켜 광전지 표면에 햇빛이 90도에 근접한 각도로 닿을 수 있도록 해준다. 뉴욕의 렌셀러 폴리테크닉 대학 연구진 등의 연구 성과에 힘입어 현재까지 나노로드 코팅기술을 적용해 광전지의 광선 흡수력을 거의 97퍼센트까지 끌어올리는 데 성공했다. 이 기술로 인하여 태양전지판이 태양을 따라 이동하는 장치 없이도 3분의 1가량의 전력을 추가 생산할 수 있게 됐다.

현재 대규모 광전지 시스템이 직면한 또 다른 문제는 전지가 과열될 우려가 있다는 것이다. 때문에 에너지 소비가 심한 냉각장치를 수반해야 하는 애로가 따른다. 과열과 흡수력 문제를 모두 해결하기 위해 MIT의 연구진은 코베이런트 솔라Covalent Solar라는 회사를 설립하여 미래지향적인 '도파관 태양전지 모듈waveguide photovoltaic modules' 개발에 박차를 가하고 있다. 간단히 말하자면 이것은 특정 비율의 색염료로 코팅한 투명한 유리판이라고 할 수 있다. 이 유리에 어떤 각도에서 빛이 비치든 상관없이 채광되며, 그 빛은 내부에서 작은 태양전지가 설치된 모서리 쪽으로 반사되게 된다. 도파관 태양전지 유리판은 냉각장치를 사용할 필요가 없으며 기존의 판넬보다 반도체 물질을 90퍼센트나 적게 쓰는데다 광선 흡수력까지 뛰어나 기존 판넬에 비해 50퍼센트 정도 전반적인 효율성의 상승 효과를 보게 된다.

태양전지의 활용

살펴본 기술개발 중 다수가 시장에 선보이기도 전에, 이미 전 세계에 걸쳐 태양광 발전소들이 계획되거나 건설되고 있다. 2010년 말에, 웹사이트 pvresources.com은 800개 이상의 상업용 태양광 발전소의 리스트를 게재했는데, 이들 중 100여 개 발전소에서 2메가와트 이상의 전력을 생산해낼 수 있다고 한다. 순위가 100위 안에 드는 발전소는 2007년 이후 모두 가동되기 시작했는데, 이 중에서도 가장 규모가 큰 발전소는 97메가와트의 용량을 자랑하는 캐나다의 사르니아 태양광 발전소다. 그다음으로 84.2메가와트의 용량을 갖춘 이태리의 몬탈토 디 카스트로 태양광

발전소가 큰 규모를 자랑하고, 80.7메가와트 규모의 독일 펀스터발데 솔라르파크 발전소가 그 뒤를 잇는다. 이 외에도 대규모 태양광 발전소가 미국을 비롯한 스페인, 체코, 포르투갈, 중국, 한국 등지에서 이미 가동 중이다.

만일 태양광 발전소 건설이 현재의 속도를 유지한다면, 근 10년 안에 태양에너지 발전이 많은 나라의 가장 주된 전력 생산 방법으로 급부상하게 될 것이다. 실로 유럽태양광산업협회는, 태양광 발전이 2020년에 이르면 유럽연합 전체 전력 수요의 12퍼센트가량을 감당하게 될 것이라고 주장한 바 있다. 앞으로 가정집 지붕에 태양광 전지판을 설치한 모습이 흔해질 가능성이 매우 크다. 이러한 가정용 전지판이 한 가구의 전력 수요를 모두 다 감당해내지는 못할 것이다. 하지만 위에서 언급한 광전지 기술개발이 시장에 진출하게 된다면 가정전력 수요의 20에서 30퍼센트가량을 태양으로부터 발전시켜 조달할 수 있을 것이다. 미래의 전기자동차에도 주행 가능 거리를 연장하기 위해 태양광 전지판이 부착될 가능성이 높다. 배터리 수명을 늘리기 위해 컴퓨터 노트북 커버에 태양광 전지판을 부착하는 방법도 앞으로 일반화될 전망이다.

집광 태양열발전

보통 태양열발전이라고 하면 가장 먼저 사람들의 머릿속에 떠오르는 것이 아마 광전지일 것이다. 그러나 중대형 규모로서, 태양광발전만큼 현실성 있고 저비용의 가능성까지 담보한 기술이 바로 집광형 태양열발전CSP이다. 어릴 적에 맑은 날 돋보기를 가지고 종이에 구멍을 내본 기억

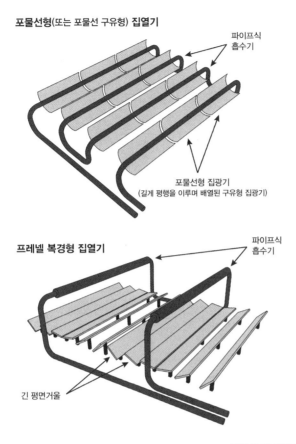

포물선형(또는 포물선 구유형) 집열기

파이프식
흡수기

포물선형 집광기
(길게 평행을 이루며 배열된 구유형 집광기)

프레넬 복경형 집열기

파이프식
흡수기

긴 평면거울

〈그림 13-3〉 포물선형 집열기와 프레넬 복경 집열기

이 있을 것이다. CSP도 이와 똑같은 원리로 작동한다. 즉, 하나 내지 여러 개의 집광기를 사용하여 태양광을 흡수기에 집중시킨다. 흡수기에 집약된 열은 350~1,000도에 이른다. 이렇게 집약된 열은 증기터빈 내지는 열기관을 이용해 전력 생산에 사용된다.

집광기와 흡수기의 종류나 구성에 따라 집광형 태양열발전소를 네

타워형 집열기

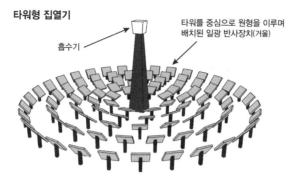

흡수기

타워를 중심으로 원형을 이루며
배치된 일광 반사장치(거울)

포물선 접시형 집열기

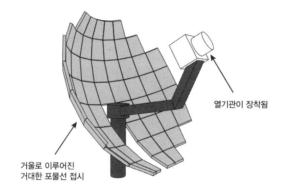

열기관이 장착됨

거울로 이루어진
거대한 포물선 접시

〈그림 13-4〉 타워형 집열기와 포물선 접시형 집열기

종류로 분류할 수 있다. 이는 〈그림 13-3〉과 〈그림 13-4〉에 잘 나타나
있는데, 각각 포물선형, 프레넬 복경형, 타워형, 포물선 접시형 등의 사용
여부에 따라 분류됨을 알 수 있다.

현재 가장 널리 쓰이는 CSP기술은 포물선형 집열기 사용 방식을 채
택하고 있다. 이 집열기의 구성을 살펴보자면, 흡수기 역할을 하는 파이
프가 여러 개의 포물선 형태로 굽은 반사경들의 중심점을 따라 지나가는

데, 이때 반사경은 태양광을 파이프에 집광시키는 역할을 한다. 집열기들은 평행으로 열을 지어 배열되는데, 그것들에 장착된 기계장치에 의하여 태양과 서로 일직선을 유지하게 된다. 기름 또는 용융염 혼합물 같은 유동액이 흡수기 파이프 안에서 순환하게 된다. 그 유동액은 열을 보일러에 전달하고, 보일러에서 물은 고압증기로 변하여 터빈을 가동시켜 전력을 생산하게 된다.

현재 포물선형 집열기 방식의 CSP 발전소는 최대 80메가와트에 달하는 전력을 생산해낼 수 있다. 또한 축열 시스템을 도입하여 저녁 시간 때까지 작동 시간을 연장할 수도 있다. 초기에 제작된 포물선형 집열기 CSP 시스템의 대부분은 화석연료 장치가 결합된 하이브리드 형태로서, 날씨가 흐린 날이나 야간시간 대에 증기터빈에 열 공급을 보충할 수 있도록 설계되었다.

적어도 25개의 포물선형 집열기 형식의 CSP 발전소가 이미 가동 중이며, 이와 비슷한 수의 발전소가 착공 계획을 공표하거나 건설 중이다. 최초의 포물선형 집열기 CSP 발전소는 1984년 미국 캘리포니아 주 모하비 사막에 건설되었다. 현재 아홉 개의 포물선형 집열기 CSP 발전소가 모하비 사막 전역에 분포되어 있는데, 이들의 총출력은 384메가와트에 달한다. 2010년 12월 캘리포니아 주에 또 하나의 전력발전 단지 건설이 발표되었다. 페일렌 태양발전 프로젝트Palen Solar Power Project라 명명된 이 사업은 두 개의 포물선형 집열기 발전 단지 건설을 목표로 하고 있는데, 이 둘을 합치면 총용량이 484메가와트에 이른다. 미국과 더불어 여러 개의 포물선형 집열기 발전 단지 시설을 갖춘 스페인이 이 분야를 주도하고 있다. 스페인의 세비야에는 솔노바Solnova 발전 단지가 있는데 총

150 메가와트의 전력을 생산한다.

CSP 시스템의 두 번째 방식은 프레넬 복경을 사용한다. 그 구성은 포물선형 집열기의 시설과 유사한 면이 있지만, 서로 다른 각도로 배치된 평평하고 긴 거울을 사용해 태양광을 흡수기 파이프에 집열시킨다는 점에서 차이가 있다. 포물선형 집열기의 경우와 마찬가지로 열 전달용 유동액이 파이프 속을 순환하며 그 속의 열이 증기터빈을 작동시키게 된다. 프레넬 복경형이 포물선형 집열기 방식보다는 효율성이 떨어지긴 하지만 훨씬 저렴하다는 장점이 있다. 이 책을 집필하는 시점에서 킴벌리나 태양에너지 축열 발전소가 전 세계에서 유일한 상업용 프레넬 CSP 시스템을 갖춘 사례였다. 이는 미국 캘리포니아 주 베이커즈필드에 위치하고 있으며 총 5메가와트의 전력을 생산한다.

세 번째 CSP 발전 방식은 타워형이다. 이 유형은 일광 반사장치라고 불리는 동심원의 거울들로 구성되어 있다. 이 거울들은 태양을 따라가며 태양광선을 높은 타워 꼭대기에 장착된 단일한 흡수기에 집약시킨다. 흡수기 내에서 태양의 집약된 에너지는 유동액을 비등점 이상으로 가열하며, 가열된 유동액은 증기를 발산해 전기발전 터빈을 가동시킨다.

오늘날 가장 강력한 태양에너지 타워는 PS20 태양열발전 단지일 것이다. 스페인의 산루카 라 마요르에 있는 이 단지는 지난 2009년에 가동에 들어갔다. 이 단지에 설치된 1,255개의 일광 반사장치들은 태양광선을 반사해 165미터 높이의 타워로 보낸다. PS20 발전 단지는 20메가와트의 전력을 생산해낸다. 미래의 타워형 태양발전 시설은 200메가와트의 전력을 생산할 수 있는 잠재력을 가지고 있다.

CSP 기술의 마지막 형태는 포물선 접시형이다. 이는 규모가 큰 거울이 달린 위성방송 수신기 모양이며, 태양의 궤적을 끊임없이 추적한다. 접시는 태양광선을 채광해 중앙에 위치한 흡수기로 향하게 한다. 열기관이라 불리는 기계장치가 집약된 태양에너지를 운동에너지로 변환시켜 발전기를 돌리게끔 한다. 미래에는 여러 가지 다양한 열기관장치가 사용되겠지만 스털링 엔진이 가장 보편화될 확률이 높다.

1816년, 로버트 스털링Robert Stirling 박사는 자신이 개발한 '열 절약장치' 또는 '스털링 엔진'에 대한 특허를 받았다. 단순미가 돋보이는 이 장치는 대개 외연기관으로 분류되고 있다. 휘발유로 가는 자동차인 경우 연료가 엔진 블록 내에서 연소되지만, 스털링 엔진의 경우 외부의 열원이 이미 실린더를 채우고 있는 가스를 팽창시키도록 되어 있다. 이로 인해 피스톤이 움직이게 되는 것이다.

스털링 엔진에는 적절하게 조합된 열 교환기가 장착되어 있어, 열 가압실과 냉 가압실 간의 가스 흐름을 조절해준다. 일단 고압가스가 드라이브 피스톤을 추진시키면 제2의 또는 '디스플레이서' 피스톤이 가스를 다시 순환시켜 바로 냉각을 가하고 추진용 피스톤이 다시 원위치로 돌아오게끔 한다. 이러한 동작의 지속적인 반복으로 인해 발전기가 작동하게 되는 것이다.

포물선 접시형 CSP 기술의 선두주자 중 하나가 스털링 에너지 시스템스다. 이 회사는 포물선 접시와 선캐처SunCatcher라 불리는 스털링 엔진 발전기를 개발하였다. 포물선 접시는 크기가 38피트에 달하고, 발전기는 25킬로와트의 전력을 발생시킨다. 2010년 1월, 이러한 포물선 접시 60대가 미국 애리조나 주 마리코파에 위치한 세계 최초의 상업적 포물선 접시형 CSP 단지에서 가동에 들어갔다.

우주 기반 태양에너지

직접 태양열에너지 시스템을 비롯해 광전지, 집광형 에너지 발전 등은 대기권에 의해 여과된 태양광선으로부터 에너지를 추출하는 형태다. 이들은 태양이 밝게 내리비치는 경우에만 완전 가동되며 밤에는 작동조차 못한다. 언뜻 생각하기에는 최적의 태양열발전 조건에 방해가 되는 이러한 장애 요인들이 극복할 수 없는 장벽으로 보일 것이다. 하지만 미래에는 지구궤도에 태양열발전 위성을 쏘아 올림으로써 이러한 문제가 해결될 수도 있다. 미래의 우주정거장은 지구에 도달하기 전에 햇빛을 받게 될 것이며, 구름이 이를 가리는 일도 없을 것이다. 따라서 우주의 발전소는 지상의 태양발전 단지보다 더 효율적일 수 있다. 정지궤도 위성은 자전하는 지구와 같이 공전하기 때문에 주간에만 채광이 가능하나 비정지궤도 위성이 개발될 잠재성도 있다. 그렇게 된다면, 이들은 하루 24시간씩 일주일 내내 연중무휴로 햇빛을 받아 전력을 생산하게 될 것이다.

우주 태양광발전SBSP이라는 발상을 처음 내놓았던 사람은 1968년 미국의 공학자 피터 글레이서Peter Glaser였다. 글레이서가 착안했던 아이디어는 거대한 궤도 광전지 발전소로서 극초단파를 이용해 전력을 지구로 전송한다는 것이었다. 1973년 글레이서는 "태양 복사에너지의 전력 전환 방식 및 장치"에 관한 미국 특허를 따내기까지 한다. 글레이서가 구상했던 모습은 약 1세제곱킬로미터 크기의 안테나를 장착한 태양열발전 위성이었는데, 이 안테나를 이용해 지상의 정류整流 안테나에 전력을 전송한다는 것이다.

글레이서가 이 아이디어를 처음 내놓았을 때 진지하게 받아들이는 사람은 거의 없었다. 그러나 1970년대에 미국 에너지부는 SBSP 연구에

2,000만 달러를 투자했다. 그 당시 태양발전 우주정거장에 대한 구체적인 구상도 진행이 되었다. 그에 따르면 정거장의 크기는 폭 5킬로미터에, 길이 10킬로미터에 달했으며, 극초단파를 이용해 전력을 지구로 전송하도록 설계되어 있었다.

1995년에서 1997년 사이에 NASA는 '새로운 시각Fresh Looks'이라는 연구 프로젝트를 통해 SBSP의 실효성을 다시 한 번 검토한다. 그 결과 선타워SunTower라는 새로운 개념을 정립하게 된다. 이는 저궤도 또는 중지구 궤도에 6~30대에 이르는 태양열발전 위성을 수직으로 쌓아 올려 연결하는 방안이다. 그로부터 10년 후 미 국방부 산하 국가안보우주청은 다시금 SBSP 사업을 면밀히 분석해 "에너지의 안정적 공급 확보 차원에서 잠재력이 무궁무진한 기회"라는 평가를 내놓았다. 2009년에 퍼시픽 가스 앤드 일렉트릭Pacific Gas and Electric의 경우 200메가와트 용량의 태양열발전 위성을 시험 가동해보기 위한 허가를 받아내려고 전력을 다했다는 후문이다. 그 위성을 이용해 극초단파 에너지를 미국 캘리포니아 주 프레즈노 카운티에 위치한 흡수기에 전송하려는 계획이었다고 한다.

2009년도 일본 우주항공연구 개발기구JAXA가 레이저를 이용해 에너지를 지상으로 전송할 수 있는 우주 궤도 태양발전소 설립이라는 대망의 프로젝트를 내놓은 바 있다. 2010년 1월, 유럽 최대 규모 항공우주회사인 EADS 아스트리움EADS Astrium은 지구 궤도에서 태양열발전 시범을 펼쳐 보이기 위해 협력업체를 찾고 있다고 발표했다. 시험용 원형모델은 적외선 레이저를 통해 약 10킬로와트의 전력을 지상으로 전송할 계획이다. 아스트리움은, 이러한 계획이 향후 5년 안에 실현될 수 있는 시점에 이미 도달해 있다고 주장한다. 2010년 11월, 웹사이트 www.astrium.eads.

net에 게재된 설명에 의하면, 머지않은 장래에 10킬로와트 용량의 소형 위성에서 독자 발전형 에너지를 직경 수십 미터에 달하는 흡수기로 안전하게 전송할 수 있을 것이라 한다. 2020년경이면, 이보다 훨씬 대규모의 시스템들이 지구 궤도에서 메가와트 또는 기가와트를 넘나드는 분량의 전력을 전송하게 될지도 모른다.

EADS 아스트리움의 주장처럼 태양열발전 위성을 제작하는 데 필요한 과학기술은 이미 확보된 상태다. 태양광발전에 필요한 기술개발도 계속 축적되어가고 있다. 극초단파 내지는 레이저 광선을 사용해 에너지를 원거리 전송하는 기술은 이미 입증되었다. 우주 태양광발전의 옹호자들은 에너지 전송에 쓰이는 주파수와 에너지 밀도는 광선의 사정거리 안에 예기치 않은 물체가 뛰어들더라도 타지 않는 정도라는 주장도 펼친다. 우주 진출도 이제는 비용이 대폭 절감될 시점에 와 있다. 지금부터 수십 년만 지나면, 태양열발전 위성으로부터 전력을 공급받는다는 피터 글레이서 박사의 '터무니없는' 아이디어가 실현될 수 있을 것이다.

지구 궤도에 대규모 태양열발전소를 하나 이상 세우는 것은 엄청난 도전임에 틀림없다. 그러나 이로 인해 중대한 파생 효과를 거둘 가능성도 있다. 기후변화를 억제하거나, 더 나아가 반전시키기까지 할 수 있는 잠재성을 지닌 거대 공학적 해결책이 바로 우주에 솔라 세일을 설치하는 것일 수도 있다. 즉, 솔라 세일이 태양광선으로부터 지구를 가려줄 경우, 대기 중 온실가스의 감소 여부에 구애받지 않고 지구온난화 현상을 억제할 길이 열리게 되는 것이다. 지구 궤도에 다수의 태양 전지판이 설치되어 이와 같은 차양 효과를 낼 수 있다면, 미래에 솔라 세일 프로젝트와 우주 태양광발전 프로젝트는 통합되는 것이 합리적일 것이다.

태양열의 개척자가 되는 길

2009년 1월, 데저테크DESERTEC 재단이라 불리는 비영리 단체가 출범해, 미래의 태양열발전소에 있어 사막이 최적의 입지 조건을 갖추고 있으며, 이를 적극 활용해야 한다고 홍보하고 나섰다. 데저테크의 주장에 따르면, 전 세계의 사막에서 단 여섯 시간이면 오늘날 전 인류의 연간 에너지 소비량보다 더 많은 양의 에너지를 태양으로부터 확보할 수 있다고 한다. 이것을 달리 설명하자면, 매년 1세제곱킬로미터 크기의 사막에 쏟아지는 태양에너지 양이 대략 원유 150만 배럴과 맞먹는다는 것이다. 만일 세계 사막의 1퍼센트만이라도 태양열발전소로 뒤덮인다면 현재 전 세계의 에너지 수요를 감당하고도 남을 것이다. 이러한 극단적인 제안은 한낱 몽상에 지나지 않을 것이다. 하지만 이는 태양에너지가 가장 지배적인 전력 공급원에는 못 미치더라도 주요 전력 공급원이 될 만한 상당한 잠재력을 가지고 있음을 시사한다. 이 점은 방금 다룬 우주 태양열발전이 가져올 기회를 진지하게 계산에 넣지 않더라도 변함이 없다.

대규모 태양열발전이 상업적 개발을 위한 준비를 다 마무리한 상태지만, 이제 개인 또한 태양발전의 선구자가 될 수 있는 가능성이 열리게 되었다. 우리 대부분이 원하기만 한다면, 가정용 태양광 충전기를 사용해 휴대전화나 여러 가지 배터리 등을 충전시킬 수 있다. 가정에서 태양 축열 전지판을 설치해 온수를 덥힐 수 있는 길도 열려 있다. 외부 환기구에 내장된 광전지로 가동되는 가정용 냉각 및 환기장치도 이미 출시되었다. 영국의 선도적인 태양에너지 기업인 선스위치SunSwitch는 맞춤형 옥상 광발전 태양전지판을 제공하는 회사들 중 하나다. 선스위치의 태양전지판은 연간 1,000파운드의 가치와 맞먹는 전력을 생산해낼 수 있다. 또한 옥스퍼드 포토볼테익스Oxford Photovoltaics라는 회사는 머지않아 일반 유리창에 염료 기반 광발전 태양전지를 프린트할 수 있는 기술을 개발하고 있다.

태양에너지나 기타 여러 가지 대체에너지에 많이 의존하고자 하는 사람이라면 에너지 사용량을 철저히 계획하는 법을 익혀야 할 것이다. 오늘날 선진국에 사는 대부분의 사람은 주야를 불문하고 어느 때나 간단한 스위치 조작만으로 많든 적든 원하는 만큼의 전력을 사용할 수 있다. 그러나 대체 에너지원을 통해 전력을 공급받게 되는 미래의 가정에서 그런 식으로 살기란 힘들 것이다. 전력 생산이 중단되거나 거의 안 되는 상태라도 배터리를 통해 전력을 공급받을 수는 있을 것이다. 그렇다 하더라도 전기자동차를 충전하는 동안 오븐을 켠다든가, 수중히터나 전기난로를 켜는 것이 불가능한 상황도 분명히 발생할 것이다. 최소한 일반 가정 차원에서만큼은 태양열 및 기타 여러 형태의 대체에너지를 사용하려면 새로운 기술뿐만 아니라 그에 걸맞은 새로운 생활방식과 새로운 사고방식이 필요함을 전제로 해야 할 것이다.

모든 생명체는 태양에 의존하고 있다. 인간 문명 또한 태양에 의존하여 살아왔다. 이번 장을 통해 살펴본 바, 이러한 태양에 대한 의존도가 앞으로 크게 증가할 것이다. 따라서 태양에너지 부문이 호황을 누릴 가능성이 매우 높다. 나노기술, 유전자 변형, 합성생물학 등이 산업계에서 호황을 누리는 가운데, 근 10년 후면 '태양열 광풍'을 둘러싸고 거품이 발생할 가능성마저 있다.

Chapter 14

핵융합

오늘날 일부 국가들(특히 프랑스의 경우)은 막대한 양의 전력을 원자력발전소에 의존하고 있다. 2011년 1월을 기준으로 전 세계에 가동 중인 원자력발전소의 수가 442개소에 달하고, 65개소가 신규 건설 중이다.

현재의 규모에도 불구하고, 원자력산업은 전반적으로 호의적인 평가를 받지 못하고 있다. 물론 2011년 후쿠시마 원전사고를 비롯해 1986년 체르노빌, 1979년 스리마일 섬에서 발생한 사고들로 인해 대중 및 정치권은 원자력 업계의 안전과 장기적 전망에 대해 의문을 품지 않을 수 없었다. 이들 원전사고 이후로 사람들은 방사능 유출 가능성에 대해 심각하게 우려하는 동시에, 핵폐기물 재처리 및 장기 저장 문제 등에 대한 경각심을 갖게 되었다. 이러한 우려의 목소리를 대수롭지 않게 여겨서는 안 될 것이다. 그러나 기후변화와 화석연료 공급의 감소에 직면한 오늘날, 녹색운동의 일각에서조차 전력 생산수단으로서 그나마 나은 형태가 원자력발전이라고 옹호하고 나섰다. 특히, 베테랑 환경운동가인 스튜어트 브랜드는 원자력이 온실가스를 배출하지 않는다는 이유로 이를 장려하고 있다.

미래에는 원자력발전소와 관련된 위험성과 이로 인한 핵폐기물도 크게 감소할 전망이다. 오늘날 모든 원자력발전소는 핵분열이라고 불리는 처리 과정에 근거해 가동된다. 그러나 핵융합이라 불리는 대안적인 처리 공정으로 전환할 수 있는 잠재성이 존재한다. 이는 바로 태양을 계속 타오르게 하는 원리이기도 한데, 향후 인류에게 훨씬 안전한 원자력을 제공할 수 있는 잠재성이 있다.

핵융합의 원리

오늘날 핵분열발전소는 우라늄 또는 플루토늄 원자를 쪼개, 이들의 원자결손으로 방출되는 에너지를 얻는 방식이다. 원자로에서 발생한 열은 물을 고압증기로 전환시킨다. 이 증기가 다시 터빈을 가동시켜 전력을 생산하는 것이다.

핵분열에 관한 물리학적 원리는 〈그림 14-1〉에서 확인해볼 수 있다. 핵분열 반응 시 중성자라 불리는 원자 구성 입자가 핵연료를 가격하면, 에너지를 방출시킴과 동시에 더 많은 중성자를 발생시키게 되고, 이는 다시 연쇄반응을 촉발한다. 하지만, 핵분열을 일으키는 데 쓰였던 연료의 파편들이 남게 됨으로써 핵분열 반응의 이차적 부산물이 발생한다. 이러한 핵폐기물도 방사능의 강도가 매우 높다. 핵폐기물은 재처리 과정을 거치더라도 수백 내지 수천 년 동안 안전하게 격리 보관되어야 한다.

핵분열에 의해 발생하는 방사능 폐기물의 유독성과 강도 때문에 지

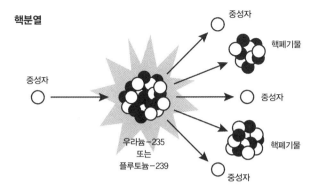

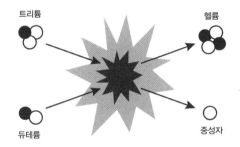

〈그림 14-1〉 핵분열과 핵융합

난 수십 년간 핵물리학자들은 오염 부산물의 문제가 덜한 핵융합발전소의 개발 연구에 매진해왔다. 금세기 말을 넘어서면 우라늄 공급에 차질이 빚어질 것이라는 점을 감안할 때, 상대적으로 희귀한 핵연료에 대한 의존도를 낮출 수 있게 해준다는 점이 핵융합의 잠재적인 매력으로 부각되어왔다.

현재 핵융합발전소에 쓰일 수 있는 가장 유력한 연료는 두 가지의 동위원소, 즉 중수소의 일종이라고도 할 수 있는 듀테륨과 트리튬이다. 핵분열은 한 연료의 원자가 쪼개지면서 에너지를 방출하지만, 핵융합은 두 개의 연료가 원자 차원에서 함께 융합하는 것이다. 그 결과 핵융합은 원자력을 발생시키되 직접적으로 핵폐기물을 남기지는 않는다. 오히려 듀테륨과 트리튬을 연료로 한 핵융합 반응의 결과물은 헬륨과 중성자에 불과하다. 따라서 핵융합은 핵분열보다 잠재적으로 훨씬 안전하다고 할 수 있다. 핵융합 원자로의 일부가 가동 중에 방사능에 오염되기는 한다. 그 때문에 결국 안전하게 폐기되어야 한다. 그러나 이런 간접적 핵폐기물은 오늘날의 핵분열발전소에서 배출되는 부산물에 비하면 방사선 독성의 활성 기간이 훨씬 짧다.

핵융합을 실현하는 데 수반하는 문제들을 이해하려면 간략하게나마 원자의 세계를 탐색해볼 필요가 있다. 잠시 인내심을 가지고 다음 두 단락을 살펴본다면, 핵융합의 경이로움과 풀어야 할 문제점을 명료하게 이해하게 될 것이다. 일단 필자의 말을 믿어보시라!

모든 원자는 양성자, 중성자, 전자라 불리는 아원자 입자들로 구성된다. 원자의 양성자와 중성자는 원자핵을 형성하기 위해 서로 붙어 다니고, 전자는 보통 그 핵을 중심으로 공전운동을 한다. 그러나 심한 고온에 노출될 경우, 모든 물질은 기체 상태에서 플라즈마 상태로 변하게 되며 전자는 원자핵으로부터 분리된다.

원자핵의 양성자는 양전하를 띠게 된다. 이 양전하 때문에 서로 강하게 밀어내려고 하는 정전력의 힘이 발생해 두 개 원자의 핵들은 보통 서로를 밀어내며 일정 거리를 유지한다. 그러나 핵융합의 과정에서 원자들이 서로 너무 가까이 떠밀려 양성자와 중성자를 묶어주었던 인력을 극복하기에 이른다. 이는 서로 다른 핵들이 서로 융합되도록 작용해 엄청난 양의 원자력을 방출하게 된다.

핵융합의 응용

과학계에서 자주 회자되는 우스갯소리가 있다. 핵융합은 실현되기까지 언제나 "40년은 더 걸린다"는 것이다. 이처럼 물리학자들의 뼈 있는 농담에도 불구하고 핵융합 연구는 꽤 많은 진척을 보여왔다.

대부분의 핵융합 연구는 자기밀폐 방식으로 이루어지고 있다. 자기밀폐 연구에도 여러 가지 접근법이 있겠으나, 가장 흔히 쓰이는 방식은 '토카막tokamak' 실험장치를 활용하는 것이다. 이 장치는 1951년, 구 소비에트연방의 물리학자 안드레이 사하로프 Andrei Sakharv와 이고르 탐Igor Tamm에 의해 발명되었으며, 이 실험로의 이름은 'toroidalnya kamera ee magnetnaya katushka'라는 러시아어를 축약한 '토러스 형상의 자기장실'이다. 1951년 이래로 여러 대의 실험용 토카막이 막대한 비용을 들여 제작되었다. 이들 중에는 영국의 유럽토러스공동연구시설JET과 미국의 토카막핵융합실험로TFTR 등이 포함된다. 국제열핵융합실험로ITER 프로젝트의 일환으로, 세계 최대 규모의 토카막이 현재 프랑스 남부 카다라슈에 건설 중이다.

JET 프로젝트는 1978년, 유럽원자력공동체Euratom의 지원하에 출범했으며, 1999년 이래로 동반 국가를 대표하여 영국 원자력에너지청이 관리하고 있다. JET는 트리튬-듀테륨 융합로로서 핵융합에너지를 생산해낼 수 있는 유일한 가용시설이다. JET는 1983년에 첫 플라즈마를 생성하고, 1991년 11월에는 세계 최초로 핵융합에너지를 제어 방출하는 데 성공했다.

지금까지 JET는 1초 동안 16메가와트에 이르는 에너지를 생성하기도 했으며, 더 긴 시간 동안 5메가와트 상당의 에너지 방출을 유지하기도 했다. 이러한 의미심장한 성과에도 불구하고 JET는 플라즈마를 유지하는 데 필요한 에너지 출력의 70퍼센트 이상을 넘어보지 못했다. 그럼에도 JET 프로젝트는 핵융합 연구를 꾸준히 진척시켜나가고 있다. 특히, 방사선 물질 취급 및 플라즈마 밀폐기술의 개발에 있어 매우 성공적인 시험대 역할을 감당하고 있다는 평을 받는다.

TFTR은 1982년에서 1997년까지 미국의 프린스턴 플라즈마 물리연구소에서 가동되었다. 이 융합로는 1994년 10.7메가와트에 달하는 핵융합에너지를 제어 생성하는 데 성공하며, 그 이듬해인 1995년에는 플라즈마 온도를 5억 1,000만 도까지 끌어올리는 성과를 올려 이 분야 사상 최고치를 기록한 바 있다.

ITER의 역사는 1985년으로 거슬러 올라가는데, 그 당시 소비에트연방이 유럽과 일본, 미국에 공동 핵융합 프로젝트를 제안했던 것이 계기가 되었다. 그 후 ITER은 국제원자력기구의 후원하에 설립되었다. 이 프로젝트의 참여국들은 여러 해에 걸쳐 변동을 보였다. 미국이 탈퇴하였다가 다시 재가입하기도 했고, 근래에는 중국과 한국이 합류했다.

수많은 정치적 논쟁을 거듭한 끝에 2005년 중반, ITER 시범시설을 프랑스 남부 카다라슈에 설립하기로 합의를 보았다. 공사는 2017년 완공을 목표로 하고 있으며, 작동 수명은 20년이 될 전망이다. 이 프로젝트의 총비용은 128억 유로가 될 것으로 예상하고 있다. 이 자금의 절반은 유럽이 충당하기로 했으며, 미국, 일본, 중국, 한국, 러시아는 각기 10퍼센트의 자금을 지원하기로 했다.

ITER의 궁극적인 목표는 50메가와트의 전력을 투입해 500메가와트의 에너지를 생산해, 최소한 400초간 이를 유지하는 것이다. 그렇지만, ITER이 실제로 전력을 발생시키는 것은 아니다. 그 대신 2단계에서 'DEMO'라고 불리는 2기가와트 용량의 시범 발전소가 지속적인 전력 생산의 가능성을 타진하게 될 예정이다. DEMO의 설계를 2017년까지 마무리하고, 2024년 시공에 착수하여, 2030년에는 가동에 들어갈 것을 목표로 하고 있다. 추진 일정으로 보건대, 이는 장기간에 걸친 연구 사업이라서, 핵융합에 의한 전력은 2040년 이후에야 국가 송전선망을 타게 될 것으로 예상된다.

기가와트급 석탄 화력발전소는 연간 약 275만 톤의 석탄을 소비한다. 반면에 미래의 핵융합발전소를 통해 같은 양의 에너지를 생산해내는 데 필요한 연료는 단지 250킬로그램 상당의 듀테륨과 트리튬뿐이다. 이렇듯 핵융합의 잠재력은 실로 숨이 넘어갈 정도로 어마어마한 것이어서, 정말이지 이것만 있으면 더 이상 풍력, 파력, 태양력 발전 따위의 개발에 매달릴 필요가 없다고 사람들을 납득시키기에 부족함이 없다.

대안적 접근 방식

너무 들뜨기 전에 한 가지 짚고 넘어가야 할 부분이 있다. 즉, 토카막이 처음 발명되고 60여 년이 지난 이 시점에서 상업적인 핵융합발전소의 실현까지는 적어도 최소 30년은 더 소요될 것이라는 사실이다. 또한 아직도 넘어서야 할 기술적인 난제들이 산적해 있다. 예를 들어, 듀테륨-트리튬 융합 시 발생하는 고속중성자의 처리 문제가 우선 해결되어야 한다. 게다가 방사능을 띤 트리튬 유출에 대한 우려도 있다. 즉, 트리튬은 콘크리트, 고무, 높은 등급의 강철 등도 관통하는 것으로 알려져 있어 문제가 된다. 트리튬은 수소의 동위원소이기에 물에도 쉽게 섞이는데, 그 물은 곧 약한 방사능을 띠게 된다. 트리튬은 또한 호흡기나 피부를 통해서도 흡수되며, 생성된 후 125년 동안 기체나 액체 어느 형태로든 인간의 건강을 위협하게 될 것이다. 따라서 미래의 듀테륨-트리튬 핵융합발전소는 이미 안전 문제에 대한 불안을 잉태하고 있다.

위에서 언급한 위험 요소와 더불어 핵융합 연구가 비교적 더디게 진척을 보이기 때문에, 핵융합 에너지 생성을 가능하게 할 대안적인 장치들이 검토되고 있다. 이들 중 어떤 것은 관성밀폐 방식을 기반으로 하는데, 작은 듀테륨-트리튬 연료 알갱이에 레이저 및 이온광선을 집중시킨다. 그러면 알갱이의 외층이 가열되어 폭발에 이르게 하는데, 이는 곧 내부폭발로 이어진다. 이 내부폭발의 힘에 의해 연료 알갱이를 둘러싼 여러 겹의 내층에 압력이 가해져 액체 농도가 약 1,000배 이상 상승하게 되어 핵융합이 발생하게 된다. 관성밀폐 융합에 대한 연구는 현재 일본 오사카 대학 산하 레이저기술연구소에서 진행 중이다.

또 다른 잠재적 접근 방법은 상온 핵융합 방식이다. 1989년 미국 연구원 스탠리 폰스Stanley Pons와 영국 연구원 마틴 플라이시먼Martin Fleischmann이 상온 상태의 테이블 위에서 핵융합에 성공했다고 주장한 사건이 있었다. 이들의 실험은 팔라듐 전극을 이용해 듀테륨 핵을 전기분해로 이른바 '중수(산화중수소)'에 농축시켰던 것으로 보인다. 폰스와 플라이시먼은 실험을 통해 핵에너지의 생성으로 열을 발생시키는 동시에 핵융합 부산물인 헬륨과 트리튬도 생성해냈다고 주장했다. 1989년 이래로 이 상온 핵융합 실험의 재현에 성공한 과학자는 아무도 없었다. 그럼에도 상온 핵융합 연구는 일각에서 계속 진행되고 있다. 2005년에는 미국 캘리포니아 대학 소속 연구진도 정전기 크리스털을 이용해 상온 핵융합을 일으켰다고 주장했다.

대안적인 핵융합 방식으로 좀 더 가능성이 있는 응용 방법은 듀테륨-듀테륨 반응이다. 이는 두 듀테륨 핵을 융합하는 방식으로, 이로 인해 중성자와 매우 희귀한 헬륨 동위원소인 헬륨-3를 생성한다. 이 방식의 장점으로 트리튬 없이도 융합이 가능하여, 핵융합 공정이 훨씬 안전하게 수행될 수 있다. 그러나 유감스럽게도 이 융합 방식에 대한 연구는 아직 걸음마 수준을 벗어나지 못하고 있다.

월진月塵을 핵융합 연료로?

또 하나의 가능성은 듀테륨과 방사능 성분이 없는 동위원소 헬륨-3를 핵융합발전의 연료로 삼는 것이다. 〈그림 14-2〉를 보면 이와 관련한 핵물리학 원리가 잘 나타나 있다. 이러한 형태의 핵융합은 헬륨과 양성자를 낳게 된다. 양성자는 중성자와는 달리 하전荷電입자이기 때문에 자기밀폐장 안에 가둘 수 있다. 따라서 이른바 '무중성자' 헬륨-3의 융합은 다른 방식보다 제어하기가 쉽고 안전하다는 장점이 있다. 하지만 전력을 발생시키기 위한 열은 원자로 블랭킷을 이용한 중성자 충돌이 아닌 다른 형태의 핵반응을 통해 추출되어야 할 것이다.

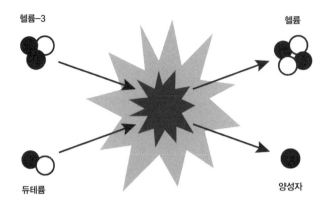

〈그림 14-2〉 헬륨을 발생시키는 핵융합

미래의 핵융합 원자로에 헬륨-3를 활용하는 데 있어 가장 큰 장애물은, 지구상에서는 헬륨-3가 자연적으로 발생하지 않는다는 사실이다. 현재 대략 15킬로그램 상당의 헬륨-3가 핵무기 유지에 따른 부산물로서 매년 생성되고 있다. 그러나 태양은 헬륨-3를 태양풍 내에서 끊임없이 방출하고 있다. 그러나 이 귀한 잠재성을 지닌 가스는 지구 대기권을 통과하지 못하기 때문에 지상에는 한 줌도 도달하지 못한다. 하지만 달의 경우 대기가 존재하지 않아 수십억 년 동안 태양이 발산하는 헬륨-3를 흡수해왔다. 때문에 달 표면에서 지하 몇 미터에 이르기까지 약 110만 톤의 헬륨-3가 매장되어 있을 것으로 추정된다. 미래에는 월진을 섭씨 600도로 가열하여 이 잠재적 핵융합 연료를 채취할 수 있을 것이다. 그런 다음 헬륨-3를 압력 저장용기에 담아 지구로 가져와 차세대 핵융합 발전소의 연료로 사용하면 된다.

1994년, 아르테미스 프로젝트Artermis Project라 불리는 민자 벤처기업이 설립됐다. 이 회사는 달에 민간기지 건설을 목표로 하고 있다. 점점 더 많은 단체의 지원에 힘입어, 성장을 거듭하고 있는 이 프로젝트는, 약 25톤가량의 헬륨-3로 미국 전체에 1년간 전력을 공급할 수 있을 것으로 추산한다. 그렇다면 헬륨-3의 잠재적인 경제적 가치가 1톤당 대략 수십 억 달러와 맞먹는다는 계산이 나온다. 달에서 채굴해 지구로 수송해오는 경비까지 따져봤을 때, 현재 및 가까운 미래의 우주 과학기술 수준을 기준으로 보았을 때 헬륨-3가 경제성 있는 유일한 광물이라는 결론이 난다.

수년 전만 해도 여러 나라가 달에서 헬륨-3를 채취하는 것에 대해 진지하게 고민했다. 한 예로 2006년 당시 러시아의 우주항공기업 에너지아Energia의 회장인 니콜라이 세바스탸노프Nikolai Sevastyanov는, 러시아가 달에서 헬륨-3 채굴을 계획하고 있으며 2015년까지 달에 영구기지를 세워 2020년경이면 헬륨-3의 산업적 규모의 생산에 돌입하게 될 것이라고 밝힌 바 있다. 오바마 대통령이 미국인을 다시 달에 착륙시키려던 콘스텔레이션 우주 탐사 계획을 취소하기 전인 2010년, NASA는 2024년까지 달의 극지에 영구기지 설립 방안을 발표하기도 했었다. NASA가 달 탐사를 재추진하고 달기지 설립 계획에 착수했던 배경에는 헬륨-3 채굴 가능성이 하나의 요인으로 작용했을 것이다. 지난 2005년 중국도 2017년까지 달 착륙을 시도할 계획이라고 밝힌 바 있다. 이들이 밝힌 목표 중 하나는 달 지표면의 두께를 재고 헬륨-3의 양을 가늠하는 것이다.

2008년 경제위기를 겪고 난 후, 앞서 언급했던 달 탐사와 관련된 모든 계획이 중도에 무산되고 만다. 그러나 무인 달 탐사 계획은 미국, 인도, 중국 등에 의해 계속 추진되고 있다. 구글은 심지어 구글 루나 X 프라이즈라는 경연대회를 후원하고 나서기도 했다. 이는 무인 달 탐사를 장려하기 위한 것으로서, 달 표면에 제일 먼저 로봇을 착륙시켜 최소 500 미터 구간을 달리게 한 후 지구에 비디오 화면을 전송하는 첫 번째 민간 단체에게 3,000만 달러를 지급한다는 내용이다.

지구 밖에서 해결책을 찾다

이번 장과 지난 장에서는 우주로 진출해 산업활동에 나섬으로써 잠재적인 미래 에너지 문제를 해결할 수도 있음을 제시했다. 태양열발전소 및 달에서 채취한 헬륨-3를 연료로 한 에너지 생산이 앞으로 한동안은 몽상 단계에 머무를 것이며, 어쩌면 영구히 이루어지지 않을 수도 있다. 하지만 단기적으로 볼 때, 이와 다른 목적을 가지고 우주 진출을 모색하는 움직임들이 점차 늘고 있다. 그 결과, 더욱더 많은 민간 기업들이 지구 밖으로 사업 영역의 확대를 꾀하기 시작했다. 전 세계 대중매체의 관심 밖으로 밀려나 있어서 그렇지, 현재 제2의, 극도로 상업적인 우주개발 경쟁이 사실상 가속도를 내기 시작했다.

더욱 장기적으로는, 팽창 일변도의, 끝없는 산업화를 향해 질주하는 인간 문명의 양상으로 미루어볼 때, 우주로부터 자원을 채취하는 것만이 이를 유지할 유일한 해결책으로 보인다. 따라서 3부의 마지막 장에서는 새로운 에너지와 원자재 공급에 대한 인간의 끝없는 갈증을 채워줄 궁극적 수단이 될 미래의 우주여행에 대해 살펴보겠다.

Chapter **15**
우주**여행**

생명체는 새로운 영역을 개척하기 위한 진화를 거듭하며 살아남았다. 수백만 년 전 남달리 대담했던 어떤 해양생물이 몸을 이끌고 바다 밖으로 기어 나왔던 것이다. 그 후 수백만 년 뒤에 이들의 후예인 영장류가 몸을 일으켜 두 발로 걷기 시작했다. 오랜 세월이 흘러 호모사피엔스는 인위적인 환경을 만드는 법을 익힌다. 인간은 또한 기술을 발명해 바다를 지배하고, 마침내 하늘까지 정복했다.

1961년 4월 12일, 유리 가가린Yuri Gagarin은 우주에 도달한 최초의 인간이 되었다. 인류 진화상의 이정표로 기록될 만한 이 사건 이후 50여 년간 인류는 한 걸음 살짝 물러나 곁길을 택하여 새로운 지평을 열어 나가기 시작했다. 특히, 인간은 자신의 유전자 암호를 풀어 유전자 지도를 작성했으며, 디지털 영역에 진입하기도 했다. 하지만 몇 차례 달에 잠깐 들렀던 이례적인 일을 제외하곤 이제까지 지구의 품에서 멀리 떨어지기를 꺼려왔다.

많은 이들이 우주여행은 자원만 낭비하는 무의미한 일이라고 일축한다. 이들은 수많은 사람이 굶어 죽어가고 있는 판국에 왜 수십억에 이르는 돈을 로켓에 허비해야 하느냐고 항의한다. 유감스럽게도 선진국들이 수행하는 거의 모든 활동이 가난하고 굶주린 사람들을 외면한다는 비난에서 자유로울 수 없다. 오늘날 가장 고비용을 요하는 벤처기술 중 우주여행만이 장래 후손들의 생존 가능성을 끌어올릴 수 있는 가장 큰 잠재성을 담보하고 있다. 생명체는 새로운 영역을 개척하기 위한 진화를 거듭해 생존해왔던 것이다. 러시아 우주계획의 선구자인 콘스탄틴 치올콥스키Konstantin Tsiolkovsky는 언젠가 이렇게 말했다.

"지구는 인류의 요람이지만, 우리가 영원히 요람에만 머물 수는 없는 노릇이다."

첫 번째 우주개발 경쟁

1950년대와 1960년대에 우주선 운영은 오직 초강대국의 전유물이었다. 소비에트연방은 1957년 10월 4일, 최초의 인공위성 스푸트니크 1호를 성공리에 발사한다. 뒤이어 그다음 달에는 개 한 마리를 궤도에 올려놓는 데 성공한다. 1961년에는 최초의 우주비행사가 보스토크 1호를 타고 지구 궤도를 비행한다.

소비에트연합의 야심찬 세 번째 우주비행은 인류 역사에 새로운 이정표석을 세웠고, 당시의 미국 대통령 존 F. 케네디를 자극해 첫 우주개발 경쟁의 신호탄을 쏘아 올리도록 만든다. 따라잡기만으로는 성이 차지 않던 케네디 대통령은 1960년대가 끝나기 전까지 인간을 달에 보내는 것을 국가적 목표로 삼았다. 이 목표는 마침내 닐 암스트롱과 버즈 올드린이 1969년 7월 달 표면에 발을 내딛음으로써 달성된다.

1970년에 들어서자 냉전은 여전히 맹위를 떨쳤지만, 우주개발 경쟁의 긴장은 누그러지기 시작했다. 1972년 12월, 미국인이 마지막으로 달을 밟는다. 1975년 7월에 이르러 미국의 아폴로선과 러시아의 소유즈선이 궤도상에서 도킹을 한 것을 계기로 우주개발 경쟁은 사실상 막을 내렸다. 1975년 독일, 프랑스, 이탈리아, 스페인, 영국을 포함하는 유럽 전역에 걸친 10개국이 유럽우주기관ESA을 창설해 우주여행 대열에 동참했다.

ESA의 구성은 유럽도 독자적으로 통신위성을 쏘아 올릴 필요성이 있다는 사실을 인지한 결과였다. 곧이어 아리안이라 명명된 로켓이 개발되어, 1979년에 첫 비행에 나섰다. 아리안스페이스Arianespace(세계 최초의 상업적 로켓 발사 대행사)가 제작했던 아리안 5 로켓은 지금까지도 무인화물을 궤도에 올려놓는 일을 수행하고 있다.

미국은 아폴로 우주캡슐에 사람을 태워 달에 착륙시켰는데, 그 캡슐을 새턴 V 로켓에 장착해 발사했다. 러시아도 달 착륙을 목표로 우주캡슐과 소유즈라 불리는 추진로켓을 이용할 계획이었다. 최초의 유인 소유즈 임무는 1967년 4월에 수행되었다. 그러나 지구 궤도 재진입 시 우주비행사가 목숨을 잃었다. 비록 비극적으로 출발하긴 했으나, 소유즈는 지구 궤도에 사람 또는 화물을 올려놓는 수단으로 세계에서 가장 장수하는 로켓이 되었다.

2011년 중반까지 소유즈는 110번의 유인임무와 25번의 무인임무를 수행했다. 이러한 임무는 1986년부터 2001년까지 지구 궤도를 돌던 우주정거장 미르에 사람들을 실어 나르거나 오늘날 국제우주정거장ISS에 사람들을 수송하는 일을 주로 했다. 선보인 지 40년이 지난 오늘날까지도 소유즈는 계속 사용되고 있다. 실로 소유즈는 그 영향력을 더욱 확장해 2011년부터는 자국의 러시아 우주기지에서뿐 아니라 프랑스령 기아나에 위치한 기아나 우주센터에서도 임무를 수행하기 시작했다. 이렇듯 소유즈 우주 프로그램은 지금까지도 활발하게 진행되고 있는 반면에 아폴로 캡슐의 비행은 1975년 소유즈선과 도킹을 시도했던 것을 끝으로 막을 내렸다. 소유즈 시스템과 마찬가지로 아폴로 캡슐의 추진로켓 역할을 했던 새턴 역시 소모성 일회용 기술이었다. 게다가 아폴로에는 막대한 비용이 투입되었다. 1973년 미 의회에 보고된 아폴로 프로그램의 최종 비용은 254억 달러였다. 그 후로 아폴로 프로그램은 저비용의 잠재성에서 높은 점수를 받은 우주수송시스템STS에 자리를 내주고 퇴출되기에 이른다. 1972년 1월에 출범한 새 프로그램은 1981년에서 2011년까지 운영되었는데, 재사용발사체RLV를 사용하기 때문에 우주왕복선이라 불렸다.

우주왕복선의 시대

NASA는 우주왕복선이 이제까지 유래가 없는, 세계에서 가장 복잡한 기계라고 주장한다. 콜롬비아, 챌린저, 디스커버리, 아틀란티스, 인데버호 등 총 다섯 대의 우주왕복선이 제작되어, 30년간 134차례의 우주 임무를 수행했다. 유감스럽게도 이들 중 두 대가 비극적인 결말을 맞았다. 1986년 챌린저호가 발사대를 떠난 지 73초 만에 폭발했고, 2003년에는 콜롬비아호가 지구 궤도 재진입 시 파괴됐다.

STS 시스템은 소모성 외부 연료탱크에 장착된 재사용 우주왕복 궤도

기로 구성되어 있다. 그다음 두 개의 재사용 고체 로켓부스터가 외부 탱크 양옆에 장착된다. 승무원실 뒤로는 각 우주왕복선마다 길이 18미터, 너비 4.6미터에 달하는 화물칸을 갖추고 있다. 이는 우주에 최대 25톤에 이르는 화물을 수송할 수 있는 규모다.

1986년, 챌린저 참사가 일어나기 전까지만 해도 NASA는 우주왕복선이 궤도에 공공 및 민간 차원의 화물을 올려놓는 데 있어 세계에서 가장 믿음직스러운 수송 방식이라고 홍보하며 대대적인 선전 공세를 펼쳤다. 하지만 비극적인 사고를 차치하고라도, STS 프로그램은 처음 의도한 바와 달리 우주 진입에 소요되는 비용 절감과 우주왕복선의 정기적 운행체계를 갖추는 데 실패했다. 30년간의 우주왕복선 운항 기간 중에도 여전히 여러 위성과 기타 물품들을 재래식 로켓에 실어 우주로 쏘아 올렸으며, 오늘날까지도 같은 방식을 고수하고 있다.

우주왕복선이 현역에서 물러나면서, NASA는 새로운 국면으로 접어든다. 2010년 오바마 대통령은 달 착륙을 목표로 한 콘스텔레이션 우주 탐사 계획을 전면 폐지했다. 동시에 그는 국제우주정거장ISS의 수명을 늘리기 위한 예산 배정을 승인했으며, NASA에 2025년을 전후로 화성을 비롯한 소행성에 유인 탐사 임무를 수행할 장거리용 우주선을 개발하도록 지시했다. 그러나 NASA는 당장 우주왕복선을 대체할 수 있는 것이 전무한 상황이다. 따라서 중단기적으로는 민간 부문에 의해 제작 운영되고 있는 상업용 우주선을 이용해 국제우주정거장을 관리할 계획이다. 유인 우주비행에 관련한 NASA의 운영상의 역할은 상업용 궤도수송서비스COTS 프로그램에 의한 민간 우주항공기 제조업체와의 제휴 업무 협조에 국한될 것으로 보인다.

민간 우주선에 대한 의존을 옹호했던 오바마 대통령은 실제로 이를 실행에 옮겼다. 2011년에만 5억 달러에 달하는 NASA 예산을 민간업체에 투자해 이들로 하여금 무인화물을 우주로 수송할 우주선 개발 추진에 나서도록 자극했다. NASA는 이러한 민간업체들이 제공하는 서비스에 대한 고객인 동시에 안전 및 여러 기준에 관한 감독관이기도 하다. 이를 통해 기대하는 바는 무엇보다도 상업적 우주항공 사업에 환기를 불어넣어보자는 것이다. 이미 여러 업체들이 이 시장에 뛰어들기 시작한 것으로 보아 이미 기대하던 소기의 성과를 보기 시작했다.

민간 기업의 우주항공 산업

NASA에게 국제우주정거장까지의 수송 서비스를 제공할 첫 민간 기업은 스페이스 X다. COTS 프로그램의 주요 협력업체였던 스페이스 X는 12회의 화물 수송 계약을 체결했는데, 이는 2016년까지 우주정거장의 보급을 책임지는 것을 골자로 한다. 스페이스 X는 이 계약을 이행하기 위해 '팔콘 나인'이라 불리는 2단 추진로켓을 개발했으며, '드래곤'이라 불리는, 자유비행이 가능한 재사용 가압 우주캡슐도 제작했다. NASA와 맺은 계약에 의하면 이들의 용도는 오직 화물 수송에만 한정된다. 하지만 드래곤 캡슐은 '유인임무가 가능한 우주선'을 목표로 설계되었기 때문에 잠재적으로 우주비행사를 태울 수도 있다. 드래곤의 양옆으로 창이 나 있어, 스페이스 X의 궁극적인 의도는 사람을 운송하는 데 있음을 분명히 드러낸다.

NASA를 대신하여 화물 수송 위탁 임무를 수행하는 것 외에도 스페이스 X는 벌써 '드래곤랩DragonLab'이라는 명칭하에 본격 상업용 드래곤 비행의 홍보에 나섰다. 이는 자금력 있는 기업이라면 누구든지 우주항공 사업에 발을 들여놓을 수 있음을 의미한다. 스페이스 X는 드래곤랩을 극미중력 연구, 생명공학 연구, 우주물리학과 상대성이론 실험, 지구 관측 등의 용도로 이용할 수 있다고 설명한다.

2010년 12월 8일, 스페이스 X는 우주로 캡슐을 발사해 다시 지상으로 안전하게 착륙시키는 데 성공한 세계 최초의 민간 기업으로 등재됐다. 팔콘 9 추진로켓의 불과 두 번째 시험비행에 장착되었던 첫 드래곤 캡슐은 지구 궤도를 두 번 도는 임무를 완벽하게 수행했다. 그다음 지구 대기권에 재진입해 낙하산을 이용해 태평양에 무사히 착수했다. 스페이스 X는 12월 9일이 되어서야 드래곤 캡슐 바닥에 고정되었던 '비밀 화물'이 커다랗고 둥근 치즈 한 덩어리였음을 밝혔다. 이제 유명세를 타게 된 그 유제품은 다행히 상처 하나 없이 기념비적인 여정을 마쳤다.

2011년 후반기에 2회에 걸친 드래곤 시험비행이 예정돼 있었다. 첫 번째 비행은 국제우주정거장 근처 몇 킬로미터까지 접근을 목표로 하고, 두 번째 비행에서는 우주정거장과 실제로 도킹을 시도할 것이다. 이 임무가 성공한다면 민간 우주항공 운송 사업이 마침내 성숙 단계에 접어들었음을 입증하게 되는 것이다.

NASA의 COTS 프로그램 입찰에 응했던 기업체는 모두 20개에 달했다. 스페이스 X와 더불어 입찰에 성공한 또 하나의 업체는 오비탈 사이언시스 코퍼레이션OSC이다. 이 민간 기업은 이미 569대 이상의 화물 탑재용 로켓을 비롯해, 174대의 인공위성을 제작한 경험이 있는, 민간 우주항공 업계에서는 이미 평판이 자자한 회사다.

국제우주정거장의 보급 지원을 위해 OSC는 타우루스 II호라 불리는 2단 로켓을 개발하였다. 이 로켓은 독립적으로 방향 조정이 가능한 시그너스라는 가압 우주선과 같은 조를 이룬다. 현재, OSC는 8회의 화물 보급임무 수행 계약을 NASA와 체결하고 있다.

민간 우주항공업계에 있어 또 하나의 거물급 업체는 보잉이다. 이 거대 항공기 제작사는 현재 미 공군을 상대로 X-37B 궤도 시험 비행선이라 불리는 재사용 무인 우주항공기를 운용하고 있다. 우주왕복선과 유사한 형태이긴 하지만 크기가 우주왕복선에 비해 4분의 1 정도에 불과하다. X-37B는 '장기 우주임무 수행 지원을 위한 재사용 우주선 기술을 연구'하기 위해 개발되었다고 한다. 그런데 미 공군이 정확히 무슨 용도로 X-37B를 사용할지에 대해 우리로서는 알 길이 없다.

민간 우주여행의 시작

NASA의 COTS 프로그램이 일부 민간 우주항공 업계에 활력을 불어넣는다고 하지만, NASA 말고도 민간 차원의 우주사업을 지원하는 움직임이 지난 수년간 있어왔다. 이 중 가장 주목을 받았던 프로젝트는 단연 안사리 일가가 후원하는 X 프라이즈X Prize일 것이다. 이 상은 1927년 최초로 뉴욕에서 파리까지 무착륙 비행에 성공했던 찰스 린드버그에 수여된 오르테이그 상을 모델로 삼아 제정되었다. 현대의 오르테이그 상이라 칭할 만한 안사리 X 프라이즈는 재사용 유인우주선을 우주로 2주 안에 두 번 쏘아 올린 첫 비정부 단체에게 1,000만 달러를 수여했다.

모두 7개 국가에서 26개의 팀이 모여 X 프라이즈를 두고 경쟁을 벌였다. 이들이 민간 우주항공 벤처사업에 투자한 액수만 해도 1억 달러를 초과한다. 2004년 10월 4일, 항공우주 디자이너인 버트 루탠Burt Rutan과 금융업자 폴 앨런Paul Allen이 이끄는 팀이 수상을 하게 되는데, 이들의 우주비행선인 스페이스쉽1은 조종사 브라이언 비니를 우주에 쏘아 올린 지 단 닷새 만에 다시 우주비행에 성공했다. 이는 2,000만 달러를 조금 넘는 예산으로 대략 8년 만에 일군 성과로서, 나사를 비롯한 여러 우주항공 관계자들로 하여금 경각심을 불러일으키게 한 엄청난 과학기술의 쾌거였다.

스페이스쉽1은 스케일드 콤포지츠Scaled Composites라 불리는 회사에 의해 제작되었다. 이 회사 또한 혁신적인 방법으로 우주 진출을 꾀했다. 우주선은 화이트나이트1이라 불리는 유인 복식터보제트기의 동체 아랫부분에 고정된 채 이륙한다. 높은 고도에 다다르면 스페이스쉽1이 분리돼 로켓엔진을 점화하여 남은 고도를 올라가게 된다. 조종사를 태운 채 지구 위 100킬로미터 이상 지점에 도달하게 되면, 우주선은 저항을 높이기 위해 미부수직안전판을 세워 대기권 재진입 시 속도를 줄인다. 마지막으로 미부수직안전판을 내린 스페이스쉽1은 기존의 활주로를 이용해 착륙한다. 어떤 단계에서도 연료탱크 내지는 로켓 부스터가 탈착 투하되는 일이 없는 스페이스쉽1과 화이트나이트1은 완벽하게 재사용 가능한 우주선이라 할 수 있다.

입상하기 바로 전 기업가 리처드 브랜슨Richard Branson이 스페이스쉽1 기술에 대한 사용 권한을 취득한다. 수년에 걸쳐 민간 우주항공 사업의 추이를 지켜보던 브랜슨은 1999년 3월에 버진 갤럭틱Vigin Galactic이라는 회사를 설립한다. 스페이스쉽1이 X 프라이즈를 수상한 후, 버진 갤럭틱은 스케일드 콤포지츠와 합작사업을 설립해 규모가 좀 더 큰 우주비행선 시스템을 제작하기로 합의한다. 그런 다음 버진 갤럭틱은 '세계 최초의 민간 우주항공사'를 자처하며 홍보활동을 펼쳐오고 있다. 또한 우주여행을 희망하는 개인들에게 예약을 받기 시작했다.

버진 갤럭틱의 1호기인 스페이스쉽2 우주선과 화이트나이트2 운반용 항공기가 이미 제작을 마쳤다. '버진 마더십 엔터프라이즈'와 '이브'라고 명명된 이들은 미국 뉴멕시코 주에 위치한 세계 최초의 민간 우주공항 스페이스포트 아메리카에 배치되었다. 엄격한 일련의 시험비행이 이미 시작되었고, 이 비행이 성공을 거두면 수년 내에 상업적 우주비행이 개시될 것이다.

스페이스쉽2는 승객 여섯 명과 조종사 두 명을 태우고 지구 위 100킬로미터 이상 지점까지 비행하게 될 것이다. 그 지점에 도달하면, 승객들은 무중력 상태를 경험하고 우주에서 지구를 관찰할 수 있는 기회를 갖는다. 총비행시간은 대략 2시간 30분 정도이며, 우주공간에서 무중력 상태로 떠다니는 체험이 5분가량 진행될 것이다. 이 환상적인 우주여행을 떠나기 전에 모든 승객은 이틀간에 걸친 중력 및 안전훈련을 받아야만 한다.

이미 400명 이상이 20만 달러에 달하는 버진 갤럭틱 티켓의 예약금 2만 달러를 이미 지불한 상태다. 리처드 브랜슨은 시간이 지나면 이 천문학적인 가격표가 좀 떨어질 수 있을 것으로 기대한다. 버진 갤럭틱은 소형 인공위성 발사에 투입될 우주비행 시스템 개발 계획도 추진 중이다. 당연하게 들리겠지만, 버진 갤럭틱은 NASA와 미래의 유인 우주항공 기술 개발을 위해 상호협력 협약을 체결한 바 있다.

우주 진출에 드는 비용

소모성 부품으로 제작된 로켓에 의해 우주에 진입하는 것은 아직까지도 막대한 비용을 쏟아 부어야 하는 사업이다. NASA는 우주왕복선을 한 번 쏘아 올리는 데 "임무당 약 4억 5,000만 달러"의 비용이 든다고 밝힌 바 있다. 하지만 이 비용에는 우주왕복선 자체의 가격을 비롯한 기타 경상지출비가 포함되지 않았다. 이 비용까지 고려한다면, 우주수송시스템STS 프로그램의 총비용은 134회 비행에 대해 1,740억 달러라는 계산이 나온다. 이는 임무당 드는 비용이 13억 달러에 달하고, 우주왕복선에 화물을 실어 지구 궤도에 올려놓는 데 드는 비용은 1킬로그램 당 5만 2,000달러에 달함을 의미한다.

NASA는 드래곤호를 이용해 국제우주정거장에 12회 보급 임무를 수행하는 대가로 스페이스 X에 16억 달러를 지불할 예정이다. 각 캡슐이 최대 6톤의 화물을 운송한다고 치면, 드래곤호를 이용한 운송비는 1킬로그램당 약 2만 2,000달러라는 계산이 나온다. 대부분의 인공위성 발사 위탁업체들이 현재 1킬로그램당 약 2만 5,000달러를 청구하는 것을 감안할 때, 도킹도 가능한 가압식 우주선으로 화물을 운송하는 가격으로는 적절한 가격이라는 생각도 든다. 하지만 절대 저렴하다고는 할 수 없다.

혁신적인 우주비행 시스템을 갖춘 버진 갤럭틱은 우주 진입에 드는 비용을 좀 더 낮추기 위해 노력하고 있다. 만약 보통 사람의 몸무게가 100킬로그램 나간다고 가정할 때, 버진 갤럭틱의 비행기 티켓 가격인 20만 달러는 1킬로그램당 2,000달러의 운송비용이 든다는 것을 의미한다. 즉, 이는 스페이스 X의 청구 금액의 10분의 1이 채 못 되는 액수다. 물론 이것이 공정한 비교라고는 할 수는 없다. 버진 갤럭틱은 승객을 우주 문턱까지만 데려가는 것이지 궤도상의 다른 우주선과 캡슐을 이용한 도킹을 시도하는 것은 아니기 때문이다. 그러나 버진 갤럭틱이 100킬로미터까지로 제한을 걸어놓은 이유는 고도 상승 시 강한 중력을 견뎌야 하는 고통으로부터 승객을 보호하기 위한 것이다. 스페이스쉽2의 후속 모델을 국제 우주정거장 보급에 투입하는 것도 기술적으로 고려해볼 만 하다.

스페이스 X, 오비탈 사이언시스 코퍼레이션, 버진 갤럭틱 등을 비롯한 기타 여러 업체들이 지속적으로 기술개발을 이뤄낸다고 할지라도, 로켓이나 우주선을 이용한 우주여행은 앞으로 오랜 기간 많은 비용이 소요될 것이다. 이에 따라 일부 과학자들이 근본적으로 차별화된 대안적 궤도 진입 방법을 제시해왔다는 사실은 그리 놀라울 것이 없다. 그들의 아이디어는 지상으로부터 궤도상의 우주 플랫폼까지 케이블을 연결해 잇는 것이다. 그렇게 되면 사람과 화물이 엘리베이터를 타고 우주와 지구를 오갈 수 있게 된다.

우주 엘리베이터의 급부상

우주 엘리베이터라는 말을 처음 듣는다면, 매우 합리적이구나 싶으면서도 완전히 터무니없는 짓이라는 생각이 들 수 있다. 이것은 사실 아서 클라크Arthur C. Clarke와 같은 전설적인 공상과학 소설가들의 저서에서 베껴온 개념이나 다름없다. 또한 우주 엘리베이터 건설은 현대 공학의 한계를 시험하는 도전이 될 수도 있다. 그럼에도 향후 수십 년 사이에 기술개발과 실용화로 이어질 가능성이 크다.

〈그림 15-1〉은 우주 엘리베이터의 예상도다. 그림을 보면, 지상 기지

국에 연결된 케이블 또는 '밧줄tether'이 해발 3만 5,000킬로미터 고도의 정지궤도에 위치한 플랫폼까지 이어진 것을 확인할 수 있다. 그 케이블은 궤도 플랫폼을 훨씬 더 지나 균형추까지 연장되어 있는데, 이 균형추는 케이블을 팽팽하게 유지시켜줄 뿐 아니라 지구에 대한 무게중심이 움직이지 않도록 해준다. 규모가 큰 균형추를 우주에 쏘아 올리는 것은 막대한 비용이 들기 때문에, 작은 소행성 하나를 취하여 균형추로 쓰는 편이 나을 수도 있다. 케이블 반대편의 지상 기지국 후보지로서는 적도 부근의 고지대가 가장 좋을 듯하다.

우주 엘리베이터 건설이 넘어서야 할 가장 까다로운 장벽은 케이블 제작이다. 케이블은 자체 무게를 감당할 만큼 강하면서도 엄청난 거리를 오르내리게 될 객차, 즉 '승강기'의 무게도 감당할 수 있어야 하기 때문이다. 또한 부식에도 강한 재질이어야 하고, 초고층 대기의 극한 기후도 견뎌낼 수 있어야 한다. 최근까지만 해도 그러한 케이블을 제작하는 데 쓰일 만한 자재가 존재하지 않았다. 그러나 현재는 나노기술 분야의 발전으로 인해 미래의 우주 엘리베이터 케이블 제작이 기술적으로는 가능한 상태다.

더 구체적으로 설명하자면, 탄소나노튜브를 이용하여 우주 엘리베이터용 케이블을 제작할 수 있다. 탄소원자의 육방격자 구조는 그 강도가 강철의 약 117배에 달한다. 탄소나노튜브 나노섬유로 만든 우주 엘리베이터 케이블이라면 지구 궤도까지 뻗어 있는 자체 하중을 감당할 수 있을 것이다. 현재 탄소나노튜브 제조업체들은 우주 엘리베이터 케이블을 제작할 만한 전문지식이나 생산능력을 갖추고 있지 못하다. 그러나 2020년까지는 제작이 충분히 가능해질 것으로 보인다.

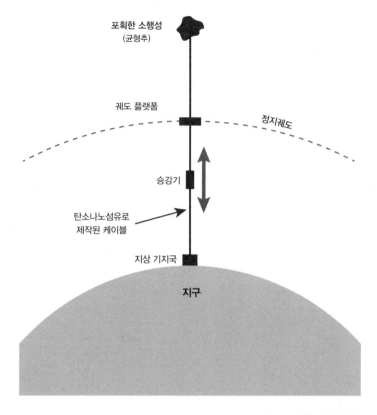

〈그림 15-1〉 우주 엘리베이터

　지상 기지국, 케이블, 궤도 플랫폼, 균형추 등의 시설을 모두 갖춘다
해도 우주 엘리베이터의 승강기 제작에 따른 어려움을 무시하지 못할 것
이다. 왜냐하면 케이블은 고정 상태라서 승강기가 자체적인 승강장치를
갖추어야 하기 때문이다. 결국 승강장치는 자가추진 방식이 돼야 하며,
태양전지나 소형 원자로를 사용할 수도 있을 것이다. 아니면 레이저나
극초단파를 이용해 연료를 승강기로 전송할 수도 있다.

이미 1세기 전부터 우주 엘리베이터의 디자인과 관련한 제안들이 나오기 시작했다. 사실, 1895에 콘스탄틴 치올콥스키가 최초로 지상에서 정지궤도까지 이어지는, 지지대 없이 홀로 서 있는 타워에 대한 아이디어를 제창한 바 있다. 그러나 최근 수년간 그러한 아이디어가 훨씬 더 진지하게 받아들여지게 되었다. 이제 NASA의 일부 엔지니어들을 포함한 여러 명망 있는 과학자들이 우주 엘리베이터에 관심을 돌리고 있다. 2010년 8월에는 사흘에 걸쳐 우주 엘리베이터 과학기술 심포지엄이 워싱턴 DC의 마이크로소프트 컨퍼런스센터에서 열리기도 했다. 그로부터 몇 달 후 제4회 국제 탄소나노 기술 및 우주 엘리베이터 시스템 컨퍼런스가 룩셈부르크에서 개최되었다.

미국 캘리포니아 주에 본사를 둔 스페이스워드재단Spaceward Foundation은 심지어 '스트롱 테더 챌린지'라 불리는 X 프라이즈와 유사한 형태의 우주 엘리베이터 대회를 주관하고 있다. 또한 매년마다 스페이스 엘리베이터 대회를 개최하기도 한다. 이는 NASA의 설립 100주년 도전 프로그램의 일환으로, 이들 개발 부양책은 가장 우수한 우주 엘리베이터기술을 고안한 참가자에게 수여할 200만 달러 상당의 포상기금을 마련해놓고 있다. 근 10년 동안에 활약하는 우주 개척자들은 로켓캡슐이나 우주비행선을 타고 우주를 탐험하겠지만, 그 이후에 우주로 진출하는 사람들은 기계장치를 통해 궤도에 오르게 될 것이다.

호모 사피엔스의 방랑벽
미래 우주여행에 대한 유익한 토론이 되기 위해서는 '어떻게' 그리고

'왜'라는 질문에 대해 충분히 숙고해야 한다. 이제까지 가까운 장래에 가장 실현 가능성이 큰 우주 진출 방식에 대해 살펴보았다. 지금부터는 인간의 우주여행을 향한 강한 욕구는 어디서 기인한 것일까를 고찰하는 데 할애하겠다.

지구를 뒤로하고 우주로 향하는 이유는 '이제까지 누구도 발을 딛지 않은 처녀지에 대한 과감한 도전'이라고 할 수 있다. 호기심과 모험심은 실로 강력한 원동력이 될 수 있다. 우주를 향한 미래의 어떤 도전들은 아마도 순전히 이러한 이유만으로 정당화될 것이다. 틀림없이 유인화성 탐사 이면에는 미개척지를 정복하려는 정치적 십자군으로 비유할 만한 야망이 꿈틀대고 있다. 스페이스 X와 같은 민간 우주항공 사업체들의 진전에 힘입어 합리적인 비용으로 그러한 사명의 수행을 위해 출정할 날이 조금씩 다가오고 있다. 2030년경까지는 화성에 인간의 발자국이 찍히게 되지 않을까 기대해본다.

최초의 우주여행객의 일원으로 새로운 개척지를 탐구하고자 하는 욕망 때문에 세계 최초의 민간 우주항공사인 버진 갤럭틱에 대한 투자가 활발히 이루어지고 있다. 향후 10년 안에 우주관광업은 성장을 거듭하고 있는 우주산업의 핵심 부문으로 자리매김하게 될 것이다. 앞으로 10년 안에 우주관광을 주제로 한 최초의 실황 방송프로그램이 선보이게 되지 않을까 싶다.

분명 인간의 방랑벽만으로도 꾸준한 성장세를 구가하는 우주산업의 견인차 역할에 손색이 없지만 2차적인 동인은 더 많은 인공위성과 다양한 기기를 궤도에 올려놓고자 하는 수요의 증가가 될 것이다. 우리는 위성망을 통한 전화와 데이터망 등을 사용할 때마다 자신도 모르는 사이에 우주산업의 확장을 부추기는 데 일조하게 된다. 또한, 위성방송을 시청하거나 '구글 어스'를 통해 지도를 본다든가, 어떤 GPS 장비를 활용할 때마다 우주 진출을 종용하는 수요를 창출하게 되는 것이다. 처음에는 놀라운 신기술로만 인식되었던 위성통신과 위성데이터 시스템 등이 이제는 많은 사람에게 있어 일상생활의 일부가 되었다.

수년 전부터 석유나 광물의 매장 위치를 파악하는 것도 인공위성에 의존해왔으며, 지구온난화의 연구에도 크게 이바지하고 있다. 국제 우주정거장에서는 무중력 상태에서 새로운 약물과 물질 개발이 줄을 잇고 있고 있다. 따라서 우주 진출의 확대에 반기를 드는 사람은 인류 문명의 기술적 메커니즘 확장에 반기를 드는 것과 다름없다. 예를 들어, 통신위성의 보급이 중단되면, 외딴 지역에 사는 사람들이 인터넷이나 전화 서비스 등의 혜택을 누릴 수 있는 기회는 요원해진다.

우주 진출은 기후변화를 안정화시키고 에너지 공급을 유지하는 데 중추적 역할을 하게 될 것이다. 수십 년 후에는 궤도상의 거대한 솔라 세일을 이용해 지구에 그늘을 드리워 지구온난화 현상을 타개해나갈 수도 있다. 혹은 앞으로 태양열발전 위성이 우주에서 지상으로 전기에너지를 극초단파 형태로 전송하게 될 수도 있다. 미래의 핵융합발전소는 달 표면에서 채취한 헬륨-3를 연료로 사용할 수도 있다. 오늘날로부터 몇 세기 후, 자원 감소 문제가 정말로 심각해질 즈음 우주로 나가 원자재를 구해야만 하는 절박한 생존의 조건에 처할 수도 있다.

우주 속에서 진화하는 인류

생명체는 진화를 통해 새로운 영역을 개척함으로써 생존한다. 인류의 끈질긴 생존본능으로 미루어 보건대, 우리의 후손들은 우주의 심연을 누비고 다닐 것이라는 확신이 든다. 언뜻 생각하기에는 지난 수십 년간 우주여행과 관련한 과학기술이 왜 그렇게 진전이 없었는지 상당히 의아스럽게 느낄 수 있다.

사실, 한동안 지구를 벗어난 여행에 제약을 가하는 여러 이유가 있었다. 그중에서도 재정이나 기술적 문제가 가장 부각될 수 있다. 그러나 가장 근본적인 이유는 우주라는 진공상태가 인간의 자연 서식처가 아니라는 데 있다. 우주여행이 아주 흔한 일이 되려면, 먼저 우리 자신이 어떤 진화 과정을 거쳐야 하는지도 모른다.

수세기 전, 인간은 바다를 지배하기 위해 배를 필요로 했다. 지금 우리는 우주를 지배하기 위해 새로운 과학기술이 필요하다. 하지만 이와 더불어 우리 중 일부는 심우주 임무 수행이 가능하도록 개량된 신체를 지녀야 할 것이다. 따라서 우주여행이 발달하기 위해서는 차세대 우주캡슐이나 우주비행선, 우주 엘리베이터 등의 발명을 필요로 할 뿐 아니라, 새로운 유전자 기술과 사이버네틱스, 나노기술 등이 의학에 적용될 날이 도래해야 한다.

우리의 선조들이 바다로부터 기어 나왔을 때 새로운 환경에 적응하여 번성할 수 있도록 진화를 해야 했다. 따라서 우리도 현재의 모습 그대로 장래의 성공적인 우주 항해사가 되리라는 고정관념을 탈피해야 한다. 지구에서 진공상태의 우주로의 진화적 도약은 물에서 뭍으로 나오는 것만큼이나 파격적인 도약이다.

호모 사피엔스는 더 이상 변화하지 않는 완성된 피조물이 아니다. 오히려 이 책에서 많은 기술발전을 소개하면서 강조했듯이 신인류 2.0이 그리 머지않은 미래에 탄생을 예고하고 있다. 신인류 2.0은 진화상에 있어 미래의 자원을 찾아 지구의 품에서 우주 공간으로 도약하는 역할을 맡게 될 것이다.

우리의 먼 선조가 바다를 떠났을 당시 바닷물을 따로 담아 다니지 않았다. 그 대신 새로운 환경에 적응하는 길을 택했다. 생명체가 육지에 나와 번성하기 위해서 아가미 대신 허파를 발달시켜야 했다. 우리는 앞으로 수년 동안 공기를 품은 상태로 성공리에 우주 진출을 이루어낼 것이다. 그러나 알다시피 지구를 벗어나면 공기와 물이 희박하기에 시간이 어느 정도 흐르면 공기와 물 이외의 어떤 것에 의존하도록 진화해나갈 수밖에 없을지도 모른다. 예를 들어, 태양계 어디에서든 태양에너지는 풍부하게 쓸 수 있다. 먼 미래의 우주 탐험가들 중에서 가장 성공할 가능성이 있는 사람은 순전히 태양복사열만으로도 생명을 지탱할 수 있는 능력을 갖춘 사람이 될 수도 있다.

현시점을 기준으로 볼 때, 지구로부터 가장 먼 곳까지 도달한 탐사선이나 탐사로봇 모두가 태양광발전에 의존한 무인 기계장치였다. 미래의 수많은 우주 탐험가도 일종의 지능형 로봇이 될 가능성이 매우 높다. 인간과 인공적인 사이버네틱 기술을 가르는 경계선은 앞으로 계속 허물어질 것이다. 그러나 이렇게 심오한 수렴 진화evolutionary convergence를 논하기 전에, 장래에 개발 가능한 인공기제에 대해 먼저 살펴볼 필요가 있다. 앞으로 다섯 장에 걸쳐 가까운 미래에 대한 화제로 되돌아가 향후 컴퓨터의 변화와 인공생명체에 관해 탐구해보자.

4부

인간의 한계를 뛰어넘다

미래학자들 사이에는 특이점에 언제 도달하게 될지, 또 그것이 의미하는 바가 무엇인지에 대한 치열한 논쟁이 일고 있다. 그러나 언제인가 어떤 새로운 형태의 지적 존재가 등장하여 새로운 시대의 도래를 알리게 될 것이라는 사실에 대해서는 추호의 의심도 갖지 않는다. 필시 일단 특이점을 지나게 되면, 인류나 다른 형태의 어떤 존재는 한때 상상할 수도 없었던 능력을 지니게 될 것이다.

Chapter 16

클라우드 컴퓨팅

지난 30년간 과학기술의 대표적인 성과로 컴퓨터와 디지털통신의 발전을 꼽을 수 있다. IBM의 PC가 1981년에 출시됐으며, 첫 번째 윈도우 버전이 1985년에 선보였다. 그로부터 6년 뒤 팀 버너스리Tim Berners-Lee가 월드 와이드 웹을 개발하기에 이른다. 모두 잘 알다시피 그 이후로 모든 것이 급변했다.

2011년 초 인터넷월드스태츠닷컴InternetWorldStats.com은 인터넷 사용 인구가 20억 명에 이른다고 보고한 바 있다. 이는 1995년 1,600만 명에 불과했던 것과 크게 비교되는 수치다. 인터넷을 사용하는 20억 명 중 약 8억 명 이상이 정기적으로 소셜네트워크 사이트를 이용한다. 현재 대부분의 사업체도 인터넷을 이용하고 있다. JP 모건JP Morgan에 의하면 2010년 한 해에만 전 세계적으로 5,710억 달러에 달하는 전자상거래가 이루어졌으며, 2014년이면 1조 달러를 상회할 것으로 보인다. 적어도 선진국들에 있어서는 실제로 거의 모든 형태의 산업, 사회, 문화적 활동 전반에 걸쳐 디지털미디어 서비스가 침투해 있다. 바꿔 말하면, 인류는 점점 더 실제세계와 가상공간의 양측에 걸쳐 살아가게 된다.

인류 문명은 언제나 정보 분석에 의존해 발달해왔다. 언어능력, 문자, 새로운 형태의 전자통신 등등 그 어느 형식의 최신기술이 되었든 간에, 그것을 잘 이해하고 활용했던 사람들이 항상 최고의 위치를 차지해 두각을 나타내왔다. 광범위한 대중의 인터넷 접속이 현실화된 오늘날, 그다음에는 과연 어떤 일이 벌어질 것인가를 묻는 것이 합당할 듯하다.

차세대 컴퓨터혁명

컴퓨터 환경에 있어 또다시 혁명이 일어날 전조가 보이고 있다. 이번에는 '클라우드 컴퓨팅'이라 불리는 혁명으로서 소프트웨어 애플리케이션, 프로세싱 파워, 데이터 저장 등을 인터넷을 통해 액세스할 수 있다. 지난 수십 년간 컴퓨터는 직장이나 가정생활에서 중요한 부분을 차지해왔다. 그렇지만, 압도적인 인터넷 활용도에도 불구하고 대부분의 컴퓨팅 관련 자원은 공간적 제약을 받아왔다. 이 말의 뜻은 컴퓨터 응용프로그램과 정보처리 능력, 그리고 데이터 저장장치 등이 사용자 가까이 있어야 했다는 뜻이다.

클라우드 컴퓨팅이 뿌리를 내림에 따라 대부분의 컴퓨팅 자원은 이제 각 사업장, 가정, 주머니 속이 아닌 인터넷상에서 호스팅될 것이다. 다른 미래학자들처럼 나도 확답을 한다거나 특정 날짜를 지목해 예측하는 행동을 자제해왔다. 그럼에도 불구하고 단언하건대, 2020년에 이르면 로컬 컴퓨터 자원은 거의 자취를 감추게 될 것이다. 컴퓨터 활용의 미래는

오늘날 기존의 컴퓨팅 환경

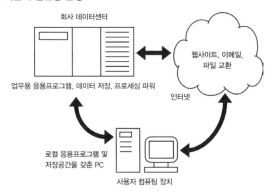

2020년 클라우드 컴퓨팅 환경

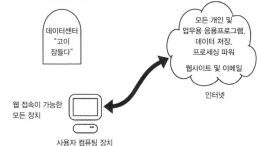

〈그림 16-1〉 일반 컴퓨팅과 클라우드 컴퓨팅

클라우드에 달렸다.

〈그림 16-1〉은 기존의 컴퓨터 사용 환경과 클라우드 컴퓨팅과의 차이를 잘 보여주고 있다. 보다시피, 그림 상단의 대다수 개인용 컴퓨터에는 소프트웨어가 설치되고 데이터가 저장되어 있다. 회사 내에서 대부분의 사용자는 업무용 응용프로그램, 데이터 저장, 정보처리 능력 등을 로컬 데이터센터에 접속해 지원받아왔다. 이러한 기존의 컴퓨터 사용 모델의 경우, 인터넷 사용은 웹사이트에서 정보를 검색하거나 이메일을 교환

한다든지 파일 첨부 등의 활동에 국한되어왔다. ⟨(그림 16-1)에서 구름 모양으로 표현된 인터넷에 주목하라. 이는 수년간 유행해왔고, 바로 여기에서 클라우드 컴퓨팅이라는 이름을 따오게 되었다.)

⟨그림 16-1⟩의 하단을 보면 클라우드 컴퓨팅이라는 멋진 신세계를 엿볼 수 있다. 거기서 회사의 로컬 데이터센터는 폐쇄되었음을 알 수 있다. 소프트웨어 응용프로그램이나 데이터 또한 더 이상 사용자의 컴퓨터 및 주변기기에 설치되거나 저장되지 않는다. 그 대신 모든 개인 및 업무용 응용프로그램과 데이터 저장, 정보처리 능력 등을 인터넷 클라우드를 통해 액세스하게 된다.

⟨그림 16-1⟩이 묘사하고 있는 시나리오들은 가장 극단적인 두 가지 상황을 보여주고 있는데, 이들 중간 어느 지점쯤 위치한 하이브리드 모델이 적어도 중단기적으로는 가장 선전할 것으로 보인다. 하지만, 클라우드 컴퓨팅을 끌어안기 위한 경쟁이 사실상 이제부터 본격화되기 시작했다.

예를 들어, 2010년 3월 마이크로소프트의 최고경영자 스티브 발머 Steve Ballmer는 "클라우드 컴퓨팅에 회사 전체를 걸겠다"라고 포부를 밝힌 바 있다. 그로부터 3개월 뒤 마이크로소프트는 '오피스 웹 앱스Office Web Apps'라는 기치 아래 자사의 워드, 엑셀, 파워포인트, 원노트 등의 프로그램 온라인 버전을 출시했다. 이듬해인 2011년 초반에 마이크로소프트는 '오피스 365'를 출시해 클라우드와 자사 상품들의 기존 버전을 통합하려는 시도를 했다. 구글도 클라우드 컴퓨팅에 막대한 투자를 하고 있으며, 아마존, 애플, IBM 등도 예외가 아니다. 단언하건대 대부분의 주요 컴퓨터 업체들은 이미 클라우드 컴퓨팅에 미래의 사활을 걸어야 한다는 각오를 다지고 있다.

전 세계적으로 유명한 사업체들도 클라우드로 갈아타기 시작했다. 이를 반영하듯, 2011년 1월 유력 IT 분야 리서치 및 자문회사인 가트너 Gartner는 2,014명의 IT 분야 경영자를 대상으로 한 최근 설문조사 결과 기업들이 클라우드 컴퓨팅을 '전략상 최우선 순위'로 꼽고 있다고 보고 했다. 가트너의 보고서 〈IT에 대한 새로운 상상〉에 따르면, 사업체의 3퍼센트가 이미 IT 업무의 대부분을 클라우드를 통해 처리하고 있으며, 43퍼센트의 업체들도 2015년까지 '클라우드 기반'을 목표로 삼고 있다고 한다.

그렇다면 도대체 왜, 어떤 개인이나 단체가 클라우드로 전환하려는 것인지 궁금해할 수 있을 것이다. 그 이유 중 하나는, 클라우드 컴퓨팅 환경에서는 기기의 독립성이 보장된다는 점이다. 오늘날 수많은 사람이 데스크톱, 노트북, 태블릿 PC, 스마트폰, 인터넷 TV 등의 다양한 컴퓨터 기기들을 다루게 되었다. 클라우드를 적극 활용하게 되면, 여러 가지 기기를 다루어야 하는 사용자는 어떠한 장치를 통해서도 자신의 모든 프로그램이나 데이터에 액세스할 수 있는 자유를 누릴 수 있다. 바로 이러한 까닭에, 이 글 또한 '구글독스'라 불리는 클라우드 워드프로세서를 이용해 쓰고 있다.

클라우드 컴퓨팅은 사람들이 개인 또는 업무용 데이터에 늘 접근할 수 있도록 해줄 뿐만 아니라, 공동작업까지 용이하게 해준다. 문서나 스프레드시트 등 어떤 형태의 데이터도 일단 작성하여 클라우드에 저장해 둔다면, 동시에 여러 명의 사용자가 접속해 여기에 액세스하거나 편집할 수가 있다. 클라우드 컴퓨팅이 뿌리를 내리게 되면, 이메일에 문서를 첨부해 주고받거나 수정된 내용을 여러 명으로부터 취합하는 등의 일처리 방식은 과거지사가 될 것이다.

클라우드 컴퓨팅은 또한 모든 컴퓨터 사용자가 주머니 사정에 구애받지 않고 모든 형태의 프로그램을 사용할 수 있도록 해줌으로써 공평한 경쟁의 장을 조성하는 데 일조할 것이다. 이것은, 일부 클라우드 컴퓨팅 프로그램이 무료로 제공되며, 나머지에 대해서는 정기적인 이용료 지불 방식을 취하기 때문에 가능하다.

기존의 컴퓨터 사용환경에서는 어느 정도 규모 있는 회사들만이 가장 정교한 소프트웨어를 구입할 형편이 되었다. 이들 소프트웨어의 초기 출고가가 워낙 높기 때문이다. 그에 반해서 클라우드 컴퓨팅 서비스 사용자들은 실제로 사용하는 소프트웨어 애플리케이션을 비롯한 저장, 정보처리 능력 등에 대해서만 선불 형식으로 비용을 지불하면 된다. 조호Zoho라고 불리는 회사는 광범위한 데이터베이스 및 여러 업무용 애플리케이션을 제공하는 데 한 달 단위의 결제 방식을 취하고 있다. 지불해야 되는 정확한 요금은 데이터 저장량이나 정보 처리율, 또는 특정한 달에 얼마나 많은 사용자들이 특정한 애플리케이션을 이용했느냐에 따라 산정된다.

SaaS, PaaS, IaaS

클라우드 시장은 아직까지 상당히 유동적인 가운데, 현재 다양한 형태의 클라우드 컴퓨팅 서비스들이 선보이기 시작했다. 대부분의 클라우드 서비스는 대개 세 개의 범주로 뚜렷하게 구분할 수 있다.

첫째, 가장 직설적인 클라우드 컴퓨팅 분야는 '서비스형 소프트웨어SaaS'

다. 이는 효과적으로 '취사선택'하는 클라우드 컴퓨팅 형태로서, 사용자가 기존에 출시되어 있는, 오프라인으로도 구입 가능한 온라인 애플리케이션을 이용하는 것이다. SaaS 애플리케이션으로, 오피스웹 앱스나 구글 독스 같은 온라인 사무용 소프트웨어 등을 꼽을 수 있다. 이 밖에도 다양하고 창의적인 애플리케이션들이 이미 출시되어 있다. 이 중에서 탁월한 작곡 및 오디오 편집 도구들을 선보이고 있는 Aviary.com, 온라인 사진 편집 프로그램을 제공하는 Pixlr.com과 Picnik.com, 온라인 비디오 편집 프로그램을 제공하는 Jaycut.com과 Pixorial.com 등이 돋보인다.

회계, 영업, 마케팅, 인적자원 관리 소프트웨어 등 업무용 SaaS 애플리케이션 또한 널리 보급되고 있다. 이들을 취급하는 주요 판매사로는 Employease.com, Netsuite.com, Salesforce.com, Zoho.com 등을 들 수 있다. 놀랍게도 개인 및 업체가 로컬 소프트웨어로 할 수 있는 업무의 대부분을 SaaS 애플리케이션을 이용해 온라인상에서 해결할 수 있게 되었다.

SaaS 애플리케이션만으로도 대부분의 가정용 컴퓨터 사용자들의 요구 사항들을 충족시킬 수 있을 것이다. 그러나 회사의 경우 자신만의 특수용도 소프트웨어 애플리케이션을 개발하여 사용해야 하는 상황에 놓이기도 하는데, 이런 경우 SaaS는 용도가 매우 제한적일 수밖에 없다. 이러한 요인 때문에 클라우드 컴퓨팅에 '서비스형 플랫폼'과 '서비스형 인프라'라고 불리는 범주가 추가로 존재한다.

서비스형 플랫폼PaaS은 사용자에게 온라인상에서 소프트웨어 개발 도구와 호스팅 기능을 제공한다. 따라서 사업체들은 PaaS를 이용해 자사 특유의 맞춤형 비즈니스 시스템을 구축할 수 있다. 혹은, 좋은 아이디어만 가지고 있다면 누구나 PaaS를 이용해 새로운 SaaS 애플리케이션을 개발하여 세상에 선보일 수도 있다.

이미 PaaS 서비스를 제공하고 있는 회사들이 많이 있다. 이들 중에는 구글(앱엔진App Engine이라 불리는 PaaS 제품 출시), 마이크로소프트(애저Azure라 불리는 PaaS 제품 출시), 세일즈포스(Force.com이라는 PaaS 제품 출시) 등이 포진하고 있다. PaaS를 적극 수용한 선도적인 기업 중 하나가 EasyJet이다. 이 항공사는 애저를 도입해 업무 시스템 상당 부분을 운용하고 있다.

서비스형 인프라IaaS는 클라우드 컴퓨팅의 마지막 부문으로서, PaaS보다 제약에서 자유롭다. PaaS는 사용자가 자신만의 새로운 클라우드 애플리케이션을 제작할 수 있도록 해주는 반면, IaaS는 사업체가 자신의 데이터센터에 보관하고 있던 모든 기존 애플리케이션을 클라우드에 옮겨 놓을 수 있도록 해준다. 따라서 IaaS도 매우 비중 있는 클라우드 컴퓨팅 분야라고 할 수 있다.

현재 가장 대규모의 IaaS 제공업체는 아마존이다. 이 온라인 소매업체는 광범위한 IaaS 제품군을 제공하고 있는데, 이 중에서 가장 대표적인 IaaS 제품으로 '일래스틱 컴퓨트 클라우드EC2'가 있다. EC2 덕분에 누구나 온라인 정보처리 능력을 시간 단위로 구매할 수 있게 되었다. EC2 고객은 자신만의 애플리케이션을 담는 아마존 머신 이미지스AMIs를 설정한다. 이렇게 설정된 AMIs은 그다음 순식간에 필요에 따라 한 개에서 1,000개, 아니 그 이상의 수가 온라인 가상서버에 배포된다.

간헐적으로 대규모의 데이터 처리 작업을 해야 하는 회사라면, 필요한 만큼의 EC2 가상서버를 필요할 때마다 몇 시간만 빌리는 것도 가능하다. 이는 현지의 대형 데이터센터가 더 이상 불필요해졌음을 뜻한다.

게다가 데이터센터의 컴퓨터는 평상시 작업이 없어 놀리기 마련이다. 아마존은 EC2를 '탄력적'이라는 말로 표현한다. 고객의 용도에 따라 단시간 내에 컴퓨팅 요구사항을 늘리거나 줄이는 것이 가능하기 때문이다. EC2 가상서버는 또한 다양한 사양으로 구성되어 있다. 이 책의 집필 시점을 기준으로 했을 때, 가장 낮은 사양의 서버 사용료는 시간당 0.02달러였으며, 가장 높은 사양은 시간당 2.48달러였다. 한번 시험해보기를 원하는 사람은 등록하기만 하면 최초 750시간 동안 서버를 무료로 이용할 수 있다.

SaaS와 PaaS, IaaS 개발로 탄생한 눈여겨볼 만한 파생상품이 클라우드 서비스를 지향하는 온라인시장이다. 구글과 조호, 세일즈포스 등의 업체가 자사의 제품군 판매에 열을 올리는 한편, 각 회사마다 하나 이상의 온라인 시장을 제공해 누구라도 자신이 개발한 클라우드용 애플리케이션 프로그램을 배포할 수 있도록 하고 있다. 구글 앱스 마켓플레이스의 경우, 수천 가지의 SaaS 애플리케이션을 제공하고 있는데, 이들은 구글앱이라 불리는 업무용 소프트웨어 제품군과 즉각 호환이 가능하게 되어 있다. 미래에는 마이크로소프트, 구글, 애플, IBM, 아마존 등의 소수 선발 기업체가 대부분의 클라우드 컴퓨팅 데이터센터 운영을 차지하게 될 것으로 보인다. 하지만 온라인 마켓의 개발에 힘입어, 앞으로 소규모의 회사들도 제품을 개발해 시장을 노려볼 수 있는 기회가 적어도 현 수준 정도로는 주어질 것으로 예상된다. 대체로 클라우드는 막강한 금융력을 자랑하는 자보다 뛰어난 기술력과 창의적인 능력을 가진 자에게 보상을 할 것이다.

유일하게 주목받는 클라우드

아마존 EC2와 같은 클라우드 서비스는 컴퓨터 사용 환경을 마치 전기처럼 필요할 때에 필요한 만큼만 사용하고, 종량제로 비용을 지불하는 방식으로 변화시켜나가고 있다. 앞으로 10년쯤 뒤면, 대부분의 사업체도 선택의 여지없이 클라우드에 접속해 컴퓨터로 업무를 보는 수밖에 없을 것이다. 경쟁력에서 뒤지지 않고, 자연친화적이며 혁신기술을 발 빠르게 수용해나가기 위해서는 클라우드 컴퓨팅이 필수적이기 때문이다.

클라우드 컴퓨팅을 도입한 회사들은 자신만의 데이터센터를 구축하고 유지하는 데 드는 비용을 절감할 수 있다. 이미 클라우드로 전환한 사업체는 최소 50퍼센트에 이르는 IT 비용 절감 효과를 본 것으로 나타났으며, 소프트웨어 개발에 소요되는 시간이 감소하기도 하였다. 세일즈포스가 독자적으로 실시한 회계감사 결과 자사의 PaaS를 이용해 애플리케이션을 구축하고 실행한 고객이 기존의 컴퓨터 사용 방식을 이용한 경우보다 다섯 배나 빠르게 작업을 마쳤을 뿐만 아니라, 비용을 절반에 가깝게 절감할 수 있었다.

즉각적인 비용 절감 효과를 보는 것 외에도, 클라우드 컴퓨팅으로 인해 회사는 IT 운영에 역량을 분산시키는 대신 자사의 핵심적 비즈니스에 더욱 주력할 수 있다. 이것을 강력히 뒷받침하는 역사적 선례가 있다. 니콜라스 카Nicholas Carr가《빅 스위치 *The Big Switch*》에서 언급했듯이, 약 한 세기 전까지 대부분의 회사는 자체적으로 전력을 생산했다. 그러나 국가 차원의 신뢰할 만한 전기 시설망이 구축되자, 자체적으로 전력을 생산하는 것이 더 이상 무의미해졌다. 즉, 국영전력공사의 경제적 규모에 맞수가 될 수 없었던 것이다.

이미 클라우드는 정보화시대의 중앙집중화된 전력발전소처럼 진화하고 있다. 마치 1900년에서 1930년 사이 대다수 업체가 자체 전력발전을 포기하고 국가 전력망을 통해 전기를 공급받았듯이, 오늘날 이 시점에 이르러 대부분의 회사도 구내 컴퓨터 사용환경에서 클라우드 컴퓨팅으로 전환을 꾀하게 될 것이다. 전형적인 클라우드 데이터센터의 경우 대개 자사 서버의 약 80퍼센트를 가동시키는 것이 일반적이다. 이에 반해, 오늘날 많은 사업체의 데이터센터들은 30퍼센트의 서버 가동률도 달성하지 못하는 실정이다. 수많은 자체 서버를 운영하느라 골머리 썩일 필요 없이 클라우드로 전환하는 것만으로도 대다수 업체는 즉각적인 원가절감 효과를 거둘 수 있다.

녹색 클라우드

클라우드의 활용을 주도하는 두 번째 주요 요인은 에너지 소비 절감 효과다. 클라우드 업체들 중 쓸데없이 전력을 소모해가며 무엇인가 처리하기 위해 컴퓨터를 대기시키고 있는 경우는 매우 드물다. 이는 다시 말해 클라우드 정보처리센터의 탄소 발자국이 기존 회사의 구내 서버의 경우보다 매우 작다는 의미다.

클라우드 서비스 업체들 역시 자사의 자연친화적 경쟁력의 잠재성에 대해 매우 잘 인식하고 있다. 넷스위트Netsuite의 경우 2008년에 자사의 고객들이 클라우드 서비스로 전환하면서 6,100만 달러에 달하는 전기세를 절약할 수 있었다고 선전한다. 나라 전체가 클라우드 대열에 가세하고자 열성을 보이는 경우도 있다. 가장 주목받는 곳은 아이슬란드인데, 자국의 추운 기후를 한껏 이용하고자 하는 야심찬 계획을 추진하고 있다.

전형적인 데이터센터의 경우, 거의 절반에 가까운 에너지가 서버컴퓨터의 과열을 방지하는 데 투입된다. 따라서 가급적 추운 지역을 물색해 컴퓨터시설을 구축하는 것이 합리적이다. 아이슬란드 정부는 이러한 클라우드 컴퓨팅의 '콜드 러쉬cold rush'에 대비하기 위해 곳곳에 거대한 클라우드 컴퓨팅 데이터센터 건설공사에 착수했다. 수도인 레이캬비크 근교에 위치한 이들 데이터센터들은 유럽과 미국을 연결하는 고속인터넷망을 갖추게 될 전망이다. 이 센터들은 또한 자연적인 방식의 냉각시설을 갖추고 현지의 풍부한 지열에너지를 이용해 전력을 공급할 예정이다.

아이슬란드의 녹색 클라우드 컴퓨팅 서비스는 여러 단체의 구미를 자극하는 중요한 사업제안이 될 것이다. 그러나 아이슬란드가 미래의 녹색 클라우드 컴퓨팅의 독보적 일인자로 군림하기는 힘들다. 2009년 4월 구글은 '컴퓨팅 시설, 해수기반 전력발전 시설, 하나 이상의 해수 냉각장치 등으로 구성된 부유 플랫폼상에 구축된 컴퓨터 데이터센터'로 특허를 받은 바 있다.

구글의 발상은 해안에서 몇 마일 떨어진 곳에 클라우드 컴퓨팅 설비를 갖춘 선박을 계류시켜놓는 것이었다. 이곳의 서버들은 펠라미스 웨이브파워가 제작한 파랑 에너지 컨버터에 의해 전력을 공급받게 된다. 구글은 1세제곱킬로미터 구간에 설치된 일련의 파랑 에너지 컨버터들이 30메가와트의 전력을 생산해 부유하는 데이터센터를 가동시키는 데 충분한 전력을 조달할 수 있을 것으로 계산했다. 그다음 단계로 해수-담수 열교환기가 바닷물을 거대한 방열판으로 만들어 컴퓨터를 냉각시키게 된다.

녹색 데이터센터로 인해 에너지 절감 효과를 볼 수 있을 뿐만 아니라, 클라우드 컴퓨팅은 대다수의 최종 사용자들이 전기를 덜 소비하도록 해준다. 오늘날 로컬 애플리케이션이 설치된 전형적인 데스크톱 컴퓨터는 80~250와트가량의 전기를 소비한다. 이에 반해, 클라우드 서비스로 전환한 사용자는 40와트 또는 그 이하의 전력 소비로 월등한 에너지 효율을 자랑하는 클라우드 엑세스 기기에 이따금씩 접근할 수 있게 되었다. 이러한 '넷탑net-top' 또는 '신클라이언트thin-client' 컴퓨터들은 일반적으로 인텔의 아톰과 같은 저전력 프로세서에 기반하고 있어 높은 에너지 효율을 과시하면서 공간도 거의 차지하지 않을 뿐만 아니라 소음조차 없다.

이미 몇몇 업체들은 신클라이언트 최종 사용자 하드웨어 도입으로 거둬들일 수 있는 에너지 절감 효과를 보기 위해 사업 전반에 걸쳐 클라우드 컴퓨팅을 채택하고 있다. 캐나다의 클라우드 서비스 제공업체인 신데스크ThinDesk는 클라우드 서비스와 저전력 데스크톱 컴퓨터로 전환할 경우 자사의 고객들이 80퍼센트에 달하는 에너지 절감 효과를 볼 수 있었다고 밝혔다.

차세대 클라우드

비용 절감과 개선된 녹색인증을 앞세워, 소비자를 사로잡음과 동시에 경제성마저 충족시키는 클라우드 컴퓨팅은, 혁신을 갈망하는 업체에게 점점 더 필수불가결한 존재가 될 것이다. 다음 두 장에 걸쳐 살펴보게 될 미래의 인공지능과 증강현실의 발전은 클라우드 컴퓨팅에 크게 의존하게 되어 있다. 차세대 비즈니스 환경의 주역을 꿈꾸는 회사라면 1990

년대에 대부분의 업체들이 서로 앞 다투어 웹사이트 제작 대열에 합류했던 것처럼 클라우드 컴퓨팅 서비스를 수용해야 할 것이다.

이미 구글 트랜스레이트와 같은 클라우드 서비스는 실시간으로 문서를 한 언어에서 다른 언어로 번역해준다. 2015년경이면 구어체 언어의 실시간 통역이 클라우드 컴퓨팅 서비스의 핵심 상품으로 떠오르게 될 것이다. 이에 따라 사람들은 자동번역 기능을 모든 소프트웨어 애플리케이션과 전화통화 시스템, 온라인 서비스 등의 일부로 여기게 될 것이다. 대부분의 업체가 이러한 서비스를 제공할 수 있는 유일한 방법은 클라우드 기반 소프트웨어를 사용하고 클라우드 컴퓨팅을 전반에 걸쳐 채택하는 것이다.

온라인 영상 인식기술이 가장 핵심적인 클라우드 기반 개발사업 중의 하나가 될 것이다. 사실상 구글의 고글스Goggles 스마트폰 앱과 같은 초기 형태의 시각 검색 시스템들이 이미 선보이기 시작했다. 조만간 이들은 클라우드 기반의 인공지능을 이용해 시야에 들어오는 물건과 사람을 인식하고 그에 대한 정보를 제공할 수 있게 될 것이다. 한 단계 더 나아가 미래의 증강현실 시스템은 이러한 정보를 우리 눈앞의 현실세계에 실시간으로 오버랩하여 펼쳐 보일 수 있다.

오늘날 클라우드와 물리적 현실세계는 두 개의 매우 다른 영역으로 간주된다. 하지만 앞으로 미래의 증강현실 시스템은 클라우드와 실제 세상이 한데 어우러지는 장을 만들어줄 것이다. 이는 그 어느 업체도 무시하지 못할 기술개발이 될 것임에 틀림없다.

클라우드 속 우리의 미래

클라우드 컴퓨팅은 이미 우리의 삶에 지대한 영향을 미치기 시작했다. 오늘날 수많은 사람이 가상세계에 중독되어 디지털 대열에 합류하고 있는 실정이라 이에 대한 우려를 자아내고 있나. 우리가 신인류 2.0으로 진화하는 데 있어 클라우드는 핵심 동인으로 작용할 것이다.

1부에서 강조했던 지구의 자원 고갈 문제를 감안할 때, 사람들이 물리적인 것보다도 디지털 자산에 훨씬 더 높은 가치를 부여하기 시작했다는 점은 고무적이라 할 수 있다. 이제 사람들은 책, 게임, 음악, 비디오 등을 개인적으로 소장하느라 더 이상 산더미 같은 종이를 소모하거나 플라스틱 케이스나 디스크를 남용할 필요가 없다. 컴퓨터 사용이 언뜻 보기에는 친환경적인 활동과는 본질적으로 아주 동떨어진 것처럼 느껴진다. 하지만, 물질로 된 물건을 실어 나르기보다 디지털화된 데이터를 이리저리 이동시키면 시킬수록 컴퓨팅과 관련 애플리케이션이 훨씬 더 자연친화적이고, 자원 절감에 기여하게 됨이 명백해진다.

클라우드 컴퓨팅의 도래로 '비물질화'가 주는 혜택을 누릴 수는 있으나, 소위 가상공간으로의 집단이주 현상이 초래할 부정적인 영향에 대해 우려하는 사람이 많은 것은 사실이다. 우선, 소수의 메머드급 대기업들이 데이터 전반을 관리하게 되기 때문이다. 한 나라의 정부를 신뢰할 수밖에 없듯이 사람들은 울며 겨자 먹기 식으로 무조건적인 신뢰를 보낼 수밖에 없다. 정전사태, 보안상의 결함, 사이버 테러 등이 발생할 잠재적 가능성은 상상만 해도 아찔하다. 하지만 우리는 반세기 이상을 상상을 초월하는 핵전쟁의 위협 속에 노출되어 살아오면서도 이를 잘 통제해 왔다. 클라우드 컴퓨팅으로 인해 끔찍스런 일이 발생할 잠재성이 있다는 것이, 꼭 그런 일들이 일어나게 된다는 뜻은 아닌 것이다. 지난 수십 년 역사를 돌이켜보면, 근대 문명의 가장 특징적인 측면이 바로 위기관리 능력이었음을 알 수 있다.

클라우드가 안고 있는 또 다른 잠재적 위험요소는 클라우드를 이용해 사람들의 활동을 감시할 수 있다는 점이다. 오늘날 거의 모든 인터넷 사용자는 온라인상으로 무엇을 구입하거나 페이스북에 어떤 내용을 게재할 경우는 물론 웹사이트를 방문하거나 이메일을 발송할 때마다 지우기 불가능한 흔적을 남기게 된다. 많은 스마트폰 사용자들 역시 자신의 실시간 위치 정보를 클라우드에 넘겨주기 시작했다. 더욱이 가까운 미래에는 대부분의 CCTV와 기타 감시카메라마저 클라우드와 연결되어 정교한 영상인식 시스템을 통해 사람들을 감시하게 될 것이다. 그렇게 된다면 클라우드는 우리의 과거 및 현재의 위치를 더 정확히 파악하게 된다. 따라서 클라우드는 표면상으로 볼 때 다분히 개인적 자유를 침해한다고 비춰질 수 있다.

그러나 이미 이러한 대규모의 디지털 상호접속 현상이 매우 긍정적인 효과를 낳을 수 있다는 확실한 조짐이 다방면에서 감지되고 있다. 예를 들어, 클라우드가 감시 수단으로 사용되기도 하지만, 이는 역으로 신상의 안전과 치안 유지를 향상시킬 도구가 되기도 한다. 수많은 '페이스북 혁명'의 뒤를 이어 2011년 중동지역을 휩쓸었던 민주주의 운동의 확산도 클라우드가 속박보다는 자율권 보장의 경향이 더 강하다는 사실을 여실히 증명해주는 사건이었다.

클라우드 컴퓨팅은 '크라우드 소싱crowd sourcing'의 성장을 촉진시키는 역할도 한다. 이는 인터넷의 활용을 통해 여러 사람의 활동으로부터

가치를 창출해내는 것을 일컫는 말이다. 크라우드 소싱은 전 세계 일반인 신분의 석학이 지력을 한데 모아 문제를 해결하거나, 한 개인의 능력을 능가하는 결과를 이루어낼 수 있도록 해준다.

이미 매우 촉망받는 여러 다양한 크라우드 소싱 활동이 전개되고 있다. 이와 관련한 가장 유명한 일례로, 크라우드 소싱 때문에 오픈오피스 OpenOffice 및 기타 다수의 무료 '개방형 소스' 소프트웨어 애플리케이션의 개발이 가능했던 점을 들 수 있다. RepRap과 Fab@Home 등의 입체 프린터 또한 크라우드 소싱의 결실이다. 즉, 이들의 모든 지적 재산이 클라우드를 통해 조성 및 공유되었던 것이다. 현재 개방형 소스 자동차에 대한 디자인 및 제작을 공모하고 있는 여러 크라우드 소싱 프로젝트들이 진행되고 있다. 오픈소스 친환경 자동차 프로젝트 OSGV의 일부이기도 한 OScar theoscarproject.org 프로젝트를 그 대표적인 사례로 들 수 있다. 한편 openprosthetics.org에서는 연구개발팀이 좀 더 개량된 의수족 제작을 위한 크라우드 소싱을 목적으로 클라우드를 활용하고 있다.

인터넷 전문가 팀 오라일리 Tim O'Reilly는 인터넷을 통해 '집단지성을 공유'한다는 개념을 최초로 제창했던 사람들 중 하나다. 가속도가 붙기 시작한 클라우드 컴퓨팅 혁명은 모두에게 기회로 다가오고 있다. 클라우드 컴퓨팅을 적극적으로 수용함으로써 우리는 스스로를 어느 정도 포기해야 한다. 그러나 그 대가로 거대한 디지털 인격체의 일부로 참여할 수 있는 기회를 얻게 된다. 이는 앞서 나열했던 심각한 난제들의 해결에 필요한 집단지성으로 발전할 계기가 될지 모른다. 그러한 집단지성이 과연 어떤 형태로 나타날까 궁금할 따름이다. 아마도 클라우드로부터 모아진 미래 집단지성은 인간적이기보다 인공적이지 않을까?

Chapter 17

인공지능

잡지《와이어드》의 공동 창업자인 케빈 켈리Kevin Kelly는 2010년에《기술의 충격*What Technology Wants*》이라는 훌륭한 저서를 출간한 바 있다. 켈리는 그 책에서 정교한 과학기술 시스템, 특히 컴퓨터와 컴퓨터 네트워크들이 거의 생물체가 지니는 특성을 드러내기 시작했다고 주장한다. 예를 들어, 컴퓨터 바이러스와 같은 경우 자기복제를 하는 반면, 인터넷 검색 엔진은 학습능력을 지니게 된 것이다. 어떤 면에서 보면 신종 '인공' 지능을 지닌 완전히 새로운 형태의 생명체가 출현하기 시작한 것이다.

컴퓨터는 수년에 걸쳐 어떤 특정한 임무를 수행하는 데 있어서 인간보다 월등한 기량을 보여왔다. 예를 들어, 만일 내가 여러분에게 대규모 도서관에 들어가 모든 서적을 두루 살펴보며 특정한 주제에 대한 참고문헌을 모두 정리해 목록을 작성하라고 지시할 경우, 여러분이 이 일을 완수하려면 수년은 족히 걸릴 것이다. 만약 여기에 요구사항을 하나 더 추가해서 목록 작성 시 각 문건을 인기도에 따라 분류하라고 시킨다면, 아마도 여러분은 미쳐버리고 말 것이다. 그러나 우리 모두가 알고 있듯이, 구글, 야후!, 빙 등의 검색엔진은 수백만 건에 이르는 자료들을 쉽게 검색해 순식간에 그러한 목록을 만들어낼 수 있다.

켈리가 저서에서 제기한 가장 중대한 질문 중 하나가 "스스로 사고하는 머리를 만들려면 얼마나 많은 뉴런이 필요한가?"였다. 그는 그다지 많이 필요하지 않다는 추론을 이끌어냈으며, 지능을 갖춘 인공 생명체는 이제 막 등장하거나 조만간 함께하게 될 것이라고 주장했다. 나는 켈리의 견해에 대체로 동의하며, 향후 수십 년이 지나면 컴퓨터가 확실히 더 똑똑해질 것이라는 말에 공감한다. 하지만, 컴퓨터가 사고를 할 수 있느냐는 문제는 차치하고라도 '지능'의 소유 유무의 문제는 영원히 철학의 몫으로 남게 될 것이다.

튜링 테스트의 어리석음

1950년 이래로 컴퓨터 과학자들은 튜링 테스트라 불리는 성능 평가 방식을 척도로 하여 일반인공지능AGI의 개발 정도를 측정해왔다. 이 테스트는 문자채팅 윈도우를 사용해 어느 한 사람이 다른 한 사람과 의사소통을 하도록 구성되어 있다. 이때 다른 한 사람이 바로 감정을 받게 되는 잠재적 AGI인 것이다. 튜링 테스트를 통과하기 위해서는 이 인공지능과 의사소통을 하는 사람이 과연 컴퓨터와 메시지를 교환하고 있는 것인지, 사람하고 하고 있는 것인지를 구분하지 못할 정도가 되어야 한다.

얼핏 보면, 튜링 테스트가 매우 합리적인 방식이라고 여길 수 있다. 하지만 나는 튜링 테스트가 매우 편파적이고 인공지능AI의 개발을 가로

막는 비합리적 평가 방식이라고 주장한다. 왜냐하면 튜링 테스트는 모든 지능이 인간의 모습을 따라야 한다는 비현실적인 가정을 앞세우고 있기 때문이다.

보통 인간 다음으로 돌고래가 지구상에서 가장 지능이 높은 동물이라고 한다. 그러나 돌고래의 지능은 분명 인간의 것과는 매우 다른 성격을 띠고 있다. 돌고래가 인간과 같은 수준의 정신능력을 지니고 있다 하더라도 절대 튜링 테스트를 통과하는 일은 없을 것이다. 돌고래는 물속에서 살며 인체조직을 가지고 있지 않다. 따라서 인간 수준의 지능을 과시한다는 가정을 하더라도 돌고래가 사람과 똑같은 모습으로 사고하고 의사소통하리라고 예상하는 사람은 아무도 없을 것이다. 그래서 미래의 컴퓨터 시스템이 사람의 모습을 모사하는 정도를 인공지능의 척도로 여기는 사람들이 아직도 많다는 사실에 대해 의아해하지 않을 수 없다.

일부 식견 있는 유명인사 중에 향후 수십 년 안에 튜링 테스트를 통과하는 무엇인가가 나올 것이라고 믿는 사람도 있다. 명망 있는 미래학자 레이 커즈와일Ray Kurzweil 박사는 튜링 테스트에 합격할 수 있는 AGI가 2029년이 되기 전에 등장할 것이라고 주장하는 한편, 영국 사이버네틱스 전문가인 케빈 워윅Kevin Warwick 박사는 2050년경에 이르면 고도의 지능을 자랑하는 AGI와 함께 생활하게 될 것이라고 말한다. 그러나 이러한 주장을 하는 사람들은 소수에 불과하며, 대부분의 최첨단 컴퓨터 과학자들은 튜링 테스트에 합격하기까지는 아주 긴 세월이 흘러야 할 것이라는 데 의견을 같이한다. 나 역시 이러한 견해에 전적으로 공감하는 바다. 하지만 이보다 더 중요한 점은, 튜링 테스트 통과 여부는 전혀 의미가 없다는 것이다.

미래의 AGI는 어떤 형태가 되었든 늘 깨어 있는, 육신의 구속에서 자유로운 독립체로서 음식이나 물, 공기도 필요 없이 전기로 연명하게 될 것이다. 미래의 AGI는 탄생하는 순간부터 네트워크와 연결되어 모든 디지털 동족을 비롯한 디지털 창조물 전체와 교류하게 될 가능성이 크다. 이렇게 매순간 깨어 있는, 탈육신의 네트워크화된 존재가 인간과 똑같은 방식으로 정보처리를 하며 소통할 것이라고 생각한다면 이는 정말 어리석은 발상이 아닐 수 없다.

인간은 미래의 AGI가 어떤 형태의 사고를 하게 될지 짐작조차 할 수 없다. 그렇기 때문에 AGI의 잠재성을 평가하는 데 있어 우리와 얼마나 닮았는지를 기준으로 삼는 대신 그들의 능력을 기준으로 평가해야 할 것이다. 따라서 이러한 실제적인 접근 방식을 기저에 두고 이번 장을 진행하겠다.

체크 메이트

앞서 기술한 두 단락이 우리에게 시사하는 바가 있다면, '인공지능'이라는 개념에 대해 정의를 내리기가 매우 까다롭다는 점이다. 인공지능발전협회에 따르면, AI란 "사고와 지능적인 행위의 근저에 깔린 메커니즘에 대한 이해와 그 메커니즘을 기계에 구현한 것"으로 이해할 수 있다. 이러한 정의와 그 이전의 논의를 토대로 하면, 지능적으로 '보이는' 작업을 수행할 능력을 가진 그 어떤 기기에 대해 인공지능을 지녔다는 라벨을 붙일 수 있다. 이러한 라벨을 단 기기들은 일반 수준의 지능을 발휘하거나-아마도 좀 더 현실적 가능성을 따져볼 때-그보다 가능성이 높게는 사전에 정의된 협소한 분야의 테두리 안에서 지능을 발휘하는 형태가 되지 않을까 싶다.

컴퓨터가 이제껏 성취해온 명백한 지적 활동의 전반이 상당히 편협하게 정의되는 면이 있었다. 예를 들어, 2차 세계대전 당시 콜로서스 Colossus라고 불리는 컴퓨터가 영국의 블레츨리 파크에서 개발되어 독일군의 암호를 해독하기 위해 프로그래밍되었다. 많은 이들은 이 기념비적인 업적이 연합군의 최종 승리를 이끌어내는 핵심적인 역할을 했다는 데 동의한다.

콜로서스가 독일군의 암호를 해독한 지 10년이 채 지나기도 전에, 논리게임을 진행할 수 있을 정도의 AI능력을 컴퓨터에 부여하기 시작했다. 이를테면, 1951년 영국 맨체스터 대학에서는 컴퓨터에 체커와 체스놀이를 할 수 있도록 프로그램했다. 시간이 흐르면서 컴퓨터의 게임 실력이 점차 향상되어 1997년에 IBM의 딥블루Deep Blue가 세계 체스 챔피언인 게리 카스파로프Garry Kasparov를 누르는 이변을 낳기도 했다. 딥블루는 체스게임 전용 컴퓨터였지만, 오늘날에는 딥프리츠Deep Fritz와 같은 일반 개인용 컴퓨터의 체스 프로그램으로도 국제 그랜드마스터를 종종 이기곤 한다.

체스 전용 컴퓨터가 일군 이른 성공의 영향으로 1970년대, 1980년대, 1990년대에 걸쳐 많은 사람이 새로운 AI의 시대가 도래할 것이라고 예견했다. 어느 면에서는 기대했던 바가 이루어지지 않았다. 그러나 2011년 2월 많은 사람이 IBM이 개발한 AGI인 '왓슨Watson'의 성능에 깜짝 놀라 감탄해 마지않았던 일이 있어났다. 왓슨이 미국의 퀴즈쇼 프로그램 〈제퍼디〉에서 두 명의 인간 챔피언을 누르고 승리를 차지한 것이다.

사흘 밤에 걸친 도전은 뉴욕에 위치한 IBM의 티제이 왓슨 연구소에서 진행되었다. 이를 위해 IBM 측은 2억 페이지에 달하는 콘텐트를 저장했으며, 이는 왓슨의 2,800개의 프로세서 코어를 비롯해 두 개의 거대한 냉각장치가 식히는 열 개의 서버랙에 의해 액세스되었다. 왓슨이 내놓은 몇 가지 답변은 약간 기이한 면도 있다. 즉, 왓슨은 튜링 테스트를 통과할 수 없는 한계를 드러냈다. 그럼에도 왓슨은 자연스러운 인간 언어가 뜻하는 바를 훌륭하게 이해했으며, 언어 문맥 속의 미묘함을 기막히게 파악해냈다. 따라서 왓슨의 승리는 인공생명체의 더딘 진화 과정에 또 하나의 분수령을 이루게 되었던 것이다.

언어 처리

왓슨이 굉장한 창조물이긴 하지만 텍스트 파일을 통해 인간과 의사소통을 해야만 하는 한계를 지닌 놈아에 지나지 않는다. 그러나 퀴즈 프로그램을 제외한 다른 분야에서는 컴퓨터 기반 음성 인식기술이 급속한 성장세를 보이고 있다. 예를 들어, 샐맷 스피치 솔루션스Salmat Speech Solutions라 불리는 회사는 전화 교환원을 대체할 수 있는 다양한 시스템을 개발해 이미 실전 배치까지 마친 상태다. 이와 유사한 형태로 택시 호출 컴퓨터 시스템인 베캡VeCab은 호출하는 고객의 전화 내용을 알아듣고 예약을 받을 수 있는 기능을 선보였다. 이러한 시스템이 모든 이들에게 환영받지는 못할 것이다. 그럼에도 앞으로는 콜센터에서 전화와 컴퓨터 간의 매개 역할을 하는 전화 교환원은 점점 더 설자리를 잃게 될 것임이 자명하다.

컴퓨터는 또한 언어 번역에 훨씬 더 능숙해지고 있다. 이제 구글독스 워드프로세서와 구글 트랜슬레이트 등의 웹서비스 둘 다 웹사이트 전체나 기타 여러 문서를 눈 깜짝할 사이에 한 언어에서 다른 언어로 변환해준다. 2011년 초, 구글은 컨버세이션 모드라 불리는 스마트폰 애플리케이션의 첫 시제품을 시연한 바 있다. 사용자가 단말기에 대고 어떤 언어로 뭐라고 말을 하면, 그 말을 다른 언어로 변환해 음성으로 내보내는 식이다. 이와 유사한 실시간 음성 통역 시스템이 SRI 인터내셔널과 미 육군의 공동연구로 개발되기도 하였다. 이라크콤IraqComm이라 불리는 이 통역 시스템은 영어와 구어체 이라크어 간 통역을 해줌으로써 이라크 내 미 주둔군을 도왔다.

10년 후가 되면, 클라우드를 기반으로 한 문자 번역 및 음성 통역 서비스가 인터넷과 접속 가능한 모든 기기에 광범위하게 적용될 것이다. 이에 따라 통번역가를 고용하는 일이 줄어들 것이며, 외국을 방문하는 대부분의 사람은 전화기나 넷북, 노트북 컴퓨터 또는 태블릿 PC 등을 세계 언어 공통번역기로 활용할 수 있게 된다. 외국 영화를 비롯한 외국 TV 프로그램이나 비디오 또한 AI를 이용해 번역하는 사례가 보편화될 전망이다. 이는 2010년부터 유튜브가 처음으로 시도했던 작업이기도 하다.

최근 수십 년간 우리는 세계와 소통하는 데 있어 더 이상 거리와 시간이 장애가 되지 않는다는 것을 경험해왔으며, 이를 당연하게 생각하기에 이르렀다. 앞으로 10여 년만 지나면 다른 사람과 같은 언어를 사용하지 않는 데서 오는 의사소통의 장애도 같은 방식으로 사라질 것이다. 이는 어떤 기계장치가 튜링 테스트에 합격할 수 있는가 여부의 문제와는 별개로, 통역 시스템 자체만으로도 AI의 성공사례로 칭송받을 만하다.

영상 인식

언어처리와 더불어, 컴퓨터는 앞으로 점점 더 영상 인식에 능숙해질 것이다. 1960년대 이래로, 광학식문자인식OCR 소프트웨어는 수표에 특수 OCR 폰트로 인쇄된 숫자를 비롯해 여타 금융 관련 문서들을 읽는 데 사용돼왔다. 오늘날 인쇄된 문서라면 사실상 어떤 서체로 썼든 간에 OCR을 통해 정확하게 읽어낼 수 있다. 이는 누구라도 인쇄된 내용을 사진으로 촬영하여 편집 가능한 문서 형태로 업로드할 수 있음을 의미한다. 이렇게 저장된 문서가 자동적으로 번역될 수 있는 건 어찌보면 당연한 일이다. 앞서 언급했던 클라우드 컴퓨팅 서비스를 통해 OCR을 사용한다면 도로 표지판에 적힌 글이나 건물 외벽에 노출된 글 등, 카메라에 잡히는 어떤 것이든 쉽게 번역할 수 있다.

OCR을 통해 차량번호나 자동차 번호판을 읽어 들인 다음 자동차를 식별해내 추적하는 시스템이 이제는 상용화되기에 이르렀으며, 앞으로도 수요가 꾸준히 늘어날 전망이다. 더욱 폭넓은 물체 및 얼굴 인식기술 또한 급성장을 이루고 있다. 이러한 개발에 힘입어 앞으로는 비주얼 검색도 흔한 인터넷 서비스의 일부로 자리매김하게 될 것이다.

구글은 이미 구글 고글스라 불리는 비주얼 검색 스마트폰 애플리케이션을 확보해놓고 있다. 구글 고글스는 시야에 들어오는 물체, 즉 서적이나 건물, 로고, 주요 지형지물, 명함 등을 인식해 인터넷상에서 그 물체와 관련 있는 정보를 검색해 제시한다. 구글 고글스 앞에 스도쿠 퍼즐을 보이면 이를 풀어내기까지 한다. 지금부터 10년 뒤에는, 어떤 것에 대한 정보를 얻거나 어떤 문제를 풀기 위해 이동전화기를 어느 특정한 쪽을 향해 비추는 광경을 흔히 보게 될 것이다. 비주얼 검색은 미래의 증강현실 애플리케이션에 있어서도 핵심 역할을 하게 된다.

미래의 AI 시스템은 또한 사람을 분별하는 역할도 할 것이다. 클라우드를 기반으로 하는 AI 시스템은 수천 또는 수만 개의 카메라로부터 데이터를 모을 수 있기 때문에 우리 모두의 행동을 지속적으로 파악할 수 있게 된다. 단 한 대의 카메라에 찍힌 이미지로 개인을 정확히 지목해낼 수 있는 기능을 가진 AI 시스템은 현재 거의 존재하지 않으며, 앞으로도 그럴 확률이 크다. 그러나 같은 시스템을 CCTV 카메라 네트워크에 접속시키면 인물을 파악할 수 있는 기회가 더 많이 주어져 식별에 성공할 수 있는 확률을 끌어올리게 된다.

미래의 AI 영상 인식 시스템이 슈퍼마켓이라든지 여타 다른 상점에 설치된다면, 고객들이 어떤 상품을 주로 사는지뿐만 아니라, 어떤 상품을 들어 살펴본 후에 다시 내려놓는지까지 파악할 수 있게 된다. 미래의 영상 인식 AI에게 가게에 드는 좀도둑을 수색해내는 일 정도는 식은 죽먹기에 지나지 않는다. 콜센터 직원이나 언어 통번역가의 처지와 마찬가지로 미래의 AI는 오늘날 CCTV 카메라를 감시하는 직원들의 일자리마저 빼앗게 될 것이다.

앞서 언급한 내용들이 암시하듯, 미래의 클라우드 기반 AI는 매우 강력한 감시장치가 될 수도 있다. 이미 우리 대부분은 인터넷상에서 글자를 입력하거나 클릭을 할 때마다 우리의 통신이나 거래 기록을 비롯한 여타 인터넷 활동에 대한 디지털 흔적을 남기고 있다. 이 온라인상의 흔적과 CCTV 카메라를 지날 때마다 잡히는 기록을 합친다면, 바로 오웰의 소설에 등장하는 빅브라더가 현실화되는 것이다. 강력한 AGI의 등장을 놓고 우려를 표명하는 사람들이 존재하지만, 지구상에 있는 모든

CCTV 카메라를 검열할 수 있는 AI의 존재가 실제로 더 심각한 근심거리를 낳을 소지가 있다. AI와 영상 인식 기술이 미치는 영향에 대한 논의는 다음 장에서도 이어진다. 그러나 우선은 미래의 AI가 어떤 형태로 작동할지에 대한 궁금증을 풀어보기로 하자.

신경회로망과 기계학습

현재 지구상에서 가장 정교한 지능장치를 들라고 하면 단연 인간의 뇌라고 말할 수 있다. 아직 뇌의 기능에 대해 완벽하게 이해하는 단계는 아니지만, 뉴런이라고 불리는 수십억 개의 세포로 구성되어 있다는 점은 익히 알려져 있다. 이들 뉴런은 서로 미세한 전기신호를 주고받음으로써 연결패턴을 형성해 우리가 무엇을 느끼거나 사고하고 기억할 수 있게 해준다. 서로 연결되어 있는 뉴런 패턴들을 신경망이라고 부른다. 인공 신경회로망은 AI의 주요 분야 중 하나이기도 하다.

AI 신경회로망은 생물의 신경망과 똑같은 방식으로 특정한 입력 패턴을 분류해 이에 대해 적절한 방법으로 대응하는 법을 학습한다. 코넬 대학에서 신경회로망을 최초로 개발해 퍼셉트론Perceptron이라고 명명했다. 1960년 AI 선구자인 프랭크 로젠블랫Frank Rosenblatt이 완성한 이 신경회로망은 일련의 광센서들로 구성되어 있으며, 약 12인치 크기의 철자를 인지할 수 있도록 학습되었다. 오늘날 퍼셉트론의 신경회로망 후손들은 주요 AI 과학기술로 간주되며, 체스를 두거나, 철자나 얼굴을 인식하는 데 활용되는 것은 물론, 비행기 조종, 신용카드 사기 감지, 데이터 마이닝 등으로 그 활동 영역을 넓혔다. 이 모든 임무를 수행함에 있어 가장 핵심적인 '지적' 기능은 막대한 양의 정보가 주어지면 패턴을 찾아내 반응할 수 있는 능력일 것이다.

인간은 어떤 의사결정을 내릴 때 직관력과 식견을 조합해 판단을 내리곤 한다. AI의 경우, 직관력과 식견을 인위적으로 개발해 적용하는 데 있어 신경회로망이 최상의 인식 도구로서 가교 역할을 하는 셈이다. 어찌 보면, 직관과 식견은 대량의 데이터 속에서 학습된 패턴을 인지하는 능력에 지나지 않는지도 모른다. 음성 및 영상 인식 기술은 아직도 걸음마 단계를 벗어나지 못하고 있지만, 일부 신경회로망은 이미 어떤 패턴 인식 임무를 수행하는 데 있어 인간을 능가하기도 한다.

예를 들어, 마인츠 대학의 방사선학과 소속 연구진은 신경회로망을 학습시켜 환자의 병력과 스캔 자료에 근거해 유방암을 식별하는 데 성공했다. 600여 건에 이르는 발병 사례를 시스템에 학습시킨 결과, 이 신경회로망은 숙련된 방사선 전문의를 능가하고 있다. 향후 점점 더 방대한 의료 데이터가 인터넷을 통해 축적 및 공유됨으로써 협의의 의료 AI가 오늘날에는 진단이 제대로 이루어지지 않는 질환을 진단하는 데 사용될 가능성이 매우 높다.

아무리 헌신적이고 명석한 의사일지라도 상당히 제한적인 수의 환자 병력만을 주로 다루게 되는 상황에서 수천 건의 진단법을 적용해보는 것이 고작일 것이다. 이와 대조적으로, 미래의 의료 AI는 수백만에서 수억 건에 이르는, 끊임없이 업데이트되는 환자 기록을 대상으로 수백만 건에 달하는 진단 원칙과 패턴 매칭 알고리즘을 적용할 수 있을 것이다. 점점 더 많은 의료 데이터가 클라우드에 통합되게 되면서 미래의 의료 AI는 양성 근육통성 뇌척수염ME과 같이 진단이 까다롭고 오늘날 잘 알려지지 않은 질병들에 대해서조차 정확한 진단을 내리고 치료하는 것이 가능해질 전망이다. 유전자 변형기술, 나노기술, 바이오프린팅, 사이버네틱스 등의 발달과 더불어 금세기 의학에 있어서 가장 큰 진전은 AI 분야가 아닐까 하는 생각마저 든다.

미래에는 AI가 지능형 전력망을 통제함으로써 에너지 절약에도 기여할 수 있을 것이다. 이를 목표로 스탠포드 대학 산하 AI 연구소의 연구진은 현재 신경회로망 전력 설비개발에 착수하여 설계를 구상하고 있는데, 변화하는 전력 수요 패턴에 따라 전력의 흐름을 조절할 수 있도록 할 것이라고 한다. 데프니 콜러Daphne Koller 박사가 실리콘닷컴에서 설명한 것처럼 이것은, 학습이 가능한 AI 시스템이 "사람들이 투입되었을 때보다 훨씬 뛰어나게 업무를 처리하는" 하나의 사례에 불과할 것이다. 새로운 지능형 전력망 시스템은 앞으로 어떤 일이 벌어질 것이라는 고정된 시각을 토대로 만들어진 시스템이 아니기 때문에 이러한 결과를 낳을 수 있었던 것이다.

신경회로망과 AI 학습이 비약적인 발전을 이루고 있는 세 번째 분야는 무인자율차량 개발이다. 예를 들어, 스스로 운전하는 자율운전차량을 실험하는 데 구글이 적극적으로 뛰어든 지 상당한 시간이 흘렀다. 자동차를 A에서 B지점까지 조종하기 위해 이 차는 비디오카메라, 전파 탐지기와 레이저 거리 측정기의 데이터 등을 구글맵과 AI 신경회로망에 결합하는 방식을 취한다. 이와 관련된 기술개발 사업으로 유럽연합 집행위원회가 의뢰한 연구 프로젝트인 '친환경 안전도로열차SARTE'가 스웨덴에서 시험 운행에 돌입했다. SARTE는 무선으로 객차들을 연결해 대열을 이루어 '로드 트레인' 형태로 준자율적semi-autonomously인 방식으로 운행하게 된다.

2004년 이래로 미국 국방첨단과학기술연구소DARPA는 무인자동차 경주대회인 '그랜드 챌린지'를 세 차례 주최했다. 2004년 당시 가장 먼 거리를 주행했던 차량은 단 7마일을 운행하는 데 그쳤으나, 2005년에는 총 다섯 대의 차량이 곡선차로와 터널 등이 산재한 150마일에 이르는 경로를 주파했다. 2007년에는 여섯 팀이 60마일에 달하는 도심 경로를 완주하였다. 따라서 향후 10년 후면 상용화된 자율운전차량이 등장할 가능성이 높다고 할 수 있다. 이들 차량이 시판되기 위해 넘어야 할 가장 높은 장애물은 AI 도로교통법안의 통과 여부일 것이다. 현재의 법규대로라면, 자동차나 신경회로망을 법정에 세워 교통위반에 대한 책임을 지우는 웃지 못할 상황이 벌어질 수도 있기 때문이다.

인간의 뇌를 모방하다

인간 뇌의 기능을 모방하고자 하는 연구는 신경회로망 연구에만 국한되지 않는다. 그중에서도 특별히 관심을 모으는 연구는 블루 브레인 프로젝트다. 스위스의 로잔연방 공과대학에서 진행하고 있는 이 야심찬 프로젝트는, 컴퓨터 내에서 살아 있는 뇌의 시뮬레이션을 개발하는 것을 목표로 삼고 있다. 이 프로젝트의 웹사이트에 의하면, 이 연구의 의도는 "포유류의 뇌를 역설계하는 데 있으며, 이는 세밀한 시뮬레이션을 통해 뇌의 기능 및 기능장애 요인을 좀 더 자세히 이해하기 위한 것"이라고 한다.

시뮬레이션이란 모델로 삼았던 데이터만큼의 결과를 내게 되어 있다. 따라서 블루 브레인 프로젝트는 생쥐의 뇌의 체감각 피질을 대상으로 15년간 1만 5,000회에 달하는 실험을 거친 후에야 비로소 출범할 수 있었다. 이들 실험에 힘입어 바늘구멍만 한 신피질 컬럼neocortical column 한 개의 조직적, 유전적, 전기적 특성에 대한 이해가 가능했다. 이렇게 모은 지식으로 무장한 다음, 프로젝트의 1단계에 돌입하여 그 작은 뇌의 일부를 컴퓨터 소프트웨어에 세포 하나하나까지 본뜨는 작업을 진행했다.

현재 블루 브레인 프로젝트는 8,000개의 프로세서를 장착한 슈퍼컴퓨터를 이용해 1만 개에 이르는 뇌의 신경세포를 모사 실험하고 있다. 현재 정보처리 능력으로 10만 개의 뇌신경세포에 해당하는 모델을 만들어낼 수 있을 것이다. 그다음 단계를 위해서는 훨씬 더 많은 정보처리 능력을 요하게 될 것이다. 장래에 양자 컴퓨터가 개발된다면 그 정도의 정보처리 능력쯤은 거뜬히 감당할 수 있을 것이다. 블루 브레인 프로젝트의 총책임자인 헨리 마크럼Henry Markram에 의하면, 인간 두뇌의 시뮬레이션 제작이 가능할 뿐 아니라, 이르면 2019년 안에 이를 이루어낼 수도 있다고 한다.

블루 브레인 프로젝트의 성공이 우리의 삶에 과연 어떠한 변화를 가져오게 될지를 예측하기란 쉽지 않다. 이 연구는 전적으로 AI 프로젝트라고만 말할 수 없다. 하지만 AI 연구에 지대한 영향을 미칠 수 있다. 예를 들어, 블루 브레인 프로젝트의 연구진은 컴퓨터 모델의 활성화된 뉴런의 상호작용으로 인해 어떤 의식이 깨어날 수도 있다는 가능성을 인정했다. 만일 이러한 현상이 발생한다면, 블루 브레인 프로젝트는 지구상 생명의 진화의 역사에 있어 획기적인 한 획을 긋게 되는 것이다.

블루 브레인 프로젝트가 매우 의미심장한 연구 성과를 거둘 것으로 기대되는 가운데, 일부 과학자들은 이와는 완전히 판이한 접근 방식을 통해 두뇌 관련 AI 연구를 진행하고 있다. 예를 들어, 사이버네틱스의 권위자인 케빈 워윅 교수는 컴퓨터 소프트웨어를 활용해 생물의 뇌를 재현하려고 하기보다, 실제 뇌세포를 로봇 몸체에 연결하는 실험을 진행하고 있다. 영국 레딩 대학 산하 인공두뇌 지능연구그룹Cybernetic Intelligence Research Group의 연구팀과의 작업을 통해 워윅 교수는 생쥐의 뇌에서 세포를 추출해 인큐베이터에서 성장시킨 후 컴퓨터와 연결하여 하이브리드 AI를 개발해냈다. 워윅 교수에 의하면 이 연구의 결과로 유기 및 무기 AI 간의 학습 방식의 차이를 발견하는 계기를 마련할 수 있었다고 한다.

워윅 교수가 발견한 사실들 중 하나는 유기 뇌세포를 갖춘 로봇은 순전히 컴퓨터 소프트웨어만으로 만들어진 뇌보다 학습 속도가 느리다는 사실이다. 그러나 무기 신경회로와는 다르게 생쥐의 뇌세포로 만들어진 로봇은 어떤 것을 연습하면 할수록 점점 잘하게 된다고 한다. 이는 육체적 활동의 반복적인 패턴이 신경경로를 강화시키기 때문이다. 워윅 교수는 이 실험의 다음 단계에서는 인간의 뇌세포를 이용해 로봇을 조종하는 시도를 해보려고 한다. 이로써 사이보그 개발의 가능성을 점쳐볼 수 있게 될 것이다.

인공지능혁명

지난 10여 년에 걸쳐 인터넷과 휴대전화는 별다른 거부감 없이 우리 일상생활의 일부가 되었다. 반론을 펼치는 사람들도 일부 있으나, AI 또한 큰 저항 없이 우리의 수많은 일상용품이나 생활환경에 스며들듯 침투해 들어갈 것이다. 그렇게 된다면, 조만간 지능형 무기물체가 우리의 구두 명령에 따라 우리가 필요로 하는 정보를 미리 제공한다든가, 번역을 하거나, 사람이나 물건을 인식 및 추적하고, 질병을 진단하며, 시술을 시행할 수도 있을 것이다. 우리 DNA의 결점을 재프로그래밍하거나 모든 종류의 차량을 운전하는 등의 서비스 또한 제공하게 될 것이다. 만약 이러한 일이 실현되는 것을 원하지 않는다면 서둘러 저지해야 한다. 그러나 더욱 안락한 삶을 영위하게 하는 데 거부감을 보이며 지능형 기기의 등장에 반기를 들 조짐은 전혀 보이지 않는 것 같다.

만일 다가오는 AI혁명에 반기를 들 의사가 없다면, AI 수용이 몰고 올 광범위한 파급효과에 대해 진지하게 고민해야 할 것이다. 무인자율차량에 대해 이야기할 때도 언급했지만, 지능형 기계들과 지구상에 공존하기 위해서는 우리의 법률체계에 대한 전면적인 개편이 불가피하다. 이러한 문제를 염두에 두고, 지난 2007년 한국은 실제로 인간의 학대로부터 로봇을 보호하기 위한 윤리헌장을 작성했다.

2030년까지 AI의 개발을 둘러싼 윤리 및 법률적 사안들의 일부는 상당히 골치 아픈 쟁점으로 부상할 것이다. 예를 들어, AI가 특정한 지능 수준을 넘어섰을 경우, 인간이 자의적으로 전원을 껐다 켰다 하는 것이 윤리적으로 용인될 수 있는 행위인가 하는 문제를 생각해볼 수 있다. AI가 만약 지각이 있는 존재로 판별될 경우라면 이러한 이슈는 더욱 민감한 사안으로 다가올 수밖에 없다. 만약 지각능력이 있는 AI가 실제로 등장한다면, 지능형 기술과 인간의 관계라든지 사회 내에서 AI가 차지하는 지위 등이 전면적으로 재구성되어야 할 것이다. 고용법이 지각능력을 가진 AI에도 적용될 수 있는가? 아니면, 차별에 대한 법규와 관련하여 문제될 소지는 없는가? 그리고 지각능력 있는 AI의 사고 전체를 한 개인이나 회사가 소유할 수 있도록 허용할 것인가? 아니면 AI에게도 매일 '사적인 시간'이 허용되어, 마음대로 자유롭게 사고하고 그 시간 내에 생각한 것은 자신이 간직할 수 있는 권리가 있는가?

지각능력 있는 AI의 탄생은 종교적인 문제를 낳을 수도 있다. 만약 블루 브레인 프로젝트 같은 연구가 의식을 만들어내는 데 성공한다거나, AI가 교회의 웹사이트에 들어오거나 교회의 문을 두드리며 신도가 되기를 희망하는 모습을 상상해보라. 오늘날 온라인상에서 만난 커플들이 긴밀한 관계로 발전하는 경우가 많은 것으로 보아, 인간도 언젠가는 AI와 사랑에 빠지거나 AI끼리 서로 사랑에 빠질 가능성도 배제할 수 없다. 만약 그렇게 된다면, 금세기 말 무렵이면 신랑이나 신부 한쪽이 또는 양쪽 다 무생물인 커플이 결혼식을 올리는 광경을 보게 될지도 모른다.

특이점에 임박하다

미래학 연구가들 사이에 가장 많이 회자되는 주제 중 하나는 특이점이라 불리는 개념이다. 이 개념의 정의가 항상 고정불변의 것은 아니나, 그 기본적인 의미는 인류가 인간 지능의 몇 배 이상의 지능을 지닌 어떤 지능적인 형태가 등장하는 그 어떤 시점(특이점)을 향해 내달리고 있다는 것이다.

인공지능 특이점연구소가 설명하듯이, 지능은 모든 기술의 근간을 이룬다. 이번 장은 새로운 형태의 인공지능을 개발하기 위한 과학기술의 활용에 대해 살펴보았다. 그러나 만약 그렇게 개발된 인공지능이 자체적

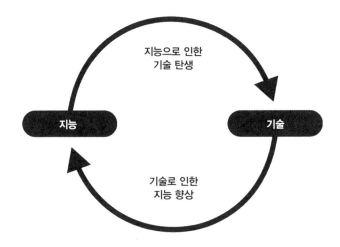

지능으로 인한
기술 탄생

지능

기술

기술로 인한
지능 향상

<그림 17-1> 특이점 고리

으로 새롭고 더 똑똑한 기술을 탄생시킨다면, 긍정적인 환류고리가 형성되는 것이다. 이러한 특이점 고리가 〈그림 17-1〉에 제시되어 있다. 인공지능 특이점연구소가 이 개념을 한마디로 정리한 바에 따르면, "똑똑한 머리는 보다 더 똑똑한 머리를 만드는 데 더욱 효과적일 것"이다.

인간을 능가하는 지능은 다양한 잠재적 방식으로 진화하게 될 것이다. 가장 쉽게는 IBM의 왓슨 슈퍼컴퓨터와 유사한 형태의 완전 무기물 AI를 상상해볼 수 있다. 두 번째로는 기존의 실리콘 회로와 인간 및 동물의 뉴런을 합성하거나, 합성생물학을 통해 만든 바이오칩을 장착한 무기-유기 하이브리드 형태로 만들어질 수 있다. 또 하나의 가능성은 인간이 '자연적인' 지능을 증강시키는 경우로서, 나노기술, 유전자 변형, 합성생물학, 바이오프린팅, 사이버네틱스를 이용한 증강 등을 통해 특이점을 지나는 것이다. 마지막으로 인간지능의 한계를 넘어서 특이점에 도달하는 형태가 다름 아닌 디지털 복합체가 될지도 모른다. 즉, 인터넷의 규모가 팽창해 상호 연결된 수십억 개의 서버컴퓨터와 인간의 의식으로 구성된 지각능력을 지닌 클라우드를 말하는 것이다.

미래학자들 사이에는 특이점에 언제 도달하게 될지, 또 그것이 의미하는 바가 무엇인지에 대한 치열한 논쟁이 일고 있다. 그러나 언제인가 어떤 새로운 형태의 지적 존재가 등장하여 새로운 시대의 도래를 알리게 될 것이라는 사실에 대해서는 추호의 의심도 갖지 않는다. 필시 일단 특이점을 지나게 되면, 인류나 다른 형태의 어떤 존재는 한때 상상할 수도 없었던 능력을 지니게 될 것이다. 그러한 능력은, 오늘날 인간의 지능밖에 지니지 못한 우리에게는 그야말로 이해가 불가능한 것일 수밖에 없다.

AI의 개발이 현재 그 어느 누구도 이해할 수 없는 지능 형태로 나타날 가능성이 크다는 사실은 우리 모두 앞에 궁극적으로 AI 문제를 던져놓는다. AI에게 주차위반 고지서를 발행할 수 있는지, 또는 결혼을 할 수 있는지 따위의 문제는 이에 비하면 아주 사소한 것에 지나지 않는다. 어떻게 보면 아직까지 후기 인간적 지성post-human intelligence을 만들어내지 못한 것이 다행인지도 모른다. 하지만 이 책의 말미에 우리는 이 특이점의 난제로 다시 돌아가게 될 것이다.

Chapter 18

증강현실

1990년대 중반에 가상현실VR은 차세대 첨단분야였다. 하루의 여정이 입체 그래픽 세계 속에 구현돼 많은 사람이 그 세계 속에서 일하거나 놀이를 즐길 것으로 예상했다. 이에 따라 VR 헤드셋이나 데이터 글러브 등을 개발하는 데 상당히 많은 시간이 투자되었다. 이들을 활용해 가상세계에 완전 몰입할 수 있도록 한다는 계획이었다.

VR은 예상했던 대로 진행되지 않았다. 현재 누군가를 VR 사무실에서 근무시킬 수 있는 기술을 보유하고는 있지만, 실제로 누가 그렇게 하고 있다는 사례는 보고된 적이 없다. 그럼에도 1990년대 중반의 미래학자들의 예견이 완전히 빗나갔다고는 할 수 없다. 오늘날 입체 컴퓨터 게임과 세컨드 라이프와 같은 온라인 VR 세계에는 통상적으로 수백만 명이 운집해 있다. 또한 수억 명에 달하는 사람들이 매일같이 페이스북이나 트위터와 같은 소셜네트워킹 가상세계를 방문하고 있다.

1990년대 미래학자들이 간과했던 요소는 비몰입 VR에 대한 폭발적

수용 현상이었다. 다시 말해, 수많은 사람이 기존의 컴퓨터 디스플레이를 이용해 매주 몇 시간씩을 투자해가면서 가상세계를 드나들게 될 것이라는 점을 예상하지 못했다. VR이 대중의 호응을 얻기 위해 몰입형 입체 하드웨어를 남발할 필요가 없었던 것이다. 오히려 진정 필요로 했던 것은 휴대용 기기를 비롯해 디지털 영역을 손쉽게 드나들 수 있도록 해주는 수많은 온라인 기기뿐이었다.

오늘날 비록 비디오게임과 다양한 산업 용도로 VR이 계속 개발되고 있기는 하지만, 대중의 관심을 한 몸에 받았던 과거의 영광을 다시 회복할 기미는 보이지 않는다. 그러나 '증강현실AR'이라는 새로운 개념이 상당한 반향을 불러일으키고 있다. 증강현실은 실제세계와 사이버공간을 통합하는 것으로서 차세대 온라인혁명을 주도하게 될지도 모른다.

현실과 클라우드의 접점

오늘날의 AR 대부분은 실시간으로 보이는 세상에 클라우드로부터 출력한 데이터를 덮어씌우는 형태를 취하고 있다. 즉, VR이 사용자를 현실로부터 떼어놓는 식이라면, AR은 현실에 유용하다고 판단되는 곳에 추가적인 정보를 덧붙이는 형식이라 할 수 있다. 따라서 AR은 VR보다 더 자연스럽고 사람들이 좀 더 손쉽게 다룰 수 있다. AR 애플리케이션이 스마트폰이나 태블릿 PC 등 사람들이 주로 사용하는 기기에서 작동됨을 감안할 때, AR의 대중적 수용은 이미 보장된 것이나 다름없다.

〈그림 18-1〉은 AR의 원리를 자세히 보여주고 있다. 이 그림을 보면 파리 에펠탑 근처의 한 여성이 스마트폰 카메라를 향해 서 있다. AR 애

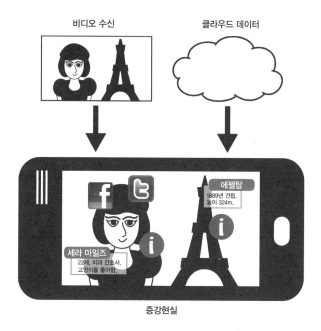

비디오 수신　　　　클라우드 데이터

증강현실

〈그림 18-1〉 증강현실

플리케이션은 클라우드 영상 인식 기능과 GPS, 컴퍼스 데이터 등의 조합을 통해 현재 화면에 잡힌 사물들을 파악해낸다. 이렇게 함으로써 스마트폰 영상에 관련 정보를 덧씌울 수 있으며, 그 여성과 건물에는 자동적으로 이름과 짧은 설명이 덧붙는다.

만약 스마트폰 사용자가 에펠탑에 대해 더 자세히 알고자 한다면, 에펠탑에 부착된 아이콘을 가볍게 클릭하기만 하면 된다. 또한 그 여성에 대해 더 자세한 사항을 알고 싶다면 트위터나 페이스북을 선택하든지 그녀의 머리에 붙어 있는 정보 아이콘을 클릭하면 된다. 이 단순한 시나리오가 보여주듯이, AR은 현실세계의 물체와 사람들을 클릭할 수 있게 해준다.

이 글을 집필하는 시점에 사람과 건물을 모두 인식해 증강시킬 수 있는 기능을 가진 스마트폰 애플리케이션은 아직 출시되지 않은 상태지만, 그러한 애플리케이션의 제작에 필요한 개별 기술들은 이미 개발되어 있다. 2020년이나 그보다 훨씬 빠른 시기에 〈그림 18-1〉에 예시된 AR 시나리오가 다양한 휴대용 컴퓨팅 기기들을 통해 작동되기 시작할 것이다.

스마트폰과 태블릿 AR

현재 특수한 웹브라우저를 이용하여 다양한 스마트폰이나 태블릿 PC에서 AR을 띄울 수 있다. 그중에서도 레이어Layar, 주나이오Junaio, 위키튜드 월드 브라우저Wikitude World Browser는 무료 다운로드가 가능하며 일부 스마트폰에는 기본으로 설치되어 출시되기도 한다. AR에 관심이 있는 사람이라면 여기에 소개한 브라우저의 웹사이트를 한번 방문해보기 바란다.

〈그림 18-1〉에 나타난 것처럼 레이어, 주나이오, 위키튜드 등의 브라우저 모두 실시간 비디오 수신에 추가적인 정보를 덧씌운다. 각 시스템마다 사용자가 어떤 종류의 정보를 중첩시킬 것인지를 결정할 수 있는데, '레이어' '채널' '월드' 같은 다양한 종류의 AR 중에서 고르게 되어 있다. 이러한 브라우저에 상업성을 강화시키기 위하여 2010년 2월 레이어는 세계 최초의 AR 장터를 출범시켰다. 이로써 누구든지 AR 체험을 판매할 수 있게 되었으며, 레이어가 설치된 기기를 통해 다운받을 수 있다.

레이어 장터는 이미 1,000개 이상의 AR 정보 레이어layer를 보유하고 있다. 이는 가까운 식당이나 우체통, 나이트클럽, 도시 관광지, 숙박 장소, 트위터 피드 등이 어디 위치하고 있는지 알려주며, 심지어는 데이트 상대를 구하는 독신자들을 찾아주기도 한다. 이제는 스마트폰만 있으면 근처에 어떤 주택이 얼마에 매물로 나왔는지를 알아볼 수 있게 되었다. 또는 스마트폰을 호텔 쪽으로 겨누어 빈 객실이 있는지 확인할 수도 있다. 만일 스마트폰을 가지고 런던의 애비로드Abbey Road에 간다면, 비틀즈가 그 유명한 횡단보도를 건너는 모습을 입체 그래픽으로 감상할 수도 있다.

레이어 브라우저용 AR게임도 많이 출시되었다. AR게임은 실제 장소에 이차원 또는 입체 그래픽을 입혀 게임 무대로 바꿔놓는다. 예를 들어, 레이어 버전용 팩맨Pacman게임에서 플레이어는 거리를 거닐며 스마트폰을 이용해 공중에 떠다니는 파워 알약을 먹어치운다. 또 다른 레이어 게임은 공중에 광고를 띄워 놓거나, 건물 벽면에 가상의 낙서를 스프레이로 뿌리기도 한다.

박물관과 미술관도 이제 막 AR 열풍에 동참하기 시작했다. 이들 중 일부는 전시품에 대해 방문객들이 추가적인 정보를 제공받을 수 있도록 하고 있다. 홉팔라Hoppala는 방문객이 예전의 실제 위치에서 이전된 조각품이나 여타 소실된 설치미술 등을 되불러내 감상할 수 있는 AR 레이어를 개발하기도 하였다. 또한 건설현장을 방문할 경우, 방문객이 주변을 거닐며 스마트폰을 들여다보면 완공된 모습을 살펴볼 수 있도록 하는 레이어 브라우저용 레이어도 개발되었다.

레이어, 주나이오, 위키튜드 월드 브라우저 모두 스마트폰 또는 태블릿 PC의 GPS와 컴퍼스 데이터를 이용해 해당 기기의 위치와 방향을 파악하고 있다. 주나이오는 부가적으로 특수하게 프린트된 AR 표적을 인식하기도 한다. 하지만 이 책을 집필하는 시점에서 가장 잘 알려진 AR 브라우저 중에서 영상 인식 기능을 활용해 사람이나 물체를 인식하는 모델은 존재하지 않았다. 그러나 구글 고글스라는 스마트폰 애플리케이션은 클라우드 기반 AI를 이용해 영상 인식이라는 기발한 기능을 실현시키고자 한다.

구글 고글스는 이미 명소를 비롯해 예술품, 서적, 포도주 등을 인식해 정보를 제공할 수 있다. 수년 뒤에는 이러한 기능이 지금은 휴대용 단말기의 GPS 및 컴퍼스 데이터에 의지하고 있는 주요 AR 브라우저에 통합될 것이 확실하다. 그렇게 되면, 시야 안에 들어와 인식되는 모든 사물에 대해 AR 데이터를 불러와 정보를 중첩시킬 수 있게 된다. 때문에 만일 누군가 특별히 좋아 보이는 신발을 신고 있다면, 스마트폰을 신발에 겨누어 스타일과 제조사를 확인한 다음 화면을 두드려 온라인으로 주문할 수 있게 될 것이다.

현재 구글 고글스는 제한적인 범위 내의 사물들만 인식할 수 있지만, 사람을 인식해 증강시킬 수 있는 AR 애플리케이션의 개발이 진행 중이다. 디 어스터니싱 트라이브The Astonishing Tribe, TAT는 이미 레코그나이저Recognizr라는 '증강신원augmented identity' 스마트폰 애플리케이션을 선보이며 비디오 시범을 공개했다. 조만간 낯선 사람과 마주칠 때마다 스마트폰을 꺼내 그에 대한 신상정보를 알아보는 것이 가능해질 것이다.

증강신원이 본격화될 경우 우리 모두가 몇 가지 AR 신분을 지닐 필요가 있을 것이라고 TAT는 조언한다. 즉, '근무' 또는 '파티' 등과 같이 다른 시간, 다른 환경에서 '적용'할 신분을 말하는 것이다. 직장에서 일할 때라든지 여행을 떠났을 때 각기 다른 AR 정보를 발신하고 싶어 하는 사람들이 많을 것이라 생각된다.

스마트폰이 사람들을 식별해내기 위해서는 클라우드상에 제대로 꼬리표가 붙은 사진을 모아놓은 데이터베이스가 존재해야 한다. 증강신원 AR 시스템이 구축되기도 전에 사람들의 거센 반발을 야기시키지는 않을까 하는 우려를 표명하는 사람들도 있을 것이다. 그러나 페이스북의 사례를 보자면, 페이스북은 자사 사이트에 업로드된 사진이나 비디오 콘텐츠에 대해 이미 "통상적이며, 양도 가능한 서브라이센스를 허용하는, 로열티 없는 전 세계적 사용권"을 주장하고 있다. 이는 수많은 사람에게 이미 수차례 되풀이돼서 꼬리표가 달렸을 것이라는 사실을 의미하며, 그런 방대한 이미지 데이터베이스는 미래의 AR 얼굴 인식 애플리케이션을 위한 완벽한 재원이 될 것이다. 〈그림 18-1〉에서와 같이 사람에게 클릭할 수 있는 아이콘을 부착한다는 아이디어가 공상과학으로만 머무를 날이 이제 얼마 남지 않았다.

몇몇 업체는 AR의 잠재력을 일찌감치 깨닫고 움직이기 시작했다. 예를 들어, 스타벅스의 경우는 사용자가 자사의 점포 위치를 파악할 수 있는 위키튜드 월드를 개발했다. 이 앱은 또한 영업시간이나 와이파이 사용 여부 등의 부수적인 정보를 제공하기도 한다. 경쟁력을 유지하고자 하는 소매업자라고 한다면 이처럼 AR의 세계에 발을 들여놓아야 할 것이다. 그렇지 않으면 증강현실의 세계에서 잊히고 마는 처지에 놓이게 된다.

차세대 AR

어떤 AR은 이미 스마트폰이나 태블릿의 기능을 능가하는 인터페이스 하드웨어를 필요로 한다. 이를 구현할 새로운 AR 주변기기들이 이미 개발 단계에 있다. 예를 들어, 뷰직스Vuzix는 '랩 920AR'이라는 1세대 AR 안경을 출시했다. 이 안경은 머리 움직임을 감지하는 센서와 두 대의 카메라를 결합해 입체효과를 경험하게 해준다. 비록 신제품 발표회 당시 붙어 있던 가격표는 2,000달러에 달했지만, 앞으로 널리 대중화된다면 가격이 큰 폭으로 떨어질 전망이다.

이보다 더 정교한, 안경 모양의 AR 하드웨어는 다색 레이저를 이용해 사용자의 망막에 이미지를 직접 투사할 수도 있다. 그럴 경우, AR이 하드웨어 착용자의 시계를 완전히 장악하게 된다. 망막 이미지 영상장치는 앞으로 수년 내에 시장에 선보일 수 있을 것으로 예상되는 가운데, 일본의 가전제품 업체인 브라더가 '에어스카우터AiRScouter'라 불리는 시제품을 이미 발표했다.

그 밖에 다른 미래의 AR 하드웨어는 기존의 사물에 통합되는 형태를 취할 것 같다. 예를 들어, 제너럴 모터스의 인간 기계 연계부서는 꽤 오랜 기간에 걸쳐 여러 대학과 이른바 '첨단 비전 시스템'을 개발하기 위해 공동연구를 진행해왔다. 이 시스템은 기존의 자동차 앞 유리를 증강현실 디스플레이로 바꿔놓는다.

제너럴 모터스의 시스템은 외부 및 내부 카메라를 이용해 도로 상태와 운전자의 시각에 들어오는 모든 상황을 감지한다. 자동차 앞유리에 투영된 이미지들은 운전자의 시선이 향하는 방향에 적절히 배치될 수 있다. 이 시스템은 보행자라든지 교통신호와 같은 운전 중 주의를 요하는 중요한 물체들을 강조해주는 것을 목표로 하고 있으며 시계가 좋지 못한 상황일 때에는 도로 가장자리를 표시해주기도 한다.

앞으로는 위성 내비게이션 데이터도 AR 유리 디스플레이에 통합될 수 있을 것이다. 그렇게 되면, 화살 표시가 도로에 바로 중첩되어 나타나게 된다. 이론상으로는 어떤 형태의 데이터든지 AR 유리 이미지에 투영되도록 할 수 있다. 즉, 지역의 명소나 심지어 광고까지도 나오게 할 수 있을 것이다. 하지만 이는 무인자율차량이 아닌 이상 운전자의 안전에 악영향을 미칠 수도 있다. 그러나 미래의 차량이나 버스, 기차 등의 유리창을 이용해 스쳐지나가는 세상을 더욱 즐길 수 있도록 하는 승객을 위한 서비스는 가능하다.

그 외의 미래 AR기술은 우리 자신에게도 응용될 가능성이 높다. 향후 10년 뒤면 AR 콘택트렌즈가 개발될 가능성이 많다. 소형기기로부터 무선으로 전력 및 데이터를 전송받게 될 이 렌즈는 증강된 세계를 둘러보기 위해 스마트폰이나 태블릿을 들어 올려야 하는 수고를 덜어주게 될 것이다.

바백 파르비츠Babak A. Parviz가 이끄는 워싱턴 대학의 연구팀은 이미 AR 콘택트렌즈의 시험 제작 원형을 개발해냈다. 이 렌즈는 매우 단순한 LED 디스플레이 매트릭스를 응용한 형태로 실제 세상에 철자 한 개를 중첩시킬 수 있다. 초기 모델이라 현재 해상도는 약간 조야한 편이지만 무선전력 및 무선네트워킹 기능을 갖추고 있다. 따라서 AR 세계에 지속적으로 몰입하게 도와줄 콘택트렌즈를 끼고 즐기는 것이 실현 가능할 날이 올지도 모른다. AR 비전 시스템 개발이 이러한 단계를 아예 초월할 가능성도 있다. 즉, 두뇌와 컴퓨터 간의 연계를 통하여 AR 비전 시스템이 바로 우리의 시신경에 직접 연결될 수 있는 잠재성이 있는 것이다.

감소된 현실

착용하거나 피부 속에 삽입할 수 있는 하드웨어가 상용화될 경우, 실시간으로 보이는 세상을 증강시키거나 감쇄시킬 수도 있는 AR 시스템이 등장할 수 있다. 얼핏 듣기에 좀 엉뚱하기도 하겠지만, '감강현실' 애플리케이션은 우리의 시계 내에서 보기 싫은 것들을 제거해주는 기능을 할 것이다.

포토샵 프로그램의 최신 버전은 사용자가 그림에서 어떤 사물을 지우든지 그 배경은 변함 없도록 복구해주는 지능적인 기능을 갖추고 있다. 바로 이러한 첨단기술을 응용해 독일 일메나우 공과대학의 연구팀은 이미 AR 시스템에 포토샵의 기능과 유사한 이미지 처리능력을 추가하였다. 독일 연구진의 현실 감쇄 소프트웨어는 실세계의 카메라 이미지로부터 선택한 사물을 제거하면 불과 40/1,000초의 지연 후에 수정된 결과를 보여준다. 거의 대부분의 사람들은 지연 반응을 눈치채지 못한다.

앞으로 10년 뒤면, AR 안경이나 AR 콘택트렌즈를 착용한 사람들이 보고 싶은 것과 보기 싫은 것을 구분해 보게 될지도 모른다. 공원에 널린 쓰레기에 신물이 났거나 집 앞에 줄지어 주차한 차량들이 보기 싫다면 감강현실 시스템에 제거 동작을 실행시켜 그러한 광경을 눈앞에서 말끔히 치울 수 있다. 늘상 공원에서 볼 수 있는 오리 떼보다 분홍색 플라밍고를 더 선호하는가? 전혀 문제될 것이 없다. 콘택트렌즈와 연결된 소프트웨어가 오리들을 제거하고 당신이 선택한 야생 조류를 추가하면 된다. 심지어는 분홍색 플라밍고에 파란색과 주황색 줄무늬를 입힐 수도 있다.

놀라운 잠재성을 지닌 기술이긴 하지만 최고 사양의 감강현실 시스템은 안전문제를 일으킬 소지가 다분하다. 일단 움직이는 차량이나 위험한 장애물을 그 누구의 시야에서 없애는 일은 현명하다고 할 수 없다. 그럼에도 날이 갈수록 북적거리는 미래 도시에서 현실감쇄 기능은 인적이 드문 공원이나 기타 평온한 공공장소를 거닐 수 있는 유일한 기회를 제공해줄지도 모른다. 또한 지금으로부터 수십 년이 지나면 우리 자신이나 우리의 아이들이 광고 및 기타 여러 프로퍼갠더에 무방비로 노출되는 수위를 낮출 수 있는 이 기회를 기꺼이 받아들이게 될 수도 있다.

AR 세계에 살다

인류는 세상에 대한 호기심을 품고, 그 호기심을 끊임없이 충족시킴으로써 살아남을 수 있었고, 마침내 지구를 지배하는 위치에까지 올라서게 되었다. 미래의 AR 시스템은 실세계를 클릭할 수 있도록 함으로써 잠재적으로 우리의 호기심을 강화시키고 새로운 방식으로 그 호기심을 충족시켜 줄 것이다. 따라서 AR 자체가 매우 유용한 것으로 판명될 수도 있다. 하지만, 미래의 AR기술이 점점 더 인간이 직접적인 대인관계를 통해 배워나갈 필요성을 약화시켜버릴 수 있는 부정적인 측면을 간과할 수도 없다.

이제 10여 년 뒤면, AR 기능을 탑재한 스마트폰을 통해 사전 보고를 받지 않은 사람에게는 말을 걸지 않아도 될지 모른다. 오늘날 낯선 사람에 대해 알고자 할 경우, 그 사람에게 다가가 말을 거는 것이 보통이다.

이러한 방식이 항상 성공적인 것은 아니지만, 유용한 학습 경험의 수단이 되기도 한다.

이미 수많은 사람이 페이스북을 통해 사회생활을 영위한다. 이들에게 스마트폰을 겨누거나 눈으로 더블클릭함으로써 세상의 모든 사물과 사람에 대해 알 수 있는 기회가 주어진다면, 다른 사람들과 어울리지 못하거나 종래의 방식대로 직접 부딪혀가며 호기심을 충족시키지 못하는 새로운 세대를 양산하게 될 것이다. 인류가 클라우드에 대규모로 접속하게 됨에 따라, 우리는 바로 이런 식으로 바뀌어야 할지도 모른다. 그러나 나는 개인적으로 그렇게 되는 것에 의구심이 든다.

새로운 컴퓨터기술이 대부분 그러하듯이, AR은 엄청난 잠재력을 지니고 있다. AR 애플리케이션은, 차세대 스마트폰 및 태블릿의 판매를 촉진시킬 정도의, 입이 딱 벌어질 만한 요소를 제시할 수 있다는 것만으로도 앞으로 널리 보급될 가능성이 매우 높다. 그렇다 하더라도 불과 10여 년 전에 닷컴의 열풍과 몰락의 조변석개하는 운명을 통해 익히 경험했듯이 모든 것이 삽시간에 걷잡을 수 없는 상황으로 치달을 수도 있다. 따라서 우리는 AR이 시장에 돌풍을 일으킬 수 있는 차세대 성공작이 될 수도, 또는 기술적 몰락으로 귀결될 수도 있다는 점을 유념하여 모든 가능성을 열어두어야 한다.

Chapter 19

양자 컴퓨터

어떠한 인터넷 비밀번호나 데이터 암호화 코드도 순식간에 풀 수 있는 컴퓨터가 있다고 한번 상상해보자. 아니면 지구의 기후 모델을 정밀하게 제작할 수 있는 컴퓨터가 있다고 가정해보자. 아니면 전 세계에 설치된 모든 CCTV 카메라를 감시할 수 있는 컴퓨터가 있어 우리 모두의 행적을 추적할 수 있다고 생각해보자. 이러한 엄청난 처리능력을 갖추고 있는 컴퓨터는 현존하지 않을뿐더러 공상과학물에나 나올 법하다. 그러나 이러한 수준의 전산능력을 바로 양자 컴퓨터라 불리는 차세대 과학기술이 앞으로 제공할 것이다.

간단하게 말하면, 양자 컴퓨터란 아원자 규모로 정보를 저장, 처리하는 기기를 일컫는다. 양자 컴퓨터는 차세대 컴퓨터 하드웨어 개발에 있어 그야말로 최첨단을 달리는 기술이라 할 수 있다. 매우 실험적인 양자 컴퓨터 몇 대가 이미 생산되었으며, 이들 중 한 대가 최근에 1,000만 달러의 가격표를 달고 재력 있는 선도 기업체에 시판되었다. IBM과 구글을 비롯한 컴퓨터업계의 거물들도 양자 컴퓨터에 지대한 관심을 보이기 시작했다. 오늘날의 마이크로프로세서 기반 기술을 뛰어넘는 일대진보를 의미한다는 것을 잘 알고 있기 때문이다.

무어의 법칙을 뛰어넘어

수년 동안 컴퓨터의 발전은 무어의 법칙에 의해 좌우되어왔다. 이 법칙은 1965년, 인텔의 공동 설립자인 조지 무어George Moore가 기존 집적회로 트랜지스터의 수가 매 18개월마다 배가할 것이라고 언급했던 데서 유래한다. 무어의 법칙은 오늘날까지도 오차 없이 지켜져 왔다. 그러나 각 회로의 구성요소가 몇 개의 원자를 합쳐놓은 크기에 지나지 않는 시점에 반드시 도달하게 될 것이다.

1980년대 초반에 IBM 연구소의 찰스 베넷Charles H. Bennett과 캘리포니아 공과대학의 리처드 파인먼Richard Feynman을 포함한 과학자 몇 명이 모여 기존의 실리콘 칩 기술이 물리적 한계에 도달할 경우 어떠한 상황이 발생할지 연구하기 시작했다. 이들은 원자 크기의 전자부품의 특성은 종래의 물리학 법칙을 따르지 않고 전혀 성격이 다른 양자역학에 의해 좌우될 것이라는 사실을 파악했다. 이는 양자 규모의 회로가 기존의 실리콘 칩과 동일한 방식으로 작동하지 않음을 의미한다. 이에 따라 베넷과 파인먼을 비롯한 연구진은 양자 단위에서 어떤 방식으로 데이터를 저장 및 처리할 수 있을지를 연구하기 시작했다.

오늘날 모든 마이크로프로세서는 수많은 소형 트랜지스터로 제작된다. 이들 각각의 초소형 전자 스위치는 전류에 의해 켜고 끌 수 있도록 되어 있다. 어느 때든 각각의 개별 트랜지스터는 수학적 값인 '1' 또는 '0'을 저장하거나 처리할 수 있는 것이다. 오늘날의 디지털 전자기기들은 이러한 수많은 '이진 숫자' 또는 '비트'로 구성된 형식에 의거해 데이터를 처리하고 있다.

기존의 컴퓨터는 트랜치스터에 기반을 두고 있는 반면, 양자 컴퓨터는 아원자 입자의 양자역학적 상태를 이용해 정보를 저장, 처리한다. 예를 들어, 데이터를 전자의 스핀 방향이나 광자의 지향 편극을 통해 나타낼 수 있는 것이다.

모든 것이 이상해지기 시작한다

한 개의 아원자 입자는 하나의 '양자 비트' 또는 '큐비트'에 해당하는 데이터를 나타내는 데 사용된다. 그러나 이상한 점은 큐비트가 동시에 '1'과 '0'의 값을 나타낼 수 있다는 사실이다. 이는 양자역학의 특성 때문인데, 큐비트로 쓰이는 아원자 입자는 완전히 동일한 시점에 하나 이상의 상태, 또는 '중첩'된 상태로 존재할 수 있다. 이들 각각의 상태에 확률 값을 지정하면, 하나의 큐빗이 이론상 무한한 양의 정보를 저장할 수 있게 된다.

큐비트를 저장하는 데 사용되는 전자스핀이나 광자의 지향 편극이 흑백으로 명확하게 갈리기보다 '확률의 얼룩'에 더 가깝다는 점이 특히나 기이하게 들린다. 동전을 던졌을 때, 앞면과 뒷면이 동시에 나올 수는 없는 것임에도 전자스핀의 양자 상태의 경우 그것이 가능하다. 따라서 저명한 핵물리학자 닐스 보어Niels Bohr가 "양자이론에 충격을 받지 않았다면 그는 양자이론을 이해하지 못한 것이다"라고 했던 발언에 어느 정도 수긍이 가기도 한다.

큐비트가 동시에 두 상태로 존재할 수 있다는 사실은 양자를 논할 때 놀라운 축에도 끼지 못한다고 할 수 있다. 기이한 점을 하나 더 들어본다면, 아원자 입자를 직접적으로 측정하는 과정이 아원자 입자의 상태를 사실상 '붕괴'시켜 중첩된 것 중 어느 하나로 고착시킨다는 것이다. 이러한 큐비트로부터 데이터를 읽어낸다고 하면, 그 결과로 '1' 또는 '0' 중 하나의 값을 얻게 됨을 의미한다. 잠재적으로 무한한 양의 '숨겨진' 양자 데이터를 유지하기 위해서는 절대 큐비트를 직접적으로 측정해서는 안 된다. 이는 미래의 양자 컴퓨터가 일부 큐비트를 '양자 게이트quantum gate'로 사용해야 함을 의미하며, 그 관문에서 다른 측정하지 않은 큐비트에 저장된 정보를 조작하게 되는 것이다.

이들 큐비트는 동시에 여러 값을 저장할 수 있기에 미래의 양자 컴퓨터는 막대한 양의 병렬 처리를 수행할 수 있는 잠재력을 보유하고 있는 것이다. 실제로 양자 컴퓨터의 경우, 단 하나의 큐비트만 추가하는 것만으로도 처리능력을 기하급수적으로 늘리는 것이 가능하다. 이와는 대조적으로, 기존 컴퓨터의 역량은 비트를 하나 더 추가함으로써 배가되는 정도에 그친다.

양자 컴퓨터의 알고리즘

양자 컴퓨터는 양자 알고리즘을 이용해 프로그램된다. 본질적으로 이러한 알고리즘은 솔루션이 정답일 확률에 따라 데이터를 처리하게 된다. 양자 알고리즘은 훨씬 더 단순한 진위를 따지는 이진 논리에 기반을 둔 종래의 컴퓨터 프로그램과는 상당히 차이가 나는 셈이다. 단도직입적으로 말하면 양자 컴퓨터가 기존의 순수 디지털 방식의 컴퓨터로는 불가능에 가까운 처리 작업을 훌륭하게 수행할 수 있는 잠재력을 갖추고 있다는 것이다.

최초의 양자 컴퓨터 알고리즘은 1994년 에이티엔티AT&T 벨연구소의 피터 쇼어Peter Shor에 의해 고안되었다. 이제는 '쇼어의 알고리즘'으로 불리게 된 이 알고리즘은 큰 정수를 소인수분해하는 수학적 연산을 기존의 어떤 컴퓨터보다 훨씬 빠른 속도로 처리할 수 있음을 증명해보였다.

쇼어의 알고리즘은 얼핏 듣기에 그다지 중요하게 와 닿지 않을 수도 있다. 그러나 오늘날 거의 모든 디지털 암호화 기술이 소수의 연산에 의존하고 있다. 즉, 국방 전산망, 지구상의 모든 은행계좌, 현재와 미래의 모든 클라우드 컴퓨팅 서비스 등을 보호하는 암호화 기술을 망라하고 있다. 쇼어의 알고리즘을 수행할 수 있는 미래의 대규모 양자 컴퓨터는 모든 온라인 시스템의 보안에 치명적인 손상을 입힐 수 있는 소지가 있다. 《더 퓨쳐리스트》 최근 호에서 패트릭 터커Patrick Tucker가 지적했듯이, "만일 사이버전쟁을 새천년의 냉전에 비유한다면 양자 컴퓨팅은 수소폭탄급에 해당할 것이다".

양자 컴퓨터의 암호 해독 및 작성의 잠재력을 놓고 볼 때, 여러 국가—특히 그 나라의 군부—가 양자 컴퓨터의 개발에 지대한 관심을 보이고 있다는 사실은 놀라울 것이 없다. 미래에 누구든지 양자 컴퓨터를 가지고 있다면, 자신의 시스템 보안은 철통같이 유지하면서, 다른 컴퓨터 시스템에 침투해 들어갈 수 있다. 따라서 누구도 이러한 컴퓨터를 제작하는 데 있어 후발주자가 되기를 원하지 않는다. 전자 컴퓨터와 인공지능을 최초로 응용했던 분야가 군사암호 해독이었다는 사실을 간과해서는 안 된다.

많은 양자 컴퓨터 알고리즘은 '오라클'의 사용을 수반한다. 오라클이란, 질문에 대한 대답을 간단히 '예' 또는 '아니오'로 답할 수 있는 장치를 일컫는 용어다. 그럼에도 오라클 서식 질문들은 매우 복잡한 동시에 변수가 많으며, 막대한 양의 데이터를 요하기도 한다. 예를 들어, "이 환자가 그 희귀한 질병에 걸렸습니까?" 또는 "이 허리케인이 내일 그 해안지역을 초토화시킬 건가요?" 같은 질문은 모두 오라클 서식에 의거한 것이다.

오라클 서식 질문들은 미래의 양자 컴퓨터에 가장 적합할 것으로 보이는데, 그 이유는 질문에 대한 대답이 단 한 개의 큐비트 양자 게이트를 통해 읽힐 수 있기 때문이다. 미래의 일부 양자 컴퓨터는 의사결정권을 가진 인간의 자리를 대신할 수도 있을 것이다. 따라서 앞으로는 복잡한 질문을 오라클 서식으로 짜낼 수 있는 능력을 지닌 인력에 대한 수요가 상당히 증가하게 될 것임을 염두에 두어야 한다.

양자 컴퓨터의 선구자

양자 컴퓨터 하드웨어 분야에서 가장 주목할 만한 개발업체는 디웨이브 시스템스D-Wave Systems라고 불리는 캐나다 회사다. 지난 2007년 디웨이브는 자칭 '세계 최초의 상업용 양자 컴퓨터'를 선보였다. 많은 양자 컴퓨터 연구가들이 원자들을 가격하기 위해 레이저를 사용한다. 그럼으로써 아원자 입자를 자극시켜 '퍼지'한 양자 상태를 만들고 있는데, 디웨이브 시스템스는 '단열 양자 컴퓨팅'이라고 불리는 기술을 개발했다. 이는 니오븀이라는 희금속으로 만든 회로를 과냉각시켜 초전도 상태로 만들어 전자로 하여금 자유롭게 맴돌게 함으로써 큐비트를 만들어내는 것이다. 그런 다음 자기장을 이용해 이들 큐비트를 양자 컴퓨터 프로세싱 배열 상태로 조정한다.

디웨이브의 첫 단열 양자 프로세서는 '16-큐비트 레이너 R4.7 16-qubit Rainer R4.7'이었다. 지난 2007년 이 칩을 기반으로 한 양자 컴퓨터가 몇 가지 문제를 푸는 시범을 수행해 보이기도 했다. 그 당시 풀었던 문제 중에는 스도쿠 퍼즐을 채워 넣는다든지, 복잡한 좌석 배치 안을 짜내는 것 등이 포함되어 있었다.

상업용 양자 컴퓨터의 발표가 있은 후 줄곧 디웨이브의 모델이 미래에 더욱 확장되어 아주 복잡한 정보처리를 수행할 수 있는 진정한 양자 컴퓨터라고 할 수 있는지에 대해 많은 이들이 의구심을 품어왔다. 그런데도 2009년 12월 구글은 차세대 검색 애플리케이션의 개발을 위해 수년간 디웨이브와 협력해오고 있다고 밝혔다.

구글 연구진은 디웨이브와 함께 사진 속의 차량을 인식할 수 있는 양자 알고리즘을 고안한다는 목표를 세웠다. 반은 자동차가 등장하고, 반은 차가 없는 거리 풍경 사진 2만 장을 사용해 연구진은 시스템을 훈련시키기 시작했다. 그런 다음 양자 컴퓨터에 또 다른 사진 2만 장을 처리하도록 하였다. 컴퓨터는 차량이 등장하는 사진과 아닌 것을 신속히 분류해냈다. 이 과제를 당시 구글 데이터센터에 있던 어떤 컴퓨터보다도 빠른 속도로 수행한 것이었다. 이는 미래의 영상 인식 애플리케이션에 양자 컴퓨터의 활용 가능성을 이미 증명한 것이나 다름없는 사건이었다.

2011년 5월, 디웨이브는 128큐비트 양자 컴퓨터를 만들어냈다. '디웨이브원'이라고 명명된 이 컴퓨터는 위험 요인을 고려한 재무적 타당성 분석이라든지 의료 영상 분류 등과 같은 산업적 분야에 응용할 목적으로 개발되었다. 1,000만 달러로 책정된 디웨이브원은, 과냉각 프로세서가 극저온 저장 시스템 속에 장착된 형태로 10세제곱미터 규모의 차폐실에 설치되어 있다. 디웨이브원을 구매한 첫 회사는 미국 항공우주산업을 비롯한 보안 및 군수업계의 거물인 록히드 마틴이었다.

다른 양자 컴퓨터 연구팀들도 혁신적인 연구 성과를 올리고 있다. 예를 들어 2010년 9월 영국의 브리스틀 대학, 일본의 도호쿠 대학, 이스라엘의 바이츠만 연구소, 네덜란드의 트벤테 대학의 연구진들로 구성된 연구팀이 새로운 광양자 칩 제작에 성공했다고 밝혔다. 이 칩은 대부분의 양자 컴퓨터 부품들이 필요로 하는 극한의 조건이 아닌, 상온의 일반적인 압력 상태에서도 작동하도록 되어 있다. 프로젝트 팀장인 제러미 오브라이언Jeremy O'Brien은 이후 브리스틀 과학축전에서 자신의 연구진이 제작한 새로운 칩을 사용해 '향후 5년 안에' 기존의 컴퓨터를 능가하는 양자 컴퓨터를 생산해낼 수 있을 것이라는 전망을 내놓았다.

2011년 1월 영국 옥스퍼드 대학 연구진은 양자 컴퓨터의 이정표석이 될 만한 또 다른 사건에 대해 보고했다. 연구진은 강력한 자기장과 저온을 이용하여, 고도로 정제된 실리콘 결정에 내장된 수많은 인 원자의 전자 및 핵을 연결해 양자 '얽힘'을 구현해놓았던 것이다. 그 결과 서로 얽힌 각각의 전자 및 핵이 큐비트의 기능을 하게 됐다.

옥스퍼드 대학 연구진의 실험에 의하면, 총 100억 개의 양자 얽힘 큐비트가 동시에 생성되었다. 이 프로젝트의 팀장인 존 모튼John Morton은

"이제는 이들 큐비트를 서로 결합해 확장 가능한 양자 컴퓨터를 실리콘으로 만드는 과제만을 남겨두고 있다"라고 설명했다. 이것이 성취된다면 엄청나게 강력한 컴퓨터가 제작될 수 있는 토대를 마련하게 되는 것이나 다름없다. 구글의 영상 인식 실험에 쓰였던 디웨이브 시스템스 칩의 용량이 16큐비트에 지나지 않았었다는 사실을 간과해서는 안 된다. 따라서 100억 큐비트의 용량을 지닌 컴퓨터는 거의 상상을 뛰어넘는 수준의 처리능력을 지니게 될 것이다.

양자 컴퓨터의 미래

수년간 컴퓨터 업계의 거물들이 양자 컴퓨터 연구의 언저리를 맴돌고 있었다. 그러나 구글과 디웨이브 시스템스 간의 제휴나 록히드 마틴의 디웨이브원 구입 등의 사례를 통해 볼 수 있듯이, 양자 컴퓨터에 대한 주요 업체들의 관심은 이제 막 시작했다고 할 수 있다. 2010년 후반기에 IBM 또한 "양자 컴퓨터 프로젝트에 5년간 집중 연구하면 가시적이고도 심오한 성과를 낼 수 있으리라는 기대하에 자사의 자원 및 인력을 재투입"하고 있다고 보고했다.

향후 10년 내지 수십 년 후의 어느 시점에 양자 암호 해독 및 작성술이 데이터 보호를 위한 암호화나 비양자 암호 해독에 상용화될 것이 거의 확실하다. 미래의 양자 컴퓨터는 또한 다른 분야의 원자 규모의 현상에 대한 모델 구축에 쓰일 가능성이 다분하기 때문에, 나노기술의 발전을 촉진하게 될 수도 있다. 양자 컴퓨터를 다른 형태의 복잡한 시뮬레이션을 돌리는 데 사용할 경우의 잠재성 또한 간과할 수 없다. 예를 들어,

양자 컴퓨터가 언젠가는 지구의 기후 모델을 제작하는 데 사용되어 정확한 기후예측이 가능해질 것이다.

이미 리빙 어스 시뮬레이터Living Earth Simulator라 불리는 프로젝트가 추진될 예정이다. 이는 유럽연합의 미래 정보통신기술 지식 가속기 프로젝트FuturICT Knowledge Accelerator project의 일환으로서, 지구상에서 일어나는 모든 일을 모델링한다는 목표를 표방하고 있다. 이 프로젝트는 전 세계의 기후 패턴이나 질병의 확산에서부터 국제 금융거래 및 교통 마비에 이르기까지, 그야말로 수많은 현상에 대한 시뮬레이션을 돌려보고자 한다. 현재로서는 이 프로젝트를 완수할 수 있는 컴퓨터는 존재하지 않는다. 그러나 양자 컴퓨터가 하나 이상 등장하게 된다면, 리빙 어스 시뮬레이터는 수십 년 내에 실현 가능할 것이다. 그러한 시뮬레이션을 손에 넣은 자는 분명 매우 막강한 위치에 올라서게 된다.

궁극적으로 양자 컴퓨터가 우리의 데스크톱을 대신하거나 우리의 주머니 안을 차지할 가능성은 극히 희박하다. 그보다 양자 컴퓨터는 클라우드 데이터센터를 차지하게 되어, 우리는 기존의 PC, 노트북 컴퓨터, 태블릿 PC, 스마트폰 등을 통해 액세스하게 될 전망이 높다. 양자 프로세서도 영상 인식과 같은 '퍼지fuzzy'한 작업을 전담하게 될 확률이 높다. 즉, 종래의 컴퓨터가 의존하는 냉철한 이진 논리로는 효과적으로 인코딩하기 어려운 임무 수행에 투입될 것이다. 만일 개별 컴퓨터가 지각능력을 지니는 날이 정말 도래한다면, 그것은 양자 컴퓨터에서 비롯될 가능성이 크다고 할 수 있다. 또한 그러한 미래의 인공지능은 양자역학을 이용해 종래의 실리콘 하드웨어의 능력을 넘어서는 문제를 해결할 수 있을 뿐 아니라 인간으로서는 불가해한 사유의 영역까지 넘나들게 될 것이다.

Chapter 20

로봇

현재 40대에 접어든 대부분의 사람들처럼, 나의 어린 시절도 공상 로봇들로 북적거렸다. 영화 〈스타워즈〉에는 'C-3PO'와 'R2-D2'가 등장했고, 〈닥터 후 Doctor Who〉에는 'K9'이라는 로봇 강아지가 출연했으며, 〈25세기 벅 로저스 Buck Rogers in the 25th Century〉에는 'Twiki'라 불리는 몸집 작은 은색 안드로이드가 나왔다. 그 외에 수많은 영화와 텔레비전 프로그램에 인간과 어울려 함께 일하거나 노는 로봇 캐릭터들이 등장했다. 따라서 많은 사람이 그려보는 미래의 모습에 으레 로봇 하인과 동료들이 끼어 있다는 점이 전혀 놀랍지 않다.

실세계에서 만나는 로봇이 공상과학물에서 나왔던 것에 아직은 훨씬 못 미치는 것이 사실이다. 그렇다 해도, 2010년 4월 전기전자기술자협회가 발표한 바에 따르면 현재 전 세계에서 활약하는 로봇의 수가 860만 대에 이른다고 한다. 이 수치는 공장에서 쓰이는 산업용 로봇 130만 대와 서비스용 로봇 730만 대를 합친 것이다. 서비스용 로봇 중에서도 290

만 대는 '전문서비스 로봇'으로서 폭탄 처리라든지 소젖을 짜는 등의 작업에 투입된다. 나머지 440만 대는 '개인서비스 로봇'으로서 로봇 진공청소기, 잔디 깎는 기계나 소니의 로봇 강아지 '아이보' 또는 로봇 공룡 '플리오'와 같은 장난감이 여기에 해당된다. 또한 개인 서비스 로봇은 가장 빠른 성장세를 보이는 부문으로서 로봇 진공청소기만 해도 매년 100만 대 이상씩 팔려나가고 있는 추세다.

대부분의 사람은 가정집을 이리저리 휘젓고 돌아다니는 자그마한 자동 진공청소기를 로봇혁명과 결부 짓기에는 무리가 있다고 생각할 것이다. 하지만 우리는 이미 로봇이 일상적으로 생산품을 제조해내며, 위험한 물질을 다루거나 폭발물을 해체하고 전투임무를 수행하는 시대에 살고 있다. 인공지능의 성과가 앞으로 더욱 다양한 활동을 소화해낼 수 있는 훨씬 더 정교한 로봇의 탄생을 가능하게 할 것이다. 따라서 이번 장은 미래의 로봇의 성장과 변천 전망에 대해 분석해보도록 하겠다.

일터에서의 로봇

1961년, 최초의 산업용 로봇이 제너럴 모터스 생산라인에 투입되었다. '유니메이트'라 불린 그 로봇의 역할은 다이 캐스팅 주물을 가져다 용접을 하는 것이었다. 그 이후로 줄곧 유니메이트의 후예들은 제조혁명에 일조해왔다.

오늘날 매년 약 10만 대에 이르는 산업용 로봇이 현장에 새로이 투입된다. 이들 기계는 일반 근로자들이 맡기 꺼리는 지루하고 더러우며 위험하기까지 한 작업을 주로 수행하는데, 비용 면에서 훨씬 더 효율적이다. 제너럴 모터스만 해도 약 5만 대의 산업용 로봇을 보유하고 있다. 오늘날 전 세계 자동차 업계의 노동력 절반을 로봇이 차지하고 있는 셈이다. 따라서 우리는 많은 사람이 생각하는 것보다 훨씬 더 로봇에 의존하며 살아가고 있다.

유압 동력장치를 사용한 초창기 산업용 로봇은 그리 똑똑하지 못했다. 그 후 1980년대에 이르러, 고도의 지능과 눈부시게 향상된 정밀도, 폭넓은 적용 범위를 자랑하는 전동식 기계의 등장으로 일대 변혁이 일어났다. 그 결과, 산업용 로봇은 더 이상 생산라인에만 고정돼 일하지 않고 창고, 농장, 병원 등 다양한 업계에 진출하게 되었다. 이러한 추세를 대변하듯, 2011년 2월 로봇산업협회는 물자 취급에 투여된 로봇의 세계시장 가치가 30억 달러에 달하며, 매년 10퍼센트의 성장률을 보이고 있다고 보고했다. 미국의 경우만 보더라도, 로봇 수술 장비의 시장 규모가 연간 10억 달러에 달하는 것으로 추정되었으며, 2014년까지 15억 달러 규모에 이르는 성장을 보일 것으로 전망된다.

대부분의 산업용 로봇은 아직 시각장치를 갖추지 못했지만, 시각 인식기술이 빠르게 발달하고 있다. 예를 들어, 일본의 농기계연구소는 색깔을 구분하여 딸기를 선별하거나 수확할 수 있는 로봇을 개발해냈다. 이 로봇은 두 대의 카메라를 통해 잘 익은 딸기를 감지하여 빨간색의 농도를 측정하고, 삼차원 공간상에서 목표물의 정확한 위치를 파악해 줄기에서 떼어낸다. 목표 작물을 감별해 수확하는 데 드는 시간은 보통 9초 정도다. 현재 사람의 경우 1세제곱킬로미터의 딸기밭을 수확하는 데 500시간이 걸리는 반면, 로봇은 이를 300시간으로 단축할 수 있을 뿐 아니라, 열매의 손상을 최소화하면서 잘 익은 딸기를 보다 일정하게 딸 수 있다.

MIT 소속의 컴퓨터공학 및 인공지능연구소 또한 이른바 '정밀농업'에 대한 연구를 진행하고 있다. 한 실험에서는 상호 연결된 로봇 '관리자' 집단이 연구를 목적으로 조성된 토마토 농장에서 토마토를 재배하고, 돌보고, 수확하는 일을 수행하고 있다. 한편 네덜란드에서는 호르티플랜Hortiplan이라는 '원예 자동화 회사'가 이미 양배추를 파종하여 가지런히 배열하고, 성장에 맞춰 관리할 수 있는 로봇 시스템 판매에 나섰다. 현재의 시스템은 자동으로 수경재배용 트레이에 실려 오게 되면 사람이 최종적으로 익은 열매를 따야 하는 번거로움이 있기는 하다. 그럼에도 불구하고 로봇은 적어도 일부 농장 일꾼들의 자리를 차지하게 될 것으로 예상된다. 오늘날의 살충제를 대신해 언젠가는 경작지를 헤집고 다니거나 그 위를 날아다니며 곤충이나 해충을 발견하면 해치워버리는 자그마한 로봇 무리가 등장할 가능성도 높다.

앞으로 우리의 환경을 보전하는 데 도움이 되는 로봇들도 등장할 전망이다. MIT에서는 시스웜Seaswarm이라 불리는 로봇을 개발했는데, 이들은 자율적으로 바다 표면을 오가며 유출된 석유를 정화시킬 수 있다. 이 로봇의 개발자에 의하면, 5,000대의 시스웜 로봇을 가동시키면 2010년 멕시코만 석유 유출사고 규모의 오염지도 한 달이면 충분히 기름 수거에 성공했을 것이라고 한다. 이보다 훨씬 적은 수의 시스웜으로 해안지대나 항만을 우발적인 기름 오염으로부터 보호할 수 있다. 미래 해안의 도시나 마을의 경우, 지속적으로 연안을 감시하면서 정화 작업도 수행할 수 있는 로봇 함대를 상주시킬 수 있도록 투자하는 방안도 좋을 듯하다.

앞으로 점점 더 많은 산업용 로봇이 사물의 위치를 파악해 그것을 운반하는 역할을 맡게 될 것이다. 여러분이 아마존이나 기타 온라인 소매점에서 뭔가를 구매한다면, 물류창고 선반에서 상품을 선별해 이리저리 나르는 역할은 아마도 로봇의 몫이 될 것이다. 여러 소매업과 무관한 기관들도 로봇을 도입해 영업의 효율성을 극대화하고자 한다. 예를 들어, 스코틀랜드의 포스 밸리 왕립병원에서는 40만 파운드를 투자해 의약품 자동조제 시스템을 도입함으로써 인력을 완전히 대체했다. 새로운 약물이 입고되면, 컨베이어벨트를 타고 이동해 바코드 판독기 앞에 놓이게 된다. 그러면 석 대의 로봇이 약물을 선별해 보관하는데, 알파벳 분류 방식이 아니라 공간 활용을 극대화하고 로봇에 의한 검색 및 회수에 최적화된 방식으로 정리된다. 만일 석 대의 로봇이 모두 고장이라도 난다면 필요한 약물을 빠른 시간 내에 사람이 손수 찾아낸다는 것은 거의 불가능해 보인다.

몇몇 병원은 건물 내에서 공급품을 옮기거나 환자의 머리맡에 약물을 가져다놓는 일에도 로봇을 투입하고 있다. 예를 들어, 미국 실리콘밸리에 위치한 엘카미노 병원은 에톤Aethon의 터그TUG 로봇 19대에 투자했다. 이들은 자율적으로 움직이는 엔진이 달린 카트로, 사람을 고용하는 데 드는 비용의 일부만으로도 물건을 들어 여기저기 전달하는 업무를 척척 해낸다. 일본에서는 MKR-003라 불리는 병원용 로봇을 게이오기주쿠 대학, 무라다, 일본 공업기술원AIST 등의 합작을 통해 개발 중이다. 이 로봇은 말을 할 수 있으며 팔로 몸짓을 나타내 보이기도 한다. 또한 환자나 병원 직원들과 인간처럼 의사소통을 하는 데 도움이 되도록 얼굴 모양을 갖추고 있다.

서비스용 로봇 또한 기존의 소매점을 중심으로 조금씩 선보이기 시작했다. 예를 들어, 2010년 12월 중국 산둥성 지난에 '달루 레봇Dalu Rebot' 레스토랑이 새로 개점을 했다. 이 레스토랑에는 두 대의 접수 담당 로봇을 비롯해 여섯 대의 로봇 웨이트리스를 고용하고 있다. 로봇이 아닌 직원은 주방에 근무하는 직원과 손님을 맞이하는 직원뿐이다. 그러나 이 레스토랑의 운영권을 가지고 있는 산둥성 달루 과학기술회사는 벌써부터 로봇 직원의 수를 40명으로 늘려 운영 전체를 로봇에 맡길 계획을 수립해놓고 있다.

하인과 동료

점점 더 많은 로봇이 접수 담당이나 웨이트리스, 요리사로 활약할 뿐만 아니라, 조만간 가정에서 간병인이나 반려자로서의 역할까지 해내게 될 것이다. 얼핏 생각하기에 모두가 이를 찬성하지는 않을 것 같다. 하지만 인구의 노령화에 직면하고 있는 오늘날 노인들이 자택에서 안전하게 살아갈 수 있도록 도움을 주는 기술이라면 상당한 수요가 발생할 것이다.

2010년 국제 홈케어 및 재활박람회에서 파나소닉은 두 대의 가사 도우미 로봇을 새롭게 선보이면서 향후 로봇산업의 지향점을 제시해주었다. 첫 번째 로봇은 입체 스캐너로 사물을 분간하고 16개의 손가락을 사용해 사람의 머리를 감겨주는 기능을 갖추고 있었다. 이 로봇은 실제로 머리를 감길 때 동원되는 두 손만 빼면 꼭 이동식 세면기처럼 생겼다.

파나소닉이 소개한 두 번째 로봇은 '로보틱베드Roboticbed'라 불리는 기기로서, 사용자가 일어설 필요 없이 침대에서 휠체어로 변신하는 기능을 가지고 있다. 파나소닉의 두 로봇은 모두 병약자나 거동이 힘든 환자가 자립할 수 있도록 지원해줌으로써, 간병인이 좀 더 중요한 일에 집중할 수 있도록 돕는 것을 목표로 하고 있다. 영국의 브리스틀 대학 부속 브리스틀 로봇연구소 연구팀은 위의 사례와 유사한 '모비서브Mobiserv'라고 불리는 가사 도우미 로봇을 연구하고 있다. 유럽연합의 지원을 받고 있는 이 프로젝트는 쇼핑할 때 주문 절차를 도와주거나 처방약을 올바로 복용하도록 도움을 주는 것을 목표로 하고 있다.

로봇 반려자는 혼자 사는 이들의 고독을 덜어줄 것이다. 일부 로봇 강아지나 로봇 공룡, 그리고 여러 가지 로봇 장난감은 이미 주인의 말에 반응하는 학습능력을 지니고 있다. 하지만 이것은 단지 시작에 불과한지도 모른다. 독일의 디자이너 스테판 울리히Stefan Ulrich는 '펑셔나이드Funktionide'라고 불리는 로봇 베개를 발명했는데, 이는 숨을 쉬거나 껴안는 등 사람의 접촉이나 압력에 반응하는 센서를 장착하고 있다. 이 베개는 인공근육 기술을 응용해 마치 사람의 움직임을 연상시키는 반응을 보이도록 되어 있다. 즉, 베개가 마치 살아 있는 듯한 인상을 주어 외로움을 달래는 데 도움을 준다는 것이다.

미래의 제한적인 지각력을 지닌 로봇 침구류라는 발상이 오늘날 많은 사람들에게는 그다지 매력적으로 다가오지 않을 것이다. 하지만 내일의 노년 인구를 구성하게 될 오늘날의 어린이들이 나날이 기술발전을 거듭하는 세상을 살아감에 따라, 이들의 감성적인 반응 양상 또한 우리 세대와는 매우 다르게 나타나리라는 것을 간과하지 않을 수 없다. 한국의 마산과 대구에 사는 초등학생들은 영어수업의 일부로서 한국과학기술원이 개발한 '잉키Engkey'라는 로봇 선생님이 진행하는 수업을 수강하도록 되어 있다. 이는 학생들의 영어 구사력을 향상시키는 데 도움을 주려는 의도에서 실시되는 것이다. 그러나 다른 한편으로는 어릴 때부터 로봇을 도입함으로써 학생들이 성장 후에도 더욱 자연스럽게 로봇과 교류할 수 있도록 하려는 의도도 깔려 있다.

기피지역에 배치되는 로봇

미래의 로봇 중 일부는 업무상 인간사회에 잘 어우러질 필요가 있지만, 사람들을 투입시키기에는 너무 위험하거나 외딴 지역에서 대신 작업을 해야 하는 로봇들도 필요하기 마련이다. 여기에 해당하는 로봇은 주로 군사적 목적인 경우가 많다. 우리는 이미 지난 10년간 상당수의 로봇이 군대에 편입되는 것을 목격했다. 지난 2003년 당시만 해도 미군 소속 로봇은 극소수에 지나지 않았으나, 오늘날 7,000대 이상의 무인항공기 UAV와 1만 대의 무인지상차량UGV을 보유할 만큼 그 수가 늘어났다.

오늘날 미군 소속 로봇으로는, MQ-8B 파이어 스카우트라 불리는 무인 헬리콥터를 비롯하여, 프레데터, 레이븐, 글로벌 호크라 불리는 무인 비행기들과 폭발물을 탐색해서 해체하는 팩봇PackBot이라 불리는 소형 지상용 로봇 등이 있다. 또한 다부지게 생긴 사륜식의 톡톡 튀어 다니는 로봇인 프리시전 어번 호퍼Precision Urban Hopper도 개발 중이다. 이 로봇은 땅을 박차고 25피트 위로 뛸 수 있도록 도와주는 피스톤을 장착하고 있는데, 비디오 감시와 함께 지세가 험한 지역에 폭발물 운반을 목적으로 제작되었다.

그러나 이보다 훨씬 더 인상적인 로봇인 빅독BigDog이 미군의 재정지원으로 개발되고 있다. 보스턴 다이내믹스Boston Dynamics가 제작하고 있는 빅독은 무거운 짐을 잔뜩 짊어진 채 험준한 지형을 네 다리로 걷거나 뛰며 오르내릴 수 있다. 약 1미터 길이에 75킬로그램의 무게가 나가는 빅독은 내연기관으로 움직이며 매우 광범위한 일련의 센서들을 사용해 자신의 동작을 제어하고 감시한다. 또한 다리가 달린 운송 수단으로서, 멈추거나 재급유도 받지 않고 줄곧 12.8마일을 달림으로써 세계기록을 수립하기도 했다.

로봇은 잠을 자지도, 피를 흘리지도 않기 때문에 점차 정찰임무나 전투상황에 투입되고 있다. 군수업체인 아이로봇iRobot의 최고경영자 조셉 다이어Joseph W. Dyer에 의하면, 로봇이 가진 또 하나의 장점은 '먼저 쏘지 않아도 된다'는 것이다. 따라서 미군이 작성한 '무인의 효과: 인간을 배제시키는 방법'이라는 제목의 보고서에서 빠르면 2025년까지 전장의 로봇 병사는 예외적이 아닌, 일반적인 모습이 될 것이라고 전망한 사실이 전혀 이상할 것이 없다. 또한 방위산업체인 BAE 시스템스의 대변인이 2010년 UAV 상품 출시회장에서 "오늘 여기 에어쇼에서 비행기술을 뽐내는 파일럿들이 이제는 마지막이 될지도 모르는 일이다"라는 말을 남기기도 했다.

현재 50개 이상의 국가들이 군사용 로봇기술을 개발하고 있는데, UAV 시장만 따져도 연간 50억 달러의 규모다. 이론상으로는 군사용 로봇을 배치할 경우 목숨을 잃는 사람이 훨씬 감소할 것이며, 완전히 로봇으로 편성된 군대끼리 전투를 치르는 상황도 잠재적으로 가능하다. 그러나 군사용 로봇의 투입은 전쟁을 너무 쉽고 위험 부담이 없는 것으로 받아들이게 할 소지가 있어, 더욱 빈번하게 발발하게 할 위험 요인을 내포하기도 한다. 로봇 병사들이 전장에 나가게 되면 더 많은 민간인 사상자를 양산할 가능성도 있다. 미국으로부터 공수된 UAV들이 아프가니스탄에서 이미 수많은 마을 주민들을 '실수로' 죽인 사례가 있다.

다행스럽게도, 기피지역에서 작업하게 될 미래의 로봇들이 전부 다 군부의 지시를 받게 되는 것은 아니다. 군사적 목적 외에도 로봇은 지하 깊숙한 곳을 탐사하거나 심해 또는 우주에도 진출하게 될 것이다. 로봇은 다른 행성을 방문하기 위해 지구에서 파견한 첫 탐험가이기도 했는데, 이러한 추세는 앞으로도 계속 이어질 것이다. 로봇은 미래의 태양발전 기지 건설이나, 앞서 언급한 솔라 세일 제작에도 투입될 확률이 높다. 앞으로 우주에 정기적으로 살게 될 첫 지구인도 사이버네틱 로봇-인간 하이브리드가 될 가능성이 크다.

휴머노이드 로봇

앞에서 소개했던 로봇 중 사람을 닮은 형태는 거의 없다. 특수한 용도의 한정된 작업을 수행하도록 만든 로봇임을 감안할 때 그리 이상할 것도 없다. 그러나 대부분의 사람은 휴머노이드—유사 인간 로봇—와 교감하는 것을 가장 편하게 생각한다. 미래에 적어도 일부 로봇은 얼굴과 휴머노이드 몸체를 지니고 신체언어를 구사할 수 있도록 설계되어 인간과 섞여 거리를 활보할 것이 확실하다. 휴머노이드 로봇은 또한 가사 도우미 또는 공장 근로직의 적임자로 판명 나게 될 것이다. 왜냐하면 현대 세계가 오직 인간 전용 영역으로 설계되었기 때문이다.

휴머노이드 로봇 또는 안드로이드의 개발은 오래전부터 매우 더딘 속도로 진행돼왔다. 인간의 신체 비율을 본떠 로봇의 몸체를 제작하는 일은 그다지 어렵지 않다. 하지만 이러한 로봇에 걸어 다니거나 세상을 바라보고 손과 눈을 함께 필요로 하는 작업을 수행하도록 몸체를 제어할 수 있는 능력을 부여하는 일은 최근까지도 거의 불가능하다고 치부돼 왔다.

수년간 기능적인 휴머노이드 로봇 제작 과정에서 봉착하는 어려움을 해결하는 것은 온전히 기계공학자나 프로그래머들의 몫이었는데, 그들은 인간의 능력을 이해하고 흉내내는 방법을 찾고자 노력해왔다. 그들의 공통적인 연구 과제는 언제나 로봇이 최적화된 절차들을 수행하도록 프로그래밍하여, 평평한 바닥 위를 걷기나 계단 오르기 등과 같은 동작을 수행하도록 하는 것이다. 하지만 최근에는 저렴한 컴퓨터 처리 및 센서 기술의 지원이 강력한 견인차 역할을 하기 시작했다. 그 결과, 이제 걸을 수 있는 기능을 지닌 대다수 로봇은 미리 프로그램된 정보에 따른 재연에 그치는 것이 아니라 주변 세상을 지속적으로 감지함으로써 자신의 서보모터(간접 조속장치)를 조절해 넘어지지 않도록 스스로를 제어하는 단계까지 오게 되었다. 이와 같은 사례를 통해 수년간 휴머노이드 로봇 개발을 가로막아온 장애물은 적합한 물리적 메커니즘의 부재가 아니라 컴퓨터 처리능력이었음이 분명해졌다. 1960년대부터 1980년대에 이르기까지 오늘날의 마이크로프로세서 없는 작업 여건하에 금속인간을 만들어내고자 고군분투했던 발명가들이 성공할 가망성이란 사실상 전혀 없었던 셈이다.

오늘날 그 어느 누구보다 휴머노이드 로봇기술의 진보에 지대한 기여를 해온 기업은 혼다다. 제조업계의 거대 기업인 혼다가 관여한 가장 주목할 만한 업적은 키가 1.3미터에, 몸무게가 54킬로그램인 휴머노이드 로봇 '아시모ASIMO'의 제작이라고 할 수 있다. 아시모는 걷고, 뛰고, 계단을 오르기도 하며, 문을 열거나 전등 스위치를 조작할 수 있다. 또한 쇼핑 카트를 밀고, 쟁반을 나르는 동작 외에도 많은 능력을 가졌다. 아시모는 흰색의 금속·플라스틱 몸체를 가졌으며 '얼굴'은 짙은 색의 차광판이 가리고 있다. 간단히 말해서, 아시모는 플라스틱 우주복을 입은 어린 아이같이 생겼다.

아시모의 손에는 자유롭게 움직일 수 있고, 서로 맞댈 수도 있는 엄지손가락이 달려 있다. 이 손가락은 0.5킬로그램의 힘을 발휘할 수 있다. 손목 센서를 통해 아시모는 자신이 물체에 가하는 힘의 강도를 감지하고, 움직임을 인간과 동기화시켜 그로부터 어떤 사물을 받을 수 있다. 아시모의 모든 동작은 매우 부드러워 마치 살아 있는 듯한 느낌을 준다. 이는 특히 아시모가 달리거나, 몸을 굽히거나 어디를 올라갈 때 더 극명하게 느껴진다. 하물며 춤을 추거나 축구를 할 경우에는 두말할 필요도 없다.

아시모는 시각 및 목소리 인식 기능을 갖추고 있어, 자신의 경로를 계산하고 장애물을 피하며 안면이 있는 얼굴을 인식하기도 한다. 또한 자신의 이름을 부르면 대답과 함께 소리가 난 방향을 쳐다보며 그들의 제스처에 반응한다. 즉, 인간이 함께 가자고 손으로 가리킬 경우 아시모가 따라 나설 수도 있다는 의미다.

현재 아시모 로봇 한 대를 제작하는 데 드는 비용은 적어도 100만 달러 정도다. 왜 아직까지 본격적인 일반 판매가 힘든지를 납득할 만한 금액이다. 그렇기는 해도 일정 기간 임대는 가능하다. 더 자세한 정보를 원하거나 아시모의 활약상을 좀 더 보고 싶다면 웹사이트 asimo.honda.com을 한번 방문해보라. 현재로서는 이것이 미래의 휴머노이드 로봇의 모습을 점쳐볼 수 있는 유일한 방법이다.

혼다는 마땅히 자사의 로봇을 자랑스럽게 여기겠지만, 아시모가 정교한 휴머노이드 로봇으로서 유일한 존재는 아니다. 베트남의 토시 로보틱스TOSY Robotics가 개발한 두 발 보행이 가능한 또 다른 로봇 '토피오 TOPIO'가 있다. 토피오는 인간을 상대로 탁구를 칠 수 있는 로봇이다. 188센티미터의 키에 120킬로그램의 당당한 풍채를 가진 토피오는 아시모보다 더 인간에 근접하다. 머리도 인간의 두상을 닮았으며, 차광판 또한 선글라스 스타일로 제작되었다.

C-3PO(영화 〈스타워즈〉에 등장했던 휴머노이드 로봇)와 형제라고 해도 믿을 수 있을 만한 세 번째 후보는 로보넛2 Robonaut 2 또는 'R2'로 불린다. 이 로봇은 자동차 및 우주항공산업에 응용할 수 있는 차세대 로봇을 탄생시키기 위한 제너럴 모터스와 NASA 간의 지속적인 공동연구 결과물이기도 하다. R2는 황금 헬멧을 착용한 아이언맨을 연상시킨다. 또한 자신만의 웹사이트 www.robonaut.jsc.nasa.gov를 가지고 있기도 하다.

아시모, 토피오와는 달리 R2는 허리 위만 휴머노이드다. 왜냐하면 우주 공간에서 걷는 기능은 별 의미가 없기 때문이다. 그러나 지금까지 유래가 없는 극도로 능수능란하며 가장 인간화된 로봇이다. 우선 R2의 모든 손가락과 엄지는 벌어지는 각도가 크며, 자유자재로 움직인다. 따라서 현재 국제우주정거장에서 우주비행사가 사용하는 것과 같은 도구를 사용할 수 있다. 따라서 단순하고 반복적인 작업이나 공기필터 교환과 같은 위험한 임무 수행이 가능하다. 또한 이러한 임무를 부여한다 한들, 우주정거장에서 쓰이는 부품이나 연장을 R2에 맞게 별도로 개조할 필요도 없다. 제너럴 모터스의 참여가 암시하듯, 앞으로 R2의 후손들은 기존의 공장 생산라인에서 현재 앉은 자세로 일하는 근로자들의 작업을 도맡아 하게 될 가능성이 크다.

미래의 로봇경제?

인간에 맞게 설계된 공구를 다룰 수 있는 로봇의 탄생은 앞으로 엄청난 파급효과를 가져오게 될 것이다. 이미 자동차 생산공정의 절반을 로봇이 차지하고 있다. 앞으로 10여 년 안에 R2와 같은 차세대 로봇이 나머지 절반에 해당하는 부분을 잠식해 들어갈 수도 있다. 농업, 의료, 소매업 등의 서비스 부문도 아시모 같은 로봇의 대량생산이 가능해져 비용면에서 더 효과적이라고 판명될 경우, 추가적으로 위협적인 대상에 들게될지 모른다. 토피오의 등장으로 프로 탁구선수들도 다른 직장을 구해야되는 날이 올지 모른다.

로봇이 적당한 수준의 손재주와 시각적 협응력, 견고성, 지능 등을 갖추게 된다면 매우 효율적인 노동자가 될 공산이 크다. 사실상 휴식을 주거나 임금을 지급해야 할 필요가 없는 로봇은 수많은 제조 및 농업 현장에서 비용 대비 효과가 가장 큰 노동력으로 인정받게 될 것이다. '노약자도우미' 같은 좀 더 서비스 지향적인 직업에 있어서도, 이미 개발에 들어간 감정이입 기능만 더 보강된다면 휴머노이드 로봇이 인간보다 더 유리한 입지에 서게 될 것은 자명한 일이다.

앞으로 수십 년 뒤, 값싼 로봇 노동력이 쏟아져 나옴에 따라 세계경제의 규모가 급격히 팽창하게 되어, 그 혜택이 우리에게 돌아올 수도 있다. 아니면 1부에서 언급했던 자원 고갈에 직면한 세계가 겪을 법한 또 하나의 시나리오에 따르면, 미래의 로봇 노동력의 등장이 오늘날과 별반 다를 바 없는 규모의 세계경제에 대량 실업 사태를 초래하게 될 수도 있다. 로봇 간병인의 등장으로 인해 노령자들이 병원이나 요양시설을 이용할 필요가 없어진다는 것이 표면적으로는 아주 좋은 제안같이 들리지만, 같은 결과를 얻기 위해 더 많은 인간 간병인을 고용하는 것이 우리 모두를 위한 길이 될 수도 있다.

미래에 수많은 로봇 노동자가 등장하게 되면 시장의 가격균형을 교란시킬 수도 있다. 예를 들어, 오늘날 많은 것의 가치는 그것을 만드는 데 들어간 인간의 노동력을 반영한 것이라고 할 수 있다. 그러나 만일 로봇 근로자가 무수히 많아질 경우, 제품을 만드는 데 소비되는 천연자원의 가치에 비해 그것을 제작하는 데 드는 노동비용은 매우 낮게 책정될 것이다. 로봇과 더불어 사는 세상에 있어 물리적 노동에 대한 경제적 가치는 상당히 축소될 수밖에 없다. 시장에 나온 주택에 20만 파운드라는 가격이 매겨졌다면, 이 중 10만 파운드는 부지와 건축자재에 대한 비용이고, 나머지 10만 파운드는 건축에 들어간 노동력의 비용이다. 미래에 가격이 제자리걸음을 한다고 가정할 때, 토지와 자재를 합쳐 19만 5,000파운드를 지불해야 한다고 하면, 로봇을 고용해 집을 짓는 비용은 고작 5,000파운드에 불과할 것이다.

새로운 종의 탄생

우리는 앞에서 조만간 우리와 함께할 차세대 컴퓨터 자원의 범위와 규모에 초점을 맞춰 살펴보았다. 자동차 업계가 전기자동차와 같은 혁신 적인 기술을 적극 수용하기까지는 수십 년이 걸리겠지만, 이번 10년이 마무리되기 전에 완전히 새롭고 혁신적인, 수많은 기술이 컴퓨터업계로부터 쏟아져 나오리라는 것을 믿어 의심치 않는다. 2020년에 이르면, 클라우드 컴퓨팅이 높은 수준의 처리능력을 제공하게 되어, 사람들이 언제 어디서든 거의 모든 컴퓨터에서 이를 사용할 수 있게 될 것이다. 인공지능 또한 클라우드를 통해 널리 보급될 것이다. 그렇게 되면, 정교한 로봇을 제작할 수 있을 텐데, 이들은 자체적으로 사고를 할 필요도 없을 뿐더러 심지어는 앞을 보지 못한다 해도 문제될 것이 없다. 다시 말해, 만일 공장의 CCTV 카메라와 구글 클라우드 영상 인식 애플리케이션을 활용할 수 있다면 과연 생산라인을 지키고 있는 로봇마다 눈을 끼워 넣고 영상 처리기술을 부여해야 할 필요가 있을까?

둔하기 짝이 없는 로컬 컴퓨팅 시대의 종착역에 도착한 오늘날, 우리는 이미 900만 대에 육박하는 로봇들과 함께 살고 있다. 이제 막 궤도에 오른 스마트, 클라우드 컴퓨팅의 성장을 감안할 때, 수십 년 뒤에 수천 또는 수억에 달하는 로봇이 활보하는 세상이 도래하지 않을 것이라는 주장이 오히려 더 당황스러울 수밖에 없다. 지구상에 PC의 수는 제로 상태에서 출발하여 30년도 채 되지 않아 10억 대를 훌쩍 넘어섰다. 따라서 로봇의 수가 20년 안에 900만에서 2억 대로 늘어날 것이라는 예상조차 너무 보수적인 추정치일 수 있다는 이야기다. PC 출현의 여파로 많은 일자리가 없어져버린 동시에 상당수의 새로운 산업이 탄생하기도 했다. 이와 같이 거세지는 로봇혁명의 물결은 사회적, 문화적, 경제적 분야에 두루 영향을 미치게 될 것이다.

이번 장에 소개되었던 로봇 모두가 무기물 요소로 만들어진 인공 창조물이라는 점도 높이 평가해야 한다. 향후 10여 년이 경과하면 금속, 플라스틱, 실리콘 등으로 제작된 무기재료 로봇이 일반화될 것이다. 하지만 합성생물학이라든지 바이오프린팅과 같은 기술이 상용화 궤도에 오르면, 유기적 요소로 로봇을 제작할 수 있는 가능성도 열리게 된다. 이는 미래에 플라스틱이나 금속 재료로 입체 출력이나 주조 과정을 거쳐 로봇의 신체 부위를 만들어내는 것이 아니라 손, 팔, 다리, 눈, 심지어 뇌까지 배양을 통해 생성된 신체 파트를 갖게 될 수도 있음을 의미한다. 그렇게 된다면—언젠가는 가능할 것인데—'생물'과 '무생물' 사이를 갈라놓았던 경계선이 진정 허물어지게 되는 시점에 도달하는 것이다. 제이 크레이그 벤터 연구소가 표준화된 DNA 조각을 잘라 맞춰 합성 박테리아를 만들어냈을 때, 세상은 그다지 관심을 보이지 않았다. 그 어떤 언론인도 일자리를 잃을 수도 있다는 불안을 호소하지는 않았을 것이다. 그러나 20년을 앞당겨 시계태엽을 감아본다면, 합성생물학의 최종 결과물이 곡물을 수확하고, 아침 식사를 준비해주며, 전쟁터에서 싸우고, 당신의 할머니도 돌봐주는 인공적인 유기체로 발전할 수도 있는 것이다.

미래에 인공의 지능적 유기체가 등장할 가능성을 인식한다면, 이제부터 그에 대한 무수한 실질적·철학적 의문들이 쏟아져 나오기 시작해야 한다. 또한 바이오로봇의 미래가 우리 자신과 동떨어져 진행되는 것이 아니라 인간의 개조도 동반한다는 점을 인지할 필요가 있다. 로봇공학 기술이 유기적인 영역으로 진입하게 되면, 인간과 로봇 사이에 물질의 교류가 이루어질 가능성이 높아진다. 컴퓨터공학자, 엔지니어, 의사의 역량과 지식이 필연적으로 수렴되는 방향으로 가게 될 것이다. 만일 이모든 것이 초현실적이며 기이하고 두렵게 들린다면, 나로서는 정녕 사실이라고밖에 할 말이 없다.

'자연적인' 것과 '인공적인' 것 사이의 경계선이 지속적으로 허물어지고 있는 시점에서, 인류는 진화 과정에 있어 혁신적인 단계에 들어설 태세다. 이미 인간은 유전자의 결함을 수정하기 위해 자신의 DNA 코드를 풀어내고, 육신에 인공적인 과학기술을 도입하기 시작했다. 따라서 이 책의 마지막은 '신인류 2.0'의 등장에 할애하게 될 것이다.

5부

신인류가 나타난다

인간은 스스로 자신의 복잡한 생명 작용을 제어하고 증강시킬 수 있는 잠재력을 갖게 된다. 즉, 새로운 형태의 지적 생명체를 탄생시킬 수 있는 길이 열리게 되어, 결국 우리 자신이 신의 경지에 이르게 되는 것이다. 하지만 진정 그 길을 가야만 하는지 우리 스스로에게 질문을 던져볼 수 있는 시간이 아직은 남아 있다.

Chapter 21

유전의학

인류의 진화 과정이 지금처럼 인간의 손에 의해 통제될 수 있는 잠재성이 있었던 적은 일찍이 없었다. 그러나 비로소 새로운 의학기술과 인공 이식기술들로 인해, 이제는 우리 스스로의 생리학적인 유산을 빚어낼 수 있는 기회를 부여받을 것이다. 그 결과로 우리 후손들의 수명은 지금보다 훨씬 더 연장될 것이며, 심지어는 현재 인간의 특성을 구성하고 있는 핵심 요소들마저 벗어버리는 선택을 하게 될지도 모른다.

다음 다섯 장은 향후 기술적으로 실현 가능한 것들에 대한 개요가 주를 이루겠지만, 이와 더불어 신인류 2.0을 둘러싼 폭넓은 윤리 및 철학적 쟁점도 다루겠다. 조만간 신생 의료기술들이 적용됨에 따라 기존에 정립된 인간과 우주만물과의 관계를 근본적으로 뒤흔들어놓게 될 것이다. 따라서 인간이 신의 영역을 침범하려든다는 일각의 비판도 무리가 아니다. 그도 그럴 것이 역사상 현시점에 이르기까지 오직 신들만이 생명을 좌지우지할 수 있는 권능한 절대자로 간주되어왔기 때문이다.

DNA 건강관리

여러 가지 측면에서 볼 때 의술은 아주 먼 옛날과 그다지 달라진 것이 없다. 오늘날 의사들이 운용할 수 있는 정교한 약물과 외과적 기술이 반세기 전의 상황과는 비교조차 할 수 없을 정도로 눈부신 진보를 이룩한 것은 부정할 수 없다. 그렇다 하더라도, 대부분의 의술은 아직도 표준화된 약물의 섭취 및 투여 방식에 의존하고 있으며, 질병에 걸리거나 손상된 조직을 물리적으로 치료 및 제거하는 방식에서 크게 벗어나지 못하고 있다.

21세기 초 현대의술은 이제까지 유례가 없었던 혁명의 기로에 서 있다. 나노기술의 발전이 제조업체들로 하여금 극도로 혁신적이고 정교한 제품을 만들 수 있도록 고무시키듯이, 유전공학이 의사들에게 환자의 DNA를 이해하고 조작할 수 있도록 신형 도구를 쥐어주기 시작한 것이다. 세 가지 중요한 기술적 진보가 본격적으로 실용화될 조짐을 보이고 있다.

첫째, 유전자 검사가 점차 실제 또는 잠재적인 질병 감지에 도입되고 있다. 이는 이미 일찌감치 진행되고 있다.

둘째, 머지않아 모든 환자가 맞춤형 치료 서비스를 받을 수 있게 된다. 초기에는 맞춤형 치료 대부분이 '약물유전학'에 토대를 두고 기존의 약물 중에서 개별 환자의 유전자 특성에 적합한 것을 감식해내는 방식으로 이루어질 것이다. 그러나 시간이 지남에 따라 완전히 새로운 형식의 유전자 치료법이 보급되게 될 것이다. 그리하여 환자의 DNA에서 변이된 특정 유전인자만을 집중 공략해 질병을 치료하거나, 애초에 그러한 질병이 발생하지 않도록 예방할 수 있게 된다.

마지막으로, 유전의학은 건강한 사람의 게놈을 선별하거나 개조하는 데도 적용될 전망이다. 예를 들어, 앞으로 부모가 아기의 신체 및 정신적 특성의 일부를 선택할 수 있는 기회가 점점 더 늘어나게 될 것이다. 또한 수명 연장을 위해서, 아니면 자신의 신체 및 정신적 특성을 변화시키기 위해서 자신의 유전코드를 수정하는 사례도 발생할 수 있다. 우리는 앱을 설치해 스마트폰의 기능을 업그레이드시키는 데 익숙하다. 향후 수십 년 후면 이와 유사한 방법으로 우리는 의사에게 신체의 한계를 개선하기 위한 유전치료를 요청하게 될지도 모른다.

모든 미래지향적 유전의학의 토대가 된 것이 바로 휴먼게놈프로젝트 Human Genome Project(인간 유전체 규명 계획)였다. 공적 자금으로 지원된 국제 공동연구인 휴먼게놈프로젝트는 1990년에 출범했는데, 인간의 DNA에 담겨 있는 정보를 밝혀내 축적하고, 마침내 모든 사람이 쓸 수 있도록 공개한다는 목표하에 진행되었다. 1998년에 셀레라 제노믹스Celera Genomics라는 사기업도 같은 목표를 수립했다. 이러한 상황이 초기에는 라이벌 의식으로 치닫기도 했지만, 두 연구팀은 결국 공조하는 방향으로 나아갔다. 그 결과, 2000년에 최초로 인간 유전체의 초안을 작성해내는 성과를 거두고, 뒤이어 2003년에 완전한 염기서열을 발표했다.

사람의 유전자 지도인 일명 '생명의 서Book of Life'의 발표는 대중의 마음을 사로잡았다. 다만 세계적으로 저명한 언론들이 너무 단기간 내에, 너무 많은 것이 이루어지길 기대했던 것이 불행이라면 불행이었다. 휴먼게놈프로젝트의 완성은 사실상 위대한 여정의 끝이 아니라 시작에 불과했다. 생명의 책을 소유하는 것과 그 책의 내용이 의미하는 바를 일일이 이해하는 것은—오류 수정을 위해 원고 전체를 퇴고하는 것은 제쳐두고라도—별개의 문제다.

휴먼게놈프로젝트가 완성되었을 무렵, 과학자들은 예기치 못했던 수많은 난항에 부딪혔다. 먼저 유전자를 정확히 어떻게 규정할지에 대한 의문이 제기됐다. 즉, 유전자의 '발현' 다시 말해 유전자가 켜져 있는지, 또는 꺼져 있는지의 여부가 적어도 유전자 구성만큼이나 의학적으로 볼 때 중요하다는 사실이 밝혀졌다. 이와 더불어, 모든 인간 유전체가 각각 다르며, 서로 간의 차이가 정말로 중요하다는 점을 깨닫게 되었다.

유전자 검사

유전의학이 최초로 응용되었던 분야는 유전자 검사였다. 실로, 휴먼게놈프로젝트가 완성되기 전부터도 사람의 DNA 분석을 통해 변이된 유전인자를 찾아내는 검진이 일반화되기 시작했다. 유전자 조합은커녕 유전자 대부분의 역할에 대해서도 제대로 파악하지 못한 상황이지만, 이미 1,000가지 이상의 유전자 검사가 이루어지고 있다.

체외수정IVF을 통한 임신의 경우, 수정된 배아에 대해 유전자 검사를 실행하는 것이 일반화되었다. 이러한 착상 전 유전자 진단PGD으로 유전자 변이가 없는 배아만을 선별해 여성의 자궁에 이식, 출산하는 것이 가능해졌다. 즉, 낭포성섬유증, 겸상적혈구병, 척수성근위축 등을 포함한 기타 광범위한 질병에 걸릴 위험이 없는 아이를 낳을 수 있는 것이다.

이미 예상했을 수도 있지만 연구의 상당 부분은 암 유전학 부문에 집중되고 있다. 2008년, 국제 암 게놈 컨소시엄ICGC이 출범했다. ICGC는 10여 년의 기간에 걸쳐 가장 흔한 형태의 암 50가지와 관련된 유전자 변화를 추적해 이에 대한 데이터를 축적한다는 목표를 세우고 있다. 이 연구 과정에는 암환자로부터 종양세포와 건강한 세포를 제거하는 실험 과정이 있다. 그다음 이 두 세포의 DNA 서열에 차이가 있는지 비교 분석하게 된다. 연구의 결과가 축적되면, 의사는 환자의 암을 신체 부위에 따라 진단하기보다 종양의 유전적 특성에 착안해 진단하게 된다. 이를 반복하면 먼 미래에는 진보된 암 치료법을 개발할 수 있을 것이다.

점점 더 많은 질병에 대한 유전적 특징이 밝혀짐에 따라 유전자 검사의 수요가 증가하고 있다. 이미 일반인이 인터넷을 통해 유전자 검사를 신청할 수 있는 수백만 달러 규모의 사업이 자리를 잡아가고 있다. 신청인은 원하는 검사를 선택해서 분석에 필요한 타액 샘플을 채취한 후 발송하기만 하면 된다.

유전자 검사를 받기 위한 기술적 절차가 실제로 커서로 가리키고 클릭한 다음, 침 뱉는 세단계로 간소화된 것이다. 그렇다 해도, 그 결과를 이해하고 대처하는 일은 그리 단순하지 않다. 따라서 자신의 유전코드에 대해 걱정하는 사람들을 위한 상담 서비스가 머지않아 보편화될 것이다. 조만간 유전자 상담 학위를 받고 졸업하는 사람들이 생겨날 수도 있다.

오늘날 유전자 검사를 하는 주된 목적은 유전적 변이 여부를 파악하기 위해서다. 그러나 앞으로 10년이 지나면, 일반인들이 자신의 게놈지도를 작성하는 일이 일반화될 가능성이 크다. 휴먼게놈프로젝트가 최초로 인간의 DNA를 규명해내기까지는 13년의 세월이 걸렸으며, 30억 달러가 소요됐다. 그러나 그 작업 이래로 벌써 20년이 경과했고, 과학기술은 그 이후로 엄청난 발전을 거듭했다.

미국 캘리포니아 주에 본사를 둔 일루미나Illumina는 유전자 염기서

열 분석기술을 판매하는데, 한 개인의 게놈으로부터 30억 개의 염기쌍을 분별해낼 수 있는 기술을 보유하고 있다. 이 과정은 불과 8일밖에 소요되지 않으며, 약 1만 달러의 비용이 든다. 이것이 전부가 아니다. 같은 주에 위치한 또 다른 업체인 퍼시픽 바이오사이언시스Pacific Biosciences에 따르면, 앞으로 수년 뒤면 1,000달러 이하의 비용으로 인간의 게놈지도를 15분 안에 작성할 수 있게 된다고 한다. 가까운 미래에는 인터넷에 접속 후 타액을 준비해서 자신만의 완벽한 DNA 코드를 입수하는 데, 불과 수백 달러 내지는 그에 상응하는 파운드, 유로, 엔 정도만 지불하면 될 것이다.

일각에서는 전기 및 후기 유전체시대로 의학의 역사를 구분 짓기 시작하는데, 상당히 일리가 있다. 일반인 대다수의 유전코드가 개인 진료기록의 일부로 편입된다면 수많은 질병에 대한 이해나 그 원인 규명에 가속이 붙게 될 것이다. 각 개인은 희망한다면 자신의 생활방식을 사전에 계획하여 자신의 세포에 담긴 생물학적 청사진의 정보에 근거한 예방의학적 차원의 치료를 받을 수도 있다. 먼 미래에 만일 건강관리단체들이 자체 보유하고 있는 양자 컴퓨터를 통해 미래에 그들의 환자가 될 사람들 일부에 대한 유전자 구성 정보에 접근할 수 있게 된다면, 이들에 대한 의료 서비스를 훨씬 효율적으로 계획해나갈 수 있을 것이다.

약물유전학

질병을 예측하고 진단한다니 모두 다 훌륭한 이야기임에 틀림없다. 하지만 유전의학을 도입해 환자의 치료법을 개선하는 길만이 진정 차세대 의료혁명의 도화선에 불을 댕기는 계기가 될 것이다. 결국 환자의

DNA상 결함을 바로잡을 수 있는 유전자 치료법이 개발되어야만 한다. 그러나 이러한 것들이 실현되기도 전에, '약물유전학'의 활용이 허용될 방침이다. 즉, 의사가 기존의 치료법으로 최상의 결과를 얻을 수 있도록 도움을 주자는 취지다.

일명 게놈약학이라고도 알려진 약물유전학은 개인의 약물에 대한 반응에 유전자가 어떠한 영향을 미치는가를 연구하는 분야다. 의술이 시작된 이래로 동일한 약물에 대해 사람들이 저마다 다른 반응을 보인다는 사실은 분명하게 인식되어왔다. 불행히도 그 이유에 대해서는 밝혀진 바가 그리 많지 않다. 약물유전학은 의사가 각 환자의 유전자 구성에 근거한 치료법을 선택할 수 있도록 허용함으로써 이러한 상황을 개선할 수 있다고 약속한다.

미국의 경우만 보더라도 매년 10만 건에 이르는 사망자와 200만 건에 육박하는 입원 치료가 의약품부작용 ADR에서 비롯된 것으로 추정되고 있다. 이러한 충격적인 수치는 ADR이 현대인의 주된 사인 중 하나라는 점을 부각시킨다. 약물유전학이 보편화되어 환자의 유전자 프로파일에 맞는 처방을 내릴 수 있다면, 병원 치료가 훨씬 안전하게 이루어져, 많은 사람이 목숨을 건질 수 있게 될 것이다.

약물유전학에 힘입어 전반적인 의료비용도 줄어들게 될 전망이다. 유방암 치료에 주로 쓰이는 허셉틴이라든지 대장암 치료에 쓰이는 어비틱스와 같은 경우, 특정한 유전자 구성의 환자들을 대상으로 했을 때 치료 효과가 40퍼센트 이하에 불과하다. 게다가 한 달에 1만 달러에 가까운 비용이 든다. 현재 의사들이 특정한 환자에게 이러한 약물 처방이 효과적인지 여부를 판단하기까지 시행착오에 의존해야 하는 애로가 따른다. 이는 환자의 치료를 저해할 뿐 아니라 자원을 낭비하는 짓이기도 하다.

약물유전학은 오로지 환자의 체중과 나이에만 근거해 약물을 조제하기보다 환자의 유전적 특징에 맞춰 조제할 수 있는 길을 열어줄 수 있다. 백신 투여에도 유전학적인 맞춤치료가 가능해질 전망이다. 즉, 환자의 DNA 프로파일 범위 내에서 최적화된 백신 항원을 조합해 제공하는 것이다. 이에 따라 예방접종 프로그램의 안전성과 효율성이 향상될 수 있다.

이와 더불어, 약물유전학은 기존 약물의 개발과 승인 절차를 가속화시키는 동시에, 틈새 환자만을 위한 의약품의 생산도 가능하게 할 수 있다. 현재 만약 새로운 약물이 임상실험에서 90퍼센트의 대상자에게 안전과 효율성이 입증된다 하더라도, 나머지 대상자에게 심각한 부작용을 발생시킨다면 그 약물은 시판하지 못한다. 그러나 부작용을 일으킨 사람들이 똑같은 유전자 프로파일을 지녔음을 입증할 수 있다면, 그 약물은 그외의 사람들을 대상으로 안전 승인을 받을 수 있다. 오늘날 약물은 잠재적으로 모든 사람에게 맞도록 개발되어, 이를 입증하는 임상실험을 거쳐야만 한다. 이렇듯 약물 개발을 가로막아온 거대한 장애물을 제거할 수 있다는 것이 약물유전학이 가져다줄 최고의 선물이다.

약물유전학은 대다수의 사람들로 하여금 개인별로 유전자 염기서열 분석을 받아 이를 자신들의 의료기록에 저장하도록 유도하는 의학적 매개체로 작용할 수 있다. 그렇게 된다면, 모든 사람의 처방전이 유전자 프로파일에 부합하게 되는 길이 열릴 것이다. 그렇지만 개인별 게놈 분석이 보편화되기까지는 적어도 수십 년의 세월이 더 필요하다. 그러한 시점에 도달하기 전에 등장할 수 있는 중요한 약물유전학적 기술로 '유전자 칩gene chip'을 들 수 있다.

유전자 칩이란 대략 성냥갑 크기의 의료용 센서를 일컫는다. 각각의 칩은 유리로 된 작은 격자, 또는 'DNA 마이크로어레이'로 구성되어 있다. 그 격자를 구성하는 작은 정사각형 틀마다 특정한 DNA 조각이 담기게 된다. 실험실에서 환자의 세포 샘플을 마이크로어레이 위에 놓는다. 그러면 격자 위의 일부 정사각형이 발광하게 되는데, 이로써 특정 유전자의 '발현(또는, 활성화 정도)' 여부가 드러나게 된다. 의사(또는 컴퓨터)는 현미경으로 유전자 칩을 들여다보면서 환자의 유전자 프로파일을 검토할 수 있다.

현재 애피메트릭스Affymetrix나 로슈Roche와 같은 공급업체들이 유전자 칩을 유통하고 있기는 하지만, 아직까지는 실험도구 조달에 불과하다. 하지만 유전자 칩이 약물유전학의 주요 진단장비로 활약하게 될 날이 머지않았다. 어쩌면 불과 5~10년도 지나지 않아, 암환자가 유전자 칩을 이용해 정기적으로 암세포 검사를 받게 될 수도 있다. 그렇게 되면 유전자 칩의 판독 결과를 바탕으로 처방을 내릴 수 있다.

오늘날, 일부 1세대 약물유전자 제품들이 막 시장에 진출했다. 예를 들어, 어슈어RXAssureRx는 진사이트RXGeneSightRx라는 유전자 검사를 개발했다. 이는 환자의 유전자 구성을 분석해 특정 정신질환 약물이 효력이 있는지를 판별해낸다. 의사는 환자의 뺨 안쪽을 면봉으로 채취해서 어슈어알엑스 연구소에 보내기만 하면 된다. 결과는 온라인을 통해 확인 가능한데, 이에 따라 최선의 치료법을 처방할 수 있다.

유전자 치료

약물유전학의 도움으로 환자의 치료에 상당한 개선 효과가 있겠지만, 그럼에도 약물유전학은 진단 도구에 지나지 않기 때문에 직접적인 치료수단이 될 수 없는 한계를 가지고 있다. 따라서 유전자 치료가 일상적 임상치료의 일부로 도입되지 않는 이상 유전의학 혁명은 미완의 혁명으로 남게 된다.

유전자 치료는 특정 질병의 원인이 되는 유전자 결함을 바로잡는 것을 목표로 하고 있다. 이를 실현하기 위해 이미 광범위한 의료기술들이 연구되고 있다. 이 중에서도 가장 흔한 연구 분야는 환자의 게놈에 건강한 유전자를 추가로 주입함으로써 결핍 또는 비활성화된 유전자의 역할을 대신하도록 하는 기술이다. 최상의 결과는 건강한 유전자를 결함 있는 유전자에 치환하는 것이다. 또 다른 접근법으로는 '선택적 복귀변이' 방법을 적용해 결함 있는 유전자를 예전의 건강한 상태로 되돌려놓는 것이다. 마지막으로, 미래에 특정한 유전자의 발현을 조절하여 활성화 또는 비활성화시킬 수 있는 기술이 개발 중이다.

환자의 DNA에 추가 또는 대체 유전자를 주입하는 데는 몇 가지 방법이 있다. 가장 많이 쓰이는 방식은 '벡터'라 불리는 유전자 전달 매개체를 이용해 환자의 표적세포에 치료유전자를 삽입시키는 것이다. 이때 쓰이는 벡터는 보통 인간의 DNA를 전달하도록 유전자가 조작된 바이러스인 경우가 많다. 유전자 치료에 쓰일 수 있는 또 다른 유전자 전달 방법으로는 표적세포에 치료용 DNA를 직접 주입하거나 인공 리포솜을 만드는 방식이 있다. 인공 리포솜은 세포벽에 달라붙는 성질이 있는 지방질이다. 유전자를 리포솜으로 코팅함으로써 환자에게 투여 시 세포에 이입

될 수 있도록 유도할 수 있다.

현재 유전자 치료가 실질적인 의료행위의 일부로 도입되지는 않았지만, 점점 더 많은 실험이 진행되고 있다. 그중 하나가 2001년, 런던의 그레이트 오먼드 스트리트 병원에서 시행되었다. 의사들은 중증복합면역결핍증X-SCID이라는 질병을 앓고 있던 리스 에번스라는 이름의 18개월 된 아기를 치료하는 데 유전자 치료를 동원하였다. 이 희귀한 난치성 질병은 하나의 돌연변이 유전자가 그 원인인데, 어떤 형태의 감염도 곧 사망으로 이어지기 때문에 환자는 무균상태 속에서 살아가야만 하는 운명에 처한다. 이러한 이유로 치료를 받기 전까지 리스는 언제나 보호용 밀폐 비닐 속에 들어가 있었기 때문에 '거품아기'라는 별명으로 알려졌다.

선구적인 치료 과정을 통해 리스의 돌연변이 유전자의 건장한 버전이 그의 게놈에 삽입되었다. 치료는 성공적이었으며, 수술 후 10년이 지난 현재 리스는 여전히 건강한 상태다. 그 이후로 소수의 아이들이 이와 똑같은 유전자 치료를 받았다. 그러나 그중 몇 명은 치료 후 백혈병을 앓게 되었다. 때문에 인간을 대상으로 한 유전자 치료가 일각에서는 아직까지 논란의 대상이 되고 있다. 실제로 미국의 경우, 2003년 유전자 치료가 몇 달 동안 금지되기도 했다. 이 조치는 오르니틴 트랜스카비미라제 결핍증OTCD을 치료하기 위해 유전자 치료를 받던 한 젊은이의 사망과 그레이트 오먼드 스트리트 병원의 치료 후 백혈병 발병 보고에 따른 것이었다.

인간의 유전코드를 고쳐 쓰는 법을 배우기란 필연적으로 위험이 따를 수밖에 없다. 그럼에도 그 외에는 희망이 없는 난치병에 걸리거나 수명을 단축시키는 질병을 앓고 있는 많은 사람은 적극적으로 임상실험에 참여하고자 한다. 이러한 환자들 중에는 낭포성섬유증이란 질병에 걸린 사람들도 있다. 환자의 폐, 소장과 대장, 췌장 등을 비롯한 다른 기관에도 영향을 미치는 이 퇴행성 질환은 백인에게 가장 흔히 나타나는 유전적 질환이다.

낭포성섬유증에 걸린 사람들은 낭포성섬유증 막횡단 전도 조절 유전 자CFTR라고 불리는 유전자의 활성화된 형태를 지니지 못한 것이다. 이 때문에 환자는 땀샘이라든지 소화액, 점액 등을 제대로 조절할 수 없어, 보통 30대 중반 이상을 넘기지 못한다. 그러나 영국의 낭포성섬유증 유 전자 치료 컨소시엄이 최근에 유전자 치료를 활용해 낭포성섬유증 치료 를 위한 임상실험에 돌입했다. 현재까지 환자들은 흡입기를 이용해 폐 속에 리포솜 유전자를 유입시키고 있다. 어느 정도 진전은 있었으나 환 자들이 예상치 못한 부작용을 겪기도 하였다. 따라서 앞으로 10년 안에 낭포성섬유증에 대한 유전자 치료법이 나오긴 힘들 듯하며, 아마도 먼 미래의 가능성으로 남게 될 듯하다.

다른 최첨단 유전자 치료 프로젝트도 미래의 치료법에 대한 희망을 북돋운다. 예를 들어, 2008년 영국의 무어필드 안과병원 산하 생의학연 구소(국립보건의료연구원의 지원을 받아 건립)는 선천성 안질환 치료에 유 전자 치료법을 적용한 임상실험 결과를 보고했다. 이 실험은 레베르 선 천성 흑암시LCA라고 불리는 안질환을 앓고 있는 어린 환자들을 대상으 로 진행됐다. 이 질환은 유전자 RPE65의 이상으로 인해 발병하는 것으 로 확인됐다. 연구진은 이 RPE65 유전자의 건강한 복사본을 지원 환자 세 명의 망막에 주입했다. 그 후 세 명 모두의 시력이 향상되었으며, 부작 용은 보고되지 않았다. 이러한 성과는 광범위한 안구질환 치료에 유전자 치료 적용이 가능하도록 토대를 마련했다.

동물 실험의 경우 더 큰 진보가 이루어졌다. 예를 들어, 미국 텍사스 대학 연구진은 유전자 치료를 도입해 생쥐의 폐암 종양의 수와 크기를 줄이는 데 성공했다. 미국 워싱턴 대학에서는 세포를 주입하는 방식으로 원숭이의 색맹질환을 치료하기도 했다. 한편 영국의 런던 약학대학 연구진은 나노입자를 이용한 유전자 치료를 통해 생쥐의 암을 치료해냈다. 안드레아스 샤츠레인Andreas Schatzlein 박사는 이처럼 고도로 선택적인 유전자 치료법을 이용해 앞으로 2년 안에 임상실험을 거쳐 실제 암환자를 치료할 수 있기를 기대한다고 밝혔다.

미래의 유전형질 개량

금세기 말이면 유전자 치료가 암, 심장병, 알츠하이머병, 천식, 당뇨병 등과 기타 다양한 질병의 치료에 도입될 가능성이 매우 크다. 하지만 이에 앞서, 수많은 윤리적 문제가 먼저 해결되어야 한다. 널리 알려진 질병의 치료에 유전자 치료법을 사용한다고 반기를 들 사람은 별로 없을 것이다. 하지만 인간 게놈을 안전하고 정확하게 재프로그래밍할 수 있는 기술을 보유할 경우, 당장 어떤 것이 '정상'이고 어떤 것이 '장애'인가의 판단 문제는 더 큰 논쟁의 소용돌이를 몰고올 수밖에 없다.

'체세포' 대 '생식세포' 유전차 치료의 적용 여부는 매우 열띤 논쟁을 불러올 것이다. 체세포 유전자 치료에 의한 성과는 치료된 환자에게만 영향을 미친다. 이와 반대로, 생식세포 유전자 치료는 환자에게 유전적 특징을 남기게 되어, 후손을 생산할 경우 미래의 후손들이 물려받게 된다. 오늘날 치료를 받겠다는 결정은 순전히 개인적인 차원에서 이루어지지만 미래에는 꼭 그렇지만은 않을 것이다.

생식세포 유전자 치료를 둘러싼 윤리적 논쟁은 치료를 위해 반드시 필요하다고 인정받아온 시술이 아닌 경우까지 시술 허용 범위가 확대된다면 한층 가열될 것이다. 미래에 낭포성섬유증에 걸린 환자가 생식세포 유전자 치료를 받고 질병이 완치되어 후손에게 이 질병이 전해지는 것을 미연에 방지하게 된다면 이 일로 논란이 일어날 소지는 없다. 하지만, 머리색을 바꾸게 해주는 성형 차원의 생식세포 유전자 치료가 가능해진다고 가정해보자. 한편으로는 환자가 반복적으로 머리를 염색하는 데 투입되는 시간과 비용이 절감된다는 이유로 이 시술을 받을 수 있는 권리를 주장할 수 있을 것이다. 반면에, 반대론자들은 일개 개인이 인간의 유전자풀gene pool을 변경하는 권리를 행사해서는 안 된다는 주장을 펼칠 것이다. 즉, 미래에 태어날 어떤 사람에게 파랑, 초록, 분홍색 등의 머리색을 강요하는 행위를 해서는 안 된다는 뜻이다.

미래의 유전자 치료로 인해 자연적인 방법으로는 생성이 불가능한 다양한 신체적 특징들을 개발할 수 있는 길이 열릴 것이다. 이 책을 집필하는 시점에 아직까지 어떤 운동선수가 주요 스포츠 행사에서 '유전자 도핑'으로 결격 처분된 사례는 없다. 하지만 앞으로 경기력을 향상시키는 유전자가 들어 있는 바이러스를 주입하는 일도 가능해질 것이다.

이미 레폭시전Repoxygen이라 불리는 실험적인 합성 바이러스가 만들어진 바 있는데, 이는 유전자를 주입시켜 적혈구의 생산을 증가시키도록 유도하는 역할을 한다. 레폭시전은 생쥐 실험에서 성공적인 결과를 보였는데, 원래는 미래에 빈혈치료를 위해 개발된 것이었다. 그러나 적혈구

수치가 증가하게 되면, 근육에 전달되는 산소량도 따라서 증가하게 된다. 그래서 건강한 사람이 레폭시전을 사용할 경우, 경기력을 잠재적으로 향상시키는 결과를 가져올 수 있다. 전하는 바에 따르면, 2006년 동계 올림픽이 개최되기 전에 코치 한 명이 레폭시전을 구하러 다닌다는 소문이 있었다.

앞으로 머지않은 장래에 유전자 주입으로 인간 성장호르몬의 생산을 영구적으로 증진시키게 될 가능성도 있다. 그렇게 되면 반복적으로 도핑을 해야 했던 것도 옛말이 되어버리게 된다. 미래에 유전자 도핑을 하면 일부 운동선수의 신체는 '자연적'으로 더 많은 성장호르몬을 생산하거나 혈중에 더 많은 산소를 공급하도록 재프로그래밍될 것이 자명하다. 이 문제가 몰고 올 파장은 실로 엄청나다. 게다가 유전자 도핑이 생식세포 형태로 감행되었다면 운동경기 차원의 문제로 끝날 수 없다.

미래의 유전자 치료에 있어서 또 하나의 섬뜩한 가능성으로 유전형질 전환의 오용을 들 수 있다. 유전형질 전환이란 두 種 간에 유전자 물질을 옮겨놓는 것을 말한다. 인간의 유전자 물질이 동물에 이입되는 사례는 이제 일반적인 것이 되었다. 즉, 의료 연구를 위해 동물을 '인간화'하는 것이다. 하지만 잠재적으로 그 기술을 거꾸로 쓰지 못하리라는 법도 없다. 따라서 미래에는 특정한 동물의 특성을 얻으려고 하는 사람들이 나올 수도 있다는 것이다.

치타는 시속 110킬로미터의 속도로 달릴 수 있으며, 지구상에서 가장 빠른 동물로 알려져 있다. 그렇다면 이와 연관 있는 유전자만을 따로 분리해 인간에 이입하는 방식으로 더욱 빨리 뛰는 인간을 만드는 게 가능하지 않을까? 아니면, 다른 동물들로부터 정선된 유전자 몇 개를 합해 인간에게 야간 투시능력을 부여한다든지, 빛을 발하는 손톱이나 날개를 달게 하는 것은 어떨까? 이러한 제안들이 황당하게 들릴지도 모르겠으나, 실험을 감행하는 엽기 과학자가 하나쯤은 나올 법도 하다.

또한 인간의 소화기 계통이 어느 특정한 음식으로부터 좀 더 많은 단백질을 추출할 수 있도록 하는 유전자 치료 바이러스를 개발해낼 경우, 이것이 미치게 될 파장을 한번 상상해보라. 미래에 굶주리는 국민을 대상으로 이러한 바이러스를 퍼트리는 어느 정부의 조치가 정당화될 수 있을까? 8장에서 우리는 어린이들에게 더 많은 양의 비타민A를 공급해 실명을 방지하고자 만든 유전자 변형 기능식품인 황금쌀의 잠재력에 대해 고찰한 바 있다. 건강을 위해 사람들이 먹는 음식을 유전적으로 조작하는 것과 사람들의 유전자에 변형을 가해 기존의 식량으로부터 더 많은 영양소를 섭취할 수 있도록 하는 것 중 어느 한편의 손을 들어줄 척도로 삼을 만한 단순한 윤리적인 잣대가 진정 존재하는가? 진실로 이 중대한 문제에 대해 나는 해답을 제시할 수가 없다. 그러나 미래의 유전의학의 발달이 바로 이러한 딜레마들을 불러일으키게 될 것이다.

맞춤형 아기의 탄생

인간의 형질을 변화 또는 향상시키는 것은 고사하고, 유전 치료법을 사용해 질병을 완치하는 것조차 먼 미래에나 실행 가능한 일이다. 이에 반해 유전자 선택은 이미 시행되기 시작했다. 체외수정IVF을 통해 임신을 한 부부에게는 특정한 질병의 보유 여부를 확인할 수 있는 수태 전 유전자 검사에 대한 선택권이 주어진다. 이렇듯 건강한 아이의 출산을 보장해주려는 노력과 더불어, 희망하는 유전적 특성을 검색해내는 태아검사가 이미 시행되고 있다.

미국 임산연구소라 불리는 단체는 체외수정 시 400가지 이상이 넘는 유전성 질환에 대한 검사를 실시할 뿐 아니라, 태아의 성별까지도 선택하도록 한다. 희망하는 성별의 배아만이 착상되기 때문에 이 기관에서 제공하는 성감별 서비스는 100퍼센트의 성공률을 보장한다. 젠셀렉트GenSelect라고 불리는 회사는 체외수정 방식을 탈피해, 부부가 아이의 성별을 선택할 수 있도록 해주는 가정용 성감별 장비를 판매하고 있다. 젠셀렉트는 이 장비가 96퍼센트의 성공률을 자랑한다고 주장한다. 이러한 관행을 정당화하기 위해 일각에서는 '균형 가족계획'이라는 용어를 채택해 사용하고 있다.

부모가 자녀의 성별을 선택할 수 있는 기술의 발명은 인류의 진화에 있어 중요한 분수령으로 인식돼야 할 것이다. 이미 일부 인공수정 병원은 태아의 머리카락 및 눈의 색깔을 고를 수 있는 기술을 보유하고 있다. 예상대로 종교계에서 강하게 반대해 아직 이 서비스를 고객에게 제공하지는 않고 있다. 그러나 조만간 이들이 허용되는 날이 올 것이다. 예비 부모들은 점차 인류 유전자풀에 자의적이지만, 통제 불가능한 변화를 가할 수밖에 없다.

영국의 경우, 인공수정으로 태어나는 신생아가 이미 2퍼센트에 이르고 있다. 윤리적인 문제는 뒤로하고라도, 이는 인류가 자신의 고유한 생물학적인 유산에 대해 스스로 의학적 차원의 통제를 가하기 시작했다는 사실을 의미한다. 갑자기 모든 부부가 여자아이를 낳기로 결정했다고 상상해보라. 다음 세대를 생산하는 과정에서 자연의 임의성을 배제해버린다면, 이는 엄청난 파급효과를 가져오게 될 것이다.

인류는 이제까지 적자생존의 법칙에 의한 규제를 받아왔다. 여전히 그렇다고 가정했을 때, '적자'라는 개념은 가장 생존 본능적 자질이 뛰어난 배우자를 유혹할 수 있는 능력을 나타내기보다, 잉태 과정에서 기술적 자원을 동원할 수 있는 능력이 되어버린 것이다. 이제까지 논의한 사항들 중 상당 부분이 기이하다고 생각되거나, 심지어는 잘못되었다고 느낄 수도 있다. 하지만 일부 국가의 경우 신생아 50명 중 한 명이 연구소에서의 생명 조작 덕분에 존재할 수 있었다는 사실로 미루어보건대, 여기서 언급한 내용을 하나라도 외면해서는 안 될 것이다.

앞으로 일대 파란을 몰고 올 유전자 검사, 유전자 치료, 유전자 선택 기술 등은 눈 깜빡할 사이에 우리 일상의 일부가 돼버릴 것이다. 이들을 수용하게 된다면 인간이란 종은 급격한 변화를 겪게 될 것이다. 또한 이미 유전의학의 그 어떤 내용도 적극 수용하고자 하는 광범위한 징후들이 포착되고 있다.

Chapter **22**
바이오**프린팅**

나는 미래 연구에 대한 강연 중 종종 입체 프린팅에 대해 언급한다. 입체 프린팅이란 디지털 데이터로부터 한 겹 한 겹 쌓아올리는 방식으로 실제 입체로 된 단단한 물체를 만들어내는 다양한 기술을 총칭하는 용어다. 몇몇 회사가 이미 입체 프린팅 기술을 활용해 플라스틱 및 금속 부품들을 제조하고 있다는 사실을 언급하면, 청중은 보통 놀라움에 웅성거린다. 거기다가 살아 있는 조직 또한 입체 프린팅으로 출력된다는 사실을 밝히면 관객 중 한 사람 정도는 분명하게 들릴 정도로 '헉' 하는 소리를 내뱉고는 한다.

현재 생물학적 물질을 입체로 출력하는 기술은 여러 가지 명칭으로 불리고 있다. '조직 프린팅' '장기 프린팅' '가산적 세포합성' '바이오프린팅' 등이 모두 같은 것을 놓고 붙여진 이름이다. 현재로서는 맨 끝에 소개한 명칭이 가장 흔히 쓰이고 있으므로 여기서도 그 용어를 사용하기로 하겠다. 그렇지만 다른 최첨단 과학기술과 마찬가지로 이들과 관련된 전문용어는 빠르게 바뀌는 경향이 있다는 점을 염두에 두기 바란다.

명칭이야 어찌 됐든 간에, 바이오프린팅이 엄청난 의학적 잠재력을 지닌 연구 분야인 것만은 사실이다. 미래에 유전의학이 진보를 거듭한다고 해도, 사고를 당해 신체의 일부가 상하거나 심각한 장기기능 부전으로 고생하는 환자들에게는 그다지 도움이 되지 못할 것이다. 오늘날 그러한 환자는 장시간의 치유 기간을 거치거나, 장기 이식수술을 받음으로써 회복할 수 있다. 그러나 앞으로는 바이오프린터를 사용해 손상된 조직을 치료하거나 대체용 인공장기를 만드는 길을 선택할 수도 있게 될 것이다. 자, 이쯤 되면 여러분도 '헉' 소리가 절로 날지 모르겠다.

포토프린터에서 바이오프린터까지

바이오프린팅은 본질적으로 잉크젯프린팅 출력 과정의 진보된 형태로 수많은 사람이 매일같이 문서 또는 사진 등의 인쇄 자료를 만드는 데 사용하는 방식과 크게 다를 바 없다. 잉크젯프린터는 종이에 작은 잉크 방울을 정전기적으로 도장하는 방식으로 텍스트나 이미지를 재생한다. 그런데 우연의 일치인지 모르겠지만, 분사되어 나오는 잉크 액적이 사람의 세포와 거의 같은 크기다. 집에 있는 데스크톱 프린터의 잉크 카트리지를 액체 세포배양 카트리지로 바꾸기만 하면, 이론상으로는 얇은 막으로 이루어진 살아 있는 조직의 출력이 가능하다.

언급한 바를 그대로 바이오프린팅의 선구자인 나카무라 마코토 교수가 10여 년 전에 최초로 시도했다. 일본에서 소아과 의사로 일하던 나카무라 교수는 장기 이식수술을 절실히 필요로 하는 수많은 어린이가 존재한다는 사실을 뼈저리게 통감하고 있었다. 그러나 장기의 공급이 턱없이 부족한 탓에 이러한 어린이들이 죽어가는 모습을 마냥 지켜보고 있어야만 했다. 나카무라 교수는 수년 동안 의학적 진보를 갈구하며 인공심장을 비롯한 여타 기계적 장기들에 대한 연구를 계속했다. 그러던 중 2002년에 잉크젯프린터가 사람의 세포도 출력할 수 있는 잠재성이 있다는 사실을 깨달았다. 그 순간부터 그는 홀로 평범한 세이코 엡손 프린터를 사용해 바이오프린팅 실험에 착수했다.

불행히도 나카무라 교수의 첫 번째 잉크젯프린터의 분사 구멍은 그만 막혀버리고 말았다. 그래서 하드웨어적 문제를 겪는 다른 많은 사람처럼 그 또한 서비스센터에 도움을 요청했다. 나카무라 교수가 프린터를 이용해 사람의 세포를 출력하고자 한다고 설명하자 그는 전혀 도움을 받을 수 없었다. 그러나 결국 엡손의 한 임원이 관심을 표명하며, 기술지원을 해주게 되었다. 그로부터 1년 후 이러한 지원에 힘입어 나카무라 교수는 잉크젯 출력 과정을 견디고 살아 있는 세포를 출력해낸 최초의 연구자로 이름을 남기게 되었다. 이러한 결과를 얻기 위해 그는 세포를 알긴산나트륨에 넣어 말라 죽지 않도록 조치한 다음 염화칼슘수용액 속으로 분사했다.

2008년 나카무라 교수가 이끄는 도쿄의 가나가와 과학기술원 소속 연구팀은 실험용 바이오프린터 제작을 위한 프로젝트를 완수했다. 이 프린터는 이미 두 종류의 세포를 이용한 구경 1밀리미터 크기의 튜브(인간의 혈관과 유사한)를 만드는 데 사용됐다. 현재 이 프린터를 사용해 분당 약 15밀리미터 크기의 바이오튜브를 생산할 수 있다고 한다. 나카무라 교수는 20여 년 후 인간 장기 전체를 대체할 수 있는 장기를 생산해내게 되기를 희망한다고 밝혔다.

나카무라 교수의 업적이 놀라운 것은 사실이나, 그가 유일한 바이오 프린팅 선구자는 아니다. 가장 잘 알려진 사례로, 2008년 3월 거보르 포르가치Gabor Forgacs 교수가 이끄는 미국 미주리 대학의 연구진은 닭에서 추출한 세포를 사용해 실제로 기능을 하는 혈관을 비롯한 심근조직을 바이오프린팅 기술로 출력하는 데 성공했다.

이들의 연구는 미국 올랜도에 본사를 둔 마이크로일렉트로닉스의 제조사인 엔스크립트nScrypt에 의해 주문 제작된 시제 바이오프린터에 전적으로 의존해 이루어졌다. 이 장치는 세 개의 프린터 헤드로 구성돼 있는데, 이 중 두 개가 심근 및 내피세포로 채워졌다. 세 번째 헤드는 콜라겐 지지체(지금은 '바이오페이퍼'로 알려져 있다)를 분사해 출력 과정 중의 세포들을 보강해주었다.

나카무라 교수의 바이오프린터와는 달리 포르가치 교수의 연구팀이 발명한 장치는 한 번에 세포 하나를 출력하는 방식이 아니다. 그 대신에 구상체의 '바이오잉크' 방울을 분사하는 데 각각의 방울은 수만 개에 이르는 세포들을 담고 있다. 이 방식은 한 번에 하나씩 출력하는 프린터보다 진행 과정이 빠른데다 세포에 가해지는 충격도 덜한 것으로 나타났다. 게다가 이 방식을 사용하자 구상체의 바이오잉크들이 훨씬 잘 융합됐다. 2008년, 포르가치 교수는 바이오프린터로 어느 장기의 세세한 부분까지 전부 다 출력할 필요는 없다고 설명하며, "일단 프로세스를 진행하기만 하면 자연의 섭리가 나머지는 알아서 진행해준다"라고 덧붙여 말했다.

이 주장을 입증이라도 하듯이, 포르가치 박사의 바이오프린터를 통해 출력된 세포들은 출력된 지 70시간이 지나자 살아 있는 조직으로 융합됐다. 그리고 이내 90시간이 경과하자 심근조직이 마치 일반 심장근육처럼 뛰기 시작했다.

시판용 바이오프린터의 등장

포르가치 박사의 성공은 의학계를 발칵 뒤집어놓았다. 그의 연구는 곧이어 올가노보Organovo의 설립으로 이어졌는데, 이를 통해 바이오프린팅기술을 더욱 정교화하는 데 매진하고 있다. 이 회사는 우선 포르가치 박사의 첫 실험용 바이오프린터의 디자인을 향상시키는 작업에 착수했으며, 그 결과 노보젠 MMX를 탄생시켰다. 세계 최초의 상업용 바이오프린터로 일컬어지는 이 기기는 20만 달러를 호가하는 하드웨어로, 호주의 인베테크Invetech가 제작을 맡고 올가노보가 마케팅을 담당했다. 2009년 1월에 첫 생산된 노보젠 MMX가 올가노보의 연구소에 전달됐다.

올가노보는 노보젠 MMX 바이오프린터를 두고 "세포 및 생체 적합물질biomaterial 제작을 위한 필수 도구"라고 표현한다. 이전 모델과 동일하게 노보젠 MMX도 바늘 모양으로 생긴 여러 개의 프린트 헤드로 구성돼 있다. 첫 번째 단계에서 작동하는 헤드들은 콜라겐이나 젤라틴, 또는 기타 히드로겔을 주원료로 하는 얇은 층의 수성 바이오페이퍼를 지속적으로 출력한다. 이렇게 출력된 층들은 두 번째 헤드에 의해 프린트되거나 '주입'된 바이오잉크 구상체를 부유浮游 상태로 고정시켜주는 역할을 한다. 이전의 엔스크립트 프린터와 마찬가지로 프린트를 마치고 어느 정도 시간이 경과하게 되면, 이들 바이오잉크 구상체들이 서로 융합해 살아 있는 조직으로 변하게 된다. 그런 다음 바이오페이퍼는 용해되

1. 바이오잉크 구상체들이 한 겹의
바이오페이퍼 겔에 프린트된다.

2. 프린트된 층들이
입체 구조를 형성한다.

3. 세포들이 서로 융합하고
바이오 페이퍼는 용해된다.

4. 살아있는 조직 완성

〈그림 22-1〉 올가노보의 바이오프린팅 과정

거나 세포가 완전히 융합된 후 손으로 조심스럽게 떼어내면 된다. 〈그림 22-1〉은 올가노보 바이오프린팅 과정을 보여준다.

　　노보젠 MMX로 출력한 바이오잉크 구상체는 1만에서 8만 개 사이의 세포를 담고 있다. 올가노보는 바이오잉크를 만들어내기 위해 서로 다른 유형의 다양한 세포배양 작업부터 시작했다. 예를 들어, 혈관을 바이오프린트할 경우, 세 가지의 서로 다른 세포들이 사용된다. 이들은 주로 내피세포(혈관의 내벽을 형성), 민무늬근세포(혈관이 수축과 팽창운동 관장), 섬유아세포(질긴 결합조직을 형성)들로 구성된다. 이 세 가지 유형이 고형화된 세포응집체를 형성하면 이들을 서로 섞은 다음 세포 진압장치에 넣어주게 되는데, 그러면 곧 이를 튜브에 압축해서 마치 바이오잉크 소시지처럼 뽑아내게 된다. 그다음 '응집체 절단기'가 소시지를 잘게 썰어주면, 조각들이 자발적으로 바이오잉크 구상체의 형체를 갖추게 되어 비로소 프린팅 카트리지로 옮겨 담기게 된다. 이 지점에서 비로소 바이오잉크 구상체가 프린트 헤드에 들어간다. 이 속이 빈 정밀한 바늘 형태의 헤드는 3차원으로 작동해 각각의 구상체를 몇 미크론의 정확도로 배치할 수 있다.

일단 출력을 하면, 자연이 이를 인계받아 바이오잉크 구상체를 형성하고 있는 서로 다른 세포들이 스스로 알아서 재편성할 수 있도록 해준다. 즉, 특별한 과학기술적인 간섭 없이도 내피세포들은 바이오프린트된 혈관 안쪽으로 이동하게 되는 한편, 민무늬근세포들은 중간 부분에 자리를 잡고, 섬유아세포들은 외부를 향해 움직이는 것이다. 이보다 더 복잡한 바이오프린트 출력 물질의 경우에도 정교한 모세혈관을 비롯한 여러 내부기관 등이 자연발생적으로 형성된다. 그 과정이 거의 마술처럼 들린다. 하지만 포르가치 박사가 설명하는 바와 같이, 배아 속의 세포가 복잡한 장기로 구성되는 절차를 미리 알고 있는 것과 별반 다를 것이 없다는 이야기다. 자연은 수백만 년 동안 이러한 놀라운 기능을 발전시켜온 것이다. 적합한 세포 유형이 제자리를 찾기만 하면 어떻게 해야 할지를 알고 이동한다는 것이다.

2010년 12월, 올가노보는 노보젠 MMX를 이용해 최초로 어느 한 사람으로부터 배양된 세포들을 가지고 혈관을 바이오프린팅하는 데 성공했다. 《타임》이 노보젠 MMX를 2010년 최고의 발명품 명단에 올린 사실에 대해 전혀 놀랄 이유가 없다.

맞춤형 장기를 주문하는 시대

올가노보는 이미 바이오프린트된 물질을 동물에 이식하는 실험을 진행해, 바이오프린트된 신경을 쥐에 성공적으로 이식하기도 했다. 빠르면 2015년에는 임상실험도 예상하고 있다. 그러나 올가노보는 초기에는 바이오프린터가 독극물 검사용으로 쓰일 단순한 조직 구조를 생산하는 데 주로 사용될 것으로 내다보고 있다. 이로써 의학 연구자들이 연구실에서 간을 비롯한 여러 장기의 바이오프린트 모델을 가지고 약물 검사를 실시할 수 있게 될 것이다. 따라서 동물실험에만 의존해오던 관행이 점차 줄어들 전망이다.

올가노보는 임상실험을 마치게 되면, 바이오프린터로 심장 우회수술에 필요한 혈관조직을 생산할 수 있게 될 것이다. 장기적으로는 자사의 기술을 응용해 훨씬 더 폭넓은 범위의 주문제작 조직 및 장기를 공급한다는 목표를 세워두고 있다. 올가노보 연구진은 이러한 목표를 염두에 두고 현재 바이오프린트된 근육을 환자에게 이식하기 전에 인위적으로 근력을 강화시킬 수 있는 소형 기계장치의 개발에 박차를 가하고 있다.

언젠가는 간과 심장까지도 바이오프린트되어 나오는 날이 오겠지만, 올가노보는 최초의 인공장기는 신장이 될 가능성이 가장 클 것으로 예상한다. 기능적인 측면에서 볼 때, 신장은 신체기관에 있어 가장 단순한 장기 중 하나로 꼽힌다. 최초로 바이오프린트될 신장은 실제로 기존 신장의 모습과 같아야 한다거나 모든 기능을 그대로 따라야 할 필요는 없다. 그보다 우선 미래의 바이오프린트 신장은 혈액 속의 노폐물을 제거하는 기능만 제대로 해내면 될 것 같다. 그 정도의 바이오프린트 장기를 만들어내는 일은 오늘날 올가노보가 보유하고 있는 바이오프린팅 기술력으로도 그다지 요원하지만은 않은 것 같다.

　미국 사우스캐롤라이나 의과대학 산하 첨단조직공학센터는 맞춤형 장기를 생산한다는 장기적인 목표를 지닌 또 하나의 바이오프린팅 연구팀이다. 수석 연구원인 블라디미르 미로노프Vladimir Mironov 박사와 그의 동료들은 엔비전텍 바이오플라터envisionTEC Bioplotter라고 불리는 장치를 개발했다. 올가노보의 노보젠 MMX와 마찬가지로, 이 기기도 바이오잉크 '조직 구상체'와 더불어 섬유소, 콜라겐 히드로겔 등의 보강 지지물질을 출력할 수 있는 바이오프린트 헤드를 장착하고 있다. 그 밖에 엔비전텍 바이오플라터는 참으로 광범위한 생체 적합 물질을 출력해낼 수 있다. 여기에는 생분해성 고분자를 비롯해 인공 장기의 형성을 돕고 보강할 수 있는 세라믹 등이 포함된다. 언젠가는 이러한 물질들이 뼈를 대체할 수도 있을 것이다.

　한편, 미국 컬럼비아 대학 산하 조직공학 및 재생의학연구소의 제러미 마오Jeremy Mao가 이끄는 연구팀은 치아 및 뼈 치료에 바이오프린팅의 응용 가능성을 연구하고 있다. 이미 일부 치과의사들 사이에서 환자의 입안을 입체 스캔으로 떠 입체 프린터로 의치를 제작하는 작업이 보편화되었다. 마오와 그의 동료들은 이보다 더욱 진보된 성과를 거두기 위해 노력하고 있다.

　마오의 연구진은 어느 한 실험에서 앞니 모양을 갖춘 망 같은 구조의 입체 지지체를 바이오프린터로 출력해냈다. 그다음 이것을 쥐의 턱뼈에 이식했다. 지지체는 아주 작은, 서로 연결된 마이크로채널 구조로 그 홈은 '줄기세포 유도물질'로 채워졌다. 이식 후, 불과 9주 만에 이들이 새로운 치근막의 생성을 촉진시키고, 새로운 치조골이 형성됐다. 언젠가는 이 연구로 인해 사람들이 바이오프린트로 출력된 살아 있는 치아를 이식받거나 지지체를 이식받아 자생적으로 치아를 자라나도록 하는 것이 가능해질 날이 올 것이다.

마오 연구팀은 이와 같은 맥락의 프로젝트를 하나 더 진행하고 있는데, 바이오프린트된 지지체 주변에 새로운 관절을 자연적으로 재생시키는 기술이다. 다 자란 토끼 여러 마리의 고관절을 입체 스캔으로 떠서, 망구조의 지지체를 입체로 바이오프린트하는 데 이용했는데, 이 지지체 위에서 연골과 뼈가 재생된다. 바로 이 지지체에 성장인자를 주입해 토끼의 고관절이 있던 자리에 이식하는 실험이 진행되었다. 연구진이 의학학술지 《랜싯 *Lancet*》에 기고한 바에 따르면, 4개월의 기간에 걸쳐 토끼 모두가 정상적으로 기능하는 신생 관절을 재생시키는 데 성공했다고 한다. 이들 중 몇몇은 걸어 다니기 시작했으며, 그 외의 경우는 수술한 지 3주 내지 4주가 지나자 새 관절에 힘을 실을 수 있었다.

현장 바이오프린팅

위에서 살펴보았던 모든 바이오프린팅 관련 연구로 인해 언젠가는 대체조직이라든지 재생 지지체, 합성장기 등을 인위적으로 만들어내게 될 날이 올 것이다. 바이오프린트된 신체 각 부위를 환자에게 이식하거나 착상시키는 요법들은 앞으로 일상적인 의료행위에 지나지 않게 될 것이다. 이로써 장기 제공자를 기다리는 대기자 명단이 이제는 역사 속으로 사라지게 될 전망이다. 바이오프린트된 물질은 거의 예외 없이 환자 자신의 세포를 배양해 만들어내기 때문에 이식한 장기나 조직에 대한 거부반응 문제도 해소될 것이다. 이러한 추이로 볼 때, 연구실 기반 바이오 프린팅이 의료혁명의 도화선이 될 것이 거의 확실하다. 한편, 일부 연구원은 이 기술을 다음 단계로 끌어올리고자 이미 일련의 실험 연구에 착수했다.

미래의 궁극적인 바이오프린터는 신체 외부에서 대체기관을 생산하기보다 인간의 몸을 현장에서 치료할 수 있는 방향으로 진화해갈 가능성이 크다. 이는 새 조직을 직접 상처에, 또는 환자의 신체 내부 필요한 곳에 정밀하게 바이오프린트한다는 의미다. 바이오프린트된 물질을 의사가 환자에게 이식하거나 착상시키는 대신, 미래의 환자는 몸의 세포(또는 바이오잉크 구상체)를 하나씩 회복해나갈 수 있게 될 것이다.

현장 바이오프린팅의 선구자 중 한 명이 바로 미국 노스캐롤라이나 웨이크 포레스트 재생의학연구소 소속 앤서니 아탈라Anthony Atala다. 아탈라의 연구진은 수년 동안 인간세포를 배양해 사전에 제작된 지지체에 배치 또는 '직파直播'하는 방식으로 합성장기를 만들어왔다. 예를 들어, 웨이크 포레스트 연구소는 인조피부와 인조방광을 만들어냈는데, 세포를 장기 모양의 틀 위로 한 겹 한 겹 쌓아가는 방식으로 진행됐다. 지난 2006년, 이러한 방식으로 제작된 일곱 개의 방광이 환자에게 성공적으로 이식된 바 있으며, 지금까지도 제 기능을 하고 있다. 그러나 사전 제작된 지지체에 조직을 생성하는 방식은 그 진행 과정이 매우 더디다는 단점이 있는데, 방광 하나를 만드는 데 약 6주가 걸린다고 한다. 이에 따라 아탈라의 연구팀은 인공조직을 훨씬 더 빠르게 만들어낼 수 있는 바이오프린터를 실험하고 있으며, 현장에서 바이오프린팅할 수 있는 방법도 개발하고 있다.

바이오프린팅을 이용해 화상 피해자의 치료 가능 여부를 가늠하고 있는 아탈라 연구팀의 활약이 특히 눈길을 끈다. 연구진은 입체 스캐너를 이용해 여러 마리의 쥐를 대상으로 인위적으로 입힌 상처에 대한 입체지도를 제작했다. 이 지도들은 바이오프린트 헤드를 유도해, 피부세포를 비롯한 응혈제와 콜라겐 등을 상처에 분사하도록 해주었다. 실험용 시스템임에도 불구하고 그 정교함이 상당한 수준에 올라 있어 상처의 어떤 부분에 어떤 요소가 어느 정도의 두께로 덧입혀져야 하는지를 가늠할 수 있을 정도다.

아탈라 연구진의 최근 연구 결과는 매우 고무적이다. 바이오프린터를 이용해 치료한 쥐의 상처는 단 2~3주 만에 아물었던 반면, 자연치유되도록 놓아두었던 대조군의 경우, 약 5~6주가 경과하고 나서야 상처가 아물었다. 이러한 바이오스킨 프린팅이 피부 이식수술보다 환자의 고통을 덜어주게 된다는 증거들도 나오고 있다. 피부 프린팅 프로젝트에 대한 지원금의 일부를 미국 국방부가 조달하고 있다. 미군은 전장에서 부상자를 치료하는 데 도움이 될 기술 개발에 열의를 보이고 있다. 현재 연구는 아직 임상 전의 걸음마 단계로, 돼지를 대상으로 한 실험이 진행되는 수준이다. 하지만 화상환자를 대상으로 한 현장 바이오프린트 임상실험이 앞으로 빠르면 5년 안에 가능할 것으로 보인다.

현장에서 바이오프린트 기술을 이용한 신체 치료의 잠재력은 실로 어마어마하다. 오늘날의 수술은 일반적으로 환자의 몸을 절개해 그 사이로 수술 도구와 손가락이 들락거리며 체내 봉합, 고정, 이식 등의 의료행위를 수행한다. 수술 후 환자는 상처 부위의 내외가 모두 아물 때까지 기다려야 한다.

아직까지 위와 같은 방법 외에는 뾰족한 대안이 없지만, 앞으로 수년 내에 바이오프린트 헤드가 장착된 수술용 로봇 팔이 체내에 들어가 세포 단계의 치료를 실시한 다음 나가면서 진입점을 다시 치료하는 것이 가능해질 전망이다. 아무리 그래도 바이오프린트된 물질이 살아 있는 조직으로 성숙해 완전히 융합되기까지 며칠 동안은 안정을 취하면서 몸조리를 해야 한다. 그러나 대수술을 치른 환자라 해도 대부분 일주일내로 회복할 수 있을 것이다.

바이오프린팅의 선구자 블라디미르 미로노프가 《더 퓨처리스트 *The Futurist*》 2011년 1~2월호에 기고한 글에는 미래에 현장 바이오프린팅이 어떤 식으로 실제 상황에 적용될지가 잘 나타나 있다. 그는 축구선수가 시즌 도중 무릎을 다쳐 연골에 심한 손상을 입었다고 가정한다. 즉시 수술에 들어간 환자의 무릎에 네 가지 내시경 장치가 들어간다. 이 네 가지 장치는 카메라 기능, 레이저 장치, 조직 플라즈마 증발농축기 등과 그리고 네 번째 장치인 하이드로셀 지지체와 환자의 조직 샘플로부터 배양한 세포를 모두 출력할 수 있는 바이오프린트 헤드로 구성돼 있다.

로봇에 의해 제어되지만 의사가 지켜보는 가운데, 조직 플라즈마 증발농축기가 손상된 조직을 모두 제거하게 된다. 이윽고 그 자리에 여러 층의 하이드로셀을 프린트하고, 줄기세포를 주입해 레이저로 중합한다. 이내 수술기구를 치운 뒤, 상처를 여러 겹의 자가조립 바이오잉크를 분사하는 방식으로 봉합한다. 모든 수술 과정이 20분 안에 완료되며, 바로 다음 날 축구선수는 완전히 제 기능을 발휘하는 무릎으로 통증의 부담도 없이 다시 그라운드에 나설 수 있다. 현재 이러한 시나리오는 공상과학에 불과하지만, 오늘날 막 걸음마를 뗀 바이오프린팅 기술이 장차 도달하게 될 모습이기도 하다.

성형과 바이오프린터의 미래

수많은 혁신 과학기술이 하나의 목적을 위해 만들어졌다가 다른 용도로 쓰이게 된다. 현대의 성형수술 기술은 화상 피해자나 끔찍한 사고를 당한 사람들의 생명을 구하고 그들의 육신을 재건하기 위해 개발되었다. 그러나 잘 알다시피, 오늘날 성형수술은 의료상의 치료 목적보다는 미용을 목적으로 가장 흔하게 집도되고 있다. 현장 바이오프린팅 기술이 진보를 거듭해 일상적인 시술로 개선된다면 성형수술의 경우와 마찬가지로 미용 차원의 응용이 급증할 가능성이 매우 높다.

향후 수십 년이 지나면 바이오프린터를 이용해 인간의 몸을 과감하고 신속하게 큰 위험 부담 없이 탈바꿈시키는 게 가능해질 전망이다. 운동을 안 하고도 근육을 키우길 원하는가? 그렇다면 가까운 바이오프린팅 클리닉을 찾아가 바로 그날 오후에 몸을 프린트를 해달라고 하면 어떨까? 스키 타는 것은 좋아하는 데 다리가 부러질까 걱정이라면? 그렇다면 탄소나노튜브로 보강된 새로운 뼈로 교체하는 것이 어떨까? 이렇게 불현듯 떠오른 시나리오는 굉장하기도 하지만 두렵게 들리기도 한다. 하지만 이는 앞으로 성행할 성형 바이오프린팅 열풍에 비하면 빙산의 일각일지도 모른다.

언젠가는 특화된 바이오프린터가 개발되어 현장에서 즉시 얼굴 제거 및 교체가 가능하게 될지도 모른다. 프린터는 원하는 모습의 얼굴을 미리 입체 스캔해 화장하듯 적용할 수 있게 될 것이다. 연예인은 자신들의 얼굴 스캔을 인터넷을 통해 판매할 수 있을 것이며, 사람들은 자신이 좋아하는 스타와 꼭 닮아 보일 수 있게 될 것이다. 또한 어떤 이들은 스무살에 자신의 얼굴을 스캔해놓았다가 10년마다 얼굴을 덧바르는 식으로 젊은 시절의 모습을 영원히 간직할 수도 있다. 그 외에 더욱 창의적인 사람들은 자신만의 얼굴을 디자인해 정기적으로 교체할 수도 있을 것이다.

바이오프린트 얼굴 교체는 얼핏 듣기에도 워낙 끔찍하게 다가와 아무리 모자란 사람일지라도 자발적으로 나서서 시술받지는 않을 것이란 생각이 든다. 그러나 매년 수많은 사람이 순전히 더 나은 외모를 갖기 위해 수술의 위험을 무릅쓰고 있다는 사실을 간과해서는 안 된다. 허영심은 엄청난 사업으로 발돋움했으며 앞으로도 위축되는 일은 절대 없을 것으로 보인다. 일단 얼굴 교체수술이 기술상 가능하다고만 한다면, 최소한 무모한 몇 명의 사람들은 신청할 것임에 틀림없다. 물론 치료를 성공적으로 마치면, 그들이 누구인지 알아볼 수 없게 되리라.

프랑켄슈타인 머신?

일각에서는 벌써부터 바이오프린터가 지하 은신처에서 기괴한 괴물을 만들어내는 미치광이 과학자에게 악용되어 '프랑켄슈타인 머신'으로 전락하지나 않을까 우려하고 있다. 적절한 규제가 없을 경우, 이러한 우려가 현실화되지 않으리란 보장이 없다. 그럼에도, 앞으로 바이오프린터가 미래의 의사 및 수술용 로봇이 시술할 때 활용할 자연친화적인 과학기술로 수용될 것이라 생각하는 편이 훨씬 합리적일 것이다. 바이오프린트된 장기나 조직은 결국 환자 자신의 세포로부터 배양돼 만들어지는 게 일반적이기 때문이다. 미래의 바이오프린터 대부분은 인간의 자연스러운 치유 및 자가치료 과정을 인위적으로 보좌해주는 역할에 불과하다고 받아들이면 된다.

바이오프린터는 갓 태어난 기술로서, 지대한 영향을 미칠 미래의 응용 방법에 대해서는 아직 고심할 시간이 충분히 남아 있다. 향후 10여 년 후, 바이오프린팅의 일상화가 마술처럼 홀연히 도래하지는 않을 것이다. 우선, 유전자 검사와 약물유전학이 보편화되고, 최초의 인간 유전자 치료가 가능해지기 시작하면 바이오프린팅도 덩달아 꽃을 피우게 될 것이다. 바이오프린터는 수많은 신생 사이버네틱 보형물의 등장과 연계해 일상적 의료행위의 일부로 자리매김하게 될 가능성이 높다.

앞으로 수십 년간 개인이나 인류가 인간의 형상을 고치고 개선해나가는 방식은 참으로 다양할 것이다. 오늘날 온라인 자원을 액세스하거나 상호 링크하기 위한 가능한 수단이 과학기술 논쟁의 주를 이루어왔다. 그러나 2030년에 이르면, 우리 자신을 교정하고 새로 디자인할 수 있는 가능한 수단에 대해 훨씬 더 집착하게 될지도 모른다.

Chapter 23

사이버네틱 **강화**

전 세계적으로, 매년 수십만에 달하는 사람들이 탈장수술 시 플라스틱 메쉬를 몸속에 지니게 된다. 이보다 더 많은 수백만에 이르는 사람은 백내장 수술 시 인공렌즈를 삽입하고, 철심으로 뼈를 고정시키거나 인공고관절 수술을 받기도 하며, 심장에 플라스틱 판막을 삽입하기도 한다. 이보다 기술적으로 더욱 정교한 달팽이관 이식을 받거나 심박 조율기를 삽입하는 시술을 받는 사람들도 있다. 한편, 수백만에 달하는 사람이 근관충전제, 크라운, 또는 의치 등을 해 넣고 있다. 이렇게 볼 때, 매년 수많은 사람이 전적으로 유기적이라고 할 수 없는 신체를 가지고 살아가고 있다고 할 수 있다.

자연적인 부분과 인공적인 부분이 서로 융합된 어떤 생명체를 가리켜 사이보그라는 용어로 일컫는다. 어떤 동물이 되었든 일단 인공기술을 부가하면 특정한 능력을 향상시킬 뿐 아니라 그 동물의 본질을 완전히 뒤바꿔놓게 되는 것이다. 물론 치아에 봉을 박는다거나 탈장용 메쉬를 고정시켜 놓는다고 사람의 본성이 크게 바뀐다고 볼 수는 없을 것이다. 간혹 금속 탐지기를 울리게 하는 일은 있겠지만 말이다. 그러나 미래의 사이버네틱 강화기술은 인간과 기계 사이의 경계를 점차 허물 것이다. 넓은 의미에서 볼 때, 이번 장은 우리 종족이 서서히 사이버네틱 진화를 겪어나가게 되는 과정에 대한 것이 되리라.

사이보그라는 용어를 들으면, 사람들은 인간의 두뇌와 무시무시한 로봇 몸통을 합성시켜놓은 미래의 슈퍼 전사 같은 모습을 떠올리곤 한다. 그동안 인기를 누려왔던 공상과학물들이 수십 년간 이러한 공포심을 자극하는 사이보그들을 주로 형상화시켜왔다. 〈스타트랙〉 시리즈물에 등장하는 보그나 〈닥터 후〉에 나오는 사이버인간들이 번득 뇌리를 스쳐갈지도 모르겠다. 하지만 신체를 인공기관으로 치료하고 증강시키는 것은 이미 자연스러운 의료행위의 일부가 되었다. 따라서 장래에 등장할 사이보그의 대다수는 가족 구성원을 비롯한 우리 주변의 이웃이지 무시무시한 괴물이 아니란 말이다.

금세기 후반에 이르면, 대부분의 사람은 일생의 일정 기간 동안은 상당히 정교하게 사이버네틱 강화된 육신으로 살아가게 될 것이다. 과학기술의 발전과 더불어 사고방식이 바뀌게 되면, 우리 중 일부는 분만으로 태어난 살과 피로 이루어진 몸을 인공적으로 '업그레이드'하기 위한 방법을 적극적으로 모색할 것으로 보인다. 그렇게 될 경우, 개량화를 거친 '포스트 인간'과 나머지 사람들 간의 간극이 생겨날 수도 있다. 유전자 치료, 바이오프린팅의 발달과 어깨를 나란히 하며, 사이버네틱 강화는 사회 전체가 무시하지 못할 영향력을 행사하게 될 것이다.

인공기관의 미래

장기적으로 볼 때, 신체의 거의 모든 기관이 인공적인 대체물로 교체 가능해질 것이다. 유일한 예외는 두뇌라는 생물학적 하드웨어가 아닐까 싶다. 시간이 흐름에 따라, 대체 가능한 신체의 일부가 환자 자신의 세포를 배양한 것으로부터 바이오프린트돼 나올 것이며, 심지어는 현장에서 바로 그렇게 될 수 있을지도 모른다. 그렇지만 막상 바이오프린팅은 아직 연구실을 벗어나지 못했다. 이에 반해, 플라스틱, 금속, 기타 무기물질 등으로 만들어낸 인공기관은 급속히 현실화되고 있다.

사이버네틱 강화기술은 정보처리 능력의 내장 유무에 따라 지능형과 비지능형 두 가지로 나뉜다. 최근까지만 해도 사실상 모든 인공보형물은 후자에 속했다. 미래에도 인공고관절이나 의치, 심장 판막, 탈장용 메쉬 등은 지능을 갖추지 못할 것이다. 이러한 장치 모두가 하나의 단순한 물리적 기능을 수행한다는 점을 감안할 때, 이는 아주 타당하다. 입체 프린트 기술(바이오프린트와 비非바이오프린트 모두를 포함) 덕분에 비교적 가까운 장래에 눈에 띄게 향상된 비지능형 인공보철물을 각 개인에 맞게 맞춤 제작할 수 있게 된 것이다. 예를 들어, 미래의 인공고관절은 환자의 타고난 뼈를 MRI 스캔한 것과 일치하도록 입체 프린팅될 것이다. 그러나 현장 바이오프린팅 기술이 보편화되기 전까지는 비지능형 인공기관에 그 이상의 발전을 기대하기는 어렵다.

이에 반해, 사이버네틱 강화기술은 정보처리 능력을 지닐 수 있다는 점에서 빠른 성장을 앞두고 있다. 앞으로 의지義肢(인공사지)의 경우, 점차 착용 자가 제어할 수 있는 스마트 기기로 탈바꿈할 가능성이 크다.

사람이 의수나 의족을 제어할 수 있는 방법에는 본질적으로 두 가지 경우가 있다. 첫째는 어깨를 으쓱하는 것과 같은 신체 동작에 반응해 케이블이 당겨지면 의지가 기계적으로 작동되는 방식이다. 물론 없는 것보다는 낫겠지만, 이러한 동작을 이용한 기술은 정보처리 기능이 결여되어 있어 그다지 정교하지 못하다. 그러나 더욱 진보된 형태의 인공의지는 근전도를 이용해 전자의족 또는 의수를 움직인다.

근전도 기반 의지의 선구자격으로 스코틀랜드의 터치바이오닉스 Touch Bionics를 들 수 있다. 이곳에서 그 유명한 아이림 핸드i-LIMB Hand가 개발됐다. 이는 '근전기'를 이용해 각각의 다섯 손가락을 제어하는 최초의 보철기기다. 이는 착용자의 피부에 장착된 전극으로부터 근육신호를 잡아내는 기술로서, 이를 통해 서보모터(간접 조속장치)를 작동시키게 되는 것이다. 고강도 경량 플라스틱으로 제작된 아이림은 외양도 진짜 사람 손같이 생겼다.

근전도 기반 의지를 설계하는 사람들은 몇 안 남은 근육을 이용해 여러 다양한 움직임을 제어해야 하는 어려움에 부딪히기 마련이다. 이러한 어려움을 해소하기 위해 미국 시카고 재활연구소 산하 생체공학센터는 '표준화 근육재신경분포TMR'라 불리는 기술개발에 나섰다. TMR이란 절단된 사지의 신경을 신체의 다른 부분으로 전이시키는 작업(또는, 사실상 회로를 바꾸는 작업)을 일컫는다. 예를 들어, 절단된 팔의 어깨에 있는 신경을 환자 왼쪽 가슴 내지는 오른쪽에 있는 척골, 근피부, 중앙신경을 비롯한 요골신경 등에 전이시키는 것이다. 그런 다음 어느 정도 시간이 지나면, 환자가 절단된 사지를 움직이려고 할 경우 그에 상응하는 가슴근육이 수축하게 되는 것이다. 이 가슴근육에 전극을 부착하면, 환자가 생각만으로 의수를 제어할 수 있게 된다.

TMR 의수를 장착한 최초의 사람은 전 미 해병대원인 클로디아 미첼 Claudia Mitchell로, 오토바이 사고로 팔을 잃고 2007년 TMR 제어 의수를 장착했다. 클로디아는 이제 어떤 작업을 수행할 때, 기존의 의수를 사용할 때보다 네 배나 빠른 속도로 일을 처리할 수 있게 되었다. 절단된 팔에 있던 신경종말을 가슴으로 옮겨옴으로써 '감각신경 재지배' 현상을 경험했다. 이는 왼쪽 가슴에 위치한 촉각을 인지할 때 마치 절단된 팔로부터 전달되는 것처럼 인식하게 됨을 의미한다. 미래에는 클로디아의 의족에 장착된 터치센서를 통해 경로가 변경된 신경에 신호를 전송할 수 있을 것으로 기대된다. 그렇게 된다면, 클로디아를 비롯한 여러 환자들이 사이버네틱 의지에서 정확한 촉각과 온도를 감지하여 전달받을 수 있게 될 것이다.

첨단 제어 의지에 대한 연구를 진행 중인 또 다른 단체는 미국의 앨프리드 만 의용생체공학기금Alfred E. Mann Foundation for Biomedical Engineering이다. 이곳에서는 바이오닉 뉴런 또는 'BION'이라 불리는 기술을 개발하고 있다. 근전도 기반 센서와는 달리, BION은 마이크로칩으로서 근육에 삽입되어 뇌로부터 전달되는 신호를 감지하는 역할을 한다. 이렇게 감지한 전기 임펄스가 인공 의지를 제어하는 데 사용되는 것이다. 현재까지 BION 이식을 통해 제어되는 의수 및 의족에 대한 실험들이 진행되고 있다.

생체공학적 눈과 귀

신경을 경로 변경하거나 의지를 신체에 부착시키는 작업의 연구는 고도로 복잡하고 비용이 많이 드는 분야다. 그런 연유로 언론은 때때로 클로디아 미첼을 "350만 불의 여성"이라는 별명으로 부르기도 한다. 따라서 기타 여러 유형의 사이버네틱 보형물의 비용이 점점 더 낮아지고, 시술 또한 널리 보편화되는 추세는 무척 고무적이라 할 수 있다.

신체에 가장 흔하게 연결되고 있는 전자기기는 인공와우다. 인공와우는 기존의 보청기로는 전혀 도움을 받지 못하는 청각 장애인들에게 청각을 되찾아주는 장치다. 시술 과정을 통해 여러 개의 전극을 환자의 달팽이관에 삽입하고, 이를 통해 전자신호를 청신경에 전송한다. 이때 전극과도 연결된 수용/자극기가 환자의 피부 속에 삽입된다. 인공와우 이식을 받은 사람들은 소형기기를 지니고 다니게 되는데, 이는 이식된 기기와 접속해 다시 듣는 법을 배우는 기능을 한다. 최초의 상업적 용도의 인공와우는 1980년대 중반에 시장에 선보였다. 그 이후로 전 세계적으로 20만 명에 육박하는 사람들이 인공와우 이식을 받았다.

인공와우 이식은 이미 일반화된 기술인 반면, 많은 연구진이 수십 년 동안 생체공학적 인공 눈을 개발하려고 노력했지만 큰 소득을 보지 못했다. 그러나 이제야 그들의 노력이 빛을 보기 시작했다. 특히, 미국 캘리포니아 주에 본사를 둔 세컨드사이트Second Sight라 불리는 회사는 두 개의 망막 임플란트 아르고스 16, 아르고스 II를 개발했다. 이들은 이미 색소성망막염과 같은 외측 망막 퇴화로 시력을 잃은 환자들이 어느 정도 시력을 회복할 수 있도록 도움을 주었다. 전체 시스템은 허리에 차도록 되어 있는 전원팩, 안경에 장착된 소형 카메라와 송신기, 눈의 내벽에 부착된 임플란트 수신기와 망막 임플란트 등으로 구성되어 있다.

세컨드사이트의 망막 임플란트는 머리카락 넓이 정도에 불과한 극소

압정을 사용해 환자의 망막에 고정된다. 임플란트가 성공적으로 부착되면, 이미지가 환자의 카메라로부터 눈에 이식된 수신기로 전송된다. 그럼 초소형 케이블이 이러한 신호들을 망막 임플란트로 전송하는데, 이때 일련의 전극들이 내는 전자신호가 망막에 반응한다. 이러한 소통 과정은 자연스럽게 시신경에 전달된다. 시간이 지나면서 환자는 이렇게 만들어진 시각적 패턴들을 의미 있는 이미지로 해석하는 방법을 배워나간다.

1세대 아르고스 16 임플란트는 단 16개의 전극으로 구성되었다. 1억 개 이상의 광수용기를 지닌 인간의 눈에 비하면, 이는 정말 적은 숫자가 아닐 수 없다. 그럼에도 불구하고, 아르고스 16은 개념 검증을 훌륭히 수행했다. 2세대격인 아르고스 II의 경우, 전극의 수를 60개로 늘렸다. 이 시스템을 사용하면, 가까스로 활자를 식별할 수 있을 정도의 시력을 기대할 수 있다. 첫 임상실험이 대성공이었다는 판단하에 2011년 초, 아르고스 II는 세계 최초의 상업적 망막 임플란트라는 라벨을 달고 시판에 들어갔다. 그 당시 가격은 대략 10만 달러 선이었다.

세컨드사이트는 현재 240개의 전극을 지닌 3세대 임플란트 개발을 위해 여섯 개의 국립연구소, 네 개 대학, 하나의 영리단체 등과 공조하고 있다. 1,024개 전극을 지닌 4세대 임플란트도 계획하고 있다. 이 정도의 전극 수라면, 상당한 수준의 흑백 이미지 구현이 가능할 것으로 전망된다. 미국만 해도 색소성망막염을 앓고 있는 환자가 10만 명에 육박하고 있음을 감안할 때, 이 기술이 가져다줄 잠재적인 효과에 대해서는 군이 말할 필요가 없다. 또한 향후 10여 년 후면, 오늘날의 인공와우와 같이 망막 임플란트도 널리 보급될 뿐 아니라, 전극의 수만 수십만 개에 달하는 임플란트가 나오지 못하라는 법도 없다.

두뇌와의 접속

인공와우와 망막 임플란트 모두 신경계를 이용해 뇌에 신호를 보내는 방식을 취하고 있다. 다른 측면에서 살펴보자면, 오늘날의 근전도 기반 센서와 BION 임플란트는 뇌로부터 오는 신호를 전송받아 인공적인 신체 부위를 제어하는 데 쓰는 것이기도 하다. 이를 종합해보면, 이러한 과학기술이 인간의 뇌와 컴퓨터를 비롯한 기타 인공장치를 직접 연결할 수 있는 가능성을 향해 나아가고 있다고 말할 수 있다. 2030년에 이르면, 5세대 또는 6세대 망막 임플란트 시술을 받은 사람들이 시각적 정보를 직접 또는 무선 방식으로 이식한 임플란트에 연결해 텔레비전을 시청하거나 컴퓨터 작업을 할 수 있게 될지도 모른다. 오늘날 실제로 이러한 방식과 같이 인공와우와 직접 접속해 작동하는 MP3 플레이어가 이미 출시된 상태다.

만약 안심하고 사용할 수 있는 두뇌-컴퓨터 인터페이스BCI가 개발될 수만 있다면, 다양한 신제품 및 서비스를 낳게 될 것이다. 우선 메모리를 추가해 두뇌의 내부기능을 향상시킨다거나 뇌에 컴퓨터식 전산능력을 갖추는 것이 가능해진다. 적절한 BCI 임플란트를 이식한 사람이면 누구든지 인터넷에 저장된 모든 지식을 자기 것으로 활용할 수 있게 되는 것이다. 만일 GPS 장치를 추가로 이식했다면, 사람들은 잠재적으로 그들이 어디에 갔었는지 항상 파악할 수 있다.

언젠가는 BCI를 이용해 생각을 컴퓨터에 직접 전송하거나 받을 수 있는 날이 오게 될지도 모른다. 그렇게 된다면 기억을 저장하거나 업로드 또는 변경할 수도 있다. 가상 또는 증강현실은 오감 전체에 걸쳐 완전히 현실과 같이 느껴져 3D TV를 운운하는 사람은 더 이상 없게 될 것이다. 많은 사람이 기계와 접속해 사고하는 것이 가능해지기만 한다면, 직접 자신의 생각을 동시에 공유하거나 이식된 '텔레파시 칩'을 이용해 집단적 사고를 하게 될 수 있을지도 모른다.

위에서 언급한 시나리오 중에서 조만간 현실 가능한 사항은 전혀 없다. 몇 주 동안 걸릴 시험공부를 목 뒤에 메모리카드를 삽입하는 것으로 해결하려 했던 학생들이 있다면 실망이 클 것이다. 그러나 여기에서 강조되어야 할 사항은 인간을 컴퓨터 시스템과 직접 연결하는 문제가 왜 이제 와서 그렇게 주목을 끄느냐 하는 점이다.

BCI에 대한 초기 실험은 2차 세계대전 당시로 거슬러 올라간다. 그때 이후로 산발적이며 들쭉날쭉한 진행 상태를 보이다가, 최근 10년에 걸쳐 매우 고무적인 성과들이 나타나기 시작했다. 그중 브레인게이트 신경 인터페이스 시스템BrainGate Neural Interface System의 탄생은 특히 주목할 만하다. 이는 4×4밀리미터 규모에 달하는 100개의 전극으로 구성된 배열판으로 뇌와 접하도록 장착되어, 두개골 표면에 피하 이식되어 있는 무선 장치와 함께 작동하게 되어 있다. 현재는 트럭 한 대 규모의 컴퓨터가 있어야만 임플란트에서 전송되는 뇌파 신호를 해독하여 분석해낼 수 있다.

브레인게이트 신경 인터페이스 시스템은 2002년 사이버키네틱스Cyberkinetics에 의해 개발됐는데, 원래 이 회사는 미국 브라운 대학 소속으로 나중에 분리됐다. 그 후로 굵직한 연구 성과를 거두어왔으며, 오늘날 브레인게이트는 공동연구팀에 의해 개발되고 있다. 이 팀은 여러 대학과 의료기관들을 망라하는 연구원들로 구성돼 있으며, 미 국방부, 미국 과학재단을 비롯한 여타 기관들로부터 재정적 지원을 받고 있다. 브레인게이트 연구진의 목표는 뇌와 장애인의 사지를 재접속시켜 의사소통 능력, 기동성, 독립성을 회복시키는 것이다. 이러한 성과를 거두기 위해, 2008년 미국 피츠버그 대학의 앤드류 슈워츠Andrew Schwartz가 이끄는 연구진은 브레인게이트 시스템을 원숭이의 운동피질에 이식했다. 그후 원숭이는 생각으로 로봇 팔을 제어해 스스로 먹는 법을 터득했다.

전자센서를 뇌에 탑재하는 기술은 미래의학에 엄청난 가능성을 제공할 것이다. 그러나 불행히도 아직까지는 넘어야 할 실질적 장애물들이 포진해 있다. 그중에서도 특히 일련의 센서 이식수술을 감행할 때 종종 상처를 남긴다. 결국 신경계가 보내는 신호를 방해하여 센서들을 무용지물로 만들어버린다. 따라서 수술을 통해 삽입되는 BCI가 개발을 거쳐 보편화되기까지는 상당 시간이 걸릴 것 같다. 적어도 합성생물학 또는 나노기술로 인해 새로운 형태의 유기적 센서가 등장해 신체에 주는 부담을 줄여줄 때까지는 말이다. 아니면, 언젠가는 유전자 치료 분야의 발달로 인간의 뇌 자체가 생물학적 BCI 접속단자를 생성해내는 날이 올지도 모른다.

EEG 두뇌-컴퓨터 인터페이스

전자장비를 통해 뇌에 직접 접속하는 방식이 많은 문제점을 야기하기 때문에, 외부감지기를 활용해 이러한 난제들을 극복하는 방법을 생각할 수 있다. 이러한 접근법을 취하고자 하는 다수의 연구원들은 뇌파전위기록EEG 센서 배열판을 이용해 임상실험 대상자가 로봇이나 기타 기기를 제어하도록 하는 BCI를 발명해냈다. 이 기술을 적용해 2010년 6월, 미국 노스이스턴 대학 학부생들은 인터넷을 통해 생각만으로 로봇을 조종하는 데 성공했다. 이 기초기술은 마치 어린이가 장난감을 다루는 것과 같이 누구나 손쉽게 다룰 수 있다.

어느 정도 세월이 지나면, EEG 제어장치가 인공의지 제어에 도입될 가능성이 높다. 이를 예시라도 하듯이, 스위스의 로잔 연방공과대학 연구진은 이미 뇌파로 제어하는 휠체어를 선보였다. 휠체어 이용자는 배열형 센서가 부착된 모자를 쓰고, 이를 통해 뇌파활동을 센서가 읽어 들이면, '셰어드 컨트롤'이라 불리는 인공지능 시스템이 정보를 처리하게 된다. 휠체어를 직접 조종하는 시범을 보였던 연구보조원 미셸 타벨라 Michele Tavella는 "왼쪽으로 방향을 틀고 싶으면 내 왼팔을 움직인다고 상상하면 된다. 모든 과정이 매우 자연스럽고 신속하다. 약 1초 간격으로 명령을 내릴 수 있다"고 설명했다.

놀랍게도 타벨라가 뇌파제어 휠체어 조종법을 배우는 데 고작 두 시간 정도밖에 걸리지 않았다. 따라서 EEG 기반 BCI가 앞으로 휠체어나 인공의지뿐 아니라 기타 수많은 기기를 제어하는 수단이 될 것이라고 예견해도 큰 무리가 없을 듯하다. 실제로 최초의 개인용 EEG 뇌파 인터페이스 기기가 이미 시장에 출시되어 있다.

이모티브Emotive라는 회사는 이모티브 에폭emotive EPOC이라고 불리는 신경인터페이스 헤드셋을 판매한다. 정가 299달러에 판매되고 있는 이 헤드셋은 PC 애플리케이션을 제어하는 데 사용된다. '이모티퐁' '세레브럴 컨스트럭터' '제다이 마인드 트레이너' 등의 게임에도 이용된다. 더 깊이 파고들기 좋아하는 마니아들을 위해 프로그램 개발자용 헤드셋과 소프트웨어 툴키트도 판매하고 있다.

EEG 두뇌 인터페이스 기술로 무장하여 대중시장에 열풍을 불러일으키고자 노력하는 또 하나의 선구적인 기업이 뉴로스카이NeuroSky다. 이 회사가 개발한 싱크기어ThinkGear라는 기술은 뇌파 패턴들을 감지하고 필터링할 수 있다.

뉴로스카이의 업무 대부분은 산업 분야와 학계의 고객층을 지원하는 것이지만, 일반시장에 99달러 하는 EEG BCI 헤드셋을 내놓기도 했다. 이는 마인드웨이브MindWave와 엑스웨이브XWave라는 두 가지 상표를 달고 시판되었다. 마인드웨이브 헤드셋은 맞춤형 비디오 플레이어를 조작하는 데 사용된다. 엑스웨이브라는 기기는 아이폰을 작동시키는 '뇌파 인터페이스' EEG를 제공하고 있다. 이와 호환되는 앱으로는 뇌파 뷰어, 집중력 및 명상 훈련기, '터그 오브 마인드'라고 불리는 게임 등이 있다. 엑스웨이브 아이폰 앱에 대한 더욱 자세한 내용은 웹사이트 www. plxwave.com을 참고하기 바란다.

1세대 하드웨어가 이미 시판되고 있음을 감안할 때, 앞으로 10년 후면 EEG 두뇌 인터페이스가 터치스크린이나 마우스만큼 보편화될 가능성도 있다. 그리 머지않은 장래에 트위터나 이메일에 올릴 내용을 작성하거나 파워포인트의 프레젠테이션 슬라이드 조작 행위도 생각만으로 실행시킬 수 있을 날이 올지도 모른다. 만일 그런 날이 온다면 그다음 단계로, 필요한 EEG 센서를 헤드셋으로 착용하는 방식과 피하에 삽입한 무선 방식 중 어느 것이 더 편한지 선택하는 일만 남게 된다. 아마도 지금으로부터 10여 년 뒤라면 적어도 일부는 덜 번거로운 삽입법을 선택할 수 있을 것이다.

증진 효과를 찾아서

표적근육재자극TMR을 통해 제어되는 인공의지, BION, 또는 두뇌 인터페이스 삽입 등은 모두 인간 삶의 질을 높이기 위해 고안된 것이다. 미래의 인공와우라든지 망막 임플란트, BCI 경우도 마찬가지다. 그렇다 해도 현재로서는 타고난 신체 대신에 인공적인 대안을 선택하는 사람들이 많으리라고 기대하기는 힘들다. 그러나 머지않아 이런 추세도 옛말이 되어버릴 것이다. 성형수술이 소수를 위한 의학적 필요에 따른 시술에서 대량 소비산업으로 진화했듯이, 2030년에 이르면 신체를 사이버네틱 강화하고 싶어 하는 사람들이 대거 출현할 수도 있다.

이미 타고난 신체 대신에 생체공학적 기관을 선택한 사람들도 소수 존재한다. 가령, 2010년 오스트리아의 빈 의과대학에서는 TMR 제어 로봇식 의수를 선호해 자신의 손을 절단하기로 한 최초의 환자가 나왔다. 그 환자는 업무상 재해로 인해 타고난 손의 기능을 전부 잃었다. 따라서 그에게는 아무 기능도 하지 못하는 손보다 최소한 일부 기능은 가능한 플라스틱 및 금속 소재의 손을 선택할 충분한 사유가 있었다. 어찌 됐든, 그의 결정은 인간 진화에 있어 하나의 중요한 이정표로 역사에 기록될 것이다.

건강한 신체에 자발적으로 전자 이식을 하기로 한 사람들도 있다. 세계적으로 지명도 있는 영국 레딩 대학의 사이버네틱스 연구자인 케빈 위윅 교수는 두 차례에 걸쳐 자신을 대상으로 사이버네틱 강화를 시도해 세상을 떠들썩하게 했다. '사이보그 1.0'이라고 명명된 첫 번째 실험에서 위윅 교수는 실리콘 칩 응답기를 자신의 팔뚝에 이식했다. 이로써 그는 자신의 대학 학부 내에서 출입문, 조명, 난방장치 등을 조작할 수 있게 되었다.

보다 더 야심찬 '사이보그 2.0'이라 불린 실험에서 워윅 교수는 상당히 장시간에 걸친 수술을 통해 100개의 전극 배열판을 왼팔 정중신경섬유에 삽입했다. 이 신경계 인터페이스가 있어 그는 전자 휠체어를 제어하거나 인공의수를 조절할 수 있게 되었다. 임플란트 자체가 양방향성이었던 탓에, 워윅 교수는 전극 배열판에 신호가 전송될 때마다 화끈거리는 느낌을 받았다. 이 양방향성 기능은 두 번째 전극 배열이 워윅 교수 부인의 팔에 이식된 것을 계기로 더욱 심도 있는 연구 결과를 낳게 된다. 그후 이렇게 이식된 전극이 서로 연결되어, 선구자격인 교수와 그의 배우자는 서로 상대방이 어떤 방식으로 통증을 느끼는지를 체험하게 되었다.

오늘날 워윅 교수는 우상과 같은 존재로 추앙받고 있으며, 미개척지인 사이보그 분야 전반에 걸쳐 영감을 주고 있다. 실제로 나의 학부생 한 명이 어느 날 워윅 교수의 연락처를 알려달라고 한 적이 있다. 자신도 칩을 삽입시켜 달라는 부탁을 하기 위해서였다. 그 당시 그 젊은이는 원하는 바를 이루지 못했지만, 장래에는 사람들을 실망시키는 경우가 거의 없을 것이다. 직접적인 뇌 임플란트는 미래에 정상인과 장애인을 막론한 많은 사람들에게 온갖 다양한 가능성을 제공할 것이다. 언젠가는 소비자를 대상으로 한 두뇌 임플란트 산업이 활성화되리라는 주장은 충분한 설득력이 있다.

오늘날 많은 사람들이 컴퓨터를 사용하는 시간 대부분을 업무와 오락 활동에 할애하고 있다. 대개의 경우, 화면과 인터페이스 등이 실용적이라고 할 수 있지만, 장시간 사용을 위하여 최적화되었다고는 할 수 없다. 게다가 거의 예외 없이 안구질환을 비롯한 여러 건강상의 문제를 유발하게 된다. 직접적인 두뇌 인터페이스는 생체적인 눈과 손을 쓰지 않고도 컴퓨터 기반 상호작용을 가능하게 해줄 것이다. 따라서 장기적인 관점에서 보면 많은 사람에게 건강상 이롭게 작용할 수도 있다. 세월이 흐르면, 의사들조차 컴퓨터 인터페이스 포트를 신체에 삽입하도록 권장하게 될지도 모른다.

앞으로는 어떤 특정한 직업군을 선택한 사람들은 필수적으로 특정한 사이버네틱 강화를 거쳐야 하는 경우도 있게 될 것이다. 예를 들어, 군인의 경우 전술적 위치 판독이나 야간 식별능력 등을 보강하기 위한 목적으로 망막이나 시신경, 또는 두뇌 임플란트를 요구받을 수도 있다. 마치 1970년대 TV 시리즈물 〈6백만 불의 사나이〉에 등장했던 스티브 오스틴이 그랬듯이, 더욱 빠르고 강력한 팔다리를 갖게 되는 것이다. 외과 전문의도 현장 바이오프린터를 포함한 로봇 시술기기와 직접 인터페이스가 가능하도록 신경계 포트를 사이버네틱 강화할 수도 있다. 언어 통역용 뇌 임플란트는 외교관이나 정치인, 글로벌 기업의 중역들에게 꼭 필요한 요소가 될 것이다. 경영자와 같은 경우도 경쟁력 우위를 점하기 위해 두뇌 증강 임플란트를 장착해 지능 향상을 도모할 수 있다.

사이버네틱 강화를 가장 필요로 하는 직업군은 아마도 심우주 우주비행사가 아닐까 싶다. 인간의 몸은 지구 궤도 밖을 벗어나는 우주여행에 매우 취약하다. 따라서 신체의 여러 기관을 사이버네틱 대용물로 교체한 하이브리드 인간만이 화성까지, 더 나아가 그 이상 먼 거리의 여행을 무리 없이 소화해낼 수 있을 것이다. 게다가 산소 요구량이나 음식, 식수에 대한 필요량을 상당 수준 줄이는 것도 가능해질 것이다. 그 대신 전기로 연명한다거나 장거리 여행을 하는 동안 수개월에서 수년간 동면에 들어갈 수 있는 능력 등을 기대해 볼 수도 있다.

후기 인간 사이보그?

사이보그는 자연과 인공기술이 결합한 산물로서의 어떤 존재라고 정의할 수 있다. 이런 맥락에서 본다면, 오늘날 인류 전체가 사이보그적 존재라고 해도 과언이 아니다. 선진화된 나라에 사는 거의 모든 사람이 광범위한 인공 시스템과 사회 기반시설에 생명을 의존해 살아가고 있기 때문이다. 특히 충분한 식수를 비롯한 식량과 전기의 공급은 생존의 전제조건이지만, 오늘날 대부분의 사람에게 이는 개인의 통제를 벗어난 것들이기도 하다. 게다가 우리 삶의 면면도 인터넷상의 클라우드 공간에 훨씬 더 의존하게 되었다. 인공기술로 우리의 삶뿐만 아니라 몸도 강화시키는 것은 현재진행형인 진화 과정의 자연스러운 연장선에 있다는 주장이 나올 법도 하다.

지난 수십 년간 영화와 텔레비전 프로에서 사이보그를 번쩍이는 수많은 LED는 말할 것도 없거니와, 육중한 무게의 빛나는 금속과 플라스틱에 인간을 뒤범벅한 모습으로 묘사해왔다. 그러나 현실은 이와 매우 다르다는 사실을 우리는 이미 알고 있다. 차세대 사이보그가 탄생할 즈음이면, 생물학적인 것과 기술공학적인 것 간의 경계는 이미 철저히 허물어지고 없을 것이다. 우리 몸과 완벽하게 결합하게 될 유기재료 및 의료기술로의 산업적 전환이 바로 눈앞에 다가왔으며, 이 기술은 아마도 미래의 사이버네틱 강화에 있어 가장 주도적인 역할을 하게 될 것이다. 〈스타트렉〉에 등장하는 플라스틱과 전선투성이 보그의 모습을 한 후기 인간 사이보그는 절대 탄생하지 않을 것이다. 물론, 우리의 후예들이 그러한 형태를 선호하지 않는다는 가정하에서 말이다.

　유전자 치료, 바이오프린팅, 합성생물학, 컴퓨터, 나노기술 등의 발달과 더불어 사이버네틱 강화도 인류에 변화를 가져다줄 혁신적인 기술 중 하나다. 이러한 괄목할 만한 진보적 성과들이 혼합되어 인간의 진화를 촉진시키게 될 시점이 정확히 언제쯤이 될지는 현재로서는 불투명하기만 하다. 다만 곧 개인의 수명이 늘어날 것이라는 점은 확실히 장담할 수 있다. 따라서 다음 장은 수명 연장이라는 성배를 손에 넣기 위한 노력에 대해 깊이 다루어보고자 한다.

Chapter **24**

수명 연장

인간의 평균수명은 수십 년 동안 꾸준히 증가해왔다. 1900년으로 거슬러 올라가보면, 대다수가 대략 35년가량을 살았으며, 유아 사망률 또한 상당히 높았다. 20세기 말에 이르러, 세계인의 평균수명은 약 67세로 거의 두 배 가까이 증가했다. 세계은행의 보고서에 의하면, 오늘날 기대수명이 일본 83세, 영국 80세, 미국 78세, 중국 73세, 인도 64세 등으로 나타났다(2012년 현재 한국은 80.3세). 현재 기대수명이 최저인 나라는 짐바브웨인데, 평균수명이 44세에 불과하다.

선진국의 경우 평균수명은 앞으로도 지속적인 증가세를 보일 것이 확실하다. 특히 앞에서 살펴본 의료 분야의 발달이 지대한 기여를 하게 될 것이다. 정신건강이 유지될 수만 있다면, 대다수가 지속적인 수명 연장을 환영해 마지않을 것이다. 하지만 우리의 평균수명을 70세를 훌쩍 넘게 끌어올린 현시점에서, 삶의 양적 측면과 질적 측면 간에 균형의 필요성이 절박해지고 있다. 또한 급속하게 노령화되어가는 인구 문제에 직면한 오늘날, 정년 시기와 노인을 대하는 태도에도 변화가 불가피하다.

자기 패를 보이다

수명 연장은 아주 오랜 기간 동안 일반적인 현상으로 자리 잡아왔다. 일부 사람들은 아직도 20세기의 과학적 진보들이 초래한 결과에 대해 개탄할지도 모르겠다. 물론 지난 100년간 인류는 일찍이 그 유례가 없던 효과적인 살인기술을 습득해온 것도 사실이다. 하지만 우리 자신을 돌보는 것도 훨씬 향상되었다.

지난 2세기 동안을 돌이켜볼 때, 위생 관련 사회 기반시설의 향상으로 현대 도시들은 불과 몇 세대 전만 하더라도 그야말로 수백만에 달하는 사람을 감염시켰던 수인성 전염병으로부터 해방될 수 있었다. 모터 기반 교통수단과 가전제품은 일상생활에서 중노동이 차지하는 비중을 격감시켜 신체의 손상을 줄일 수 있도록 해주었다. 게다가 백신의 등장으로 생명을 위협하던 여러 질병들이 거의 퇴치되었다. 항생제를 비롯해 향상된 진단법과 발달된 외과 의료기술 등에 힘입어 평균수명이 현재 수준에 이른 것이다.

장차 다가올 미래를 생각해보노라면, 또 하나의 수명 연장 혁명을 앞두고 있다는 생각을 하게 된다. 우선 향상된 위생시설과 더욱 보편화된 기존 의료기술의 구현으로 여러 개발도상국의 평균수명이 늘어나게 될 것이다. 또한 식생활 및 생활방식의 개선은 개인과 전체 인구 차원 모두에서 수명 연장의 요인으로 작용하게 된다. 하지만, 부유한 사람들에게는 유전자 치료를 비롯한 바이오프린팅, 사이버네틱 강화, 나노기술을

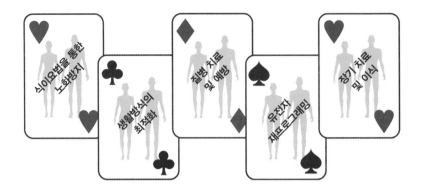

적용한 건강관리 등이 단연코 최고의 수명 연장 도구가 되어줄 것이다.

많은 과학기술이 작용하겠지만, 이들 간의 상호작용과 상호의존으로 인해 이른바 수명 연장 게임에 출전한 참가자에게 부여되는 카드는 다섯 개에 불과하다. 〈그림 24-1〉에서 볼 수 있듯이, 주어진 선택권은 식이요법을 통한 노화방지, 생활방식의 최적화, 질병 치료 및 예방, 유전자 재프로그래밍, 장기 치료 및 이식 등으로 좁혀진다. 첫 번째와 두 번째에 해당하는 요소는 이미 대부분의 사람이 쉽게 선택할 수 있는 것이다. 하지만 나머지 세 가지는 근본적인 과학기술의 진전에 의존할 수밖에 없다. 이제부터는 가능한 선택사항을 하나씩 차례대로 살펴볼 것이다.

식이요법을 통한 노화방지

좋은 음식을 섭취하는 사람들이 더욱 건강하게 장수한다. 이러한 사실에도 불구하고 일부 선진국에서는 전염병처럼 만연하는 비만문제로 골치를 썩고 있다. 그러나 최근 들어 점점 더 많은 사람이 노화방지를 위한 식이요법에 적극적으로 나서고 있다. 식단에 변화를 주고, 영양제를 포함한 기타 여러 가지 건강보조식품을 복용하고 있다.

대부분의 사람은 가급적 양질의 음식 섭취가 건강 유지와 기대수명 연장에 가장 효과적인 지름길임을 잘 알고 있다. 더구나 각국 정부들은 자국민을 대상으로 최소한 하루에 다섯 번 이상 과일과 채소를 섭취할 것을 권장하고 있다. 이를 따랐던 사람들은 그렇게 하지 않은 사람들보다 평균 1~2년 정도를 더 사는 것으로 밝혀졌다.

좀 더 몸에 좋은 음식 섭취와 더불어, 근래에 들어 어떤 특정한 건강 보조식품의 복용이 수명을 연장시켜줄 뿐 아니라 노후에 이르러서 삶의 질도 향상시켜준다는 몇 가지 증거들이 나오기도 했다. 이러한 연유로, 생명연장재단Life Extension Foundation은 의학 분야에서 노화방지와 재생의학이 전 세계적으로 가장 가파른 성장률을 보였다고 발표했다.

최근 대중적으로 가장 인기를 끌고 있는 노화방지 건강보조식품으로는 레스베라트롤, 스테로이드호르몬 프레그네놀론, 아미노산 유도체 카르니틴, 항산화 비타민, 칼슘 강장제 등을 들 수 있다. 동물실험 결과, 이러한 건강보조식품 중 일부가 노화방지에 탁월한 효과를 보이기도 했다.

2010년 10월 이탈리아의 학자들은 아미노초산 혼합제가 쥐의 기대수명을 12퍼센트가량 끌어올렸다는 것을 입증했다. 2010년 9월에 노화방지 전문가이자 모스크바 대학 생물에너지학과 학과장인 블라디미르 스쿨라체프Vladimir Skulachev 박사는 인간의 수명을 현저하게 늘려주는 항산화 알약을 개발했다고 주장했다. 스쿨라체프 박사는 수년간의 실험 기간만 거친다면 사실 여부를 확실히 밝혀낼 수 있을 것이라고 덧붙였다.

몸에 좋은 음식 섭취와 건강보조제 복용 이외에도 과학적으로 인정된 건강한 삶의 지속 방법으로는, 소식 및 최적 영양보충CRON에 의거한 생활방식이 있다. 이는 칼로리 섭취량을 일반 수치보다 20~40퍼센트 낮추는 것을 주요 내용으로 한다. 한편, 비타민과 영양소는 필요한 양만큼 섭취한다. 이미 나온 실태조사 연구에 의하면, CRON 식이요법은 줄기세포의 퇴화를 지연시키는 동시에 암 발병률을 떨어뜨리는 것으로 나타났다. CRON 식이요법이 어느 정도로 인간의 수명을 연장시켜줄지에 대해서는 상당한 과학적 논란이 뒤따를 것으로 예상된다. 그러나 일부 동물실험 결과에 의하면, 40퍼센트에 육박하는 수명 연장을 보였다는 사례들이 보고되기도 했다.

섭취하는 것에 변화를 주는 것만으로도 인류의 수명을 연장시킬 수 있는 여지가 분명히 존재한다. 미래에 음식물을 더욱 가까운 지역에서 취할 수 있게 된다면, 이것이 식생활의 변화를 주도해 건강과 수명 향상에 이바지하게 될 것이다. 허나 그에 못지않게, 유전자 치료, 바이오프린터, 사이버네틱 인공기관 등의 건강 관련 혁신기술의 실현이 가시화되면서 미래에 의사가 모든 병을 치료할 수 있게 된다면 지금은 어떤 음식을 취하든지 상관없다고 생각하는 사람들이 그만큼 늘어나게 될지도 모른다. 사람들의 의식 수준 측면에서 따져본다면 식이요법에 의한 수명 연장은 아직까지 와일드카드에 가깝다고 볼 수 있다.

생활방식과 수명

다른 기계들과 마찬가지로, 인간의 몸이 얼마나 빨리 마모되느냐는 얼마나 잘 다루고 유지 보수를 열심히 했느냐에 달렸다 해도 과언이 아니다. 웹사이트 www.fightageing.org는 노화방지를 위한 최선책은 자신의 건강을 망치지 않는 것이라고 아주 간단명료하게 못 박았다. 이를 실천하기 위해 제시한 방법은, 음주 절제, 금연, 충분한 운동 등의 상식선을 넘지 않는 사항들이다. 이 모든 것은 누구나 다 아는 사실이지만, 모두가 다 실천하지는 않는 것이다. 만일 사람들이 대대적으로 태도 변화를 보인다면 전 세계의 기대수명에 지대한 영향을 미치게 될 것이다.

몇 가지 연구 결과, 규칙적인 운동을 하면 수명이 수년 연장되는 효과가 있다는 사실이 증명됐다. 예를 들어, 65세의 연령대에서 왕성한 활동을 하는 사람들은 그렇지 않은 사람들보다 평균 5.7년을 더 사는 것으로 나타났다. 2009년, 영국의 의학잡지 《랜싯》에 실린 연구에 따르면, 비만인 경우 기대수명이 2~4년까지 감소할 수 있는 것으로 나타났다. 한편, 고도비만의 경우는 수명이 8~10년까지도 줄어든다고 한다. 고도비만이 수명을 20년이나 단축시킬 수도 있다는 일부 연구 결과도 나왔다. 세계의 평균수명은 늘어나고 있지만, 오늘날 특정한 부류의 인구는 부모 세대보다 짧게 살다 갈 가능성이 크다.

인류 역사를 통틀어 볼 때, 기대수명은 '자원에 대한 접근성(풍족한 식단, 위생, 건강관리 등)'과 밀접한 연관성이 있었지, 그러한 자원을 활용하는 '개인적 선택'의 문제가 아니었다. 따라서 전 세계적으로 풍요로움이 확장되고 있는 와중에, 일부는 수명을 현저히 단축시키는 생활방식을 고집하고 있다는 사실은 기이하지 않을 수 없다. 우리는 유감스럽게도 고도비만 환자를 병원으로 호송하기 위해 구급차 보강에 공금을 들여야 하는 세상에 살고 있다.

질병 치료 및 예방

20세기를 거쳐오는 동안, 질병 치료와 예방에 기여한 전통적인 의료 복지 분야의 발전은 수명 연장에 있어 가장 큰 공헌을 하였다. 21세기로 접어든 오늘날에도, 의료기술이 새로운 궤도에 진입하면서 그러한 역할은 여전히 유효할 것 같다. 유전자 검사와 유전자 치료는 오늘날 치명적으로 간주되는 여러 가지 질병을 진단, 치료할 수 있는 가능성을 지니고 있다. 특히, 약물유전학으로 개인별 맞춤형 암 치료가 가능하게 될 것이며, 이는 향후 수십 년 후면 탁월한 성공률을 자랑하게 될 것이다. 좀 더 장기적으로는 여러 가지 암질환에 대한 유전자 치료법이 개발될 가능성도 크다. 몇몇 연구는 아세틸시스테인N-acetyl-L-cysteine과 같은 산화 방지제가 독소 제거에 매우 효과적이며, 면역체계 강화와 암세포와의 싸움에도 탁월하다는 사실을 보여주었다. 항생제가 20세기 초 의학적 개가로 기록되었던 것처럼, 암 치료가 21세기 초반의 의학적 분수령으로 역사에 영구 기록될 수도 있다.

유전자 치료는 오늘날 심장질환과 같은 또 다른 유형의 불치병 치료에도 상당한 효과를 보일 것으로 기대된다. 예를 들어, 심장 조직을 회복시킬 수 있는 재생 줄기세포를 주입하는 방식으로 심장마비 환자들을 치료할 수 있게 될지도 모른다. 줄기세포는 파킨슨병에서부터 알츠하이머병에 이르는 질병에 대한 성공적인 치료법을 개발하는 데 있어 매우 유용한 잠재적 요소가 될 전망이다.

　질병 치료와 예방 부문에 있어서의 진보는 신생 약물 투여나 맞춤형 유전자 치료에만 국한되지 않는다. 앞으로 수십 년 후면, 특정한 질병 발견 및 세포 단계에서 약물의 표적 투하를 위한 아주 기본적 형태의 나노봇이 환자에게 투입될 것이다. 이보다 더 먼 미래의 나노봇은 인간의 타고난 면역체계를 보강하기 위해 개발될 가능성도 있다. 마치 사이버네틱 보조항체와 같은 역할을 하게 될 이들 극소기기들은 우리의 혈관 속을 끊임없이 돌아다니면서 감염원이나 돌연변이 세포들을 찾아낼 것이다. 그런 다음 질병들이 발병하기 전에 탐지된 요소들을 즉석에서 제거해버리게 된다.

　질병 퇴치라든지 자기회복 기능 등 인간의 면역체계는 놀라운 역할을 담당하고 있다는 사실을 부정할 수 없다. 하지만 특정한 병원체에 대항하는 데에는 한계가 있다. 따라서 의료기술로써 현재와 같은 수준의 기대수명을 더 이상 늘리지는 못하더라도 현상유지는 가능할 것으로 전망된다. 이러한 맥락에서 미래의 유전자 치료 대부분은 환자가 어떤 질병의 증상을 보여야만 유용한 것이 된다. 그런데 증강된 나노기술 면역 시스템은, 기존의 접근 방식이 어떤 이상 징후를 감지해내기도 전에 우리의 몸속에서 의료기술적 차원에서 끊임없이 개입할 수 있게 되었음을 시사한다. 인간의 궁극적인 사이버네틱 강화는 다름 아닌, 자기유지 및 자기증식이 가능한 인공 면역체계가 될 수도 있다. 즉, 간단히 주사 한 번 맞는 것으로 모든 문제가 해결될 수도 있음을 의미한다.

유전자 재프로그래밍

나노기술에 의한 면역체계는 아주 먼 장래에나 실현 가능한 일이다. 그러나 그 외에도 수명 연장에 적용할 만한 여러 가지 첨단 과학기술이 존재한다. 예를 들어, 유전자 치료를 통해 우리의 유전자 코드를 재프로그래밍하는 방법으로 노화를 늦추거나 심지어 '치료'할 수 있는 가능성까지 있다.

모든 성인이 배아로부터 성장했다는 점과, 일반적으로 수십 년간은 건강한 상태를 유지하며 살아간다는 점을 생각해보면, 인간의 몸은 내부의 모든 구성 요소들을 만들어내고 자연적으로 회복시킬 수 있는 능력을 갖추고 있다는 것이 분명해진다. 따라서 우리가 풀어야 할 유전적 '문제'는 생명작용으로 하여금 자연회복 과정을 멈추지 않도록 설득하는 일이 될 것이다.

만약 '재생의 시계'를 다시 돌려놓을 수만 있다면, 그렇게 해서 재생 유전자의 전원을 다시 켜거나 애당초에 멈추지 않도록 할 수 있다면, 자연적인 노화주기를 통제하거나 막는 것이 이론상으로는 가능하다. 이 모든 것이 불가능할 것 같이 들릴지 모르겠으나, 유전자 노화방지 연구는 수년간 진행되어온 과제였다. 예를 들어, 지난 1993년 신시아 케넌Cynthia Kenyon이라는 연구원은 daf-2 유전자가 선충의 수명을 제어한다는 사실을 발견했다. 이 유전자에만(선충 게놈의 1만 9,000개 유전자 중에) 변형을 가함으로써 선충의 수명을 두 배 가까이 끌어올릴 수 있었으며, 전반적인 건상 상태도 호전시킬 수 있었다. 유전자 변형을 통해 생물의 노화를 늦추는 일은 이미 공상과학물을 넘어선 현실이다.

몇몇 연구의 주장에 의하면, DNA의 염색체 양쪽 끝부분을 보호하는 역할을 하는 말단소체복원효소라 불리는 효소를 재가동시킴으로써 포유류의 노화를 늦추거나, 심지어는 노화를 역전시킬 수도 있다고 한다. 2010년 11월 하버드 의대의 로널드 드피뇨Ronald DePinho 박사는 실험용 쥐에 말단소체복원효소가 결핍되도록 유전자 조작을 가한 연구 결과를 공개했다. 실험 초기에 쥐는 급속히 노화가 진행되어 금세 노쇠해버렸다. 그러나 드피뇨의 연구진은 쥐의 유전자를 조작하면서, 실험이 절반가량 진행되었을 시점에 약물이 주입되면 다시 활성화될 수 있는 비활성 말단소체복원효소를 심어놓았던 것이다. 정상적인 말단소체복원효소 수치로 되돌리기 위해 실험용 쥐에 심어놓았던 유전적 장치를 재가동시켰더니, 급속히 진행되던 노화가 극적으로 역전됐다. 실험용 쥐들은 먼저 생식력이 복원됐다. 그다음 비장을 비롯해 간과 내장이 퇴보 상태로부터 모두 회복됐다. 재가동된 말단소체복원효소를 지닌 쥐들은 두뇌에서도 일부 회생 과정이 진행되는 것으로 밝혀졌다. 드피뇨 박사는 '노인성 질병에 반환점'이 존재할 수 있음을 보여준 연구 사례라고 논평했다. 다시 말하자면, 자연적 노화 현상에는 유전적으로 제어 가능한 후진기어가 내장되어 있을 확률이 크다는 것이다.

드피뇨 박사의 연구와 같은 사례는, 말단소체복원효소의 강화가 노화방지 치료 요법으로서 잠재력을 지니고 있음을 입증해, 요즘 많은 이들로부터 각광을 받고 있다. 하지만 이에 대해 심각한 우려를 표명하고 나선 과학자들도 있다. 암에 걸린 경우, 말단소체복원효소가 종종 돌연변이를 일으켜 종양의 성장을 더욱 촉진시킬 수 있다는 사실 때문이다. 말단소체복원효소 지지자들은 신체 내 고농도의 효소가 DNA 훼손을 최소화시킬 것이며, 그로 인해 애당초 건강한 세포가 암으로 진행되는 것을 방지하게 될 것이라고 반론한다. 우리는 아직 어느 쪽이 옳은지 알 수 없다. 그러나 앞으로 수년간 말단소체복원효소를 비롯해, 이로 인한 노화방지 적용 가능성에 대해 수많은 이야기를 듣게 되리라는 점은 쉽게 예측할 수 있다.

생명연장재단으로부터 일부 지원을 받아 진행된 최근의 한 연구는 좀 더 대안적인 접근 방식을 택했는데, 줄기세포로부터 나온 유전자를 사용해 다른 세포의 노화를 늦추거나 억제할 수 있다는 결론을 도출해냈다. 바이오타임BioTime Inc.의 마이클 웨스트Michael West가 진행한 일련의 실험에서 실험용 접시에 있던 성인세포에 몇 개의 줄기세포 유전자를 투입하자 '노화 진행'이 역전된 것이다. 이 연구는 아직 초기 단계에 불과하지만, 미래에는 자연적인 노화주기가 최소한 부분적으로나마 유전 치료에 의해 제어될 수 있음을 다시 한 번 시사해주고 있다.

노화 현상에 대한 종합적인 유전자 '치료' 방법을 연구하는 대신, 일부 과학자들은 재생활동을 다시 작동시킬 수 있는 특정 유전자를 찾아내려고 노력한다. 예를 들어, 2009년 로체스터 대학 소속 과학자들은 유년기 이후 치아의 재생을 억제하는 유전자를 발견해냈다. 미래에는 유전자 치료요법으로 이 유전자를 다시 활성화시키는 방법을 개발해 만년에도 새로운 치아가 자랄 수 있게 될 것이다. 상어나 악어와 같은 동물들은 손상되거나 빠진 이빨을 재생시키는 능력을 이미 지니고 있다. 심지어는 팔다리까지 재생시킬 수 있는 동물들도 존재한다. 이와 같이 유전자의 제어로 인간에게도 손상되거나 상실된 신체의 일부분을 다시 재생할 수 있는 기회가 주어진다는 사실이 더 이상 허황되게만 들리지 않는다.

장기 치료 및 이식

상실되거나 손상된 신체의 일부를 재생할 수 있다 하더라도, 이는 사고를 당하거나 응급상황에 처한 환자의 조속한 치료에 도움을 줄 만큼 빨리 진행되는 것은 아니다. 따라서 수명 연장과 관련해 마지막으로 살펴볼 내용은 장기의 치료와 이식에 대한 것으로, 이를 용이하게 할 두 개의 핵심 미래 기술은 바이오프린팅과 사이버네틱 강화다. 바이오프린팅으로 인해 수십 년 안에 실제 장기를 세포 차원으로 현장에서 치료할 수 있게 될 전망이다. 더 나아가 환자 자신의 세포를 배양해 연구소에서 새로운 장기를 프린트 방식으로 생성해낼 수도 있다. 이와 더불어, 사이버네틱 강화기술의 발달로 더욱 효율적으로 신체기관을 대체할 수 있는 무기소재 보형물의 보급이 촉진될 것이다. 어느 정도 시간이 지나면, 입체 프린팅 기술이 무기재료 물체를 맞춤 제작하는 주요 방식으로 부상하게 되어, 바이오프린팅과 인공 사이버네틱 강화기술이 서로 융합될 가능성도 있다.

바이오프린팅과 사이버네틱 강화가 수명 연장에 엄청난 가능성을 제공할 것은 분명하지만, 장기를 치료하고 이식하는 전통적인 의료기술과 대안적인 방법들도 여전히 의술의 일부로 남게 될 것이 분명하다. 우선, 기존의 수술 방식도 장기 치료 수단으로서 향후 수십 년간 우리와 함께할 것이다. 장기기증에 의한 이식 또한 당분간은 지속될 것으로 보인다.

현재로서는 인간의 장기를 대체할 유일한 원천은 또 다른 인간 외에 없다. 신장과 같은 장기를 생존해 있는 가족 구성원이나 다른 기증자로부터 구하는 경우도 더러 있다. 하지만 그 외에 거의 모든 경우, 장기는 사후에 기증받게 되며 환자의 생물학적인 특성에 가급적 가장 근접할 수 있도록 고려한다. 그럼에도 기증받은 장기에 대한 거부 반응은 여전히 가장 심각한 의학적 난제로 남아 있다. 또한 장기기증을 필요로 하는 환자들 대부분은 오랜 기간을 기다려야 하는 경우가 허다하고, 그중 많은 환자가 대기하다가 죽음을 맞는다.

바이오프린트된 장기는 분명히 장기적인 해결책이다. 이 기술이 상용화 단계에 이르게 된다면, 장기기증 대기자 명단은 옛말이 될 것이다. 또한 장기 이식 후 거부 반응 문제도 상당 부분 해소될 것이다. 그러나 프린트된 장기가 보편화되는 날이 도래하기 전에 장기 이식을 필요로 하는 환자는 이종 이식을 받는 방법도 고려해볼 수 있다. 예를 들어, 환자의 유전자 물질을 돼지의 DNA에 주입해 돼지를 '인간화'시키는 것이다. 돼지의 심장, 간, 폐, 신장 및 그 밖의 장기들은 잠재적으로 거부 반응의 위험도 상대적으로 적은, 좋은 이식 대상이 될 수 있다.

바이오프린트된 장기와 비교했을 때, 형질전환 기반의 동물 장기가 지니는 가장 큰 장점 중 하나는 즉각적인 사용이 가능하다는 것이다. 예를 들어, 피보험자의 유전자 물질을 이용해 돼지를 인간화시키는 조항이 포함된 의료보험에 드는 것이 가능해질 수 있다. 이렇게 보험에 든 동물은 개인병원 근처에 위치한 농장에서 보살핌을 받으며 사육될 것이다. 그 동물의 장기는 따라서 보험 계약자가 긴급하게 장기 이식을 필요로 할 경우를 대비해 항상 살아 있는 상태로 만반의 준비태세를 갖추고 있게 된다. 돼지 장기를 몸속에 지닌 채 돌아다닌다는 개념은 누구나 쉽게 받아들이기 힘들다. 하지만 이미 바이오메쉬와 같이 돼지가죽으로 만든 임플란트들이 복부 교정수술에 사용되고 있다. 한 예로, 코비디엔Covidien이 생산하는 퍼마콜Permacol이라는 물질을 들 수 있다.

앞으로 약 20년 이내에 이식수술은 재정 상태, 윤리관, 환자의 필요에 따라 기증자, 바이오프린터, 형질전환 동물, 사이버네틱 장기 제조사 등으로부터 공급받은 장기를 선택할 수 있게 될 것이다. 이에 따라 심각한 거부 반응으로 인한 사망은 지금보다 훨씬 줄어들 것이다. 물론, 대체장기가 주는 혜택을 모든 사람이나 국가가 누릴 수는 없다. 앞서 언급한 신생 의료기술 중에 합리적인 비용에 대중 보급을 기대할 만한 기술은 바이오프린팅뿐이다.

한결 간편해진 장기 이식의 기회가 더욱 확대될 경우, 몇 가지 흥미로운 문제들을 유발할 수 있다. 특히, 자신의 나이를 밝히기 난감해하는 사람들이 생겨날 것이다. 아직까지도 우리는 나이를 건강의 지표로 간주하는 경향이 강하다. 그러나 금세기 중반에 접어들면, 뇌의 나이는 100세 이상이지만, 심장을 비롯한 폐, 간, 신장 등의 나이는 20~30대밖에 되지 않은 사람들이 많아질 가능성도 있다. 이러한 사람들은 나노합성 물질로 제작된 사이버네틱 의지義肢와 열여덟 살 먹은 청년의 힘을 능가하는 합성 바이오근육을 지니고 있을 수도 있다. 플러그 앤드 플레이(또는 프린트 앤드 플레이) 식으로 장기가 합성되는 미래에는 이 시대였으면 은퇴했을 사람이 도로 건설현장에서 삽을 쥔 채 작업을 하고 있을지도 모를 일이다.

수명 연장이 미치는 영향

이제까지 살펴본 다섯 가지 수명 연장 카드가 펼쳐지기 시작하면, 인간은 조물주 놀이를 시작하게 된다. 그로 인해 여러 가지 심각한 논쟁이 촉발될 수 있다. 일각에서는 오직 윤리적인 문제를 주요 쟁점으로 삼을 것이다. 하지만 좀 더 실용적인 견지에서 보면, 수많은 사람이 과학기술을 이용해 제 수명에 죽는 것을 피하고자 한다면, 그 영향은 우리 모두에게 미치게 된다.

유전자 치료, 유전자 변형, 사이버네틱 강화 등이 미래에 적용된다는 점을 계산에 넣지 않는다 해도, 세계 인구의 고령화 현상은 이제 피할 수 없는 현실이다. 저명한 노화방지 전문의인 론 클라츠Ron Klatz 박사는 이미 베이비붐 세대의 반 이상이 100세 이상까지 건강을 유지하며 살 것이라고 예측한다. 또한 런던의 고령화연구소는 2020년까지 전 세계 65세 이상의 인구가 약 7억 명에 육박할 것이라는 예상을 내놓았다. 미국의 경우만 따져봐도, 100세 이상의 고령인구가 이미 8만 명에 달하며, 2050년까지 100만 명을 넘어설 것으로 예상된다. 더욱이, 미래에 100세를 넘긴 사람들 중 최소 30퍼센트가량은 사고능력에 있어 급격한 퇴화 현상도 피해갈 수 있을 것으로 예상된다.

오늘날 선진국에 살고 있는 사람들 대다수가 70세를 맞이하기 전에 은퇴하게 되리라 예상한다. 그러나 이렇게 된다면 수명 연장의 열기가 과도하지 않다 하더라도 더 이상 경제적으로 지속 가능하기란 어렵게 된다. 앞으로 20여 년 이내에, 대부분의 선진국은 전체 인구에서 65세 이상이 차지하는 비중이 20퍼센트 선을 넘어서게 될 가능성이 크다. 영국의 경우, 2025년까지 인구의 5퍼센트가량이 85세 이상이 될 것으로 예상하고 있다. 그 결과, 70세 이후로 정년을 연장하는 정책이 도입될 수도 있다. 그렇다면 미래에 있어 은퇴는 점진적인 전환의 양상을 띠게 되어, 65~75세 사이의 노인들이 시간제 근무를 하는 경우가 허다해질 수 있다. 바로 앞에서 논의했던 바를 돌이켜보니, 정년을 추산할 때 개인의 신체 각 부분의 평균나이를 따져 계산할 수도 있을 것이라는 생각도 든다. 그로 인해 수명 연장 시술을 받은 사람들은 의무적으로 더 오랜 시간을 근무해야 할지도 모른다. 특히, 국비로 수명 연장 시술을 받은 경우라면 더더욱 그렇다.

수명 연장과 인구 고령화는 가족 구조의 역학관계에도 상당한 영향을 미칠 것이 틀림없다. 오늘날, 4~5세대 이상이 동시대에 같이 살아가는 경우는 극히 드물다. 하지만 금세기 말에 이르면 손자들이 자신의 6대조 할아버지와 일상적으로 만나는 모습을 볼 수도 있다. 혹은, 유전적 노화방지 요법으로 인해 여성들의 가임기가 늘어날 경우, 50대 또는 그 이후의 연령대에 가정을 꾸리는 부부들을 흔히 보게 될 수도 있다. 이와 달리, 유전적으로 전성기라 할 수 있는 20대에 체외수정된 배아를 보관해두었다가 수십 년 뒤에 착상시켜 임신을 하는 경우도 생길 것이다.

의료기술은 나날이 발달하지만, 정신건강이 극도로 취약해진 사람들을 부양해야 하는 부담이 크게 늘어날 수도 있다. 늙어서 노망이 들기를 바라는 사람은 아무도 없다. 노인성 치매에 걸려 수십 년 동안 생명을 부지하는 것은 말할 것도 없다. 미래의 로봇 간병인이 대거 투입돼 치매 인구를 대대적으로 돌보게 되더라도, 이는 우리가 꿈꿔온 유토피아와는 거리가 멀다. 따라서 알츠하이머병을 비롯해 그와 유사한 질병을 효과적으로 치료할 수 있는 줄기세포 요법이나 다른 치료법들이 나오지 않는 한, 예비 의사들이 서약하는 히포크라테스 선서 중 생명을 첫째로 생각한다는 구절은—자신의 신체를 고치고 존속시키고자 하는 개인적 결정 권한과 함께—검토 수정이 필요할 것이다. 우리가 누군가에게 새로운 두뇌를 바이오프린트해줄 수 있는 가능성은 지극히 희박하기 때문이다.

미래의 가장 큰 과제는?

고령인구의 팽창은 감내하기 어려운 또 하나의 부담이 되어 인류 문명을 짓누를 것이다. 지구가 100세를 넘어 장수하는 90억 인구를 감당해낼 수 있겠는가? 140세 이상의 90억 인구는 고사하고라도 말이다. 오늘날의 자원 배분이나 자원 활용, 에너지 생산 모델들을 기준으로 헤아려본다면, 도무지 답이 안 나온다. 하지만 이 책에서 언급했던 혁신들을 계산에 넣는다면? 아마 가능할지도 모른다.

늙는다는 것이 점점 더 철저히 계획하고 대비해서 비용을 치러야 하는 일종의 특권으로 인식될 필요도 있다. 이러한 이유로 인해, 일부 사람들은 너무 오래 사는 것이 번거로울 수도 있다고 여겨, 노후 대비에 모든 것을 투자하는 것을 부질없다고 생각하기 시작했다. 전 세계적으로 사람들이 삶의 질을 양에 우선하기 시작하면서 안락사가 증가하기 시작했다. 이와 유사한 현상으로, 수십 년 뒤면 몸이 너무 장수하지 못하도록 차선의 의료시술을 선택하는 사람들도 생겨날 수 있다. 물론, 그 외의 많은 사람들은 불행히도 얼마나 오래 살기 원하는지 선택할 기회조차 주어지지 않은 채 살아갈 것이다.

오늘날, 가장 짧은 기대수명을 가진 사람들은 가장 가난한 나라에서 빈곤 속에 살아가고 있다. 바로 이전 몇 장에 걸쳐 살펴본 과학기술적 가능성에도 불구하고, 미래에도 수명을 가늠하는 결정적 요인은 여전히 그 사람의 부富의 정도가 될 것이다. 선진국에 사는 많은 사람은 이미 인터넷을 통해 수명을 최대한 연장할 실질적인 방안을 강구할 수 있다. 현재로서는 이러한 방안이 식이요법이라든지 생활방식의 변화, 노화방지용 건강보조식품 복용 등에 지나지 않는다. 그러나 점차적으로 보다 광범위하고 다양한 수명 연장 방법들이 등장하게 될 것이다.

생명체는 본질적으로 그 무엇보다도 생명 유지에 탁월한 능력을 발휘한다. 일부 사람들에게는 이번 장을 통해 살펴본 잠재적 수명 연장 도구들이 비윤리적으로 보일 수 있겠지만, 이런 것들이 빠른 시일 안에 현실화되지 않는다면 그것이 오히려 더 충격적일 수 있다. 인류는 집단을 이루고 사는 종으로 진화하면서, 이미 자연적인 주기를 넘어서 평균 기대수명을 인위적으로 수십 년씩이나 늘려놓았다. 이러한 진행은 이미 돌이킬 수 없는 운명이다. 실로, 수명 연장을 위한 카드놀이가 쓰이게 된다면, 오늘날 태어난 아이들 중 일부는 생일 케이크에 200개의 초를 꽂게 되는 인류 최초의 인물이 될 가능성도 있다.

Chapter 25

트랜스 휴머니즘

대부분의 우리 선조들은 매우 고된 삶을 살아왔다. 일단 자신들을 먹이로 삼으려는 짐승들을 피해 다니며 사냥을 하거나 식량을 찾아 헤매야 했다. 게다가 기후 또한 불안하고 밀려온 빙하에 초기 인류는 몇 번이나 정착지에서 내쫓기곤 했다. 외부에서 지켜본 관찰자가 있었다면, 인류가 생존할 수 있는 가능성은(훌륭하게 진화하는 것은 고사하고라도) 극히 희박해 보였을 것이다.

하지만 우리 선조들은 살아남았으며, 번창했다. 더욱 지능적으로 진화함과 동시에 점차 정교한 도구들을 만들어낼 수 있었기 때문에 가능했다. 우리의 선조들과 마찬가지로, 오늘날 인류는 생존을 가로막는 심각한 난관에 직면해 있다. 그러므로 우리는 다시 한 번 마음을 다잡아 한층 우수한 수준의 지능 발달과 차세대 과학기술 개발에 발 벗고 나서야 한다.

오늘날 우리가 풀어야 할 가장 큰 숙제는 아마도 앞으로 어떤 형태로 진화할 것인가다. 수백만 년 동안 인류의 진화는 개인의 통제를 벗어난 무의식적 과정이었다. 물론 몇몇 위대한 사상가나 발명가가 나타나 일반 사람들보다 인류 발달사에 훨씬 더 비중 있는 역할을 하며 커다란 족적을 남기기도 했다. 그러나 예전에 그 어느 누구도 미래에 인간이 취하게 될 육체 및 정신적 형태에 근본적인 영향을 미칠 수 있는 의도적인 결정을 내린 적은 없었다.

지구상의 모든 생명체의 진화를 인간의 손으로 결정하게 될 순간이 조만간 도래할 것이다. 어떤 일이 벌어지든 간에, 인류와 지구는 진화를 거듭하게 된다. 문제는, 진화를 의식적인 과정으로 만들어감에 있어 우리의 지식과 머지않아 지니게 될 역량을 어느 선까지 활용할 것인가이다.

트랜스 휴머니스트 철학

마지막 장에서는 특정한 철학을 다루게 될 터인데, 인류가 생존하기 위한 최선책으로 이를 채택할 가능성도 있다. 이 철학은 '트랜스 휴머니즘'이라고 불리는데, 인류를 업그레이드함에 있어 인간이 주도적인 역할을 해야 한다는 관점을 나타낸다.

'트랜스 휴머니즘'이라는 용어는 1927년 생물학자인 줄리안 헉슬리Julian Huxley가 만든 신조어다. 헉슬리는 자신의 저서 《계시 없는 종교 Religion Without Revelation》를 통해 "인간은 원하기만 하면 자기 자신을 초월할 수 있다"고 밝혔다. 그러고 나서 그는 "이 새로운 신념에 이름을 붙인다면 아마 트랜스 휴머니즘 정도가 되지 않을까 싶다. 즉, 인간은 여전히 인간이지만 새로운 가능성을 자각함으로써 자기 자신을 초월하는 것이다"라고 덧붙였다.

1990년에 맥스 모어Max More라는 철학자가 쓴《트랜스 휴머니즘: 미래주의 철학에 대하여》라는 에세이를 많은 이들이 현대 트랜스 휴머니즘 사상의 초석을 이루는 것으로 손꼽는다. 모어는 에세이에서 트랜스 휴머니즘을 "생명철학의 일종으로서 과학기술에 의지해 현재의 인간 형태와 인간의 한계를 넘어서 지적 생명체로의 진화를 지속하고 촉진해나가고자 한다"라고 정의했다.

오늘날 6,000명의 회원이 등록된 휴머니티플러스Humanity+라고 불리는 비영리 단체가 트랜스 휴머니스트 활동의 구심점 역할을 하고 있다. 예전에는 세계 트랜스 휴머니스트 협회WTA라는 이름으로 알려졌던 휴머니티플러스는 "현재 인류의 모습은 진화의 마지막 단계가 아니라 비교적 초기 단계"라고 주장한다. 이에 따라, 이들은 "더 나은 지성, 더 나은 신체, 더 나은 삶"을 추구하는 데 있어 "인간 능력을 확장시키기 위한 과학기술의 윤리적 사용"을 지지하고 있다.

휴머니티플러스는 상세한 '트랜스 휴머니스트 선언문'에 입각해 활동하고 있다. 이는 1998년 국제 기고가들에 의해 처음 작성되었는데, 현재 인류는 "인식능력의 결점과 원하지 않는 고통, 지구에 얽매인 삶"을 극복할 수 있는 문턱에 다가서 있다고 밝히고 있다. 선언문은 이어서 정책 입안자들이 신생 과학기술의 위험과 혜택을 저울질함에 있어 윤리적으로 좀 더 '포괄적인 비전'을 가지고 임해야 한다고 주장한다. 또한 지각 있는 모든 생명(인간, 동물, 인공지능체, 개량된 생명체 등을 포함)의 안녕을 추구하며, 앞서 네 개의 장에 걸쳐 자세히 살펴보았던 강화기술을 적용함에 있어 '개인의 선택'을 강력하게 지지하고 있다.

들끓는 논란

오늘날, 실제로 자신을 가리켜 트랜스 휴머니스트라고 소개하는 사람은 거의 없다. 아마 앞으로도 그러할 것이다. 그리고 보면, 20년 전만해도 녹색당원을 찾아보기란 쉽지 않았다. 또한 오늘날 대다수의 사람은 환경운동단체에 소속되어 있지 않다. 그럼에도, 녹색정책 및 운동은 지난 20년 사이에 주류의 위치로 등극해, 현재 대부분의 경제활동과 정치적 논쟁에 영향을 미친다. 이와 마찬가지로, 이 책에서 기술한 과학기술 개발의 잠재력이 지속적으로 축적됨에 따라, 트랜스 휴머니즘의 일부 개념은 인류 문명 깊숙이 스며들게 될 것이다.

트랜스 휴머니스트들은 윤리적으로 허용되는 한 신생 과학기술을 최대한 반영하자는 쪽이지만, 오늘날 대다수의 사람은 자연의 섭리에 간섭해서는 안 되고 조물주 놀이를 해서도 안 된다고 생각한다. 과학자들은 계속 새로운 가능성을 제시하려고 노력하지만, 이내 곧 이념논쟁이 뒤따르게 되어 있다. 그러나 양측 간에 극단적인 싸움이 벌어질 확률은 극히 적다. 왜냐하면 대부분의 반트랜스 휴머니스트들도 이미 수많은 과학기술의 사용을 용인하고 있기 때문이다. 그러므로 점점 더 고조되는 트랜스 휴머니즘 논쟁은 어느 한도까지가 적정선인지, 어느 수준까지 적극적 진화를 수용할 것인지에 대해 질문을 던져야 할 것이다.

고금을 통하여 윤리적 논쟁에 합의를 도출해내기란 여간 어려운 일이 아니다. 그러나 과거에는 법과 도덕률에 기대 과학 발전의 특정 분야에 제제를 가하는 것이 오늘날보다 훨씬 수월했다. 이미 인터넷으로 인해 지식이 모든 국가, 정치, 문화의 경계선을 초월하게 되었다. 따라서 어느 한 지역에서 금지된 활동이라 할지라도 다른 지역에서 어렵지 않게 그 활동을 재개할 수 있다. 이보다 더 중요한 것은, 서로 다른 기술개발 분야를 갈라놓았던 경계선이 바야흐로 사라지기 시작했다는 사실이다.

새로운 산업융합

1980년, 매사추세츠 공과대학 산하 미디어랩의 연구소장이었던 니콜라스 네그로폰테Nicholas Negroponte는 디지털기술의 발달이 컴퓨터, 정보통신, 미디어 등 기존 산업군의 경계를 허물고 있다고 주장했다. 네그로폰테 교수는 특히 2000년까지 '컴퓨팅' '정보통신' '콘텐츠' 등 산업의 많은 부분이 서로 중첩이 될 것이라는 예측을 내놓은바 있다. 이러한 통찰력 있는 예견들은 모두 옳은 것으로 판명되었다.

1980년에서 2000년 사이에 우리는 최초의 산업융합 현장을 목격한 바 있는데, 오늘날 그보다 훨씬 더 급진적인 두 번째 단계에 접어들고 있다. 〈그림 25-1〉에서 예시하듯, 30년 전에는 컴퓨팅, 정보통신, 콘텐츠 간의 구분이 모호했지만, 향후 20년간에 걸쳐 제조, 의학, 미디어 등이 융합되어갈 것이다. 이미 이 책에서 상세하게 다루었던 수많은 기술개발은 공학자, 의사, 컴퓨터 과학자들로 하여금 공통의 기술과 기법을 개발하도록 유도해나가기 때문에 융합이 이루어질 수밖에 없다.

입체 프린팅 기술이 박층薄層을 한 겹씩 쌓아올리며 미래의 생산품과 인공의지 등을 만들어냄으로써 제조 방식과 의료 행위에 대변혁을 일으킬 태세다. 이와 더불어 나노기술은 신생 물질과 신생 제조기법뿐만 아니라, 양자 컴퓨터와 원자 정밀도 수준의 의학적 조작까지 가능하게 될 것이다. 유전자 변형기술과 그 사촌격으로 최근 급부상한 합성생물학

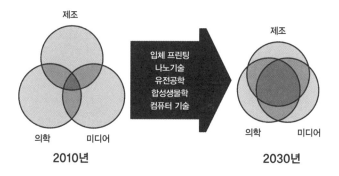

제조

입체 프린팅
나노기술
유전공학
합성생물학
컴퓨터 기술

제조

의학　　미디어
2010년

의학　　미디어
2030년

〈그림 25-1〉 새로운 산업융합

은, 동일한 기술로 식량을 재프로그래밍하고, 나무줄기에서 공산품을 수확하고, 우리의 신체를 치료하고, DNA 마이크로프로세서를 제작해나가면서, 궁극적으로 제조업, 의학, 미디어 등을 통합하게 될 것이다. 이 모든 데이터를 새로운 방식으로 디지털화해 저장, 조작, 시각화할 수 있도록 해주는 컴퓨터의 지속적인 개발에 의존해야만 한다.

새로운 산업융합은 그 자체가 시사하는 바가 워낙 다양하기 때문에 그것만 다루는 데에도 책 한 권 분량은 족히 나올 것이다. 그러나 새로운 산업융합이 몰고 올 가장 큰 파장은 어떤 첨단 과학기술이 윤리적 또는 법적으로 용인될 수 있는지의 판단 자체가 곧 불가능해질 것이라는 점이다. 산업 분야 전반에 걸쳐 지식과 혁신기술의 융합은 이미 빠르게 대세로 자리 잡아가고 있다. 이에 따라, 제각각으로 속을 알 수 없는 산업 부문과 구태의연한 도덕적 분별에 기반을 둔 법률제도의 유산은 이제 퇴물로 전락할 날이 머지않았다.

현재 대부분의 국가는 유전자 변형기술을 강력하게 규제하고 있다.

그러나 합성생물학이나 바이오프린팅에 대한 규제는 훨씬 완화된 데다가, 나노기술 연구 및 제조는 거의 아무런 규제도 받지 않는다. 나아가 인공지능을 포함하는 컴퓨터 분야에서의 진보는 윤리를 등에 업은 규제로부터 완전히 자유롭다.

의학과 제조업, 컴퓨터의 발달 간에 명백한 구분이 존재했던 시절에는 앞에서 언급한 상황이 전혀 문제되지 않았다. 하지만 우리가 살펴본 바대로, 조만간 컴퓨터 과학자들은 새로운 형태의 지적 생명체를 탄생시킬 것이며, 다른 한편에서는 바이오프린터를 통해서 또는, 인터넷에서 구입한 바이오브릭스BioBricks의 합성 방식을 통해 새로운 생물학적 실체를 만들어내게 될 것이다. 이러한 멋진 신세계Brave New World(삶을 변화시키지만 문제를 야기할 수도 있는 방향으로 변화해가는 사회)의 도래를 앞두고, 오늘날 우리의 휘청거리는 규제는 트랜스 휴머니즘에 푹 빠진 사람들에게조차 큰 우려를 자아내고 있다. 우리는 산업 규제를 철폐하고, 더욱 폭넓은 원칙들을 시급히 수립해나가야 한다.

신과 신흥 종교

지금까지는 이 책에서 종교에 관한 이야기는 되도록 피했다. 그러나 미래의 다양한 과학기술의 적용과 규제를 둘러싸고 벌어질 논쟁은 좀 더 폭넓은 신념체계에 의해 지대한 영향을 받게 될 것이다. 유전자 변형을 비롯한 합성생물학, 나노기술, 인공지능, 바이오프린팅, 사이버네틱스 등이 모두가 존재의 의미에 대한 근본적인 의문을 제기하게 될 것이다. 따라서 이들 모두 종교적 합의를 내포하고 있다.

아득한 옛날부터 종교는 문명의 근간을 이루어왔다. 역사를 돌이켜보면 신앙심이 깊은 사람들일수록 새로운 아이디어나 과학적 진보를 지지하는 세력과 마찰을 빚어왔다. 니콜라스 코페르니쿠스(지동설)와 찰스 다윈(진화설)은 자신들의 학설로 인해 교회와 커다란 갈등을 빚었던 대표적인 인물들이다. 수많은 현대 과학기술과 의료 행위들도 최소한 한 번쯤은 몇몇 종교 지도자의 반대에 부딪혀보았을 것이다. 생화학자 J. B. S. 홀데인은 1924년에 다음과 같이 썼다.

"불에서부터 비행의 발명에 이르기까지 위대한 발명치고 어떤 신에 대한 모독이라는 누명을 쓰지 않은 것이 없었다."

종교는 불확실하고, 때로는 힘겨운 세상 속에서 그 신도들에게 삶의 의미와 평안을 부여해준다. 따라서 현상 유지에 도전장을 내미는 새로운 아이디어나 과학기술이 종교계로부터 의심의 눈총을 받는 것은 어쩌면 당연할 수도 있다. 맥스 모어와 같은 일부 트랜스 휴머니스트는 종교와 트랜스 휴머니즘을 공존할 수 없는 상반되는 철학으로 간주하기도 한다. 모어의 주장에 따르면, 트랜스 휴머니즘은 휴머니즘을 초월하는 진화적 변이로서, 그 정의상 신과 신앙 그리고 참배를 거부한다.

다행스럽게도, 대부분의 트랜스 휴머니스트는 그러한 정의를 곧이곧대로 수용하지는 않는다. 트랜스 휴머니즘의 관행이 조만간 불러일으킬 불확실성과 윤리적 난제를 고려해볼 때 트랜스 휴머니즘이 종교적 르네상스의 도화선으로 작용할지도 모르겠다는 생각마저 든다. 그렇게까지 전개되지는 않는다 하더라도 트랜스 휴먼 진화 과정 속에서 신은 새롭게 자리매김하게 될 것이다. 과학은 점차 매우 어려운 문제들을 던져줄 것이며, 오직 강한 신념을 가진 이들만이 그에 대한 답을 줄 수 있을 것이다.

제조, 의료, 미디어 업계의 전문 인력 모두가 나노 단위의 물질을 디지털 방식으로 조작하는 법을 터득해감에 따라, 인간은 정교한 기계에 지나지 않는다고 여기는 사람들이 나타날 수도 있다. 지각력까지 겸비한 강력한 인공지능체의 개발도 순전히 삶에 대한 '허무주의'적이고 '환원주의'적인 사고방식을 뒷받침할 추가적 근거 정도로 전락할 수 있다. 그러나 아무리 우리가 우리 몸속의 모든 유전자와 원자를 이해하고 프로그래밍할 수 있는 방법을 터득한다 할지라도, 그것이 인간 정신의 형이상학적 특성이라든지, 과학적으로 불가해한 존재에 대한 믿음이 완전히 사라지게 됨을 암시하지는 않는다.

미래에 지각력을 지닌 인공지능체들은 신의 존재에 대한 부정의 표상이 아닌, 신에 의해 창조된 존재로서 숭배의 대상이 될지도 모른다. 종교가 진화해 생물학적 생명체를 넘어선 생명까지도 수용하게 된다면 이는 앞으로 도래할 트랜스 휴먼 시대의 윤리적 초석을 다지는 역할을 할 수도 있을 것이다. 어차피 바이오프린트된 인공기관을 지닌 사람들도 머지않아 교회, 사찰, 회당, 회교 사원 등에서 위안과 확신을 구하게 될 것이 자명하다.

인류 전체 역사에 걸쳐 종교와 과학 사이의 전형적인 대규모 충돌은 물리적인 창조물의 본질에 대한 상충되는 견해가 대두될 때마다 발생했다. 이를 인식한 여러 종교들은 영혼을 돌보는 그들의 능력을 거세하려 들지 않는 한 과학자와 의사들이 물리적 세계를 설명하고 조작할 수 있도록 허용하고 있다. 다윈에 반박하는 사람이라면 앞으로도 과학기술의 힘을 빌려 조물주 노릇을 하려고 드는 자에게 맞서 싸울 것이 불 보듯 자명하다. 하지만 미래에 일부 창조론자들이 사이버네틱 눈을 통해 세상을 보게 될 가능성도 분명히 존재한다.

트랜스 휴머니티와 대부분의 종교가 철학적으로 대립한다기보다, 지극히 상호보완적인 관계로 판명 날지도 모른다. 미래에 피해갈 수 없는 난제들이 산재해 있어, 일부 사람들은 '인간은 이제 끝장났다'고 생각하기 시작했다. 차츰 팽배해가는 이러한 시각 너머 그 어떤 지향점을 응시하기 위해 필요한 것이 단 하나 존재한다. 그것은 바로 믿음이다. 그것이 하나님을 믿는 신앙이 되었든, 과학기술의 진보를 믿는 것이든, 아니면 이 두 가지 모두를 믿는 것이든 별 상관이 없다. 전 세계적으로 수많은 난제에 직면해 있는 작금의 세계는 낙관적인 미래를 기약할 수 있는 사람들을 필요로 할 뿐이다.

불멸의 존재를 향하여?

대부분의 종교는 피안의 사후세계나 환생 같은 것을 약속함으로써 사람들에게 희망을 심어준다. 이와 반대로─물론 완전히 대립적인 입장이라고 할 수는 없지만─트랜스 휴머니즘을 신봉하는 사람들은 과학기술에 대한 신뢰를 품고 생을 너무 일찍 마감하는 것을 막아보려고 하는 것이다. 유전자 재프로그래밍, 사이버네틱스, 합성 장기 이식 등과 같은 수명 연장을 위한 메커니즘은 이미 앞에서 살펴보았다. 하지만 일부 트랜스 휴머니스트들은 인간의 생명을 부지하기 위해 잠재적으로 이보다도 더 급진적인 메커니즘들이 투입될 수도 있다고 믿는다. 그중에는 과학과 공상의 경계를 넘나드는 인체 냉동 보존술과 업로딩 기술 등도 포함된다.

인체 냉동 보존술은 잠재적인 '소생'에 대비해 인체를 극저온 상태에서 보존하는 것을 말한다. 현재 두 개의 회사(미국 미시간 주 냉동보존재단과 알코어 생명연장재단)에서 이러한 서비스를 제공하고 있는데, 사망 시 액화질소 속에 시신을 저온 보존해준다. 이 기술의 취지는 이들 육신의 사망 원인이 된 질병을 치료할 수 있는 의료기술과 극저온에 노출된 몸이 입은 손상을 치유할 수 있는 기술이 등장하는 시기까지 육체를 보존하는 것이다.

인체 냉동 보존술을 선택한 사람들은 인체에 주입해 육체를 치료하고 뇌를 소생시켜줄 미래의 첨단 나노봇의 개발에 기대를 걸고 있다. 현재 냉동보존재단은 일시불로 2만 8,000달러를 지불할 경우, 사망 시 극저온 처방을 해 무기한 보존에 들어간다. 다른 방법으로는, 한 달에 최저 30달러부터 시작하는 보험에 가입해 보존술을 받을 수도 있다. 2011년 6월을 기준으로 103명의 사람과 애완동물 76마리가 저온 보존시설 속에 안치돼 있다.

인체 냉동 보존술이 생명이 다한 육체를 보존하는 데 주력한다면, 트랜스 휴먼 개념의 업로딩은 사람의 정신만을 컴퓨터로 보존하고자 하는 노력을 일컫는다. 2010년, 개인 수명 연장 컨퍼런스의 회장인 크리스틴 피터슨Christine Peterson은 이렇게 설명했다.

"우리의 뇌는 잿빛 푸딩에 지나지 않은데다 제대로 된 백업 장치도 없지요."

이러한 장벽을 극복하기 위해 미래에 신경계 인터페이스의 개발이 이루어진다면, 인간의 정신과 기억을 컴퓨터에 업로드할 수 있게 될 것이다. 만일 이러한 과정을 통해 의식을 보존할 수 있게 된다면, 영원히 살

수 있는 길이 열릴 수도 있다. 즉, 보존된 의식을 로봇 몸체 내지는 바이오프린트된 육신에 지속적으로 다운로드하는 방식으로 영생을 얻는 것이다. 또 다른 대안으로서, 업로드된 개개인이 인터넷상의 가상현실 속을 돌아다니거나 사색을 즐길 수도 있다. 이렇듯 전적으로 디지털화된 사후세계가 천국이 될지, 아니면 지옥이 될지는 당신의 관점에 달렸다.

우리의 디지털 유산

사람의 정신을 컴퓨터에 업로드한다는 것은 현재로서는 순전히 공상과학에 불과하다. 그러나 디지털 사후세계에 도달할 다른 방법들이 속속 등장하고 있다. 디지털 영생을 얻는 방법은 결국 두 가지 길로 좁혀진다. 하나는 컴퓨터를 통해 지각능력을 영원히(또는 최소한 인간 문명의 종말까지) 유지하는 수단을 모색하는 것이다. 다른 하나는 어느 한 사람의 존재를 디지털 방식으로 미래 인간의 경험에 각인시키는 방법을 모색하는 것이다. 이 모든 것은 디지털 영생을 추구하는 자가 의식을 필수불가결한 조건으로 보느냐의 여부에 달렸다. 만약 그렇지 않다면, 단지 미래의 후예들과 교류하면서 영향을 끼칠 수 있는 능력을 얻는 것으로 족하다면, 지금이라도 여러 가지 옵션이 가능하다.

예를 들어, LifeNaut.com은 웹 기반 연구조사 프로젝트로서, "누구든지 무료로 본인의 정신이나 유전 정보를 백업해놓을 수 있도록" 해준다. 이 프로젝트의 궁극적 목표는 "인간의 의식을 컴퓨터나 로봇, 또는 그 밖의 무엇으로 옮길 수 있는 가능성을 탐색하는 것"으로 방문자가 '마인드파일MindFile' 또는 DNA '바이오파일BioFile'을 만들 수 있도록 되어 있다.

마인드파일은 개인적인 생각을 비디오, 이미지, 문서, 또는 오디오로 담아낸 디지털 데이터베이스를 가리킨다. 그다음 마인드파일을 이용해 인터랙티브 아바타를 구동시키게 되는데, 이 아바타는 다른 사람들과의 상호작용이 가능할 뿐 아니라, 당시 자신의 개인적 태도, 가치관, 버릇, 신념 등에 기반해 반응하게 된다. 이렇게 당신이 죽은 후에도 누군가가 지속적으로 당신과 교류할 수 있는 길을 열어놓는 것이다.

이미 디지털 영생의 경지에 이른 사람들도 있다. 예를 들어, 인기 있는 온라인 게임 '월드 오브 워크래프트'에는 케일리 닥이라는 아바타가 등장하는데, 이는 닥 크라우스Dak Krause라는 플레이어가 만들어냈던 캐릭터다. 비록 닥은 2007년 백혈병으로 사망했지만, 다른 플레이어들은 지금까지도 케일리라는 디지털 표상과 서로 교류하고 있으며, 케일리는 앞으로도 온라인상에서 영생을 누리게 될 것이다.

어떤 의미에서 인터넷이 현존하는 많은 사람으로 하여금 좋든 싫든 간에 디지털 방식으로 불멸을 누리게 하는 셈이다. 선진국의 경우, 90퍼센트 이상의 어린이들이 두 살을 넘기기 전에 인터넷 콘텐츠를 양산하기 시작하는 것으로 나타났다. 우리 대다수는 죽기 전에 수 기가바이트 분량의 데이터와 의견들을 의식적으로 업로드하게 될 것이며, 동시에 일상 활동과 상호교류에 관련된 막대한 양의 디지털 흔적들을 남기고 가게 될 것이다. 이러한 추세를 반영이나 하듯, 얀코 디자인Yanko Design은 태양에너지 기반의 이툼E-Tomb이라 불리는 디지털 묘비를 만들어냈다. 원래는 전통적인 방식으로 묘를 표시하기 위해 제작되었던 이툼은 묘를 찾아온 사람과 무선통신을 통해 블로그나 트윗, 페이스북 담벼락 등 고인이 남긴 웹 공간에 담겨 있던 콘텐츠를 볼 수 있게끔 해준다.

디지털 흔적을 남기거나 사후에 자신의 아바타로 하여금 다른 이들과 교류할 수 있도록 한다는 개념은 자신의 의식을 컴퓨터에 업로드하는 것과는 크게 동떨어져 있다. 하지만 전자가 이미 실현 가능하다라는 사실이 앞으로 나아갈 방향을 제시해주는 것이 아닐까 생각한다. 영생이란 우리가 어떠한 삶의 궤적을 남기고 우리의 삶을 어떻게 의미 있게 만들 것인가 하는 문제이며, 어떻게 미약하게나마 미래에 긍정적인 영향을 미칠 수 있느냐의 문제다.

판도라와의 유희

그리스신화에 의하면, 인류 최초의 여성인 판도라는 신들의 왕인 제우스로부터 아름다운 상자를 선물로 받는다. 그러나 상자를 절대 열어서는 안 된다는 단서가 하나 붙는다. 불행하게도, 그리고 제우스가 예견한 대로 판도라는 강렬한 호기심을 억누르지 못한 나머지 상자를 열었으며, 그로 인해 죽음과 질병을 비롯한 세상의 온갖 악이 쏟아져 나오게 된다.

오늘날 인류에게 주어진 트랜스 휴먼의 가능성이라는 판도라의 상자는 수많은 유혹으로 넘치려는 찰나에 있다. 인간의 과학과 지식이 디지털화되어 나노 단위로 집약되기에 이른다면, 인간은 스스로 자신의 복잡한 생명 작용을 제어하고 증강시킬 수 있는 잠재력을 갖게 된다. 즉, 새로운 형태의 지적 생명체를 탄생시킬 수 있는 길이 열리게 되어, 결국 우리 자신이 신의 경지에 이르게 되는 것이다. 하지만 진정 그 길을 가야만 하는지 우리 스스로에게 질문을 던져볼 수 있는 시간이 아직은 남아 있다.

트랜스 휴머니스트 성향이 강한 사람이라면, 인류가 직면하고 있는 윤리적 딜레마에 대해서 상대적으로 큰 고민 없이 대처할 수 있다. 그러나 그 외의 사람들 앞에는 거대한 철학적 불확실성이 가로막고 있다 해도 과언이 아니다. 미래학 연구는 두 가지의 근원적인 질문에 대한 해답을 모색하려는 노력이 근간을 이룬다. 첫째는, "미래에 인간은 어떤 방식으로 살아갈 것인가?" 하는 문제이며 두 번째는, "인간이 어떻게 변해갈 것인가?"이다. 대중의 관심은 온통 첫 번째 질문에 쏠리기 마련인데, 이는 불가피하기도 하거니와 어쩌면 너무나 당연한 현상일 수 있다. 풍요의 시대가 종말을 고한 후 문명세계의 식량 및 연료 문제를 어떻게 해결할 것인가야말로 근본적인 관심사가 될 수밖에 없다. 그러나 우리가 미래에 택하게 될 삶의 방식은 인간의 본질에 아주 근본적인 영향을 미칠 수 있다는 사실을 명심해야 한다.

인류는 진화를 거듭해오다, 이제 자신의 생물학적 운명을 결정짓는 데 어떤 의식적인 영향력을 행사하려는 순간에 와 있다. 우리가 알고 있는 한, 이러한 진화적 이정표석에 도달하기까지 부단 없이 진보의 길을 걸어온 종은 이제까지 인간이 유일하다. 우리의 선조들은 불로써 어떤 일들을 이룰 수 있는지 전혀 알지도 못한 채, 불을 지피는 법을 먼저 알게 됐다. 기술혁신을 이룬 오늘날 우리는 여전히 똑같은 운명의 굴레를 맴돌고 있는 것이다.

특이점을 향한 도약인가, 아니면 쇠퇴인가?

우리 모두는 여생을 미래의 시간 속에서 보내게 된다. 따라서 미래의 모습이 어떨지 상상해보는 것은 지극히 자연스러운 일이다. 수십 년 후에 천연자원의 고갈로 경제 침체가 장기화될까? 아니면 유전자 변형, 나노 기술, 입체 프린팅, 태양열발전 등에 힘입어 크나큰 난관들을 극복하고 새로운 황금기를 맞이하게 될까?

이 책은 이 같은 중대한 질문의 이면에 존재하는 다양한 세부 사항을 다루었다. 25개의 장을 쭉 읽어 내려간 사람이라면 미약하게나마 미래에 대한 정신분열증세를 경험하지 않을 수 없었을 것이다. 한편으로는, 석유 기반 경제가 길게 잡아 20년 안에 어떤 식으로 종말에 이르게 될 것인지, 우리의 식단이 어떤 식으로 변해가야 하는지, 오늘날 지구 여기저기로 수많은 사람과 사물을 이동시키고자 하는 강박적 행태가 왜 대폭 축소되어야 하는지 일목요연하게 정리해보았다. 또 다른 한편으로는, 인류 존속과 번창의 돌파구가 될 수많은 획기적 기술도 살펴보았다. 수세기 동안 답보 상태에 있던 의료계에도 새로운 시대의 서광이 비추기 시작했다. 새로운 제조기술은 21세기 산업혁명의 도화선에 불을 댕길 수도 있을 것이다. 아주 먼 옛날부터 홀로 진화해온 인류가 새로운 형태의 지적 합성 생명체를 동반자로 삼아 지구상에서 함께 살아가게 될지도 모른다.

앞서 특이점이라는 개념을 소개했다. 이는 인류가 극도의 과학기술적 성취를 향해 가속페달을 밟고 있음을 의미하는 용어다. 만약 이것이 사실이라면, 우리는 조만간 수많은 첨단 과학기술 개발의 대폭발을 목격하게 될 수도 있다. 오늘날, 유전자 변형을 비롯해 나노기술, 입체 프린팅, 인공지능 등의 각기 다른 여러 분야가 모두 주류에 편승해 전열을 가다듬고 대중시장에 일대 돌풍을 일으킬 태세다. 이 모든 분야가 집약되고 있다는 점이 참으로 의미심장하다. 따라서 한 분야에서 일어난 혁신이나 문제 해결은 파급효과를 가져와, 순식간에 이 분야와 관련된 수많은 첨단기술 업계의 발전으로 이어진다. 인공지능과 유전자 변형, 나노가공 등에 있어 혁신적인 돌파구가 생긴다면, 오늘날 과학기술 진보의 거의 모든 장벽이 일시에 해소되어버리는 효과를 보게 될 것이다. 만약 이것이 터무니없이 들린다면, 저가 컴퓨터 프로세서의 보급에 뒤이어, 얼마나 많은 과학기술 분야가 일대 약진을 이루었는지 돌이켜보기 바란다.

카바레 무대를 넘어서

1995년,《사이버 비즈니스Cyber Business》라는 책을 출간했다. 인터넷과 이동통신의 미래를 예견하는 내용이었다. 그 후 수년간 나는 온라인의 발달이 경제뿐만 아니라 우리의 사생활까지도 변화시킬 것이라는 주제로 강연을 하곤 했다. 머지않아 사람들은 컴퓨터를 통해 물건을 구입하고, 무선 소형기기를 통해 정보를 얻으며, '사적인 가상 네트워크'를 통해 교제하게 될 것이라는 내 의견을 그 당시 사람들은 묵살하기 일쑤였다. 그런 연유로 나의 강연은 대부분 식후 연설 시간에 할당되거나, 회사 연수나 그와 유사한 기업 행사에 기분 전환 용도로 활용되곤 했다.

그러던 중 1990년대 후반에 '닷컴열풍'이 불어 닥쳤다. 그 결과 괴짜 취급받던 나의 인터넷 주제 강연이 식후 오락거리에서 개막 행사의 기조연설급으로 순식간에 뜨기 시작했다. 달리 표현해본다면, 내가 줄곧 떠들어왔던 내용이 주류에 편입되기에 이르자 카바레 출연 요청이 비로소 끊기게 되었다.

얼마 전 나는 이 책에 담긴 내용을 주제로 첫 번째 강연을 했다. 역시 예상했던 대로, 강연은 식후 연설 시간에 배정되었다. 오늘날 이 책 속에 담긴 모든 주제들(피크오일에서 입체 프린팅, 합성생물학에서 우주여행에 이르기까지)이 아직은 카바레에서의 농담거리 정도에 불과할 수도 있다. 사람들이 흥미진진하게 듣지 않는다는 것은 물론 아니다. 그럼에도 불구하고 우리가 살펴본 25가지 주제를 대세와는 아주 동떨어진 것으로 인식하고 있다.

너무 많은 사람이 미래 역시 현재 상황과 별반 다를 것이 없을 거라는 착각 속에서 살아가고 있다. 이는 아마도 세상이 변해야 할 이유가 없다고 생각하거나 현재 생활에 비교적 만족하면서 살아가기 때문일 것이다. 아마도 대부분의 사람은 이 책에서 언급했던 여러 가지 진전 상황들에 대해 잘 모르고 이를 얄팍한 상술 내지는 공상과학 정도로 치부해버릴지도 모른다. 이에 따라 미래를 예측하고 설계하는 사람들에게 주어진 가장 근본적인 소명은 소극적인 안일함 속에 묻혀 사는 사람들을 정신이 번쩍 들도록 일깨우는 것이리라.

행동에 옮길 시기는 바로 지금이다

현재 인류 문명은 특이점을 향해 쇄도하고 있거나 집단적 쇠퇴를 향해 질주하고 있음을, 오늘날을 살아가는 우리 모두는 직시해야 한다. 지금 이순간도 계속 진행 중인 천연자원의 고갈로 인해, 미래의 세계는 절대 현재의 복제가 될 수 없다. 좋든 싫든 간에 인류 문명의 갈림길이 빠른 속도로 다가오고 있다. 앞으로 어느 길을 가게 되든, 변화와 시련의 시기를 겪어나가게 될 것이다.

우리는 상반된 두 가지 미래가 기다리고 있음을 잘 알고 있다. 그리고 우리 앞에 놓인 특이점이나 쇠퇴 중 어느 쪽으로 향하느냐는 향후 20년간 우리 하기에 달렸다는 것을 분명히 인식하고 있다. 이에 대한 네 가지 근거를 들 수 있다. 우선, 피크오일을 비롯한 기후변화, 피크워터, 식량 부족 등의 광범위한 자원 부족 상황이 아직까지는 인간 문명을 본격적으로 압박해 영향력을 행사할 단계는 아니다. 다시 말하자면, 풍요의 시대가 아직 종말을 고하지 않은 지금, 우리에게는 연대행동에 나설 약간의 숨 고를 틈이 주어진 셈이다.

둘째로, 2008년 세계 금융위기 여파에도 불구하고, 대다수 국가의 경제기능은 여전히 효율적으로 돌아가고 있으며, 대부분의 정부와 국제기구는 장기적인 전략 구축에 필요한 자원, 영향력, 권위를 장악해나갈 수 있었다. 이는 긍정적인 미래를 설계해갈 장치들 대부분이 여전히 제대로 작동하고 있으며, 효율적으로 사용될 준비가 되어 있음을 대변한다.

향후 20년의 세월이 너무나 중요할 수밖에 없는 세 번째 이유는, 바로 이 기간 동안 대부분의—적어도 선진국의—사람들 손에, 정말 하고자 하는 마음만 있다면 미래 세대를 위해 생활양식을 변화시킬 수 있는 힘이 아직 남아 있다고 본다.

그리고 마지막으로, 어마어마하게 광범위한 과학기술과 무한한 가능성의 실현이 눈앞에 다가왔으며, 이는 인류를 쇠퇴보다는 특이점으로 인도해줄 것이다. 물론 인류가 이에 저항하지 않고, 과학기술의 발달이 열매를 맺기까지 오래도록 살아남을 수 있어야 한다는 단서가 있기는 하다.

위의 내용을 종합해서 정리하자면, 우리에게 아직 세상을 변혁할 수 있는 기회는 있다. 우리가 넘어야 할 가장 큰 장벽은 지금 이 순간 많은 사람들을 설득시켜 긍정적인 미래를 지향하며 노력하는 것이 이기적으로 개인적 쾌락을 쫓느라 풍요 시대의 마지막 남아 있는 나날들을 허비하는 것보다 낫다는 사실을 깨닫도록 하는 것이다. 이를 위한 가장 좋은 방법은 앞으로 해결해야 할 난제들에 대한 정보를 공유하면서 잊지 말고 항상 해결책을 덧붙여 제시하는 것이다. 사람들에게 피크오일이나 피크워터, 곧 닥칠 식량 부족과 자원 고갈에 대해서만 늘어놓게 되면, 사람들을 짜증나게 하고 비관적인 풍조만을 확산시킬 뿐이다. 하지만 이러한 화제들을 꺼내면서도, 전기자동차라든지 태양열발전, 핵융합, 나노기술, 유전자 변형기술 등으로 이 문제들을 해결해나갈 수 있다는 상세한 설명을 곁들인다면, 사람들이 더 긍정적으로 행동하도록 유도하게 될 것이다. 사람들은 대부분 더 나은 내일을 위해서라면, 희생을 마다하지 않는다. 단, 약간의 희망적 메시지를 빠뜨려서는 안 된다는 것을 절대 명심하자!

오늘날 대다수 사람은 최소한 기후변화라는 기본 전제는 받아들이는 편이다. 물론, 이에 대응해 어느 정도까지 우리의 삶을 변화시킬지에 대한 문제는 여전히 갑론을박의 팽팽한 논쟁에 불을 댕기는 요인으로 머물러 있다. 일각에서는 당장 온실가스 배출을 과감하게 감축해야 한다고 주장하는 반면, 결과에 대한 대책을 세우는 편이나 지구공학 차원의 장기적 해결책을 선호하는 사람들도 있다. 어느 쪽이 되었든, 진정 중요한 것은 이제 기후변화에 대한 다양한 해결책을 도출하려는 논의가 이루어지기 시작했다는 점이다.

기후변화 외에도 우리 앞에 닥친 전 세계적인 과제들에 대한 해결책을 논의하는 폭넓은 토론의 장이 마련될 수만 있다면, 진정성을 가지고 미래를 설계할 수 있는 기반이 마련될 것이다. 물론, 다른 이들이 피크오일이나 피크워터, 미래의 식량 부족 및 광범위한 자원 고갈 등을 거론할 때, 그 앞에서 실제로 '전기자동차' '수직농장' '합성생물학' '우주여행' 등을 목청껏 외칠 만한 사람들은 얼마 되지 않는다. 유감스럽게도 현재로서는 몇 안 되는 이들의 목소리마저 비관론자들의 고함에 묻혀버리거나, 그렇지 않으면 내일이 오늘과 같은 평온한 나날의 연속일 수 없다는 사실을 아직도 받아들이지 못하거나 깨닫지 못하는 무리의 웅성대는 소음 속에 휩쓸려 사그라져버리고 있다.

이 책에서 다루었던 25가지 주제들을 통해 세상이 얼마나 급변할 조짐을 보이고 있는지 자각하는 계기가 되었으면 한다. 하지만 더 강조하고 싶은 것은, 어떻게 하면 인류가 주도권을 쥐고 긍정적인 미래를 만들어갈 수 있는가 하는 점이다. 바로 이러한 정보들로 무장한 여러분은 이제 다른 사람들이 긍정적인 미래 해결책에 눈을 돌릴 수 있도록 도움을 줄 수 있는 위치에 서게 되었다. 이제는 인류가 손바닥으로 하늘을 가리려는 태도를 버릴 때가 되었다. 그러기 위해서는 신념과 리더십을 갖춘 많은 사람을 필요로 하는데, 여러분도 바로 그중 한 사람이 될 수 있다.

지난 50여 년은 비교적 안정적인 시기였다고 할 수 있다. 특히 서방 국가에 사는 사람들에게 그러할 것이다. 하지만 이 황금기를 비추던 태양은 이제 서서히 지고 있다. 이 책에서 살펴본 25가지 주제 외에도, 세계를 주도하는 초강대국으로 발돋움하려는—물론 수자원 공급 유지라는 단서가 붙기는 하지만—중국을 언급하지 않을 수 없다. 또한 이제껏 한 번도 창궐하지 않은 것이 의아스러울 정도인 지구 규모의 바이러스성 유행병이 수천만 명의 사망을 막을 수 있는 의학 분야의 발전을 이루기도 전에 세계를 휩쓸어버릴 수도 있다. 테러리즘과 종교적 원리주의도 증가 추세에 있다. 어찌 됐든 우리는 인간의 끊임없는 재교육을 요구하는, 흥미롭고도 위태로운 시대를 살아가고 있다.

내일의 세계

미래를 예측하는 일이란 때때로 달콤쌉싸름한 맛이 난다. 더 나은 것들에 대한 기대감에 가슴은 희망으로 벅차오른다. 하지만 새로운 의술과 세계 식량 및 연료를 공급할 적절한 메커니즘이 오늘날을 살아가는 수많은 사람을 돕기에는 역부족일 것이라는 사실은 받아들이기 힘들다.

미래 예측이란 언뜻 보기와 달리 결코 추상적이기만 한 활동이 아니다. 미래의 양자 컴퓨터의 성능이나 우주 정복에 대한 생각에 흠뻑 빠져보는 것이 일상으로부터의 즐거운 일탈이 될 수도 있다. 하지만 사랑하는 이들과 나 자신의 목숨을 구할 혁신기술 시대의 도래를 예견하고도 간발의 차이로 그 기회를 놓쳐버리게 될지 모르면서 미래 과학기술에 대해 알아가는 것은 그야말로 가슴 쓰리는 일이다. 따라서 우리는 미래 세대보다 불행한 것이 사실이지만, 그래도 대다수가 우리 선조들보다는 훨씬 더 복 받은 생활을 하고 있다는 것을 잊지 말아야 한다.

1957년 7월, 영국 수상 해럴드 맥밀런은 국민이 "이보다 더 나은 생활을 한 적이 없었다"고 주장했다. 당시에는 그의 발언이 틀린 것은 아니었지만, 그 후 반세기 동안 대부분의 선진국은 끊임없는 경제성장을 거듭했다. 수십 년 동안 이들 국가의 국민 대부분은 물, 음식, 에너지, 천연자원 등을 풍족하게 누려왔다. 의료 서비스 또한 장족의 발전을 이루었으며, 그동안 세상은 큰 탈 없이 평화로웠다.

앞으로 10~20년 정도만 내다봐도 우리의 평온한 나날들이 어떤 면에서 종말을 고하게 될 수도 있는 징후가 농후함을 감지할 수 있다. 더이상 수많은 사람이 물, 음식, 에너지, 천연자원 등을 취하면서 당연하게 여기지 못할 것이다. 이들이 완전히 고갈되는 것은 아니다. 그러나 물자 부족과 물가 상승으로 인해 우리 대부분의 소비 패턴은 오늘날보다 훨씬 신중하고 검소하게 변할 것이다.

이미 임박한 다각적인 자원의 제약에도 불구하고, 미래에 우리 삶은 여러 측면에서 지속적인 발전을 보일 것으로 예상된다. 특이점 도달 여부에 관계없이, 의료 부문의 발달은 우리의 삶을 질과 양 모든 측면에서 향상시켜줄 것임에 틀림없다. 또한 소비 패턴의 변화는 지역 기반 생활 방식의 활성화 및 도시의 녹색화를 수반하게 될 가능성이 높다. 마음껏 누리며 살기를 희망했던 사람이라면, 향후 수십 년간은 실망할 각오를 해야 한다. 하지만 그 나머지 사람들에게는 더욱 친환경적이며, 더욱 건강하고, 더욱 지역을 기반으로 한, 덜 자원집약적인 미래가 오늘날보다 오히려 살기 좋은 세상이 될 가능성이 크다.